京师刑事法文库(124)

中国社区矫正立法专题研究

刘志伟 涂龙科 郭 玮 田 旭 著

中国人民公安大学出版社
·北 京·

图书在版编目（CIP）数据

中国社区矫正立法专题研究/刘志伟等著. —北京：中国人民公安大学出版社，2017.4

（京师刑事法文库）

ISBN 978-7-5653-2900-5

Ⅰ.①中…　Ⅱ.①刘…　Ⅲ.①社区—监督改造—立法—中国　Ⅳ.①D926.7

中国版本图书馆 CIP 数据核字（2017）第 069928 号

中国社区矫正立法专题研究

刘志伟　涂龙科　郭　玮　田　旭　著

出版发行：中国人民公安大学出版社
地　　址：北京市西城区木樨地南里
邮政编码：100038
经　　销：新华书店
印　　刷：北京兴华昌盛印刷有限公司

版　　次：2017 年 4 月第 1 版
印　　次：2017 年 4 月第 1 次
印　　张：13.25
开　　本：880 毫米 × 1230 毫米　1/32
字　　数：357 千字

书　　号：ISBN 978-7-5653-2900-5
定　　价：52.00 元

网　　址：www.cppsup.com.cn　www.porclub.com.cn
电子邮箱：zbs@cppsup.com　zbs@cppsu.edu.cn

营销中心电话：010-83903254
读者服务部电话（门市）：010-83903257
警官读者俱乐部电话（网购、邮购）：010-83903253
法律图书分社电话：010-83905745

北京师范大学刑事法律科学研究院
京师刑事法文库

总　序

现代化的国家是法治国家。现代文明进步的社会是法治社会。我国依法治国、建设社会主义法治国家之基本治国方略的确立及其贯彻，对社会的发展进步至关重要。而现代刑事法治则在现代化法治国家中扮演着非常重要的角色。改革开放后的二十多年来，我国的刑事法治已经取得了长足的进步。但是，在新世纪建设社会主义法治国家的进程中，无论是刑事法学理论还是刑事法治实践，都仍需要进一步发展与完善，以更为充分地发挥其应有的作用。

北京师范大学刑事法律科学研究院于2005年8月建立，系专门从事刑事法学研究的、中国刑事法学领域首家且目前唯一的、独立的实体性综合性学术研究机构。研究院以一批中青年专家学者为中坚，并聘请了包括老一辈著名刑法学家、中央政法机关专家型领导以及重要国际组织领导人在内的国内外知名刑事法专家、学者担任特聘顾问教授、专家委员会委员、兼职教授（研究员）。研究院的设立，旨在建设全国领先并与国际知名刑事法学机构看齐的新型刑事法学术机构，本着刑事法学一体化的精神，逐步全面发展中外刑法学、国际刑法学、区际刑法学、刑事政策学、犯罪学、刑事执行法学、中外刑事诉讼法学、刑事证据学、刑事司法制度等刑事法的诸多学术领域，培养高级刑事法学专门人才，为中国法学研究和高层次人才培养进行新的探索，力争为中国依法治国、建设社会主义法治国家的伟大事业在刑事法学领域作出更大的贡献。

为达此目标，研究院成立伊始即创办“京师刑事法文库”。研究院的主要成员在中国人民大学刑事法律科学研究中心工作时，亦曾设立“刑事法律科学文库”与“国际刑法研究所文库”，并已颇具规模。为获得更为广阔的学术发展空间与学术交流平台，数位专家学者首批加入北京师范大学创立了全国首家实体性的刑事法律科学研究院。学术事业是薪火相传、继承发展的事业，为使刑事法学术事业得到进一步传承和发扬，北京师范大学刑事法律科学研究院遂在我们设立的原“刑事法律科学文库”与“国际刑法研究所文库”的基础上，重新创办两个系列著作项目，并定名为“京师刑事法文库”和“京师国际刑事法文库”。两个文库是分工不同、相辅相成的姊妹项目，前者以国内刑事法著作为范围，后者以国际刑事法著作为范围。两个文库以百年名校北京师范大学深厚的学术积淀、悠久的历史传统和浓郁的文化氛围为依托，凭借北京师范大学坚实宽广的人文社会科学和自然科学的综合实力，并广泛争取和吸纳中外刑事法学界的支持与帮助。“京师刑事法文库”的出版领域主要包括国内刑事法律与刑事法学方面（包括刑法、犯罪学、刑事执行法学、刑事诉讼法学、刑事侦查、刑事物证技术等领域）的有新意、有深度、有分量的著作与译作，也会涉及我国港澳台地区刑法暨中国区际刑事法等领域的科研成果，可以是专题研究、综合研究，也可以是论集、有价值的文献资料等形式。同时，为积极关注刑事法治领域重大现实问题，“京师刑事法文库”还将相关专题的著作予以集中，设立若干系列，并聘请著名刑事法学专家担任总主编。文库的作者以研究院专职、兼职研究人员为主，并向其他专家、学者开放。

我们希望通过文库形式能逐步积累学术成果，繁荣、深化和开拓刑事法领域的学术研究，促进国内外刑事法学界的交流合作，不断提高我国刑事法理论与实践水平，进而有力地促进国家现代法治之昌盛和社会的文明进步。

北京师范大学刑事法律科学研究院

院长　赵秉志 教授

谨识于乙酉年初秋

College for Criminal Law Science of Beijing Normal University

Criminal Law Library of BNU

Preface

A modern country and civilized nation should be governed by law. The establishment and actualization of the principal guideline of rule by law is crucial for our society to make progress in the efforts of constructing socialism under rule of law. Modern criminal law, playing a very important part in the development of modern society under rule of law, has achieved great progress in the past two decades since 1978 when the reform and opening-up policy was carried out. Whereas, further development and reform for both theory and judicial practice of criminal law are required in the process of building socialist legal democracy, so as to bring it into full play.

TheCollege for Criminal Jurisprudence Studies of Beijing Normal University, founded in August of 2005, is the first and, at present, the only academic research organ in China specializing in criminal jurisprudence that is independent and comprehensive entity. The College is staffed with a group of famous young and middle-aged criminologists as academic nucleus and a group of criminologists and scholars known home and abroad as specially invited consultative professors, member of experts committee, guest research fellows (professors), including those senior professors, leaders with judicial expertise from the central procuratorial, judicial and public security departments and leaders of some important international academic organizations. The college, aiming at turning into a new national leading academic body which can keep pace with international prestigious organs of criminal jurisprudence, is gradually extending its research fields covering Chinese and foreign criminal jurisprudence, international criminal law, trans-regional criminal law, criminal policy science, criminology, criminal executive law, Chinese and foreign criminal procedure law, criminal evidence law, criminal judicatory and so on following the spirit of integrated criminal science. Meanwhile, the College trains high-level criminal jurisprudence professionals and makes new exploration into research of jurisprudence and cultivation of high-level professional in China. We are trying our best to make a greater contribution in the field of criminal law science to the great cause of building our socialism under rule of law.

Cherishing this hope, the College initiated the *Criminal Law Library of BNU* as soon as it is founded, with the working experience of *Criminal Jurisprudence Library of RUC* and *International Criminal Jurisprudence Library of RUC* which had been established in the Criminal Jurisprudence Research Center of RUC and in a rather large scale before the main staff's transfer to the College. In order to obtain a broader space for academic research, we six scholars transferred from RUC to

BNU and founded this first and the only one independent academic entity in our country—College for Criminal Law Science of BNU. Learning is a continuous business, so the College re-establishes two book-series programs named "*Criminal Law Library of BNU*" and "*International Criminal Law Library of BNU*" based upon the former two libraries so as to further develop our academic cause. The two sisterly programs undertake different missions and supplement each other. The domain of the former focuses on domestic criminal jurisprudence literatures and the latter on international criminal jurisprudence literatures. Depending upon the profound academic deposit, centuries-old historical traditions and full-bodied cultural atmosphere of the prestigious Beijing Normal University and with BNU's comprehensive and powerful integrative strength in both fields of humanity social science and nature science, the two libraries will attract and accept the contributions from the field of criminal jurisprudence home and abroad. The publications of *Criminal Law Library of BNU* cover the creative and profound works and translations on domestic and foreign criminal jurisprudence (criminal law, criminology, criminal execution law, criminal procedure law, criminal investigation and criminal evidence etc.) and those academic and research fruits in the field of extroversive criminal law (including international criminal law, comparative criminal law, foreign criminal law and criminal laws of Hong Kong, Macao and Taiwan). The publications may be of either special topics or general topics or translations of foreign literatures and codifications. Meanwhile, in order to attract active concerns with important realistic issues, publications on the related topics will be collected and affiliated to *Criminal Law Library of BNU* as new book-series with famous criminal jurisprudence specialists as their chief editor. The authorships of *Criminal Law Library of BNU* are mainly entitled to full-time and guest research fellows besides other experts and scholars engaged in criminal jurisprudence.

Through these programs of libraries, we seek to help to accumulate academic fruits, to exploit and deepen and thrive the academic researches on criminal jurisprudence, to facilitate exchanges and co-operations between domestic and foreign colleagues engaged in criminal jurisprudence and to gradually improve our theoretical and practical expertise of criminal law so as to accelerate the prosperity of our country under rule of law and the progress of social civilization.

Prof. Zhao Bing-zhi
Dean of College for CriminalLaw Science
Beijing Normal University
Autumn of 2005

前 言

我国最初于2002年8月开始在上海市系统地开展社区矫正试点工作。2003年7月10日，最高人民法院、最高人民检察院、公安部、司法部联合发布了《关于开展社区矫正试点工作的通知》，社区矫正试点工作在全国正式铺开，并分两批确定了18个试点地区。至2008年，全国已有25个省、市、自治区建立了社区矫正部门。2009年10月21日，最高人民法院、最高人民检察院、公安部、司法部联合发布了《关于在全国实行社区矫正工作的意见》，决定在全国范围内试行社区矫正。2011年2月25日，我国第十一届全国人大第十九次会议通过的《刑法修正案（八）》明确规定，对被管制、缓刑、假释的罪犯“依法实行社区矫正”，首次从国家立法上规定了社区矫正，标志着社区矫正制度正式被我国纳入了法治化轨道。2012年3月14日，我国第十一届全国人大第五次会议修订的《刑事诉讼法》第258条进一步明确规定，“对被判处管制、宣告缓刑、假释或者暂予监外执行的罪犯，依法实行社区矫正，由社区矫正机构负责执行”。上述刑法、刑事诉讼法的规定表明，社区矫正已经成为我国刑罚执行过程中与监禁矫正相对应、相配合的重要刑罚执行制度。但不容忽视的是，上述规定只是为实践中开展得如火如荼的社区矫正工作提供了立法上的根据，至于社区矫正的性质定位与目的任务、执行机构的设置与运行机制、执行人员的构成与法律地位、教育矫正原则及方法措施等诸多具体问题，则无法律规定。目前，我国社区矫正的具体依据主要是2012年2月15日最高人民法院、最高人民检察院、公安部、司法部联合发布的《社区矫正实施办法》，但该办法只是应急性规定，法律位阶低，而且诸多具体的操作性问题尚付阙如，因此，我国亟须制定一部系统、全面的社区矫正专门法。

本书系研究我国社区矫正立法问题的专题著作。考虑到有关社区矫正立法问题的研究成果已经较多，一些问题的研究相对成熟、不存在争议，因此，本书课题组对社区矫正立法问题未进行面面俱到的讨论，而是选取了关于社区矫正立法根本性的问题、理论研究争议较大的问题、理论研究较少但比较重要的问题等展开研究。其内容包括如下九个专题：社区矫正立法的基本问题、社区矫正的机构及其工作者（包括）、社区服刑人员、社区矫正的基本程序、社区矫正中的监督管理、社区矫正中的教育矫正、社区矫正中的考核与奖惩、特殊社区服刑人员的矫正、社区矫正的保障与促进。本书的撰写分工如下：刘志伟（北京师范大学刑事法律科学研究院教授，法学博士）撰写第一、九章，涂龙科（上海社会科学院法学研究所副研究员，法学博士）撰写第一、二章，郭玮（北京师范大学刑事法律科学研究院博士研究生）撰写第三、四、五、六章，田旭（河北大学法学院讲师，法学博士）撰写第七、八章。

本书的研究与出版得益于多方的关心和支持。北京师范大学刑事法律科学研究院赵秉志教授吸收我作为“中加关于中国社区矫正的立法发展”课题组成员参加社区矫正立法的研究，并安排我数次赴加拿大等国家考察国外的社区矫正立法及实践情况；北京师范大学刑事法律科学研究院吴宗宪教授在课题申报和研讨中提供了大力帮助；司法部社区矫正局郭健处长为本书研究项目的调研提供了诸多方便；北京市司法局的赵冬燕博士为我提供了丰富的北京市社区矫正规范和实践资料；中国人民公安大学出版社法律分社社长杨玉生先生，编辑刘悦女士、江起宇先生为本书的出版给予了大力支持，付出了辛勤的劳动，在此表示衷心的感谢！

刘志伟

2017 年 2 月 16 日于北师大刑科院

目　　录

第一章　社区矫正立法的基本问题…………………………（1）
　第一节　社区矫正立法的模式…………………………（2）
　　一、国外社区矫正立法模式概览…………………………（2）
　　二、我国社区矫正立法模式的确定…………………………（3）
　第二节　社区矫正立法的路径与步骤…………………………（7）
　　一、社区矫正立法的路径…………………………（7）
　　二、社区矫正立法的步骤…………………………（11）
　第三节　社区矫正的法律定位与立法原则…………………………（13）
　　一、社区矫正的法律定位…………………………（13）
　　二、社区矫正立法的原则…………………………（21）
　第四节　社区矫正法的框架体系…………………………（29）
第二章　社区矫正的机构及其工作者…………………………（38）
　第一节　社区矫正机构…………………………（38）
　　一、社区矫正决定机构…………………………（39）
　　二、社区矫正管理机构…………………………（47）
　　三、社区矫正监督机构…………………………（63）
　第二节　社区矫正工作者…………………………（65）
　　一、社区矫正工作者的法律地位…………………………（66）
　　二、社区矫正工作者的类型…………………………（68）
　　三、社区矫正工作者的职责…………………………（73）
　　四、社区矫正工作者的任职资格、素质要求及培训……（75）

第三章　社区服刑人员……………………………………………………（80）
第一节　社区服刑人员的范围…………………………………………（80）
一、被剥夺政治权利的罪犯应适用社区矫正……………………（80）
二、暂予监外执行的罪犯应适用社区矫正………………………（82）
三、被判处罚金刑的罪犯不应适用社区矫正……………………（85）
第二节　社区服刑人员的权利…………………………………………（86）
一、社区服刑人员权利的内涵……………………………………（86）
二、社区服刑人员权利的具体分析………………………………（89）
三、社区服刑人员权利的保障……………………………………（98）
第三节　社区服刑人员的义务…………………………………………（101）
一、社区服刑人员的一般义务……………………………………（101）
二、被判处管制的社区服刑人员的专门义务……………………（102）
三、被缓刑、假释的社区服刑人员的专门义务…………………（111）
四、被暂予监外执行的社区服刑人员的专门义务………………（117）
五、被剥夺政治权利的社区服刑人员的专门义务………………（123）
第四章　社区矫正的基本程序……………………………………………（126）
第一节　社区矫正的一般程序…………………………………………（126）
一、裁决前调查……………………………………………………（129）
二、社区矫正的执行………………………………………………（143）
三、社区矫正期满解矫……………………………………………（154）
第二节　社区矫正的特殊程序…………………………………………（155）
一、假释适用的程序………………………………………………（155）
二、暂予监外执行适用的程序……………………………………（166）
第三节　社区矫正的中止和终止………………………………………（170）
一、社区矫正的中止………………………………………………（170）
二、社区矫正的终止………………………………………………（172）
第五章　监督管理…………………………………………………………（174）
第一节　监督管理的一般性制度………………………………………（174）

一、风险评估与需要评估……………………………………………（174）
二、分类管理……………………………………………………………（179）
三、矫正小组……………………………………………………………（182）
四、矫正小组任务………………………………………………………（187）
五、制定矫正方案………………………………………………………（194）
第二节　监督管理的具体内容…………………………………………（196）
一、日常行为监督………………………………………………………（196）
二、暂时离开居住地……………………………………………………（198）
三、异地迁居……………………………………………………………（200）
四、特殊情况汇报………………………………………………………（201）
五、禁止令的执行………………………………………………………（203）
六、建立投诉机制………………………………………………………（205）
第三节　违反管理制度的法律后果……………………………………（209）
一、暂予监外执行人员的收监…………………………………………（209）
二、对在社区矫正期间脱逃的处理……………………………………（213）
三、对再犯罪的处理……………………………………………………（215）
四、出境管理……………………………………………………………（216）
第六章　教育矫正………………………………………………………（219）
第一节　入矫教育………………………………………………………（219）
一、入矫教育的意义……………………………………………………（219）
二、入矫教育的内容……………………………………………………（221）
第二节　日常教育………………………………………………………（222）
一、日常教育的原则……………………………………………………（222）
二、日常教育的内容……………………………………………………（225）
三、日常教育的形式……………………………………………………（228）
第三节　监禁体验型教育………………………………………………（230）
一、在我国开展监禁体验型教育的必要性……………………………（231）
二、在监禁体验型教育适用过程中须注意的问题……………………（232）
第四节　家庭监禁………………………………………………………（234）

一、家庭监禁设立的意义……………………………………………（234）
二、家庭监禁适用须注意的问题……………………………………（236）
第五节　集中训练型教育……………………………………………（238）
一、集中训练型教育的特点…………………………………………（239）
二、集中训练型教育适用须注意的问题……………………………（240）
第六节　社区服务……………………………………………………（243）
一、社区服务的一般规定……………………………………………（243）
二、社区服务的例外…………………………………………………（248）
三、社区服务的种类…………………………………………………（250）
四、社区服务的时间…………………………………………………（252）
五、社区服务的监督检查……………………………………………（255）
第七节　解矫教育……………………………………………………（258）
一、解矫教育的意义…………………………………………………（258）
二、解矫教育的内容…………………………………………………（260）
第七章　考核与奖惩…………………………………………………（262）
第一节　考核与奖惩的一般规定……………………………………（262）
第二节　对社区服刑人员的考核……………………………………（263）
一、社区矫正考核的基本构成………………………………………（264）
二、社区矫正考核的功能……………………………………………（265）
三、社区矫正考核的主要原则………………………………………（267）
四、考核工作的主要内容……………………………………………（270）
五、考核工作的主要方法……………………………………………（271）
第三节　奖励制度……………………………………………………（273）
一、表扬………………………………………………………………（274）
二、评为社区矫正积极分子…………………………………………（275）
三、记功………………………………………………………………（276）
四、司法奖励——减刑………………………………………………（278）
五、社区矫正奖励措施体系…………………………………………（281）
六、社区矫正奖励措施的适当性考察………………………………（283）

第四节　惩罚制度……………………………………………………（285）
一、警告………………………………………………………………（286）
二、记过………………………………………………………………（288）
三、治安管理处罚……………………………………………………（289）
四、司法处罚——收监执行…………………………………………（291）
五、惩处措施的体系与存在的问题…………………………………（295）
第八章　特殊社区服刑人员的矫正…………………………………（301）
第一节　未成年人社区服刑人员的矫正……………………………（301）
一、未成年人社区矫正的一般规定…………………………………（302）
二、对社区矫正工作者的特殊要求…………………………………（304）
三、身份保护与义务教育……………………………………………（308）
第二节　特殊身份人员的社区矫正…………………………………（310）
一、流动社区服刑人员的社区矫正…………………………………（310）
二、老年社区服刑人员的社区矫正…………………………………（316）
三、女性社区服刑人员的社区矫正…………………………………（324）
第四节　其他特殊群体的社区矫正…………………………………（333）
一、外国国籍与无国籍人员的社区矫正……………………………（333）
二、少数民族人员的社区矫正………………………………………（338）
三、特殊身体状态人员的社区矫正…………………………………（343）
第九章　社区矫正的保障与促进……………………………………（352）
第一节　机构与设施保障……………………………………………（352）
一、社区矫正的决定机构……………………………………………（352）
二、社区矫正的执行机构……………………………………………（355）
三、社区矫正的法律监督机构………………………………………（357）
四、社区矫正的设施保障……………………………………………（358）
第二节　社区矫正经费………………………………………………（360）
一、我国司法行政机关的经费保障体系……………………………（361）
二、我国社区矫正工作经费保障情况………………………………（362）

三、我国社区矫正经费保障体制的完善措施……………（364）
第三节　政府工作的考核……………………………………（366）
一、政府工作考核的意义…………………………………（367）
二、政府工作考核的内容…………………………………（368）
三、政府工作考核的完善建议……………………………（369）
第四节　社区矫正的宣传……………………………………（371）
一、社区矫正宣传工作概述………………………………（371）
二、社区矫正宣传工作的积极作用………………………（372）
三、现阶段社区矫正宣传工作的缺陷与不足……………（374）
四、社区矫正宣传之完善措施……………………………（375）
第五节　社区矫正工作者的培训……………………………（378）
一、开展社区矫正工作者培训的价值……………………（378）
二、社区矫正工作者培训的内容…………………………（379）
三、现阶段社区矫正工作者培训工作存在的问题………（380）
四、加强社区矫正工作者培训的措施……………………（381）
第六节　社区矫正课题研究与成果转化……………………（383）
一、国内社区矫正理论研究的特点………………………（383）
二、社区矫正理论研究的现状……………………………（386）
三、社区矫正理论研究的成果转化………………………（389）
第七节　社区矫正工作的评估………………………………（393）
一、社区矫正工作评估体系的构建………………………（393）
二、社区矫正工作评估的价值……………………………（395）
三、社区矫正工作评估的重点内容………………………（397）
四、社区矫正工作的动态评估……………………………（399）
五、我国社区矫正工作评估存在的问题…………………（401）
六、对完善社区矫正工作评估的思考……………………（402）

第一章　社区矫正立法的基本问题

社区矫正是在社区建设这一大背景下实施的一次刑罚执行制度的重要改革，也是创新社会管理的一项重要内容，同时，它也是一项严肃的刑事执法活动。[①]“社区矫正”作为预防和减少犯罪的重要举措，已经引起我国党和政府乃至社会各方面的高度关注，社区矫正立法也在紧锣密鼓地推进。自2002年开始，北京、上海等地率先以试点的形式对社区矫正工作进行探索。2003年7月10日，最高人民法院、最高人民检察院、公安部、司法部（以下简称“两高两部”）下发了《关于开展社区矫正试点工作的通知》（以下简称《通知》）。2004年7月1日，司法部颁布施行了《司法行政机关社区矫正工作暂行办法》（以下简称《暂行办法》），以规范司法行政机关实施社区矫正的工作。2005年1月20日，“两高两部”下发了《关于扩大社区矫正试点范围的通知》（以下简称《扩大通知》），将试点范围进一步扩大。由于社区矫正试点工作取得了明显成效，达到了预期目标，为推动社区矫正工作深入开展，2009年9月2日，“两高两部”发布了《关于在全国试行社区矫正工作的意见》（以下简称《意见》），规定从2009年起在全国范围内试行社区矫正。为了进一步规范社区矫正工作，加强和创新特殊人群管理，2012年1月10日，“两高两部”制定了《社区矫正实施办法》（以下简称《实施办法》）。到目前为止，社区矫正工作已在全国范围内取得了显著成效，对社会的稳定、公民权利包括犯罪人权利的保护、刑罚成本的降低以及执政党执政基础的增强等都具

① 刘爱童：《社区矫正法律制度探究》，载《法学评论》2012年第6期。

有现实意义和深远意义。但是，现行法律虽有关于社区矫正的零碎表述，但社区矫正的法律性质、工作内容和运行程序等均无法律的系统、明确界定，从而导致这一重大的涉及相关罪犯权利义务变更的刑事司法活动陷入无法可依的境地。虽然最高人民法院、最高人民检察院、公安部及司法部联合或单独有一些规范性的文件出台，各试点地方也制定了一些地方性的规范性文件，但这些法律文件一方面层级效力太低，更重要的是，社区矫正属于刑罚制度，涉及公民某些基本权利的限制或剥夺，而这些事项只能由立法者以法律的形式加以规定。因此，这些具有行政法规性质的法律文件，其本身的合法性就难免遭到国家立法权中法律保留原则的质疑。缺乏相关立法，已成为社区矫正工作在我国进一步推进的瓶颈。因此，当前的首要任务就是解决社区矫正的立法问题。本章将对社区矫正立法的基本问题进行研究。

第一节　社区矫正立法的模式

一、国外社区矫正立法模式概览

由于社区矫正活动需要调整的关系具有复杂性和多样性，因此，很难在刑法及刑事诉讼法中加以详尽地规定。据学者考察，为了规范社区矫正活动，许多国家及地区在刑法与刑事诉讼法之外，又都制定了补充的社区矫正法律规范，就其立法模式而言，大致有三种：①

第一种为专门的社区矫正法律，即制定与颁发有关社区矫正工作的专门性法律规范。例如，美国的明尼苏达州在1973年由州议会通过了美国也是世界上的第一个《社区矫正法》，用于在全州范

① 刘强：《国（境）外社区矫正法律规范的现状及思考》，载《中国监狱学刊》2004年第1期。

围内规范地方政府的社区矫正计划、社区矫正项目的发展、对犯罪人执行刑罚和为犯罪人提供服务，以及资助县级地方政府社区矫正的运作的相关权利义务关系。到 1996 年，美国相继有 28 个州通过了社区矫正或类似于社区矫正的地方性法规。

第二种为专门的刑事执行法律，即通过制定统一的刑事执行法律，对监禁执行和非监禁执行活动中的权利义务关系进行调整。而社区矫正是其中的一个重要组成部分，法律对社区矫正活动作了详尽的规定。例如，德国的《刑罚执行法》、俄罗斯的《刑事执行法典》、加拿大的《矫正与有条件释放法》、澳大利亚的《矫正服务令》等。

第三种为单行的社区矫正法律规范。一些国家和地区制定一些单行的法规和条例来调整社区矫正中的法律关系，而非专门的社区矫正法，或专门的刑事执行法。例如，新西兰的《假释法》，德国的《不剥夺自由刑罚执行方案》，日本的《缓刑执行保护观察法》、《犯罪的预防更生法》，还有我国香港地区的《社会服务令》、《感化（缓刑）令》，我国台湾地区的“更生保护法”、“少年事件实施细则”，这些法规虽然形式不同，但都较好地补充了刑法和刑事诉讼法的不足。

二、我国社区矫正立法模式的确定

如前文所述，我国《刑法》、《刑事诉讼法》并没有关于“社区矫正”的直接表述，只是在《刑法》、《刑事诉讼法》以及作为监禁刑执行法律的《监狱法》中涉及管制、缓刑、监外执行及假释等的方面有一些笼统规定。另外，“两高两部”2003 年下发的《通知》、2005 年下发的《扩大通知》，以及 2009 年发布的《意见》对于“社区矫正”也只是进行了一些原则性规定。尽管 2004 年司法部颁布施行的《暂行办法》和 2012 年“两高两部”制定的《实施办法》对社区矫正机构、社区矫正对象及社区矫正相关程序和管理作出了具体规定，但也存在一定的问题。第一，司法部制定的《暂行办法》属于部门规章，效力等级太低，社会认同度不高。第二，关于“两高两部”的《实施办法》，除了效力等级低的问题外，其性质也难以确定，与《通知》、《扩大通知》和《意见》一样，《实施办法》是由四个机关联合发布的，因而不属于司法解释，[①] 当然，也难以将其认定为部门规章。因此，这些法规并不属于单行的社区矫正法律规范。可见，我国目前并不存在以上三种形式的法规。那么，我国在制定社区矫正法律规范时，应采取借鉴上述何种立法模式呢？对此，理论上主要存在三种见解：

第一种见解主张制定社区矫正的专门法律——《社区矫正法》。不少学者主张应当制定专门的《社区矫正法》，并使之成为一种与监狱立法并行的法律形式。[②] 其理由是：目前我国的社区矫正试点工作已经在全国范围内展开，在试点中也存在许多问题迫切需要在法律上予以明确和指导。因此，制定一部专门的《社区矫正法》可以为现在的社区矫正实践提供直接的法律依据，也有利于从根本上保障社区矫正工作的长期发展。更重要的是，社区矫正是一项长期性、综合性的工作，制定一部专门性的社区矫正法律更能全面地、有针对性地对社区矫正所涉及的各方面内容进行规范和调整，并使其更富有可操作性。此外，也有论者指出，随着我国成熟社区的建立和社区矫正工作范围的扩大，社区矫正的发展趋势会突破现行刑罚执行的范围，而采用专门立法的形式便于社区矫正对现有范围的突破。[③]

第二种见解主张制定统一的刑事执行法典将社区矫正纳入其中。也有不少学者主张应将社区矫正立法与《监狱法》的修改一并考虑，制定统一的刑事执行法典，而不宜搞单独的《社区矫正法》。主要理由是：采用这种立法模式，不仅符合《立法法》第8

---

① 吴宗宪：《社区矫正导论》，中国人民大学出版社2011年版，第73页。

② 周步青：《试论我国开展社区矫正的正当根据及现实目标》，载《浙江工商大学学报》2004年第5期。

③ 姚琦：《我国社区矫正的立法展望》，载《湖北社会科学》2007年第7期。

条规定的要求，避免刑罚分立的弊端，“而且也便于解决《刑法》、《刑事诉讼法》、《刑罚执行法》立法地位立法规格平等的问题”。[①]也有观点从刑事一体化的角度出发，认为这种立法模式不仅有助于提升刑事执行立法的整体地位，而且有利于促进狱内行刑与狱外行刑的一体化。[②]

第三种见解主张制定一部专门的矫正法典——《矫正法》。有学者认为，制定专门的社区矫正法典属于分散立法的模式，看起来方便，但是总体上把握则显得零乱，不好操作，在立法协调及立法技术方面存在难度。立法协调及立法技术问题也是一大难题。而制定统一的刑事执行法固然有许多好处，但尚不能充分体现现代行刑的“矫正”理念，也不能充分反映社区矫正重在“矫正”的要求。因此，有论者在主张广义的社区矫正概念的基础上，认为应当创制一部包含监禁与非监禁方式，对所有违法犯罪人员予以惩戒与矫正的《矫正法》。采用这种立法模式，不仅有利于整个矫正工作的统一、协调，而且能充分地体现出对犯罪的综合治理思想。[③]

从上述观点的分歧可以看出：第一种观点立足于社区矫正实践中对法律的急迫需求，强调社区矫正工作的复杂性与综合性特点，主张进行单独的、专门的社区矫正立法，以期对现有的社区矫正实践及长期发展提供全面的、有针对性的规范指导；后两种观点则根据社区矫正的刑罚执行或矫正的性质，从立法协调与立法技术等较为宏观的角度出发，主张社区矫正立法应统一在某一法典（刑事执行法或矫正法）之中。比较上述两种观点，笔者认为，作为近期立法目标，制定单独的、专门的《社区矫正法》应当是最佳的模式选择。首先，社区矫正工作的实践急切需要规范调整，这种急

① 王志亮、王俊莉：《关于我国社区矫正制度的思考》，载《中国司法》2004年第12期。

② 冯卫国、储槐植：《刑事一体化视野中的社区矫正》，载《吉林大学社会科学学报》2005年第2期。

③ 王顺安：《社区矫正的立法建议》，载《中国司法》2005年第2期。

迫性已达到刻不容缓的地步。制定统一刑事执行法，当然有利于提升刑事执行法的法律地位，有利于国家行刑权的统一规范行使，但刑事执行法所涉及的不仅包括社区矫正的立法内容，还涉及对《监狱法》现有内容的大量修改以及对死刑、罚金、没收财产、剥夺政治权利、驱逐出境等非监禁性刑罚的规范调整。至于制定所谓的矫正法典，不难看出，除了死刑之外，任何刑罚的执行都包含“矫正”的含义，只是“矫正”的程度不同，如果制定矫正法典，不但会涉及监禁刑与非监禁刑之间的关系把握，更涉及与其他非刑事法律间的关系协调及多种不同性质社会关系的调整。因此，就统一刑事执行法（包括矫正法）的制定而言，不仅需要较长的立法周期，而且也需要大量的立法资源的投入，很难即时满足社区矫正实践对法律规范的渴求。其次，从社区矫正自身的特点来看，社区矫正无疑具有刑罚执行的性质。但与作为监狱行刑的监禁矫正不同，社区矫正更侧重于“社区”对于“矫正”的意义，其参与主体具有多元性、行刑内容具有多样性、矫正方法具有综合性。社区矫正又与违法行为矫治法中的“矫治”以及刑满释放人员的回归帮教不同，社区矫正具有刑罚执行的属性，在“矫正”手段的选择上可能具有某种程度的刑事强制性。因此，基于社区矫正活动自身的特点及其与其他法律的关联程度，对其进行单独立法是相对可行的。当然，考虑到我国法律体系内部的协调性及刑事一体化的价值理念，从长远角度来看，制定一部统一刑事执行法典无疑是妥当的。但从刑事执行法典的立法难度及社区矫正工作的实际需要看来，制定一部统一刑事执行法典很难作为近期的立法目标。至于制定矫正法典的立法模式，由于抛却了惩罚的观念，将犯罪人、违法者，甚至刑释解教安置帮教者纳入一个统一的矫正目录之下，无疑混淆了行政处罚、刑罚及保安处分之间的界限。此外，基于死刑、罚金、没收财产、剥夺政治权利、驱逐出境等刑种本身对于犯罪人所具有的“矫正”意义，能否将其纳入所谓统一的矫正法典之中，也不无疑问。因此，无论作为近期目标还是长远目标，对于社区矫正立法而言，制定统一的矫正法典都很难成为一个合理的立法模式。

第二节　社区矫正立法的路径与步骤

一、社区矫正立法的路径

在社区矫正立法的问题上，是必须由国家先进行统一立法，再制定相关法规，还是先制定相关法规，之后再进行统一立法？也即先制定上位法后制定下位法，还是先制定下位法后制定上位法？关于这一问题，理论上存在两种对立观点：

第一种观点主张先制定下位法后制定上位法。有学者认为，对社区矫正应先进行地方立法。原因是从我国立法的实践来看，由于城市、农村、沿海发达地区与内地落后地区的政治、经济、文化以及社区的发展状况有很大的差异，制定一个全国统一的《社区矫正法》，不仅难度较大，而且在短期内难以制定通过。所以，应该加快制定地方性社区矫正法规，可建议全国人大授予全国试点省市在试点阶段的立法权。[①] 另外，也有不同学者同样主张先制定下位法后制定上位法，并且给出了更加充分的理由：第一，社区矫正发展时间短，其发展起点基本为空白，社区矫正工作基本内容尚处于探索阶段。如果先制定《社区矫正法》，会导致已制定的法律束缚社区矫正积极的探索，结果是先扼杀社区矫正的灵性，然后扼杀社区矫正的创新；或者充满生机的社区矫正探索冲破法律规定的束缚，使法律被束之高阁、弃之道边，无人问津。第二，是由当代中国社区矫正“知识学习—方案设计—方案试错—法律固定”的发展逻辑决定的。通过下位法立法逐步推行社区矫正可以为社区矫正实施方案试错留下法律空间，可以为可能的社区矫正制度制定不当

① 刘强：《论我国社区矫正的立法及机构和队伍建设》，载《河南司法警官职业学院学报》2004 年第 4 期。

留有改正余地，可以为社区矫正政策发展、制度创新留下生成空间，可能会减少社区矫正在推行中的形式化，而使社区矫正务实地推进。第三，是由中国各地区发展不平衡的社会属性决定的。中国社区矫正的推进需要体现一定的差异性，需要根据不同地区的社会发展水平，有针对性地设计、安排社区矫正内容，并根据社区矫正工作的开展将比较成熟的措施制度化、法律化。第四，是由《社区矫正法》的法律属性决定的，先制定上位法后制定下位法容易造成社区矫正立法的部分内容脱离社区矫正探索实践与社区矫正的现实。先行制定《社区矫正法》容易造成社区矫正法法律规范的错位，导致有关机构与人员将社区矫正法律规范当作社会动员的手段与方法，以法律的名义要求各方参与社区矫正工作，要求有关方面在社区矫正中投入人力、物力与财力等。①

第二种观点则认为应当对社区矫正进行统一的国家立法。有学者指出，中国是一个单一制的国家，它与联邦制的国家有很大的不同。在国家宪法和其他法律没有授权各地可以自行立法的情况下，建立统一的法律制度是单一制国家的基本要求。而地方政府进行立法的空间是极其有限的。②

从我国社区矫正试点工作的实际情况来看，第一种观点不失为一种较为简便快捷的思路。制定地方性法规不仅能够照顾到我国的地方性差异，提高社区矫正立法的针对性及规范的有效性，而且有助于解决现行刑事法律与社区矫正试点不相适应的矛盾。同时，先制定下位法后制定上位法也有利于解决“已制定的法律束缚社区矫正制度发展”等问题。但是，经过分析，主张先制定下位法后制定上位法的学者的理由不能完全成立。

第一，关于社区矫正工作基本内容尚处于探索阶段这一理由目前是不合适的。因为从2002年开始到现在我国社区矫正制度已经

---

① 翟中东：《中国社区矫正立法模式的选择》，载《河北法学》2012年第4期。

② 吴宗宪：《社区矫正的问题与前景》，载《法治论丛》2007年第1期。

推行了将近15年，如果说开始的10年处于探索阶段，后5年无论如何也算是初步实行阶段了。即使目前我国尚处于探索阶段，但前15年的探索收获也是巨大的。我国于2003年开始了社区矫正试点工作，2009年在全国全面试行，获得了社会的广泛认可和积极响应，而且在各地均取得了较好的工作成效和实践经验。2011年的《刑法修正案（八）》和2012年新修订的《刑事诉讼法》专门对社区矫正进行了修改。[①] 此时我国社区矫正制度已经具备了立法的实践基础和法律基础。而且，在国务院新闻办公室于2014年11月5日举行的新闻发布会上，司法部副部长张苏军就推进司法行政体制改革的相关情况答记者问时也表示，经过10多年的实践，《社区矫正法》的立法条件已经成熟。[②]

第二，制定《社区矫正法》并没有违反“知识学习—方案设计—方案试错—法律固定”的发展逻辑。因为，我国推行社区矫正制度本来就是向外国学习的结果。10多年的实践就是对方案的探索与试错，就是不断改进不断完善的过程。如果是为了可能的社区矫正制度制定不当留有改正余地，那么这将是没有必要的。因为一项制度即使在被法律确定下来之前就提前设计好方案，且在试错后将方案固定下来，也不能永久适应社会的发展，随着社会与法律的发展，原有的制度或法律必会作出适当的调整。而且，就目前我国的情况来看，我国已经对社区矫正进行了方案的探索与试错，并且取得了显著成效，因此现在我国正处于法律固定的阶段，应该进行社区矫正立法。

第三，中国各地区发展不平衡的社会属性不能成为阻碍国家进行社区矫正立法的理由。进行社区矫正立法，并不是完全不考虑各地区的差异性。首先，由于各地区发展不平衡，各地区对社区矫正

---

① 杨峥嵘：《关于我国社区矫正立法问题的几点思考》，载《中国司法》2013年第1期。

② 司法部：《〈社区矫正法〉的立法条件已经成熟》，载中国青年网，http://news.youth.cn/sz/201411/t20141105_5988128.htm，2016年9月22日访问。

制度的认识与社区矫正工作的实施都存在很大的不同，甚至有些地区对社区矫正的认识出现偏差，实行活动不规范，因此十分有必要进行立法，以对全国各地区的社区矫正予以指导与规范。其次，考虑到各地区存在发展不平衡的情况，在立法后各地区依旧可以根据本地区的实际情况进行补充性规定。

第四，关于先制定上位法可能导致有关机构与人员以法律的名义要求各方参与社区矫正工作，要求有关方面在社区矫正中投入人力、物力与财力的理由也是不能成立的。法律规定社会力量的参与正是社区矫正工作所要求的，是“社区”力量的体现。当然，立法中应该明确对有关机构与人员要求社会各方参与社区矫正的权力进行限制，防止其权力滥用。

第五，基于我国基本的立法体制，犯罪与刑罚属于国家立法权绝对保留的事项，因此，地方政府和其他机关根本没有对社区矫正进行立法的权利。至于社区矫正中涉及“矫正”的内容固然可以通过行政法规、地方性法规或者部门规章等进行补充，但鉴于其刑罚执行的密切关联性，也很难为其他机关的立法提供足够的空间。即使通过“授权立法”的形式，也无法赋予其他机关对社区矫正的立法权。社区矫正的立法内容涉及犯罪和刑罚、对公民政治权利的剥夺和限制人身自由的强制措施和处罚、司法制度等方面的内容，根据《立法法》第9条“本法第八条规定的事项尚未制定法律的，全国人民代表大会及其常委会有权作出决定，授权国务院可以根据实际需要，对其中的部分事项先制定行政法规，但是有关犯罪和刑罚，对公民政治权利的剥夺和限制人身自由的强制措施和处罚、司法制度等事项除外”的规定，即使是全国人民代表大会及其常务委员会所进行的授权立法，其内容仍无法突破立法权绝对保留的事项。

因此，第二种观点是妥当的。只有通过社区矫正进行统一的国家立法，才能实现社区矫正试点工作的合法性问题；只有制定出一部统一的、专门的社区矫正法，才能在此基础上制定更有针对性的社区矫正实施细则或办法；也只有在符合社区矫正法的原则规定的情况下，地方政府才有权根据本地的实际情况对于社区矫正在本地的具体实施进行更为详尽的补充性规定。

二、社区矫正立法的步骤

由于社区矫正立法的内容本身具有复杂性与综合性，在性质上具有实体法、程序法及组织法等多重属性，因此，社区矫正立法与其他刑事法律存在密切的关联性，这也决定了社区矫正立法在事实上很难完全“单独”进行。于是，在社区矫正立法的实现途径或者说立法步骤方面，理论上一般主张采取两步走的策略。①

第一步，修改《刑法》和《刑事诉讼法》。在《刑法》和《刑事诉讼法》中明确规定社区矫正中涉及刑罚执行方面的基本内容，如增加社区矫正适用的刑种、激励机制、矫正对象的法定义务、执行主体及工作程序等，为社区矫正试点工作提供最基本的法律依据。在对《刑法》和《刑事诉讼法》相关规定的修改方式上，有学者认为可以用修正案的方式渐次进行。首先在刑事诉讼法修正案中对社区矫正作出最简单的规定，然后再通过一个关于社区矫正的专门的刑法修正案。② 在《刑法》和《刑事诉讼法》修改后，各地区可结合实际制定地方性法规对社区矫正试点工作进行规范，同时为制定统一的、专门的社区矫正法律提供实践经验。

第二步，建立专门的《社区矫正法》。鉴于社区矫正工作是一项涉及很多环节、很多方面的综合性的工作，仅仅修改《刑法》和《刑事诉讼法》仍无法解决在社区矫正实践中所面临的大量法律问题，因此，必须以专门法的形式对社区矫正予以规范。在制定专门

---

① 北京市社区矫正工作领导小组办公室：《关于对社区矫正立法的思考和建议》，载《中国司法》2005 年第 7 期；吴宗宪：《论社区矫正立法与刑法修正案》，载《中国司法》2009 年第 3 期；林仲书：《对社区矫正立法的思考和建议》，载《北京政法职业学院学报》2007 年第 4 期。

② 吴宗宪：《论社区矫正立法与刑法修正案》，载《中国司法》2009 年第 3 期。

的《社区矫正法》时，应就社区矫正的性质、对象、管理、保障、程序以及社区矫正机构和人员的设置、职责、权利和义务，执法监督、法律责任等方面作出明确规定，为社区矫正的运行及未来发展提供基本的法律框架。然后，在此基础上，各地区可根据实际情况再制定社区矫正实施细则，进一步增强社区矫正法的针对性及可操作性。

笔者认为，基于“先易后难，循序渐进”的原则，对社区矫正立法采取上述两步走的策略是可行的。

第一，作为基本的刑事法律，《刑法》和《刑事诉讼法》中有关社区矫正的规定，是社区矫正执法活动最原始、最权威的依据，也是对社区矫正进行立法的刑事法律前提。因此，在对社区矫正进行立法之前，必须先行对《刑法》和《刑事诉讼法》中的相关规定进行修改。同时，从狱内行刑与狱外行刑一体化的角度出发，对于《监狱法》中的相关规定也要作出相应的修改，以实现行刑法律之间的协调与衔接。修改《刑法》和《刑事诉讼法》这一步在2012年已经基本完成。2011年的《刑法修正案（八）》将“社区矫正”第一次写入《刑法》，从而在一定程度上改变了长期以来我国社区矫正司法实践“无法可依”的尴尬局面。[①]《刑法修正案（八）》对社区矫正的规定主要体现在《刑法》第38条、第76条和第85条，规定对被判处管制、宣告缓刑和假释的犯罪分子依法实行社区矫正，相比较《通知》中规定的“被判处管制的、被宣告缓刑的、被暂予监外执行的、被裁定假释的和被剥夺政治权利的犯罪分子”五类主体，减少了两类。2012年新修订的《刑事诉讼法》第258条规定：“对被判处管制、宣告缓刑、假释或者暂予监外执行的罪犯，依法实行社区矫正，由社区矫正机构负责执行。”《刑事诉讼法》明确了社区矫正的对象为四类，排除了“被剥夺政治权利的罪犯”的适用，同时明确了社区矫正的执行机关。2012

① 葛立刚：《中国社区矫正立法进路之分析》，载《昆明学院学报》2011年第4期。

年新修订的《监狱法》第27条也规定了社区矫正的执行机关为社区矫正机构。《刑法》、《刑事诉讼法》和《监狱法》的修改规定了社区矫正的对象范围和执行机关等最基本的问题，为社区矫正试点工作提供了最基本的法律依据。但是“各地区可结合实际制定地方性法规”的表述是不合适的，因为社区矫正作为一种刑罚执行方式，是立法权绝对保留的事项，只能由全国人民代表大会及其常务委员会进行立法规定。

第二，由于《刑法》和《刑事诉讼法》并不是单行法律，不具有也不可能具有将社区矫正的具体内容及相关程序等进行详细规定的能力，其只能规定社区矫正的适用对象、执行主体等基本内容。因此，在对《刑法》、《刑事诉讼法》及《监狱法》作出相关的修改之后，应该结合全国开展社区矫正试点工作的实际状况和发展趋势，以及现代社区矫正制度的基本理念，在借鉴国外相关立法有益经验的基础上，对社区矫正进行专门立法。最终形成以《刑法》和《刑事诉讼法》为基础，以《社区矫正法》为核心，以社区矫正实施条例为执行准则，以行政法规、规章为重要补充的中国社区矫正法律制度体系。①

第三节　社区矫正的法律定位与立法原则

一、社区矫正的法律定位

作为一个舶来品，社区矫正在中国并没有坚实的理论基础，长期以来甚至没有一个统一的名称。② 2003年，“两高两部”在《通

① 北京市社区矫正工作领导小组办公室：《关于对社区矫正立法的思考和建议》，载《中国司法》2005年第7期。

② 国内对于社区矫正的相关概念与规范表述归纳起来共有五种：社区处遇、社区劳动、社区服务令、社区劳役、社区矫正。参见李袁婕：《社区矫正与中国刑事法律》，载《中国司法》2004年第11期，第42页。

知》中对社区矫正的概念作出了如下界定："社区矫正是与监禁矫正相对的行刑方式，是指将符合社区矫正条件的罪犯置于社区内，由专门的国家机关在相关社会团体和民间组织以及社会志愿者的协助下，在判决、裁定或决定确定的期限内，矫正其犯罪心理和行为恶行，并促进其顺利回归社会的非监禁刑罚执行活动。"作为一种官方界定，这一概念为我国社区矫正试点工作的开展提供了基本的制度框架，并在试点工作实践中被广泛运用。到2009年，"两高两部"在出台的《意见》中规定："社区矫正是非监禁刑罚执行方式，是指将符合法定条件的罪犯置于社区内，由专门的国家机关在相关社会团体、民间组织和社会志愿者的协助下，在判决、裁定或决定确定的期限内，矫正其犯罪心理和行为恶习，促进其顺利回归社会的非监禁刑罚执行活动。"这一规定又一次明确了社区矫正的性质，即非监禁刑罚执行方式。关于社区矫正的性质，尽管已经有了明确的界定，但是并没有法律对其进行定位。由于缺乏法律定位，理论上对社区矫正的性质争议不断，实践中也存在诸多问题。

（一）理论上的不同观点及评价

第一种观点认为，社区矫正是刑种、量刑和行刑制度的结合。此观点主张，社区矫正应当是刑种、量刑与行刑制度的结合，是一种综合性的，主要是偏重于行刑的措施、方法或者制度。[①]

第二种观点认为，社区矫正的性质是"刑事执法活动"。有论者主张，对社区矫正的定位应在三个层面上理解：一是社区矫正是一项刑事执法活动。社区矫正强调刑事的惩罚性及司法或准司法性质，因此与刑满释放人员和违法青少年的安置帮教工作、人民调解工作以及社区的社会工作存在着本质的区别。二是社区矫正是对特定罪犯的刑事执行活动。主张对特定罪犯的社区矫正，不仅要"监督考察"，而且还要"教育与改造"。三是社区矫正是在社区中的刑事执法活动。强调要充分组织与利用社区资源对罪犯进行矫

① 郭建安、郑霞泽：《社区矫正通论》，法律出版社2004年版，第67、68页。

正，并提供帮助和服务。①

第三种观点认为，社区矫正是一种罪犯处遇制度。此观点主张，社区矫正是相对于传统的机构式或监禁式处遇而言的一种新兴的罪犯处遇方式。具体而言，社区矫正是指通过适用各种非监禁性刑罚或刑罚替代制度，使罪犯得以留在社区中接受教育改造，以避免监禁刑可能带来的副作用，并充分利用社区资源参与罪犯矫正事业的一种罪犯处遇制度。②

第四种观点认为，社区矫正具有“社区制裁”的性质。有论者将社区矫正的概念界定为：“将符合社区矫正条件的人员置于社区矫正机构内，由专门的国家机关，在相关社会团体和民间组织以及社会志愿者的协助下，在判决、裁定或决定的期限内，矫正其犯罪心理和行为恶习，并促进其再社会化的活动。”还有论者认为，社区矫正的对象除了《通知》确定的罪犯外，还应当包括：①非监禁刑中的罚金、没收财产；②监禁刑中的过失犯罪者；③行政处罚中的行政拘留、劳动教养、收容教育的人员。③

第五种观点认为，社区矫正具有刑罚执行和社会工作的双重属性。这种观点认为，刑罚执行是社区矫正制度的基本属性；而它的社会工作的属性，是社区矫正作为一种区别于传统监禁矫正，作为一种具有开放性和社会性的刑罚执行所必须具备的属性。④

上述观点是不同学者基于不同角度对社区矫正性质的认定，有一定的道理，但也存在不足之处。第一种观点认为社区矫正是刑种、量刑和行刑制度的结合，显然未能对社区矫正的性质予以清晰

① 刘强：《社区矫正的定位及社区矫正工作者的基本素质要求》，载《法治论丛》2003 年第 2 期。

② 冯卫国：《行刑社会化研究——开放社会中的刑罚趋向》，北京大学出版社 2003 年版，第 181 页

③ 连春亮：《社区矫正概念的多维思考与选择》，载《河南司法警官职业学院学报》2007 年第 2 期。

④ 石晓芳：《社区矫正实质正当性和基本属性》，载《中国司法》2005 年第 6 期。

的界定。因为，从目前我国社区矫正适用类型的刑法属性来看，管制的性质属于刑种，缓刑是一种刑罚裁量制度的内容，监外执行、假释则是一种刑罚变更执行方式。而所谓性质，是指一事物区别于它事物而为该事物的内部所固有的特殊规定性，一个事物不可能具有两个甚至三个根本属性。第二种观点将社区矫正定位于一种“刑事执法活动”，不仅对目前社区矫正的内容具有较强的涵盖性，而且也为我国社区矫正的发展提供了空间。然而此种定位却过于宽泛，因为在我国，从侦查措施的运用、提起公诉，到刑事审判程序的适用、各类刑罚的执行等莫不属于一种刑事执法活动，此种观点未能揭示出社区矫正作为一种刑事执法活动所具有的独特属性。第三种观点认为社区矫正是一种罪犯处遇制度，应当说较好地反映出社区矫正的基本理念。由行刑学派基于教育刑理念所倡导的犯罪人处遇观念更注重犯罪的人格，在以促进犯罪人重返社会为目标的犯罪人处遇观念下，社区矫正因其人道性而在所有抗制犯罪的矫正模式中占据了道德上的制高点。然而，如果仅将社区矫正定位于以满足犯罪人复归社会需求为目标的罪犯处遇制度，势必无法满足社会公众对安全的需求，无法充分体现社会公众对犯罪人的报应观念。特别是在我国民众报应观念深厚，作为社区矫正重要支撑的民间资源尚不够充足的情况下，将社区矫正单纯定性为一种以复归社会为目标的罪犯处遇制度，过于理想化，具有超现实性。第四种观点认为社区矫正具有“社区制裁”的性质，应当说这一观点极大地拓展了我国目前社区矫正的内涵与外延，对我国社区矫正体系整体架构的完善具有积极的意义。但若将社区矫正定位于一种社区制裁，固然凸显了社区矫正的社会性特征，但混淆了刑事制裁与行政制度两种不同性质的国家处分形式。同时，尽管有论者强调社区矫正的工作内容是对矫正对象的执行刑罚、监督管理、矫正教育、危机干预、社会救助等，但由于将其性质定位于一种制裁，这将不可避免地造成社区矫正在运作过程中对强制性手段的过度依赖，导致社区矫正中教育、帮助及服务等功能的弱化甚至缺失，进而背离社区矫正的价值初衷。第五种观点认为社区矫正具有刑罚执行和社会工作的双重属性，注意到了社区矫正与监禁矫正的工作内容及方法的主要差异，是其可取之处。但社区矫正毕竟不同于一般的社会工作，其适用对象是犯罪人，它是国家针对犯罪行为的一种刑事处分，其执行仍以国家强制力为后盾。

因此，社区矫正中的监督内容甚至部分教育内容的实施，很难说是一种社区工作或者说可以采用社会工作的方法。由于社区矫正工作的内容并非全然属于社会工作，其所采用的工作方法也并非全然是社区工作方法，因此，很难将其作为社区矫正的根本属性（或之一）。

（二）实践中的认识

由于缺乏法律定位，不少地区对社区矫正的性质认识不一。有些地区侧重于社区矫正的刑罚执行属性，过于强调其对罪犯的强制性，而忽视利用社会力量及社会工作方法对罪犯进行心理及行为恶习的矫治。在一些地区的社区矫正工作中，不少人员仍习惯于监禁矫正的思维模式，过于重视社区矫正对于社会安全所具有的风险性，强调对罪犯的监督控制，而对罪犯的行为及心理矫正则流于形式。与监禁矫正相比，社区矫正的价值优势在于充分利用社区的开放性对罪犯进行矫正，而这种对社区矫正刑罚执行属性的片面强调，极易导致社区的“监狱化”倾向，这从根本上严重背离了社区矫正以促进罪犯回归社会为己任的这一核心价值目标。但是，也有一些地区却忽视了社区矫正的刑罚执行属性，有些工作人员往往将社区矫正等同于刑满释放人员的安置帮教工作，在工作中过于重视帮困解难，而忽视了对矫正对象的监管教育，降低了刑罚执行的力度。[①] 在有些地区，社区矫正的对象范围被扩大到了刑事诉讼阶

① 上海市社区矫正工作办公室：《上海市社区矫正试点工作存在的问题及建议》，载《人民调解》2008 年第 2 期。

段取保候审、监视居住的犯罪嫌疑人，甚至还包括刑满释放人员。[①] 当然，这些举措对于建立具有中国特色的社区矫正制度无疑是一种积极的探索，但社区矫正毕竟属于非监禁刑罚执行活动的范畴，它是将国家的刑罚权在社区范围内加以实现的活动。[②] 因此，将社区矫正混同于刑事诉讼中的非羁押措施以及出狱人保护制度，无疑违背了罪刑法定原则，导致刑罚干预范围的不当扩张。

（三）本书观点

尽管理论上争议不断，实践中问题频繁出现，但 2011 年的《刑法修正案（八）》和 2012 年新修订的《刑事诉讼法》在对社区矫正进行修改时，也并没有对其性质进行明确规定。因此，为了解决理论及实践中存在的问题，社区矫正立法必须要对其性质进行明确定位，这是十分必要的。笔者认为，我国社区矫正的性质应当定位为非监禁刑罚执行方式。理由如下：

第一，我国社区矫正的产生及发展是基于刑罚执行制度改革的需要。我国目前的刑罚体系仍属于以监禁刑为主的重刑结构，而监禁刑的大量适用，不仅导致监狱人口的压力过大，更使监禁矫正的内在弊端日益彰显，以致在国家抗制犯罪的活动中，形成刑罚投入日益递增，而刑罚效益明显递减的背反局面。基于和谐社会的理念及宽严相济的刑事政策，重刑化向轻刑化的结构性转换已成为我国目前刑罚制度改革的重要趋向。

第二，将社区矫正定位于刑罚执行方式，能够涵盖目前社区矫正所适用的种类。《通知》将社区矫正的性质确定为刑罚执行方式招致理论界的诸多批评，其中理由之一就是在目前社区矫正适用的类型中，管制属于刑种，而缓刑则是一种刑罚裁量制度，只有监外

① 但未丽：《社区矫正概念的反思与重构》，载《湖北警察学院学报》2008 年第 1 期。

② 刘强：《我国社区矫正试点中的管理体制弊大于利》，载《法学》2005 年第 9 期。

执行、假释才属于刑罚变更执行方式。[①] 笔者认为，就传统的刑罚理论而言，上述观点有一定道理。管制固然属于刑种，但不能因为对此类刑种的执行适用社区矫正，就将社区矫正等同于刑种。社区矫正作为一种刑罚执行方式，不过是管制等刑罚种类的实现方式而已。至于缓刑，在我国的刑罚理论中，它固然属于刑罚裁量制度的内容，但在实体上，它毕竟是法院对犯罪人裁量后的一种实体处分，社区矫正是适用于缓刑的执行方式。问题的疑点在于缓刑是附条件地不执行原判刑罚，其“刑”本身并未执行，那么，社区矫正就缓刑的执行而言还能说是一种刑罚执行方式吗？笔者认为，缓刑是附条件地不执行刑罚，作为刑罚运用的一种方式，它仍属于刑罚制度的内容。从刑罚适用的角度来理解，缓刑就是附条件的执行刑罚的方法，其“附条件”内容是原判监禁刑罚的替代执行措施，可以说是原判刑罚在执行方法上的改变，属于广义上的“刑罚变更执行方式”。从另一个角度来讲，缓刑作为一种结果，并非法院裁量的程序性内容，而是国家对犯罪人的一种实体处分，它是以原判执行刑罚作为威慑对犯罪人进行心理上的强制，同时也具有刑罚的一般预防与特殊预防功能，实质上它具有刑罚的属性，事实上也有不少国家将缓刑本身作为一种刑罚予以规定。

第三，将社区矫正理解为一种刑罚执行方式，符合我国的社会现实，同时也为社区矫正种类的扩展留有余地。将社区矫正定位于刑罚执行方式不可避免地面临定性过窄、不利于社区矫正未来发展的指责。在国外，社区矫正是一个较为广泛的概念。例如，美国社区矫正中的审前释放、转处、释放人员的长期监督均不具有刑罚执行的性质；而日本的社区矫正则更以对罪犯的保护性处遇为核心，其改造紧急保护则更具有社会福利的性质。笔者认为，对国外社区矫正的概念、种类不能简单地移植，应当综合考虑我国的犯罪形势、社会基础及目前社区矫正的实践。基于我国目前的法治状况及

① 郭建安、郑霞泽：《社区矫正通论》，法律出版社2004年版，第67、68页。

国民观念，我国社区矫正适用范围在较长的时间内还很难扩展到刑满释放人员、有犯罪危险者，甚至一般违法者，否则将难免导致国家权力的滥用，造成对国民权利的过度干预。因此，根据目前我国刑事政策的取向，应当将社区矫正作为刑罚制度改革中的重要一环，使其在法治状态下得以稳步推进。当然，这并不意味着我国的社区矫正仅仅局限于目前的四种类型，可以在刑法中增设开放性或限制自由的刑种，在实现刑罚多样化的前提下，不断拓展社区矫正的适用范围。

第四，将社区矫正作为一种刑罚执行方式，可以涵盖社区矫正工作的主要内容。按照《通知》的精神，社区矫正的主要内容包括对犯罪人的管理和监督、行为及心理矫正、生活帮助等内容。理论中有不少观点将上述三者割裂开来，认为管理和监督属于刑罚执行的内容，行为及心理矫正属于矫正的内容，而生活帮助则属于一种社会福利工作。事实上，上述内容是三位一体的，均可归入刑罚执行的内容。基于新社会防卫论的思想，行刑的目的并不在于以制造痛苦的方式增加刑罚的可感受性，而是从人性尊严的角度思考，以使受刑人悔改向上，重新适应社会生活。社区矫正是以社区为载体的刑罚执行方式，其在维持最低限度惩罚机制的同时，在复归社会的必要限度内，将教育、指导、协助作为犯罪人处遇的主要内容。因此，将社区矫正定位于一种刑罚执行方式，不仅可以涵盖社区矫正工作的主要内容，更能使其以人道性、文明性极大地促进以复归社会为目标的特殊预防目的的实现。

第五，将社区矫正的性质定位为非监禁刑罚执行方式是符合刑法执行方式的特征的。“在法典未加明文规定的情况下，要考究某一措施是否刑罚的执行方式，应通过其适用的程序、适用机关、适用对象、内容及其有无惩戒性、矫治性来厘定。”① 第一，从社区

① 屈学武：《中国社区矫正制度设计及其践行思考》，载《中国刑事法杂志》2013 年第 10 期。

矫正的适用机关及适用对象上看，根据2012年《实施办法》中“司法行政机关负责指导管理、组织实施社区矫正工作。人民法院对符合社区矫正适用条件的被告人、罪犯依法作出判决、裁定或者决定。人民检察院对社区矫正各执法环节依法实行法律监督。公安机关对违反治安管理规定和重新犯罪的社区矫正对象及时依法处理”[①] 的规定可知：社区矫正的适用机关是人民法院；监督机关是人民检察院，具有法定性；执行机关是司法行政机关，具有行政性；适用对象是被告人、罪犯，具有确定性。第二，从社区矫正的内容上看，包括参加教育学习活动、参加社区服务、心理辅导以及职业培训和就业指导，另外，还要遵守禁止令的规定。这些内容同时具有教育、指导、帮扶和矫治的功能，这是毫无疑问的。但是无论是参加教育学习活动还是社区服务，抑或是参加职业培训均不是由社区矫正对象自己决定的。也就是说，他们没有选择参加与否的权利，符合条件的社区矫正对象具有必须参加的义务，与遵守禁止令的规定一样，这些内容均具有强制性（惩戒性）。因此，在立法中应该将社区矫正的性质定位为刑罚的执行方式，即非监禁刑罚执行方式。

二、社区矫正立法的原则

从一般法理讲，立法原则是立法主体据以进行立法活动的主要准绳，是立法指导思想在立法实践中的重要体现，反映立法主体在把立法指导思想与立法实践相结合的过程中应特别注意的问题。[②] 任何立法都必须在一些基本原则的指导下进行，这有利于统一立法的宗旨和精神，使立法活动按科学规律进行，从而提高立法的科学化水平；同时，它也是在立法过程中乃至以后的执法中都能起主导

① 最高人民法院、最高人民检察院、公安部、司法部：2012年《社区矫正实施办法》第2条。

② 周旺生：《立法论》，北京大学出版社1994年版，第241页。

作用的准则，是一部法律的灵魂所在。关于我国立法基本原则的内容，以往的法学理论一般认为包括以下七个方面的内容：一是实事求是，从实际出发；二是总结实践经验与科学预见相结合；三是借鉴本国历史上和外国的有益经验；四是以最大多数人的最大利益为准，立足全局，统筹兼顾；五是法制统一，原则性与灵活性相结合；六是民主与集中、领导与群众相结合；七是保持法的连续性、稳定性与及时废改立相结合。[①] 应该说这是立法过程中所应遵循的一般原则。不过，不同的法律由于自身的一些特点也会在立法的基本原则方面具有一定的独特性。从我国社区矫正立法的基本理念及其自身的一些特点出发，结合《立法法》的相关规定，笔者认为，社区矫正立法应当特别遵循以下几项立法原则：

（一）统一性原则

法制是统一的，立法的统一是法制统一的必然要求。因此，社区矫正立法必须遵循统一性原则。

首先，立法主体要统一。如前文所述，作为刑罚执行方式的一种，社区矫正属于国家立法权绝对保留的事项，即使全国人大及其常委会授权其他机关立法也不能突破绝对保留事项。因此，社区矫正的立法必须由全国人大及其常委会进行，通过全国人大立法，用合法的、统一的、系统的立法形式来确定，彻底改变现在社区矫正存在的随意立法、越权立法、自设职权的现象，改变我国社区矫正无法可依的现状。[②]

其次，执行主体要统一。社区矫正的涉及权力配置的问题，如果不进行统一不但会影响司法权、行政权等权力的正常行使，而且会造成程序的混乱，如在《刑法修正案（八）》和《刑事诉讼法》修改之前，《刑法》和《刑事诉讼法》中规定社区矫正的执行主体是公安机关，《暂行办法》中则规定司法行政机关为社区矫正的执

① 沈宗灵：《法学基础理论》，北京大学出版社 1988 年版，第 320 ~ 330 页。

② 刘斌：《社区矫正立法原则研究》，南昌大学 2014 年硕士学位论文，第 17 页。

行主体，导致司法实践中执行主体也不明确，无法更好地实现社区矫正所要达到的教育、矫正、帮扶的目的。主体不明确的同时，权责也划分不清。《通知》中规定，公安机关是社区矫正的执行主体，行使社区矫正的考察权与监督权；而司法行政部门是工作主体，负责矫正对象的管理、矫正等日常工作。两个社区矫正主体的存在及其不同的分工，形成作为执行主体的公安机关有权无责，而作为工作主体的司法行政部门有责无权的局面。在实践中，作为执行主体的公安机关，对社区矫正工作只是履行一些法律程序，而对于监督管理、心理矫治等重要工作内容基本处于缺位状态；而司法行政部门在实际工作中承担着大量具体的工作，但由于其刑罚执行的法定权力无法确立，致使其对部分不服从管理甚至公然对抗的矫正对象只能进行单一的说服教育，而缺乏其他严格有效的措施进行管理。在有些试点出现了服刑人员不遵守管理规章、不参加社区劳动，甚至不经许可擅自出国的问题。①

笔者认为，社区矫正的执行主体应统一为司法行政机关，原因有两点：第一，“分工负责，密切配合”是《通知》对在社区矫正工作中发挥作用的各机关的要求，同时也是国家对公、检、法、司职权设置的要求。如果社区矫正的执行主体是公安机关，公安机关不但是侦查机关而且是执行机关，这样很难保证分工合理、刑罚公正。第二，社区矫正的试点实践就是由司法行政机关牵头组织实施、负责执行，人民法院、人民检察院、公安机关分工负责、协调配合，司法行政系统的监狱、劳教、法律援助、安置帮教相互支持、密切合作，民政、人保等部门和社会力量广泛参与、共同推进的，这一工作机制实现了法律效果、政治效果与社会效果的高度统一。② 因此，司法行政机关作为执法主体应当在立法中予以统一。

① 刘强：《中外社区矫正之区别及思考》，载《中国司法》2004 年第 4 期。

② 姜爱东：《关于社区矫正立法中的几个问题》，载《中国政法大学学报》2010 年第 6 期。

最终，社区矫正的程序、社区矫正对象的权利和义务要统一，以体现法律面前人人平等的原则。

（二）规范协调原则

规范协调原则，应当是社区矫正立法中的一项重要原则。我国的立法体制是统一的，又是多层次的。在社区矫正立法的过程中，必须以宪法、法律为依据，解决好纵向的不同层次法规之间的相互协调和衔接配套，同时解决好横向的不同方面法规的相互协调，维护法制的统一和尊严。具体地说，社区矫正立法不得与宪法相抵触，必须与刑法、刑事诉讼法、监狱法的规定相协调。宪法是一国的根本大法，是一切法律制定的前提。社区矫正立法中的基本内容，包括矫正对象的权利义务设定、矫正机关的权力分配与制约等，不得与宪法精神相冲突。同时，社区矫正立法涉及国家刑罚权的运用，必须使之与刑法、刑事诉讼法、监狱法的内容相协调。加之社区矫正制度同刑事一体化思想具有诸多内在关联，故社区矫正事实上是刑事一体化思想的实体展开。社区矫正的推行，也绝不仅仅意味着一种刑罚执行方式的改进，而是涉及深层次的刑法观念的变化、刑事政策的调整、刑事立法的完善乃至刑事司法权力的重构等，需要在刑事一体化视野中考虑社区矫正的立法问题。

因此，要考虑监禁矫正和社区矫正之间的协调，对涉及刑事执行的内容进行统筹。同时，应当考虑到刑法和刑事诉讼法对社区矫正相关内容进行的修改，以完善有关社区矫正的实体和程序内容，为社区矫正的实践运作提供立体式的立法保障。最后，还要注意社区矫正制度内部刑罚与矫正两个功能之间的协调。社区矫正的主要特点是对罪犯不予关押，将其置于社区进行矫正，但作为一种刑罚执行活动，其开展以非监禁性刑罚方式的适用为前提。因此，我们要明白，社区矫正首先是一种刑罚执行方式，但是与监禁刑的执行方式不同，社区矫正作为非监禁刑的执行方式之一，必须体现刑罚的轻缓化；其次，社区矫正是在社区中进行的，是一种社会化的矫治方式，目的是对罪犯进行教育、矫治以及帮扶，使其将来更好地回归社会。可见，教育矫正是其重要功能之一。但是，不能因为注重教育矫正而忽略了刑罚的特征，必须注意刑罚与矫正之间的相互协调。

（三）概括性与操作性相结合原则

社区矫正涉及刑罚执行、矫正项目的制定与实施以及帮助服务等方面的内容，是一种操作性极强的活动。因此，社区矫正立法在内容上应当尽可能具体化、确定化，具有可操作性。但是，作为我国刑罚制度改革的一部分，社区矫正制度在我国仍处于探索阶段，许多内容尚未定型。在此种情况下，社区矫正的立法不应该也不可能对涉及社区矫正的所有内容全部详细地加以规定。如果把社区矫正法制定得比较详细和完备，过早地把现有的尚未成熟的内容固定下来，不仅限定了社区矫正的发展空间，也会为社区矫正法的实施带来困难。因此，在制定社区矫正法时，应当将试点实践中比较成熟、行之有效的内容固定下来，并尽可能加以具体规定；而对那些尚处于实践探索之中的，需要反复检验与不断完善的内容则应进行概括地规定，给予其充分发展的余地。在处理概括性与操作性的关系时，应当注意的是，不应把社区矫正每个方面的内容都无一遗漏地规定得详细具体，使社区矫正法成为事无巨细、详之又详的法律全书，而是针对试点实践中迫切需要立法解决的问题，通盘考虑，把社区矫正中基本的、比较固定的内容法律化，为其进一步的完善以及相关配套制度的制定提供一个基本的框架。

（四）教育（矫正）性原则

教育（矫正）性原则是社区矫正立法过程中必须遵循的立法原则，这是由社区矫正的价值理念所决定的。社区矫正是以教育刑理论为根据的。其基本理念，就是希望通过回避监禁刑可能对犯罪人健全人格造成的伤害，给予犯罪人与社会正常生活环境相似的行刑环境，通过指导、教育、服务、关怀等人道化的行刑内容与行刑方式，帮助犯罪人形成健康的人格，消除其人身危险性，最终促成其顺利回归社会。因此，为了保证这一立法宗旨的实现，在整个社区矫正立法过程中必须围绕提高矫正质量的核心目标，对矫正内容、矫正程序、矫正方法等内容进行科学合理的设置，健全矫正体系，并保证教育性原则贯穿社区矫正立法的整个过程。需要指出的是，作为一种行刑方式，社区矫正仍然具有一定的惩罚属性。而惩罚本身也蕴含一定的教育功能，但惩罚的教育是基于正义报应原则以对犯罪人施加痛苦的方式附带实现的。这种教育是面向过去的、消极的教育，且对犯罪人所起的矫正作用是相当有限的。社区矫正作为一种积极的、人道的行刑方式，惩罚对矫正目标的实现只起辅助作用，而绝非社区矫正的核心任务。如果过于强调社区矫正所具有的惩罚性，社区矫正难免异化为“社区监控”，甚至成为“社区监禁”，从而大大背离社区矫正立法的价值初衷。

因此，在社区矫正立法中，对其惩罚性内容及执行方式的设置，也应当贯穿教育性原则。作为一种强制性矫正手段，社区矫正的惩罚性应当通过宽和的惩罚、监督、管理来实现，以有利于消除犯罪人的人身危险性这一矫正目标的实现。

（五）专门性与社会性相结合原则

社区矫正是一项严肃的刑罚执行活动，但同时社区在社区矫正工作中发挥着更为积极的作用，民间力量是社区矫正的主要资源，因此，在社区矫正工作中，在充分发挥专门国家机关自身业务优势的同时，积极组织社会力量参与社区矫正，是社区矫正工作取得成功的关键，也是我国社会转型时期社区矫正工作的一个主要特点。社区矫正涉及国家刑罚权的行使，是一项严肃的刑罚执行活动，因此，它首先属于国家专门机关的工作。同时，由于我国现阶段社区力量还比较薄弱，各地区社区建设包括中介组织的建设也很不均衡，如果忽视社区矫正作为刑罚执行活动的专门性，各地的社区矫正工作势必陷入软弱涣散的状态。另一方面，社区矫正不同于监禁矫正，它将犯罪人置于开放的社区中进行矫正，强调矫正活动与社区生活的密切结合，且整个矫正活动在社区中完成。这就必然要求充分利用社区中的各种资源，动员各种社会力量参与到社区矫正的活动之中，因此，社会参与性是社区矫正的一个很重要的特征。如果在参与主体及矫正内容上不具有社会性特征，没有犯罪人在社区中接受监督、帮助，没有社会力量对犯罪人的矫正提供帮助，社区矫正也就不复存在了。因此，根据我国的现实国情，在社区矫正立法中必须坚持专门性与社会性相结合的原则，在立法内容的设置上，应当充分体现出社区矫正作为刑罚执行活动的专门性以及矫正活动内容所具有的社会性。并在此原则的指导下，对矫正机构的设置、矫正工作者的构成与职责以及各种社会力量的参与方式及途径等方面的内容进行科学的规定，为社区矫正应有价值的充分发挥提供立法上的基本保障。

（六）分类管理原则

分类管理是“人格不同处遇不同”原则在社区矫正中的体现。由于犯罪人的犯罪原因、生活经历、主观恶性程度及个人的性格、能力等方面的差别，有罪判决对于犯罪人的评价内容及其影响不同，决定了犯罪人具有不同的人身危险性和不同的主观结构样态及其矫正的难易程度，因而要求社区矫正施予不同强度、内容、方法的矫正，对症下药，因材施教，发挥社区矫正的最大功效。分类管理不但有利于对矫正对象采取专门的、有针对性的矫治措施，有利于防止矫正对象之间的交叉感染和深度感染，还有利于调动被矫正人员的积极性。分类管理制度要求对被矫正人员实行分级处遇，体现累进处遇制度的精神实质，不同类型的被矫正人员处在不同的管理级别中，享有社区矫正机构所赋予的不同的待遇。被矫正人员要想享有较好的待遇或享有更多的权益，就必须付出相应的努力，争取进入到管理更为宽松的级别中，这就促使被矫正人员充分发挥主观能动性，用实际行动为自己争取权益。关于分类管理，我国社区矫正相关法令性文件对其进行了一定的规定。例如，2004 年《暂行办法》第 6 条规定：“司法行政机关应当对社区服刑人员实施分类管理、个性化教育。”同时，其第 23 条还规定：“司法所应当全面掌握社区服刑人员的犯罪原因、犯罪类型、危害程度、悔罪表现、家庭及社会关系等情况，进行综合分析，根据社区服刑人员被判处管制、宣告缓刑、暂予监外执行、裁定假释和剥夺政治权利等五种类别和不同特点，制定有针对性的教育改造计划和措施，并根据矫正效果和需要，适时作出调整。”这表明我国社区矫正在试点工作开始不久就基本坚持分类管理原则。

2008年《扩大通知》进一步强调：社区矫正要“根据社区服刑人员的不同特点，实施分类管理和教育，矫正其不良心理和行为，突出教育改造的针对性和实际效果”。2012年的《实施办法》第21条规定：“司法所应当及时记录社区矫正人员接受监督管理、参加教育学习和社区服务等情况，定期对其接受矫正的表现进行考核，并根据考核结果，对社区矫正人员实施分类管理。”可见，多年来我国的社区矫正都一直坚持着分类管理原则。尽管我国许多相关法令性文件对社区矫正分类管理进行了规定，但是其所作之规定都过于笼统，导致在实践中操作性欠缺。因此，应该在社区矫正的立法中充分注重分类管理原则，明确分类管理原则。不但要特别注意在未成年犯的改造工作中体现这一原则，还要对无家无亲、无收入来源的服刑者多做打算，为他们提供心理辅导、寻找工作机会，这些都是他们开启新人生的重要基础。①

（七）突出程序保障原则

在社区矫正立法中，应该突出程序保障原则。“社区矫正法律规范从严格意义上讲属于程序法，应该采用程序法的立法模式。社区矫正全部工作流程分为社区矫正的适用、开始、执行、刑罚执行变更、终止五个阶段。这是社区矫正工作的主要部分。”② 但是由于我国缺乏程序方面法律的保障，以致目前社区矫正工作存在某种程度的混乱与无序。在社区矫正的运作程序方面，《通知》只提到公、检、法和司法行政机关的工作分工，对于如何开展这些工作、

---

① 李钰：《论我国社区矫正立法的若干原则》，载《新疆师范大学学报（哲学社会科学版）》2016年第3期。

② 司绍寒：《社区矫正立法基本问题研究》，载《中国司法》2011年第4期。

社区矫正工作的流程、社区矫正各个阶段的衔接、社区矫正的管辖，以及矫正效果的评估程序等方面并无涉及。社区矫正工作具有很强的操作性，而程序性规定的缺失无疑会导致整个工作的混乱和无序。为了开展社区矫正工作，虽然一些地区相继因地制宜地出台了一些工作程序方面的规范性文件，就矫正对象的报到、接收、管理、教育、考核及奖惩和解除等程序，分别作出专门规定，但由于整个社区矫正工作缺乏统一的程序要求，以致各地的社区矫正运作程序五花八门、各行其是。而且，在之前的一些试点地区，存在由于缺乏规范的矫正对象移交程序，矫正对象回到社区而社区却没有得到通知，或者社区虽然得到通知却没有人员来报到，甚至发生矫正对象在外地重新违法犯罪的情况。程序正义是实体正义的根本保证。如果没有完善的程序保障，不仅不能实现社区矫正的预期价值，还会给社会增添不安全因素。因此，社区矫正立法要突出程序保障原则。突出程序保障原则不仅要求统一现有的“报到、接收、管理、教育、考核及奖惩和解除”等程序，还应当设立社区矫正刑适用前调查程序，以确认犯罪人是否适合适用社区矫正，其所居住的社区是否接纳、是否具备对其进行监督教育的条件，对其适用社区矫正能否达到刑罚执行的目的。① 还应当增加法律文书移送程序，以确保执行机关对罪犯的接收具有合法性。②

第四节　社区矫正法的框架体系

立法工作是刑罚制度改革和社区矫正制度完善的必要前提和有力保障。为了顺利开展社区矫正工作，加强对社区矫正对象的管理，确保社区矫正的有效性，实现刑罚的目的，社区矫正立法在修

① 姜爱东：《关于社区矫正立法中的几个问题》，载《中国政法大学学报》2010年第6期。

② 阎伟、董亚娟、苏喜民：《社区矫正立法原则之我见》，载《河北法学》2013年第1期。

改《刑法》、《刑事诉讼法》及《监狱法》等相关法律的前提下，有必要从实体上、程序上、组织上对社区矫正的问题予以明确规定，从而实现社区矫正制度建设的法制化。

具体来说，在《社区矫正法》中，应当包含以下主要内容：[①]

第一章“总则”。

“总则”部分涉及社区矫正工作中一些基本问题的规定，对社区矫正各章的立法及社区矫正工作的进行具有指导作用。“总则”的内容应当包括立法目的和依据、立法任务、社区矫正的概念及性质、社区矫正的任务、基本原则、社区矫正对象、社区矫正机构及职责，以及其他的一般性规定。

“总则”中对于社区矫正对象的规定需要特别注意一下。我国社区矫正相关法令性文件中对社区矫正对象的称呼不一致，如在《通知》和《暂行办法》中称为“社区服刑人员”，而在《实施办法》中称为“社区矫正人员”。这里的“社区矫正人员”容易引发歧义，其究竟是指“社区矫正工作者”还是“社区矫正对象”呢？因此，为了保证法律的统一性，该章在对社区矫正对象进行规定时，应该统一其称谓为“社区矫正服刑人员”。

第二章“社区矫正对象”。

在这一章中，首先要明确社区矫正对象的范围。《通知》和《暂行办法》均规定社区矫正对象包括五类：被判处管制的、被宣告缓刑的、被暂予监外执行的、被裁定假释的和被剥夺政治权利并在社会上服刑的罪犯。而2011年《刑法修正案（八）》和2012年新修订的《刑事诉讼法》仅规定了被判处管制的、被宣告缓刑的、被暂予监外执行的和被裁定假释的四类罪犯适用社区矫正，排除了对被剥夺政治权利的人的适用。这一规定是正确的，毕竟剥夺政治权利仅是资格刑，对其再科以半限制自由的社区矫正处遇，不但有

① 本书系专题性研究，故仅对有关中国社区矫正立法中的主要问题进行研究，对于一些争议不大的问题，就未设立研究专题。

悖刑罚的公正性、人道性，更有悖于刑罚的罪刑法定及一事不二罚的基本原则。[①] 为保持社区矫正立法的稳定性，该章在对社区矫正对象的范围进行明确的同时，还应该增加规定“法律规定的其他人员”作为兜底性条款。其次要明确规定社区矫正对象的条件，也就是适用社区矫正的条件。由于现有法律文件对社区矫正适用对象及条件规定得较为苛刻，因此极大地限制了社区矫正适用对象的数量，故在立法中可以适当放宽各种矫正类型的适用条件，以扩大社区矫正对象的适用数量，但必须保证犯罪人的人身危险性较小，不致在非监禁状态下重新犯罪。最后要明确社区矫正对象的法律地位，明确其享有的权利和必须履行的义务。社区矫正对象的法律地位是指矫正对象作为社区矫正法律关系中的主体，在社区矫正期间依法应当享有权利和承担义务的资格。但作为受刑人，社区矫正对象是依据有效的法律裁决在社区接受刑罚执行的公民，其法律地位仍不同于一般公民，因此，明确社区矫正对象的法律地位，对于确定矫正对象的法律权利、充分保护矫正对象的权利以及明确矫正对象的法律义务、严肃刑罚执行具有重要的意义。

第三章“社区矫正机构及工作者”。

社区矫正机构涉及社区矫正工作在国家刑罚权问题上的重新配置，必须对社区矫正的决定机构、社区矫正的执行机构以及社区矫正的监督机构予以科学地设置，并明确规定其各自的不同具体职能。可以考虑沿用《实施办法》中相关的规定：“司法行政机关负责指导管理、组织实施社区矫正工作；人民法院对符合社区矫正适用条件的被告人、罪犯依法作出判决、裁定或者决定；人民检察院对社区矫正各执法环节依法实行法律监督；公安机关对违反治安管理规定和重新犯罪的社区矫正人员及时依法处理。”与此同时，要明确“有关部门、村（居）民委员会、社区矫正对象所在单位、

---

① 屈学武：《中国社区矫正制度设计及其践行思考》，载《中国刑事法杂志》2013年第10期。

就读学校、家庭成员或者监护人、保证人等具有协助社区矫正机构进行社区矫正的义务”。①

社区矫正工作者在社区矫正工作占有重要地位，其人员队伍的配备及建设直接关系到社区矫正的具体实施和健康稳定发展。在这一章中，要规定社区矫正工作者的法律地位（是否具有执法身份、具体的权利和义务等）、类型、任职资格、培训等内容。可以考虑将社区矫正工作者分为三类：第一类是专职社区矫正工作者；第二类是有关社会团体的专业社会工作者，即专业的社会工作者；第三类是社会志愿者。同时，也要明确对不同类型的社区矫正工作者的职责要求。

第四章“社区矫正工作程序”。

社区矫正工作程序是社区矫正工作的重要组成部分，对于保障工作的顺利进行具有十分重要的意义。该章需要对社区矫正工作的各种相关的法律程序或者手续等内容进行明确规定。《实施办法》关于社区矫正工作程序的规定具体有：第一，社区矫正对象的确定程序，主要是确立矫正前的调查程序。第二，社区矫正对象的报到、接收程序，包括法律文书的送达、档案建立、权利义务告知等程序。第三，社区矫正的执行程序。第四，社区矫正的解除程序。第五，社区矫正的终止程序等。相比较《实施办法》中的规定，在立法中应该增加“听证程序”和“中止程序”。听证程序应该增加在矫正前的调查程序中，因为犯罪人在社区矫正期间仍存在再次犯罪的可能性，对社会仍具有一定的危险性，因此，社区矫正对象的选取与社区中的每一位成员都存在利害关系。在矫正前增加听证程序，可以在听证的过程中，就犯罪人的悔罪表现、犯罪情节、再犯可能、社区改造环境、监督责任、家庭环境等情况进行交流、核实、论证，在此基础上决定是否对犯罪人适用社区矫正。通过举行听证会，一方面可以体现社区矫正的公正性，减少法官在适用社区

① 最高人民法院、最高人民检察院、公安部、司法部：2012年《社区矫正实施办法》第2条、第3条。

矫正时的随意性，另一方面可以扩大社会影响，充分尊重群众的知情权，使社会公众充分理解和自愿接受社区矫正，促进监督、考察工作的落实，提高社区矫正工作的质量。增加中止程序，能够更好地处理在社区矫正过程中出现的社区矫正对象因涉嫌重新犯罪或者发现漏罪而被采取拘留、逮捕措施的情况。对于这种情况，应当在矫正对象被采取拘留、逮捕措施时中止社区矫正，并在审理后根据情况决定终止或恢复。如果构成犯罪，或者即使不构成犯罪，但已经不符合社区矫正条件的，终止社区矫正；不构成犯罪且依旧符合社区矫正条件的，恢复执行社区矫正。

第五章“社区矫正工作内容”。

这一章主要规定社区矫正工作的具体内容，包括对社区矫正对象的监督管理和教育帮扶。监督管理分为管理和监督：管理即社区矫正的日常管理，包括档案管理、请销假管理、会客管理、公益劳动等；监督即对社区矫正对象日常行为的监督，包括对参加教育学习、社区服务和社会活动等情况的监督，以及对是否违反禁止令等情况的监督。同时要明确规定社区矫正机构和社区矫正工作者进行监督管理的具体方式，还要规定对社区矫正对象的考核及对社区矫正对象的奖惩。教育帮扶，是帮助社区矫正对象适应社会的需要，实现人格的重新社会化，顺利地回归社会的最重要的方法。教育帮扶也分为对社区矫正对象进行教育和帮扶两方面的内容：对社区矫正对象的教育，包括思想、法律文化技术、生活等方面的教育；对社区矫正对象的帮扶，包括临时救助、社会保障、就业帮助、法律帮助等。

另外，社区矫正立法应该在这一章的“管理”工作中增加“社区服务”。社区服务作为一种刑罚方法最早出现在英国，这种刑罚首先于20世纪70年代出现在英格兰和威尔士，是指地方法院以刑事判决的方式判处罪行较轻的犯罪人，在一定的时间里为社区无偿提供一定数量的劳动。[①] 许多国家在刑法典中明确规定“社区服务刑”是刑罚的一种，即可独立适用，也可附加适用。也有一些国家将社区服务作为其他非监禁刑罚执行的附加内容之一，如要求被缓刑人、假释犯等必须参加一定数量的社区服务，作为其必须遵守的指示内容。在美国，社区服务可能是包括在一起的对罪犯的判决中的几个部分之一，如缓刑监督、受害人赔偿和社区服务可以合并成一个判决。[②] 社区服务刑融教育刑思想与恢复性司法理念于一体，体现了社会化、开放化的现代行刑趋向。这与社区矫正制度追求的矫正犯罪人犯罪心理和行为恶习、促进其顺利回归社会的目标是完全一致的，其执行方法和执行内容也完全符合社区矫正制度的要求。因此，该章应该将社区服务作为社区矫正工作内容进行明确规定。

第六章“特殊服刑人员的社区矫正”。

该章主要规定特殊服刑人员的社区矫正相关问题，包括对未成年人以及吸毒、嗜酒、患严重传染病、精神障碍者等进行专门规定。首先也鉴于未成年人犯罪的特殊性，在社区矫正立法中应当建立适合未成年违法犯罪人员特点的专门教育和矫正制度，包括：针对未成年人社区矫正的适用范围、专门的机构设置和人员配备、适合未成年人的社区矫正项目的设立以及有针对性的矫正计划和方案的制订和实施。其次，对于吸毒、嗜酒、患严重传染病、精神障碍者等，与其他一般的社区矫正对象相比也有其特殊性，除了对其进行一般的教育矫治措施外，还应当针对其特质实施专门的矫正项目。例如，对吸毒者，还要采用帮助其解毒、康复的措施；对嗜酒者，还要采用相关戒酒措施；对患严重传染病者，要进行相应的隔离矫正，并给予医护帮助；对精神障碍者，要根据不同情况进行监

① 王运生、严军兴：《英国刑事司法与替刑制度》，中国法制出版社 1999 年版，第 108 页。

② 刘强：《美国刑事执行法的理论与实践》，法律出版社 2000 年版，第 243 页。

护、治疗，对符合强制医疗条件的要采取强制医疗措施。

第七章“社区矫正的监督”。

该章的监督不但指检察机关对社区矫正机构及社区矫正工作者的社区矫正活动的合法性进行的监督，还包括人民代表大会及其常委会、行政机关及社会的监督。

首先，关于检察机关的监督。在2006年，最高人民检察院下发了《关于在社区矫正试点工作中加强法律监督的通知》，明确了检察机关重点监督的四个环节。[①] 该文件的贡献在于初步明确了检察监督的范围，标注了监督的重要环节，但比较抽象、含糊。2012年的《实施办法》对检察机关的监督仅在第2条和第37条进行了规定：第2条规定“人民检察院对社区矫正各执法环节依法实行法律监督”，强调检察机关具有监督权；第37条规定：“人民检察院发现社区矫正执法活动违反法律和本办法规定的，可以区别情况提出口头纠正意见、制发纠正违法通知书或者检察建议书。交付执行机关和执行机关应当及时纠正、整改，并将有关情况告知人民检察院。”该内容规定得同样过于简单、模糊，并没有明确监督的阶段及具体程序。因此，在社区矫正立法中应该对检察机关的监督进行明确具体的规定，包括社区矫正检察监督的内容，社区矫正检察监督的外部体制，社区矫正的事前、事中、事后监督体制以及检察监督权的行使措施等内容。

其次，关于人大、行政机关及社会的监督。我国社区矫正相关法令性文件仅规定了检察机关的监督，并没有涉及人大、行政机关及社会的监督。为了保障社区矫正活动的顺利有效进行，保证社区矫正制度的健康发展，完善监督体系是十分有必要的。因此，该章还应该规定人民代表大会及其常委会对社区矫正的监督责任、上级社区矫正管理机关对下级社区矫正机构及其工作者的社区矫正活动

---

① 该四个环节是：第一，要依法加强对交付执行环节的监督；第二，加强对执行变更环节的监督；第三，加强对执行终止环节的监督；第四，加强对监管措施的监督。

的监督责任，以及社会团体、单位和个人的监督权利。

第八章“社区矫正的保障”。

从广义上讲，社区矫正的工作保障，包括社区矫正开展所必需的一切机构、设施、制度、经费、人员等条件。该章主要对社区矫正的经费保障、社区环境保障等方面的内容进行明确规定。关于社区矫正的经费保障：首先要规定建立以政府财政投入为主的社区矫正经费保障制度；其次要鼓励有条件的社区矫正管理机构多方筹集社会资金，利用社会资金为社区矫正工作服务。关于社区矫正的环境保障：首先，要规定社区矫正宣传工作，通过争取社会各界的认同与支持，为社区矫正赢得一个良好的社会环境；其次，确立定期走访制度，通过定期走访服刑人员的家庭或其他亲友，争取其家人或其他亲友的支持，为矫正对象建立一个良好的人际关系环境；再次，规定加强建立教育、劳动和技能培训基地，为矫正人员安排各种职业技能培训，增强他们的自信心，提高其社交技能和适应现实生活的能力；最后，规定加强社区内的图书馆、博物馆、展览馆、运动场所、业余学校、培训学校等各种学习、教育、生活场所的建设，为矫正对象的有效矫正提供一个良好的矫正环境。

第九章“法律责任”。

关于社区矫正工作者的法律责任，2012 年的《实施办法》仅在第 38 条进行了规定：“在实施社区矫正过程中，司法工作人员有玩忽职守、徇私舞弊、滥用职权等违法违纪行为的，依法给予相应处分；构成犯罪的，依法追究刑事责任。”该条文仅规定了司法工作人员的法律责任，承担责任的主体范围狭窄，同时规定得也过于抽象、模糊。因此，该章应该对在社区矫正过程中具有违法违纪行为的司法工作人员及其他相关人员（包括公安机关、检察机关及法院的相关人员、专职社区矫正工作者、专业的社会工作者、社会志愿者）的法律责任进行明确具体的规定。同时，要为司法工作人员及其他相关人员对处理决定不服的规定相应的救济途径，如复核与申诉。

第十章“附则”。

该章主要规定《社区矫正法》的法律效力。包括：

“本法自　年　月　日起施行。

本法施行之前通过的有关社区矫正的规定与本法不一致的，以本法为准。”

第二章 社区矫正的机构及其工作者

第一节 社区矫正机构

自2002年在北京、上海等地率先以试点的形式对社区矫正工作进行探索开始，截至目前社区矫正工作已在全国范围内实行，社区矫正的机构及其权力已经发生了几次变化。但是，无论是理论界还是实务界，对社区矫正机构及其权力依旧存在一定的争议。2012年1月10日，最高人民法院、最高人民检察院、公安部、司法部（以下简称“两高两部”）制定的《社区矫正实施办法》（以下简称《实施办法》）第2条规定：“司法行政机关负责指导管理、组织实施社区矫正工作；人民法院对符合社区矫正适用条件的被告人、罪犯依法作出判决、裁定或者决定；人民检察院对社区矫正各执法环节依法实行法律监督；公安机关对违反治安管理规定和重新犯罪的社区矫正人员及时依法处理。”这一条看似已经明确了社区矫正的决定机构、管理（执行）机构和监督机构，却没有对其进行具体说明，同时对公安机关的定位也不明确。《社区矫正法》作为一部专门规范社区矫正的法律，必须建立一个科学合理的关于社区矫正的机构体系，才能确保社区矫正工作的顺利进行和发展。因此，有必要对社区矫正的三类机构的设置及权限进行深入分析，以建立更好的社区矫正机构体系。在设定这一体系时，一方面要全面客观地考虑我国现有的社区矫正的机构体系，尤其是几个试点城市的社区矫正的机构体系；另一方面也要及时关注当今世界其他国家关于社区矫正机构设置的经验和不足，使我国所确立的社区矫正的机构体系能够更好地配合我国社区矫正工作的开展和社区矫正制度的发展。

一、社区矫正决定机构

（一）国外社区矫正的决定机构

社区矫正的适用以有权机关的判决、裁定或决定为前提。社区矫正的决定机构根据犯罪人罪行的轻重、人身危险性的大小以及犯罪人自身的特定情况，选择决定是否对其在社区中执行刑罚。作为一种刑罚执行方式，社区矫正决定机构所作出的对犯罪人适用社区矫正的决定，是社区矫正实施的前提。

在国外，由于各国在社区矫正的性质及适用范围上理解不尽一致，因此，社区矫正的决定机构在不同的国家和地区也有所不同。不过，从多数国家的情况来看，不同类型的社区矫正往往由不同的机关来作出有关的适用决定。下面主要针对不同形式的社区矫正制度，对当前不同国家的社区矫正决定机关作一个简单的介绍。

1. 美国的社区矫正决定机构。在美国，对社区矫正概念一般是作较为宽泛的理解，其适用社区矫正的对象范围包括了刑事诉讼中犯罪嫌疑人、被告人，被法院认定有罪的罪犯，正在接受监禁矫正的受刑人。由于社区矫正的适用跨越了刑事司法过程中的不同阶段，因此，社区矫正的决定机构也有所差异。如果司法转处发生在审判之前和法律禁止的行为发生之后，[①] 从决定机关来区分包括警察转处与审前转处两种形式，前者的决定机关是警察部门，后者则是由法官在审理案件之前适用的；犯罪人被法官认定为有罪的情况，是否适用具有社区矫正性质的非监禁性刑罚如社区服务或监禁

① 吴宗宪等：《非监禁刑研究》，中国人民公安大学出版社 2003 年版，第 218 页。

替代措施如缓刑，[①] 则属于法官刑罚裁量的范畴；而对于已适用监禁矫正的受刑人是否适用假释此类社区矫正形式，美国大部分的州是由假释委员会负责决定的。[②]

2. 英国的社区矫正决定机构。在英国，社区矫正的类型包括（附条件）保释、由一项或一项以上社区令组成的社区刑罚、缓期刑罚以及对监禁罪犯包括假释在内的“提前释放”体系。作为替代羁押的方法，（附条件）保释的适用由警察或治安法院决定；社区刑罚、缓期刑罚作为法定的刑罚种类，其适用由法院在刑罚裁量过程中选择适用；社区矫正主要表现为一种复合性的刑种，是由法官决定的；“提前释放”在1990年之前，其中的假释是完全自由裁量的，只有假释委员会根据内务部的最终决定考虑之后才能给予。《1991年刑事司法法》废除假释和赦免体系后，刑期在4年或4年以上的长刑期囚犯，其提前释放取决于假释委会员向内务部的建议；自由裁量的终身监禁囚犯的释放日期，要在法院决定的期间失效后由假释委员会考虑；对于强制性终身监禁囚犯，则由内务部根据假释委员会的释放建议最终决定。[③]

3. 日本的社区矫正决定机构。在日本，社区矫正属于犯罪人处遇的社会处遇形式。其中作为终局处分的保护观察、缓刑（包括附加保护观察的缓刑）是由法院决定适用的；假释及其所附加

① 需要注意的是，美国的一些州如伊利诺伊、特拉华和内布拉斯加直接将缓刑本身作为一种刑罚。[美] 大卫 · E. 杜菲：《美国矫正政策与实践》，中国人民公安大学出版社1992年版，第245页。此外，理论界也有观点将传统的缓刑视为一种非监禁刑罚。[美] 爱伦 · 豪切斯泰勒 · 斯黛丽、南希 · 弗兰克：《美国刑事法院诉讼程序》，陈卫东、徐美君译，何家弘校，中国人民大学出版社2002年版，第559页。

② 在美国，监禁矫正与社区矫正的界限较为模糊，在理论与实践中，往往也将教育释放、工作释放等其他重返社会制度视为社区矫正的一种形式，并且多由假释委员会决定。不过也有些州由法官代替假释委员会，参与具有自由裁量性质的释放；有些州则废除了假释制度，将具有自由裁量性质的释放交由监狱官员控制。[美] 大卫 · E. 杜菲：《美国矫正政策与实践》，中国人民公安大学出版社1992年版，第569页。

③ [英] 约翰 · 斯普莱克：《英国刑事诉讼程序》，中国人民大学出版社2006年版，第128、129、365、573、574、576、577页。

的保护观察是由地方更生保护委员会批准的；而紧急改造保护则是由本人提现申请，由保护观察所所长决定。①

4. 德国的社区矫正决定机构。在德国，社区矫正主要包括以下几种：缓刑帮助、余刑缓刑（假释）、赦免缓刑、保安处分帮助、青少年教育处分、惩戒措施和少年刑罚缓刑、缓科。其中，缓刑帮助、余刑缓刑（假释）、保安处分帮助、青少年教育处分、惩戒措施和少年刑罚缓刑、缓科的适用均由法院决定；而赦免缓刑的决定权则属于德国总理，通常由各州议会选举组建赦免委员会。②

5. 法国的社区矫正决定机构。在法国，公益劳动（《刑法典》第131－8条）、监视居住（《刑法典》第131－31条）、缓刑（《刑法典》第132－40条）、刑罚之推迟宣告（《刑法典》第132－60条至132－70条）、半释放（《刑法典》第132－25条至132－26条）等，均由法院判处适用或决定；而假释则由执行法官和司法部长分别批准。被判刑人自入狱起服刑总时间未超过5年的，由执行法官批准；超过5年的由司法部长批准。③

由于各国对社区矫正的性质及范围理解不一，社区矫正的决定机构存在较大的差异。不过，对于具有社区矫正意义的非监禁刑种（如社区服务刑）及监禁替代措施（如缓刑）而言，几乎所有国家是由法院判决作出的。而作为促进罪犯重返社会的假释制度，各国的决定机构差异较大，多数国家由专门的委员会决定，如美国（假释委员会）、日本（地方更生保护委员）等；有的国家由法院决定，如德国；而有些国家则由其他机构决定，如法国等。

---

① ［日］大谷实：《刑事政策学》，黎宏译，法律出版社2000年版，第184、185、272、278、279、287页。

② 司法部赴德国社区矫正培训团：《德国社区矫正概览》，载《中国司法》2005年第11期。

③ ［法］卡斯东·斯特法尼等：《法国刑法总论精义》，罗结珍译，中国政法大学出版社1998年版，第637页。

（二）我国社区矫正的决定机构

根据2011年《刑法修正案（八）》和2012年新修订的《刑事诉讼法》的规定，社区矫正的适用对象包括四类：被判处管制的、被宣告缓刑的、被暂予监外执行的和被裁定假释的罪犯。《社区矫正法（征求意见稿）》第10条明确规定："依法判处罪犯管制、宣告缓刑、裁定假释、决定暂予监外执行的人民法院和依法批准罪犯暂予监外执行的监狱管理机关、公安机关（以下统称社区矫正决定机关），决定对罪犯实行社区矫正。"① 据此可知，判处管制、宣告缓刑、裁定假释的权力由人民法院行使，批准监外执行的权力由人民法院和监狱管理机关、公安机关行使。作为刑罚种类的管制和作为刑罚裁量制度的缓刑，涉及国家量刑权的行使，与审判程序不可分割，因此将其决定权归属于人民法院，理论上并无异议。但争议较大的问题是假释的裁定权以及监外执行的批准权的归属及机构设置。

1. 假释裁定权的归属。

目前我国假释权归于人民法院，假释的决定和撤销均由人民法院决定。理论界对此有颇多批判，认为假释的性质是刑罚的执行制度，它是行刑权对量刑权的调控，是对犯罪人处遇方式的改变，而非对量刑内容的变更（无期徒刑直接假释者极少），因此，假释是行刑权的必然组成部分，而行刑机关是行刑权的当然主体。所以，应修改假释机关和裁定程序的法律规定，将假释裁定权归由刑罚执行机关行使，在刑罚执行机关设置假释委员会，② 由假释委员会行使假释决定权。

笔者认为，上述意见是不妥当的，假释权的行使仍应归属于人民法院。原因如下：

---

① 国务院法制办公室发布的《社区矫正法（征求意见稿）》第10条。

② 汪建成、余净：《海峡两岸假释制度比较研究》，载《法学论坛》2001年第3期。

第一，认为假释仅仅涉及“刑罚执行”而不涉及审判权的观点是不能成立的。法院的判决显然包括对犯罪人适用的刑罚，而刑罚不仅包括刑罚种类，还包括刑罚执行方式。假释是将服刑人提前从监狱中释放，而置于社会中继续执行刑罚，这涉及公民自由的剥夺和恢复。在法治社会，只有司法机关才有权决定公民自由权利的剥夺和恢复，将这种权力交于行政机关行使，基于行政权力固有的扩张性与主动性，存在权力滥用的可能，很难保证其适用的公正。

第二，有学者曾经以劳动教养委员会为例，探讨了附设在行政机关内部假释委员会蜕化的可能。[①] 我国曾经的劳教制度也是联合审批方式，劳动教养委员会是一个综合性机构。但是，在之后的司法实践中，劳动教养的审查批准权实际上是由公安机关代为行使的。劳动教养案件基本上采取了一种行政式的审查，而且只有书面的、间接的案卷审查，不举行任何形式的听证程序。[②] 强大的权力如果没有良好的监督，必然难以有良好的人权保障。设置在监狱内部的行政化的假释委员会看似合理，但很难保证假释权的公正行使。

第三，从国外的假释实践来看，并非每个国家都认为假释权应当是行政权。例如，《俄罗斯联邦刑法典》第 79 条规定，假释由法院决定；德国的假释，也由法院裁定；意大利的假释，由监督法院批准；等等。保持法院对假释的监督和介入，将使假释的决定程序透明化；同时，也符合只有司法权才能限制或剥夺公民自由权利（解除对公民自由权利的限制）的现代法治理念。

不可否认，假释的前提是监狱行刑机关对受刑人服刑表现的考察，假释并没有消除刑罚，而只是改变了刑罚执行的地点，因此假释权的确带有行政权力的某些特征。正因为如此，我国目前假释的

---

① 王利荣：《再谈假释的适用》，载《中国监狱学刊》2002 年第 3 期。

② 陈瑞华：《劳动教养的历史考察与反思》，载储槐植等：《理性与秩序——中国劳动教养制度研究》，法律出版社 2002 年版，第 14、15 页。

体制是由监狱行刑机关提出书面假释意见，人民法院组成合议庭最终对是否假释作出裁定。监狱机关是行刑机关，对服刑人的情况比较清楚，而人民法院的审查主要是合法性审查，起到一个监督作用。罪犯假释提请权与假释决定权的分离可以保证假释权公正而有效地行使。

2. 监外执行决定权的归属。

2012 年新修订的《刑事诉讼法》第 254 条第 1 款规定："对被判处有期徒刑或者拘役的罪犯，有下列情形之一的，可以暂予监外执行：（一）有严重疾病需要保外就医的；（二）怀孕或者正在哺乳自己婴儿的妇女；（三）生活不能自理，适用暂予监外执行不致危害社会的。"第 5 款规定："在交付执行前，暂予监外执行由交付执行的人民法院决定；在交付执行后，暂予监外执行由监狱或者看守所提出书面意见，报省级以上监狱管理机关或者设区的市一级以上公安机关批准。"按照法律的规定，我国决定监外执行的机关主要有以下三种：

一是人民法院。1996 年修订的《刑事诉讼法》第 214 条规定，对于罪犯确有严重疾病，必须保外就医的，由省级人民政府指定的医院开具证明文件，依照法律规定的程序由人民法院审批。但该条没有规定具体的审批程序。1988 年 9 月起实施的最高人民法院《关于执行〈中华人民共和国刑事诉讼法〉若干问题的解释》第 353 条作了比较明确的规定："被判处有期徒刑或者拘役的罪犯，有《刑事诉讼法》第 214 条第 1 款、第 5 款的规定的情形之一，人民法院决定暂予监外执行的，应当制作《暂予监外执行决定书》。载明罪犯基本情况、判决确定的罪名和刑罚、决定暂予监外执行的原因、依据等内容，并抄送人民检察院和罪犯居住地的公安机关。"2012 年新修订的《刑事诉讼法》增加规定，人民法院决定交付执行前的监外执行。

二是监狱管理机关。在监狱中服刑的罪犯符合暂予监外执行的条件的，由监狱提出书面意见，报省级以上监狱管理机关批准。

三是公安机关。根据《刑事诉讼法》等有关法律的规定，被判处拘役的罪犯，以及被判处有期徒刑、在交付执行前剩余刑期在1年以下的罪犯，由公安机关在看守所内执行。如果在看守所内执行刑罚的罪犯出现患有严重疾病需要保外就医、怀孕或者是正在哺乳自己婴儿的妇女，以及生活不能自理的情况，看守所需提出书面意见，报设区的市一级以上公安机关决定其是否监外执行。

我国现行的关于监外执行的决定机关的规定是我国经过长期的司法实践总结出来的一套制度。但是，该套制度也存在一定的问题。例如，法律虽然在交付执行前和交付执行后的阶段中，在不同的服刑地点都对监外执行规定了不同的决定机关，但是对于这三个机关之间的相互配合和协调却没有明确的规定。这样常常会导致因为对于是否适用监外执行的标准认识的不一致，从而导致将罪犯退回交付执行的人民法院，或者出现三个机关之间的相互推诿、扯皮的情况，影响了国家刑罚执行的严肃性。① 有学者提出，监外执行的决定权应当归人民法院。② 同时，也有学者认为，现有的监外执行的决定制度中，因提请与审决机关之间是上下级或自身关系，具有封闭性和排他性，缺乏论辩机制，极易出现“自家说了算”的结果。故应该规范审决机关，对判决生效时未被羁押的罪犯，需暂予监外执行的，一审法院受理检察机关提请后，应当提交上一级法院审判监督庭审理裁定。③

笔者赞同这种观点，认为交付执行前的监外执行，由审判法院的上一级人民法院决定；监外执行应当由罪犯所在监狱、看守所等执行机构提起，由罪犯服刑地中级法院裁定决定。理由是：

第一，监外执行与减刑、假释相同，都不同程度地改变了原判决的内容。监外执行对罪犯的服刑方式作了重大调整，属于对原判

① 郭建安、郑霞泽：《社区矫正通论》，法律出版社2004年版，第423页。

② 金干林：《监外执行应由人民法院裁定》，载《人民检察》1999年第10期。

③ 汪应武：《论检察监督视野中的暂予监外执行制度困境及完善对策》，载《中国检察官》2016年第1期。

决内容的重大修改，而人民法院的判决具有高度的权威性，其修改只能由人民法院通过法定程序进行，不能交由作为刑罚执行机关的监狱决定。当然，由于监狱是刑罚执行机关，其对罪犯的情况熟悉，因此监狱有权提请法院予以监外执行。

第二，根据现行法律的规定，由监狱及其管理机关行使监外执行的批准权。对于刑罚执行机关而言，这种情况实际上属于内部自审自批，无法摆脱自身的局部利益对暂予监外执行工作的消极影响，难以保证执法的准确性和公正性。正因为如此，有的执行机关随意放宽适用条件，甚至出现权钱交易的情况，根本原因就在于缺乏有效的外部制衡。而将暂予监外执行的决定权收归法院行使，能够有效地避免由监狱管理机关批准暂予监外执行而滋生的种种问题。

第三，监外执行的决定权归人民法院，由审判法院的上一级人民法院决定，不但可以完善监外执行的程序，强化人民法院、人民检察院、监狱管理机关三者关系的制约与平衡，从而有效保障罪犯的人身权利；还可以避免在自审自决中出现权力滥用现象，甚至可避免在监外执行的适用过程中出现职务犯罪行为。

综上所述，由于社区矫正不将罪犯监禁，而是将其置于社区中执行刑罚，这是罪犯普遍希望的处遇方式。但社区矫正在保障罪犯顺利回归社会的同时，还必须确保社会安全，保证刑罚适用的公正。在社区矫正对象的选择上，必须由有权机关根据法定的条件及严格的程序进行。笔者认为，由人民法院统一作为社区矫正的决定机构，对罪犯决定社区矫正的适用和撤销，符合现代法治社会的理念，不仅有利于人民法院、社区矫正执行机构、人民检察院之间的权力制约与平衡，防止权力滥用，而且有利于加强对社区矫正的执行过程进行监督，更将社区矫正的决定阶段置于制度性的有效监督之下，从而保障社区矫正工作健康有效的开展。随着社区矫正适用范围的扩大、适用对象的增加，人民法院判决或决定社区矫正适用的工作量也必然增大。笔者认为，可以考虑在法院内部专门设置一个决定监外执行和假释的部门，使社区矫正决定机关的活动更加专业化，效率更高、质量更好。这种社区矫正决定机构的设置更能够体现出其优势，能更好地为后面的社区矫正工作的顺利展开提供坚实的基础。

二、社区矫正管理机构

（一）国外社区矫正的管理机构

社区矫正的管理机构是根据法律的规定，负责对在社区中服刑的罪犯执行刑罚、进行教育改造和帮助的专门机构。在国外，不同国家的社区矫正模式的不同，导致社区矫正管理机构存在一定的差异。

目前在国外，社区矫正模式主要有以下几种：以美国、加拿大等国为代表的“公众保护模式”，这种模式除了要考虑罪犯重新适应社会，还要考虑在社区矫正适用的同时保证公共安全性；以英国为代表的“刑罚模式”，将社区矫正作为一种专门的刑罚执行方式，是英国刑罚体系的一部分，因此能够被广泛适用；以日本为代表的“更生保护模式”，更加注重矫正对象的保护和救济。① 下面将对代表不同社区矫正模式的相关国家的社区矫正管理机构进行简单介绍。

1. 美国的社区矫正管理机构。

在美国，由于美国联邦和州具有两套法律系统，故其刑罚的执行体系以及与此相关的社区矫正机构体系也存在不同。在刑罚执行体系上，美国联邦监禁刑和非监禁刑的执行界限比较分明，缓刑监督和释放监督由隶属联邦法院系统的缓刑管理机构承担；监禁刑由隶属司法部的联邦监狱局负责。而大部分州没有将非监禁刑和监禁刑的执行分开，如明尼苏达州，由选举产生的矫正专员领导矫正机

① 李明：《国外主要社区矫正模式考察及其借鉴》，载《中国司法》2008 年第 1 期。

构，负责所有刑罚的执行。[①] 在社区矫正管理机构体系上，在联邦层面，美国联邦司法部下设矫正局，由矫正局分管联邦监狱和联邦社矫工作，实行两级垂直领导体系；[②] 在各州层面，在州与地方（主要是郡）政府之间确立社区矫正实施的法律授权和运作机制，并明确州和地方政府（包括司法和行政两个分支）在执行社区矫正项目中的职责、权限。[③]

2. 英国的社区矫正管理机构。

英国作为社区矫正的“刑罚模式”的代表，其社区矫正工作是由国家缓刑局及其分支机构、地方假释委员会和全国未成年人司法委员会共同完成的，国家缓刑局及其地方分支机构承担主要任务。社区矫正的主要任务包括：①对犯罪人进行量刑前调查和危险性评价；②对被判处社区矫正刑罚的社区服刑人员进行监督和考察；③充分利用和调动所在社区的资源，为社区矫正对象提供教育、培训、就业指导、娱乐及讨论的场所；④医疗服务机构、志愿者机构、劳工组织和企业家联合会等相关部门建立联系，为社区矫正对象提供戒毒、心理治疗、家庭问题及学习工作等方面的帮助；⑤为社区矫正对象提供劳动技能培训、就业岗位与就业咨询服务；⑥定期将社区矫正对象的表现情况向法院作出书面报告，根据服刑人员的矫正表现，提出减刑、定期解除和收监执行的建议和意见，由法官对社区矫正对象实施奖惩和作出解除矫正、收监执行的决定或者变更有关裁定或判决。[④]

3. 日本的社区矫正管理机构。

---

① 林子坚：《域外社区矫正制度辨析及对我国的启示》，载《法学论坛》2015 年第 4 期。

② 王曦瓴、杨晓萍：《国外社区矫正制度代表性模式探析》，载《法制与社会》2016 年第 34 期。

③ 林子坚：《域外社区矫正制度辨析及对我国的启示》，载《法学论坛》2015 年第 4 期。

④ 陈志英：《论国外社区矫正制度及其借鉴》，载《潍坊学院学报》2011 年第 3 期。

日本是“更生保护模式”的代表，其社区矫正制度具有完善的社区矫正执行机构。罪犯的更生保护问题由法务省主管，社区矫正由更生保护局及其所管辖的机构负责。更生保护局负责全国的假释工作，全国设立 8 个地区假释委员会，同时在地区假释委员会下面设有 50 个缓刑所（保护观察所）。地区假释委员会负责独立决定和撤销罪犯的假释决定和监督本辖区内缓刑所的工作；缓刑所具体负责监督缓刑犯和假释犯的监督执行工作。①

不同国家社区矫正管理机构虽然存在一定的差异，但是各国几乎都有自己专门、统一的管理机构，而且各国对社区矫正执行部门的职责划分都较为明确，这是值得借鉴的。

（二）我国社区矫正的管理机构

在我国，社区矫正的刑罚执行属性决定了社区矫正管理机构同时也是我国的刑罚执行机关。社区矫正涉及对犯罪人监督、教育及帮助等多项内容，承载着惩罚犯罪人、保护公众、促进犯罪人重新融入社会等多元的价值目标，因此，社区矫正的实施必须由特定的管理机构与人员来组织。而社区矫正管理机构的设置是否科学合理，对于社区矫正的运作关系重大。社区矫正机构设置的前提是明确社区矫正管理权的归属，在此基础上来实现社区矫正机构设置的制度化和规范化。

1. 社区矫正管理权的归属。

如前文所述，自社区矫正试点工作开展以来，我国社区矫正管理权的主体发生了三次变化：最初是公安机关；之后出现公安机关为“执法主体”、司法行政机关为“工作主体”的“双主体”模式；2012 年《实施办法》规定，由司法行政机关负责社区矫正的管理（执行）。下面将对这一主体变化的原因进行分析：

（1）公安机关作为社区矫正管理权的主体存在缺陷。

① 陈志英：《论国外社区矫正制度及其借鉴》，载《潍坊学院学报》2011 年第 3 期。

我国1996年颁布的《刑事诉讼法》第214条规定："对于暂予监外执行的罪犯，由居住地公安机关执行，执行机关应当对其严格管理监督，基层组织或者罪犯的原所在单位协助进行监督。"第217条规定："对于被判处徒刑缓刑的罪犯，由公安机关交所在单位或基层组织予以考察。对于被假释的罪犯，在假释考验期限内，由公安机关予以考察。"第218条规定："对于被判处管制、剥夺政治权利的罪犯，由公安机关执行。执行期满，应当由执行机关通知本人，并向有关群众公开宣布解除管制或者恢复政治权利。"1997年《刑法》第38条第2款规定："被判处管制的犯罪分子，公安机关执行。"第76条规定："被宣告缓刑的犯罪分子，在缓刑考察期限内，由公安机关考察，所在单位或基层组织予以配合。"第85条规定："被假释的犯罪分子，在假释考验期内，由公安机关予以监督……"虽然《刑事诉讼法》第217条将缓刑的执行权交由服刑犯所在单位或基层组织，但由1997年颁布的《刑法》第76条的规定可以看出，我国立法机关又将缓刑的执行权由罪犯"所在单位或基层组织"收归公安机关。可见，在我国1996年《刑事诉讼法》和1997年《刑法》中，尽管上述五种非监禁刑和非监禁措施的执行与监督考察存在基层组织或者罪犯原所在单位的参与，但其法定的管理（执行）机关均是公安机关，其他组织和单位只是配合与协助。

然而，我国1996年《刑事诉讼法》和1997年《刑法》将上述非监禁性刑罚执行活动的管理权赋予了公安机关，不仅在理论上缺乏科学性，而且在实际运作中也存在明显的弊端。

首先，公安机关作为刑罚执行机关不符合刑事司法活动的基本原则。国家的司法活动由侦查、起诉、审判和执行四个环节构成，上述四个环节在运用刑罚抗制犯罪方面具有不同的任务和目标，因此，基于分工负责的原则，与上述四个环节相对应的侦查权、起诉权、审判权和执行权应当由不同的机关负责；同时，为了保证刑事司法活动公平、公正地实施，上述各项司法权力的行使应当相互制约，以避免权力的滥用。然而，将公安机关作为刑罚执行机关，意味着公安机关在享有刑事侦查权的同时，兼有刑罚执行的职权。将这两种不同性质、不同阶段的刑事司法权交由同一机关（公安机关）行使，不仅不符合分工负责的原理，而且违背权力制衡的原则，难免造成权力的滥用。

其次，公安机关所担负的职责决定了其难以有更多的精力从事社区矫正工作。我国的公安机关担负着繁重的社会治安任务。面对社会治安形势严峻、犯罪率长期居高不下、刑事案件日渐增多的局面，公安机关尤其是基层派出所警力不足、财力有限、物力紧张的矛盾非常突出。繁重的社会治安保卫工作和刑事侦查工作已使公安机关不堪重负，因而社区矫正工作实际上难以引起公安机关足够的重视，致使许多地方的非监禁性的刑罚执行工作流于形式，基本处于无序的管理状态，监管对象处于失控境地，脱管现象严重，时刻威胁着社会稳定。

最后，公安机关的性质决定了其无法胜任刑罚执行工作。长期以来，公安机关主要担负着打击犯罪、维护社会稳定的职责，这种性质往往导致公安机关与罪犯之间存在尖锐的矛盾冲突和情绪对立，由此也决定了公安机关不适宜从事刑罚的执行工作。刑罚执行的工作内容不只是对犯罪人的监督和管理，更重要的是进行有效地改造活动。有效地改造需要沟通与理解，需要在心理上相互认可与接纳。而公安机关与罪犯之间的对立冲突，成为一种制约罪犯改造工作的重要因素。《联合国囚犯待遇最低限度标准规则》第 60 条第 2 款就指出，“监督不可委之于警察”。理由就在于，作为国家执法权威的标志，公安机关固然可以给罪犯以心理上的威慑，但同时也可能造成他们的恐惧、抵触甚至怨恨的心理，从而导致反社会的逆反心理，不利于刑罚执行工作的开展。当今世界绝大多数的国家，都把警察机关的治安管理与对罪犯的刑事执行加以区别，以此设立专门的机关负责管理。①

（2）公安机关为“执法主体”、司法行政机关为“工作主体”的“双主体”模式存在弊端。

由于公安机关作为刑罚执行机关具有上述显而易见的缺陷，2003 年 7 月，“两高两部”在《通知》中对我国社区矫正（非监禁刑）的执行机构作出了重大调整，即由以公安机关为主转为以司法行政机关为主的格局。《通知》规定：“司法行政机关要牵头组织有关单位和社区基层组织开展社区矫正试点工作，会同公安机关搞好对社区服刑人员的监督考察，组织协调对社区服刑人员的教育改造和帮助工作。街道、乡镇矫正机构要具体承担社区矫正的日常管理工作。监狱管理机关要依法准确适用暂予监外执行措施，并积极协助社区矫正组织的工作。公安机关要配合司法行政机关依法加强对社区服刑人员的监督考察，依法履行有关法律程序。对违反监督、考察规定的社区服刑人员，根据具体情况依法采取必要的措施；对重新犯罪的社区服刑人员，及时依法处理。”《暂行办法》进一步明确要求：“省（自治区、直辖市）、市（地、州）和县（市、区）司法行政机关应当设立社区矫正工作领导小组办公室，作为同级社区矫正工作领导小组的办事机构，负责指导、监督有关法律、法规和规章的实施，协调相关部门解决社区矫正工作中的重大问题，检查、考核本地区社区矫正实施情况。”“乡镇、街道矫正机构具体负责实施社区矫正。”在实践中，大部分试点单位都依据《通知》和《暂行办法》的要求，在各级政府组织各部门力量启动社区矫正工作以后，确立了公安机关为“执法主体”、司法行政机关为“工作主体”的“双主体”模式。这种“双主体”模式实质上体现了国家对于一直以来的我国社区矫正执行职能由公安机关单独承担的一种反思；同时也是苦于国家《刑法》、《刑事诉讼

① 杨兴培：《刑事执行制度一体化的构想》，载《华东政法学院学报》2003 年第 4 期。

法》、《监狱法》等相关法律还没有相应的修订，所以只能通过社区矫正试点的形式，对于社区矫正执行机关重构的一种试探性的改革。

然而，所谓的“执法主体”与“工作主体”无论如何是不应分离的。作为一项严肃的刑罚执行活动，社区矫正不仅仅只涉及法律程序适用，更涉及具体的实体性的工作内容。社区矫正的内容不仅包括对矫正对象的惩罚、监督，还包括对矫正对象的教育、帮助等活动，这些都属于刑事“执法”的范畴，特别是后者更是社区矫正这种刑事执行活动的核心内容。尽管目前的“双主体”执行主体模式确立了司法行政机关在社区矫正工作的核心主体地位，公安机关只是配合，但由于司法行政机关不具有“执法主体”的身份，故很难在社区矫正中有效地开展工作，同时其“工作主体”的身份也难免在实践中遭受合法性的质疑。因此，为了保证社区矫正的规范运行和健康发展，必须改变目前社区矫正管理工作中的“双主体”模式，应当在未来的《社区矫正法》中明确专门的执行主体，以全面主持和协调社区矫正工作。

（3）司法行政机关作为社区矫正管理机构具有合理性。

关于我国社区矫正的执行主体，《实施办法》第2条规定：“司法行政机关负责指导管理、组织实施社区矫正工作。”另外，2016年12月1日公布的《社区矫正法（征求意见稿）》第4条第1款也规定：“国务院司法行政部门主管全国的社区矫正工作。县级以上地方人民政府司法行政部门负责本行政区域的社区矫正工作。”该规定明确了我国社区矫正的执行主体是司法行政机关。目前，我国理论界多数学者支持由司法行政部门统一负责社区矫正执行工作。笔者也主张由司法行政部门作为专门的社区矫正管理机构，原因简述如下：

第一，社区矫正作为一种刑罚执行活动，应属于司法行政机关的职能。社区矫正是一项包含惩罚、监督、教育及帮助等诸多内容的刑罚执行活动，需有有专门的机构负责管理实施。然而，根据分权原则，公安机关、检察机关和人民法院分别担负着侦查、起诉及审判等职能，其各自的职责内容及性质决定了它们都不宜成为行刑主体。一方面，这些机关本身所具有的职责内容决定了其很难有更多精力从事刑罚执行工作；另一方面，这些机关在刑事诉讼过程中难免使罪犯产生情绪上的对立，以致其难以有效地担负罪犯矫正职责。而作为刑事诉讼过程中一个全新的角色，司法行政机关没有其他更重要和繁杂的任务，可以把主要精力放在社区矫正的执行上。同时，司法行政部门一直以来都是我国监禁刑执行的主管机关，在监禁刑的执行特别是对罪犯的教育改造方面，积累了丰富的经验。司法行政部门作为社区矫正的管理机构，不仅可以引入监狱矫正中已经获得成功的经验，积极促进社区矫正工作的有效开展，而且有利于加强狱内改造同狱外改造的衔接配合，整合行刑资源。这对于全面、系统地规范行刑权的运作，进一步提高刑罚执行效益具有重大意义。

第二，我国的司法行政机关担任社区矫正的执行主体，有现成资源可以发掘、利用。据司法部公布的资料，我国乡镇与街道一级的基层司法行政工作经过多年的发展，目前已经形成了较为健全的组织体系。到2000年年底，全国已建矫正机构4万余个，矫正机构队伍发展到9.4万人，专职司法助理员队伍5.5万人。另外，全国已建立了3万多个基层法律服务所，基层法律服务工作者总数达12万人。[①] 基层矫正机构和基层法律服务所具有贴近社区、面向群众的优势，对预防犯罪、维护社会治安起到了积极作用。但由于现行的法律和制度没有赋予其执法主体的身份和相应的职责、权利等原因，其潜在的巨大功能，尤其是在社区矫正方面的功能并没有发挥出来。所以，应当整合现有的基层司法行政资源，通过立法赋予其刑事执行方面的职能，逐步将其改造成为以执行非监禁刑为主要

① 冯卫国：《构建我国社区矫正制度的若干思考》，载《广西政法管理干部学院学报》2003年第7期。

职责的专门执法机构。这也是完善我国社区刑罚执行机制、实现行刑资源合理配置的一条便捷有效的途径。

第三，从当前国际情况看，国外多数国家都设有专门的社区矫正机构，尽管称谓不一，但在行政隶属关系上，多数是由属于行政机关系列的司法部门管理、领导。在美国，对假释犯的监督多由专门成立的假释委员会负责，而假释委员会是美国司法部下属的机构，而且大多数州的缓刑工作服务机构也设在司法部；在加拿大，对联邦系统的假释犯的监督由加拿大矫正局负责；在瑞典，司法部下设监狱和缓刑局，管理全国的缓刑和假释工作；在丹麦，同样在司法部下设立了监狱和缓刑局；日本在法务省（类似于我国的司法部）内设立了矫正局和保护局，保护局专门负责社区矫正工作，地方法院所在地的保护观察所负责本地区的社区矫正工作，保护观察所的专职工作是由国家公务员系列的保护观察官承担的。

2. 社区矫正管理机构的设置。

2016 年 12 月 1 日公布的《社区矫正法（征求意见稿）》，只是模糊地提到了社区矫正机构，对于社区矫正管理机构的设置没有明确规定。为了保障社区矫正工作的有效组织和落实，笔者认为，从中央到地方均应设立专门的社区矫正管理（执行）机构。

（1）社区矫正的最高管理机构。

目前，理论界大多数学者都认同由司法行政部门负责社区矫正工作，但就社区矫正执行机构如何建立的问题，则又有不同的观点，其中代表性观点主要有三种。

第一种观点主张，应当由我国监狱机关直接负责社区矫正执行工作。有学者认为，我国应当将社区刑罚的执行与监禁刑罚的执行有机结合起来，其中社区矫正的执行机构管理应以条为主、以块为辅，即以监狱管理局为主、地方政府部门为辅。监狱管理局在各街道或乡镇设立社区矫正工作办公室，专门从事社区矫正工作，受监狱局直接领导，同时受街道或乡镇政府部门领导、监督。其主要理由是：首先，社区矫正的对象是罪犯，由此决定了社区矫正工作的本质是对罪犯的刑罚执行，必须由具有刑罚权的人员来实施；其次，社区矫正工作得以实现的前提条件是对罪犯的有效监管，而实施有效监管是专业性很强的工作，需要专门机关来管理。我国当前没有现成经验可借鉴，需要由监狱管理局集中精力创造性地开展工作。[①] 也有学者支持该观点，认为从社区矫正的法律性质来看，其是一种非监禁刑罚，只是服刑的场所在社区，[②] 故社区矫正机构隶属于监狱是可行的。

第二种观点主张，在司法部设立刑事执行总局，在刑事执行总局下设监狱管理局和社区矫正局分别负责监狱管理工作和社区矫正管理工作。[③] 或者在国家和省级司法行政部门中，将监狱和社区矫正管理部门合并为罪犯管理局，负责本行政区域的社区刑罚执行工作。[④] 持该意见的论者认为，监狱矫正工作和社区矫正工作在执行上具有许多相似之处，都包含对服刑人员的监管、改造和帮助服刑人员回归社会等内容，将二者放在同一个部门管理，不但有利于工作间的相互衔接、渗透，还有利于资源共享、优势互补；如果分成两个局管理，在具体操作中可能会引起两个机构间的相互扯皮和推诿，造成行政资源浪费。[⑤]

第三种观点主张，在司法部设立刑事执行总局是没有必要的，社区矫正工作和监狱矫正工作存在重要差别，应当分开进行。就中

---

① 荣容、肖君拥：《社区矫正的理论与制度》，中国民主法治出版社 2007 年版，第 168 页。

② 赵爽、赵莎：《关于我国社区矫正机构设置的思考》，载《法制与经济》2016 年第 1 期。

③ 赵爽、赵莎：《关于我国社区矫正机构设置的思考》，载《法制与经济》2016 年第 1 期。

④ 刘强：《对〈社区矫正法（征求意见稿）〉的修改建议》，载刑事执行微信公众号，https：//mp. weixin. qq. com/s/4NNQE_ keL0PTXpPWBYjTbQ，2017 年 1 月 6 日访问。

⑤ 周国强：《社区矫正制度研究》，中国检察出版社 2006 年版，第 116 页；刘强：《我国社区矫正试点中的管理体制弊大于利》，载《法学》2005 年第 9 期。

央而言，应当在司法部内设与监狱管理局并列的社区矫正局，负责全国社区矫正工作的指导、管理和协调。①

上述第一种观点突出了我国社区矫正的刑罚执行属性，强调了对社区矫正的有效监管，这是其合理之处。然而，有效监管并非社区矫正的全部，甚至不是社区矫正的核心内容。社区矫正是选择危险性较小的犯罪人在社区执行刑罚，其主要目标是通过监督、教育及帮助等活动促进犯罪人重新融入社会。作为一种基于救济监禁刑的弊端而产生的刑罚执行方式，社区矫正在执行理念、适用对象、执行内容、执行场所等方面与传统的监禁矫正存在巨大差别，若将社区矫正工作交由监狱管理部门管理，很可能导致其将监狱管理中的工作思路及经验简单移植到社区矫正工作中，导致对矫正对象的过度干预；何况社区矫正是在社区中执行刑罚，强调充分利用社区的社会资源参与对罪犯的矫正活动，然而在目前监狱的垂直管理体制下，由于地方政府部门缺少与监禁矫正相应的组织机构及相配套的组织体系，以监狱管理部门作为社区矫正的管理机构不仅导致地方行政资源、社会资源难以积极有效地参与到社区矫正之中，更使社区矫正工作的开展困难重重。显然，监狱管理部门不宜作为社区矫正的管理机构。

后两种观点的主要区别在于，第二种观点的出发点是将社区矫正和监狱管理视为一体，而第三种观点是将社区矫正和监狱管理并列。笔者赞成第三种观点，因为，虽然监禁刑与非监禁刑的执行环境不一样，但二者在改造罪犯、教育罪犯的方式方法及促成罪犯再社会化的行刑目的上是一致的，并且二者归属同一部门管理，有以下明显的好处：一是可以真正利用司法行政机关长期负责刑罚执行的经验优势，促进社区矫正的专业化发展；二是实现监禁矫正和社区矫正的资源调整，可以实现资源共享、优势互补，从而有利于节约行政资源、提高行刑效益；三是有利于监禁刑与非监禁刑的相互

① 司法部基层工作司：《英国社区矫正制度》，载《中国司法》2004 年第 11 期。

衔接，特别是从监禁刑到非监禁刑的过渡更为便利、高效。同时，该观点也是学界多数人的观点。① 由此，笔者主张，在司法部内设置国家刑罚执行总局，在总局之下设置与监狱管理局相并列的社区矫正管理机构，统一管理全国的社区矫正工作。

（2）社区矫正的地方管理机构。

2003年《通知》指出："司法行政机关要牵头组织有关单位和社区基层组织开展社区矫正试点工作，会同公安机关搞好对社区服刑人员的监督考察，组织协调对社区服刑人员的教育改造和帮助工作。街道、乡镇司法所具体承担社区矫正的日常管理工作"。2004年《暂行办法》规定："省（自治区、直辖市）、市（地、州）和县（市、区）司法行政机关应当设立社区矫正工作领导小组办公室，作为同级社区矫正工作领导小组的办事机构，负责指导、监督相关法律、法规和规章的实施，协调相关部门解决社区矫正工作中的重大问题，检查、考核本地区社区矫正实施情况。""乡镇、街道矫正机构具体负责实施社区矫正。"2012年《实施办法》规定："县级司法行政机关社区矫正机构对社区矫正人员进行监督管理和教育帮助。司法所承担社区矫正日常工作。"可见，我国当前地方社区矫正试点中正在推行的是四（或三）级领导管理体制。例如，根据《通知》及《暂行办法》的精神，北京市司法局在局一级由监狱劳教工作联络处负责，区、县由司法局基层科管理，街道、乡镇由司法所来管理，在基层主要通过司法所助理员对社区服刑人员进行管理；上海市司法局则设立了社区矫正办公室，直接对区、县司法局的基层科和下属的司法所进行管理。

对于我国社区矫正试点中的管理体制，以前有学者提出了批评意见，认为此种规定及做法存在严重弊端，主张应当撤销市、县、

① 刘强：《我国社区矫正试点中的管理体制弊大于利》，载《法学》2005年第9期；刘强：《对〈社区矫正法（征求意见稿）〉的修改建议》，载刑事执行微信公众号，https：//mp. weixin. qq. com/s/4NNQE_ keL0PTXpPWBYjTbQ，2017年1月6日访问。

区一级设置的社区矫正管理机构。[1] 理由主要是：

第一，我国监狱管理体制改革已提供了前车之鉴。在 1983 年"严打"以后，为适应关押罪犯的需要，许多省建立了地市一级的劳改队和劳教所，同时在地区和市一级的司法局建立了劳改（劳教）科。但经过若干年的实践证明，地区和市一级管理劳改存在着诸多问题，如无法对下属劳改队进行专业方面的指导、缺乏标准的统一把握，工作人员的调动和培训也存在着较大的局限性。最终司法部还是决定将全国的地市一级的劳改队统一交由省一级监狱局来管理，相应撤销了在地市一级司法局设立的劳改管理科。因此，社区矫正管理机构在市、县、区这一级的设置可能会遭遇与前述监狱体制改革相似的问题和结局。

第二，实践效果不好。有论者指出，从我国试点的情况来看，市、县、区一级设立社区矫正的行政管理机构不仅没能有效地对下面的工作进行帮助和指导，反而给基层工作增加了较多的压力和负担，如不必要的统计报表、各种形式的汇报以及各种影响正常工作的会议。

根据这一观点，在地方社区矫正管理机构的设置方面，应在省（直辖市、自治区）一级的司法部门设立社区矫正的管理机构，但地（地级市、自治州）一级不设任何管理机构，然后直接在县（县级市、区）设立作为实体工作机构的工作站，社区矫正工作者由省（市）级机构直接派出，驻站从事相关辖区的社区矫正工作。[2] 毫无疑问，在这种模式下，由于管理机构和中间环节少，对矫正工作的干扰也就少，有利于提高工作效率。但是，目前这种主张已为大多数学者所反对。有学者认为，这种管理体制之最大不足，就是省市以下的社区矫正无法依托当地党委政府开展工作，很

---

① 刘强：《我国社区矫正试点中的管理体制弊大于利》，载《法学》2005 年第 9 期。

② 刘强：《我国社区矫正试点中的管理体制弊大于利》，载《法学》2005 年第 9 期。

难获得地方支持，从而在利用社会资源方面存在不可克服的缺陷。此外，省、市范围太大，地区与地区之间的执法环境和执法条件相去甚远，而且不利于统一调配工作人员，也不利于因地制宜地采取某些工作措施，特别是对于专职工作者，在过于广大的范围内的调配很难操作，到最后，统一调配就势必沦落成了一句空话。① 之前主张这一管理模式的学者也改变了自己的观点，建议在县级行政区域设立专门的社区刑罚执行办公室，办公室可酌情设立派出机构。根据需要，在省辖市和地级市设立社区刑罚执行的行政管理机构，省级社区刑罚执行管理机构对下应向垂直管理的方向发展。②

笔者认为，目前社区矫正试点工作的管理体制是符合我国国情和社区矫正工作需要的。笔者主张，作为社区矫正的地方管理机构，应在省（直辖市、自治区）设立刑罚执行局，下设社区矫正管理局；在地（地级市、自治州）和县（县级市、区）级则分别设立社区矫正处和社区矫正科，然后在县之下根据需要设置社区矫正工作站，作为派出机构。主要理由是：

第一，从我国地方国家机构的体系设置看，我国地方实行的是省（自治区、直辖市）、市（地级市、自治州）、县（地级市、区）、乡镇（街道）四（或三）级管理体制，市、县作为我国国家机构设置的重要建制形式，对于我国机构职能的有效发挥起了十分重要的作用。国家机构应当是一个有机整体，只有相互协调，才能正常配合运行，设置县（地级市、区）级社区矫正管理体制与我国国家机构体系整体相一致。

第二，不可否认我国有些国家机关如监狱并不存在市、县级建制，但监狱之所以不设置市、县级建制，这是由我国监狱的特殊性

① 但未丽：《社区矫正执行机构重设必要性及基本模式》，载《河南司法警官职业学院学报》2011 年第 1 期。

② 刘强：《对〈社区矫正法（征求意见稿）〉的修改建议》，载刑事执行微信公众号，https://mp.weixin.qq.com/s/4NNQE_ keL0PTXpPWBYjTbQ，2017 年 1 月 6 日访问。

决定的。我国监狱实行封闭式管理，作为一个特殊机构并不需要在各个地方普遍设置。需要在何处设置监狱，根本上决定于特定辖区的犯罪状况、犯罪人数、犯罪结构以及教育改造罪犯工作的实际需要。正是基于对上述因素的考虑，我国才撤销了监狱的市、县级建制，实行以省级为单位设置的模式。社区是社会的基础，与监狱存在本质的不同，因此，不能以我国监狱机构的设置模式为参照决定社区矫正机构的设置。

第三，随着我国行刑理念的变革和社区矫正工作的开展，大量犯罪人必然会在社区内执行刑罚，如果由省一级社区矫正机构直辖街道、乡镇社区矫正工作站，势必会给其带来巨大的工作任务；即使在上海等直辖市可以成功，但在新疆、内蒙古这样地域跨度极大的地方这种直接管理也是不现实的，而且省级机构不可能全面了解每个地方的特殊情况，这就有可能导致指导工作发生偏差。在市、县级设立独立的社区矫正办公室，则可以有效降低省级机关的工作量。[①] 至于因设置市、县级矫正机构给基层造成压力的问题，完全可以通过精简工作程序、改进工作方式解决。值得强调的是，《社区矫正法》必须明确赋予社区矫正机构独立执法权。有学者指出，在《社区矫正法》中应明确全国、省、市、县社区矫正机构不同层级的相关职责权限，特别是县级社区矫正机构应赋予其独立执法权，接受司法行政机关的指导管理。县级社区矫正机构对社区服刑人员拒不服从监管的，可以采取相应强制措施将其移交公安机关处理。公安机关具体负责社区服刑人员的治安处罚、追逃和收监工作，社区矫正机构协助配合。对于居住地发生管辖争议的，由社区矫正机构的共同上级机关指定执行管辖地。这样社区矫正机构既有一定的执法权限，又不会与公安机关发生越权冲突，上下层级社区

① 杨明、林宇虹：《对我国社区矫正机构设置的思考》，载《河南司法警官职业学院学报》2007 年第 1 期。

矫正机构权限配置也会逐渐清晰。①

关于在乡镇（街道）一级是否有必要普遍设置社区矫正管理机构的问题，有观点持肯定意见，即应当在乡镇（街道）普遍设置社区矫正管理机构，乡镇（街道）社区矫正管理机构是乡镇（街道）社区矫正工作的领导小组，负责组织本辖区社区矫正工作的具体实施，各乡镇（街道）矫正机构具体承担社区矫正各项日常管理和教育工作，② 这也是我国当前不少试点地区的做法。

笔者认为，没有必要在乡镇（街道）一级普遍设置社区矫正管理机构，而应根据需要在县、区之下设置若干个社区矫正工作站作为社区矫正的执行机构。理由是：首先，从我国当前社区矫正的实践情况看，需要进行社区矫正的犯罪人在我国分布是不平衡的，并非每个乡镇（街道）都存在大量需要进行社区矫正的犯罪人，如果要求在乡镇（街道）一级普遍设置社区矫正领导管理机构，可能会因为某些地区并不存在（或少量存在）社区矫正犯罪人而导致这些地区机构的虚置，浪费国家和社会资源。其次，社区矫正工作在我国开展时间不长，而且该工作的真正开展需要一支训练有素的高素质队伍。目前，我国乡镇（街道）一级矫正机构的工作人员普遍存在素质有待提高的问题，若将社区矫正的领导管理机构普遍设置在乡镇（街道）一级，由乡镇（街道）矫正机构负责社区矫正的实施，难以确保社区矫正的实效。

3. 社区矫正执行机构的领导体制。

关于社区矫正执行机构的领导体制，从我国当前国家机构设置和社区矫正工作的需要出发，笔者主张，我国当前的社区矫正应建立以垂直（条）领导为主、以平行（块）领导为辅的双重领导体制。原因在于：

① 郭建明：《关于社区矫正立法的若干问题思考》，载社区矫正宣传网微信公众号，http：//mp. weixin. qq. com/s/MHamfrtgbVttZTn_ zsXMUQ##，2017 年 1 月 6 日访问。

② 赵新东：《社区矫正管理实务》，法律出版社 2006 年版，第 28 页。

（1）社区矫正是一项专业性很强的刑事执法活动，随着社区矫正的扩大，越来越多的服刑人员将进入社区，出现的问题也会越来越多，垂直领导有利于上级机关加强对社区矫正工作的直接业务指导和专业培训，根据需要不断调整和充实力量，有利于统一进行工作效果的评估和奖励。另外，垂直领导可以相对减少人际关系影响的负面因素，[①] 保证社区矫正工作的实效。

（2）社区矫正是一项复杂的系统工作，为了实现对社区矫正对象的教育矫正效果，不能单靠司法行政机关。社区矫正工作的顺利开展，需要公安机关、民政部门、劳动和社会保障机关等相关机构的支持与配合，需要党委和政府的领导，只有相关机关相互协作，形成和发挥系统优势，才能达到矫正和教育犯罪人的目的。

三、社区矫正监督机构

社区矫正监督机构，是指对社区矫正这类特殊的刑罚执行方式进行监督的机构，即对社区矫正决定机构、管理（执行）机构的社区矫正活动进行监督的机构，其工作内容不包括对社区服刑人员的监督。社区矫正监督机构对促进社区矫正工作合法、有效运行具有十分重要的作用。

（一）国外社区矫正监督机构

对于国外社区矫正监督机构，主要以美国和日本为例进行简单介绍。

美国社区矫正监督机构的特别之处在于，存在判决前人格调查评估制度。该项制度是由社区矫正工作人员对犯罪分子进行评估，并将评估结果提交法院，法院根据评估结果，对其中人身、社会危险性低的可适用社区矫正制度。[②] 该制度限制了法官的自由裁量

① 刘强：《我国社区矫正试点中的管理体制弊大于利》，载《法学》2005 年第 9 期。

② 何立荣、徐翕明：《社区矫正检察监督研究》，载《法制与经济》2015 第 20 期。

权，防止其滥用裁量权，同时也方便了法律监督机关对社区矫正工作的监督工作。①

在日本，检察机关对刑罚的执行拥有广泛的监督权，根据《日本刑事诉讼法》的规定，刑事裁判的执行由与作出该项裁判的法院相对应的检察厅的检察官指挥。社区矫正作为刑罚执行的方式之一，检察机关也有全面的监督职能。检察机关有决定处理权，包括对社区矫正的延期执行和收监执行等；检察机关注重交付执行阶段，执行裁判包括执行非刑罚措施的社区矫正，检察官执行裁判的主要依据是指挥执行书，并附以记载裁判的笔录副本。②

（二）我国社区矫正监督机构

我国《宪法》规定，人民检察院是国家的法律监督机关。《刑事诉讼法》规定，人民检察院对执行刑罚的活动是否合法实行监督。目前，在检察系统内部，从上到下都设有专门的监所检察机构，负责对监狱和看守所的刑事执行活动进行监督。但是，却没有专门的社区矫正检察机构，非监禁刑的执行和监禁刑的替代执行方式显然难以被置于检察院监督之下，无法被纳入刑罚执行监督体系。

笔者认为，根据我国“精简、统一、效能”的机构设置原则，健全社区矫正法律监督机构现实可行的方法，就是将检察机关内部的监所检察机构在原来的职权基础上升格为统一的刑罚执行检察机构，负责对包括社区矫正的全部刑罚执行的监督。在借鉴目前监所检察的基础上，要积极探索社区矫正的监督方式。首先，可以借鉴美国的判决前人格调查评估制度，检察机关在社区矫正的检察监督中也设立社区矫正决定前的人格调查制度。检察机关在全面掌握社区服刑人员的犯罪原因、犯罪类型、危害程度、悔罪表现、家庭及

① 崔建远：《社区矫正的检察监督》，载《西南大学学报》2004年第3期。

② 何立荣、徐翕明：《社区矫正检察监督研究》，载《法制与经济》2015第20期。

社会关系等情况后，整合材料、综合分析，制作审前评估报告，并最终决定是否建议对被告人适用社区矫正。[①] 以此加强对人民法院适用社区矫正决定的监督，对社区矫正的“入口”严格把关。其次，要按照党的十六大提出的“从决策和执行等环节加强对权力的监督”的要求，新的刑罚执行检察机构应创新的监督程序，可在社区所在地派驻检察员，发现社区矫正决定和执行工作中不符合法律、政策规定的问题，及时提出检察建议，防止社区矫正工作者对矫正对象自由裁量权的滥用或行政不作为。同时，要注意维护矫正对象的合法权利不受剥夺和限制，要认真受理和审查矫正对象的申诉、控告和检举。

第二节 社区矫正工作者

社区矫正是一项专业性、法律性、综合性很强的刑罚执行活动，必须按照“职业化、专业化、社会化”的要求，建立一支训练有素、结构合理的社区矫正工作队伍。可以说，社区矫正工作人员队伍的配备及建设直接关系到社区矫正的具体实施和健康稳定发展。然而，受立法滞后的影响，现行法律对于社区矫正工作者任职的基本条件、权利和义务，社会工作者和志愿者在社区矫正中的地位和作用等问题都没有明确的规定，不利于从组织上保证社区矫正工作的顺利进行。在科学地设置社区矫正的专门执行机构之后，必须建立一支高素质的社区矫正队伍。缺乏职业化、专业化的工作队伍，必然会造成社区矫正的管理流于形式，导致社区矫正工作的混乱与无序，甚至会大大背离社区矫正的价值初衷。因此，必须在修改现行法律的基础上，进行社区矫正立法，明确规定社区矫正工作者的法律地位、具体类型、职责范围、任职资格及培训等内容，为

① 钟文华、王远伟：《社区矫正检察监督研究》，载《中国刑事法杂志》2010 年第 11 期。

社区矫正的健康稳定发展提供必要的组织保障。

一、社区矫正工作者的法律地位

社区矫正工作者是指依法具体从事社区矫正执行工作的所有人员。根据《暂行办法》第12条的规定，社区矫正工作者是对参与社区矫正执行工作的所有人员的一种统称，其在范围上包括三大类：矫正机构工作人员、有关社会团体的成员、社会志愿者。

社区矫正工作者在社区矫正工作中处于一个什么样的法律地位，其到底是执法者还是社会工作者或者兼而有之，这是一个值得探讨的问题。有学者指出，社区矫正工作者是执法者，具有执法权，与社会工作者是有区别的。[①] 这种界定实际上仅仅将具有执法权的官方矫正机构的工作人员视为社区矫正工作者，而把其他一切社区参与者、民间志愿者排除在社区矫正工作者这个范畴之外。笔者认为，这种观点将社区矫正工作者进行如此狭窄的界定是不妥当的。社区矫正工作者的法律地位取决于其工作的性质及任务。社区矫正是一项综合性很强的非监禁刑执行活动，其宗旨是促进社区服刑人员顺利回归社会，其任务具有多重性，包括对社区服刑人员的监督管理、教育矫治和帮助服务，由此决定了具体参与社区矫正工作人员的法律地位上的差异。

1. 社区矫正作为一项刑罚执行活动，决定了必须有专门的刑罚执行人员的参加。

犯罪后在社区中执行非监禁刑，是典型的刑罚执行意义上的社区矫正，它的性质就是一项严肃的刑事执法活动。刑事执法活动包含了对罪犯的惩罚功能。尽管社区矫正的惩罚严厉性低于死刑和监禁刑，但是它的惩罚功能是不能否认的。就我国已经开展的社区矫正的试点来看，社区矫正的对象主要是被决定缓刑、假释、监外执

---

① 刘强：《社区矫正的定位及社区矫正工作者的基本素质要求》，载《法治论丛》2003年第2期。

行、管制和剥夺政治权利（此类已排除）的犯罪人，社区矫正的内容就是要在社区中执行对犯罪人的非监禁刑罚。社区服刑人员虽然较监狱服刑人员有较大的自由，但其受刑人的身份并没有改变，其某些权利仍然受到剥夺和限制，需要根据罪犯的个人情况，由社区矫正工作者对其进行适当的监督，限制其一定的人身自由或承担一定的经济责任。如果罪犯在受限制期间有违规行为或违法犯罪行为，可随时酌情收监。因此，作为一项严肃的刑罚执行活动，社区矫正涉及国家专属的行刑权的行使，它必然要求专门的国家机关和工作人员严格依据法律规定来执行。这也就决定了此类参与刑罚执行活动的人员享有具有执法权的国家机关工作人员的身份和地位。

2. 社区矫正是一项在社区中执行非监禁刑罚的活动，这决定了必然有大量社会力量的参与。

与监狱服刑人员相比，社区服刑人员具有高度分散性的特点，仅靠少数专职的国家机关工作人员根本无法完成对他们的管理和矫正，所以离开公众的广泛参与，社区矫正根本无法实施。另一方面，将大量符合条件的犯罪人放进社区中进行矫治，根本目的是帮助这些罪犯更好地融入社区，但如果公众不能以宽容的心态予以接纳，那么，不仅社区矫正的目的难以达到，甚至社区矫正都难以开展。由此，社区矫正工作的开展必然要求充分利用社区各种资源，动员社区内各种群众力量参与改造和矫正工作。而此类作为社会力量参与社区矫正的工作人员，就不具有刑罚执法权，不属于国家机关人员，而是具有人文关怀色彩的社会工作者。

由此可见，社区矫正工作者的类型不同，参与社区矫正具体的工作内容不同，其在社区矫正中的法律地位也有所不同。其中，主要从事刑罚执法活动的工作者，是国家机关工作人员，具有公务员身份；主要从事执法以外的矫治、帮助、服务等工作内容的是社会工作者，他们不具有国家公务员身份，不享有执法权。

二、社区矫正工作者的类型

社区矫正的执行既是一项严格的执法活动，又是一项开放的社会活动。社区矫正作为一种刑罚执行活动，不同于监禁行刑方式，需要整合国家与社区的资源来进行。为此，需要建立与监狱行刑体系相对应的专门的工作力量，以有效地管理矫正对象。但社区矫正毕竟不同于设施内矫正，其开放性的特点决定了社区矫正工作的难度，故要求社区矫正工作者队伍的整体素质具备较高的水平，符合“职业化、专业化、社会化”的特点。社区矫正是一门综合性较强的社会工作，从事这一工作的人员应当具备社会学、犯罪学、心理学、公共关系学、社会工作等方面的专业知识，具有比较丰富的社会经验，并擅长与人沟通。但仅仅依靠专职社区矫正工作者是很难实现对社区矫正对象的惩罚监督与更新恢复两大功能的。基于此，还有必要吸收大量的相关社区团体成员、社区矫正志愿者的参与，来加强对社区服刑人员的教育与帮助。

（一）专职社区矫正工作者（社区矫正官）

在我国，专职社区矫正工作者主要指司法行政机关下设的不同层级的社区矫正机构的工作人员，他们是社区矫正机构中的正式执法人员，具有国家公务员身份，可以使用“社区矫正官”来称呼这类社区矫正工作者。

社区矫正工作是一项执法活动，社区矫正工作者首先是执法人员，其次才是社会工作者。社区矫正是一项专业性很强的工作，需要专门的机关和人员来管理，专门的执法工作者应当是负责社区矫正工作的核心，尤其是在我国民间社会团体以及其他福利性的社会中介组织尚不发达的情况下，更应该将国家公务员作为社区矫正工作的组织者、指导者、监督者。负责社区矫正的公务员主管辖区内所有的社区矫正事务——负责社区刑罚的执行，组织、协调社区参与监狱行刑社会化的事务，组织政府资源和社区资源开展出狱人保护工作。矫正部门不仅要负责宏观的、微观的社区矫正事务，还要充分重视对社区志愿者组织及个人的培育以及对这些组织活动的协调。

从其他国家的做法来看，社区矫正工作者首先包括专门从事社区矫正工作的国家公务员。例如，在日本，矫正工作是国家刑事执法体系中的一个重要方面，有一支庞大的专职的社区矫正队伍，其中专职人员有保护监察官，他们是法务省的政府公务员，他们被派到地区假释委员会的秘书处或观察室工作。① 在英国，中央和地方的缓刑机构工作人员共计1.75万人，被称为矫正官，具有专业资格，经考试录用，专职从事刑罚执行工作，属国家公务员序列，由内政大臣任命，接受国家缓刑司的统一管理。②

专职社区矫正工作者是社区矫正机构中的正式执法人员，具有国家公务员身份，这已在学界达成共识。但是，这类工作者是只需要具备普通公务员身份，还是需要具备警察身份存在很大争议。在《社区矫正法（征求意见稿）》公布后，许多学者提出了自己的观点及建议：有学者认为，社区矫正机构本身需要配备一定的警察和执法工作人员，执法工作人员可以承担日常的社区矫正工作，警察处理相应的突发特殊事项。③ 还有学者认为，此次的意见稿没有将社区矫正工作者纳入警察队伍，但从客观上看，社区矫正执法由于不同于一般的行政执法，矫正官在本质上是一种刑事司法中的管教角色，建议明确其身份。④ 而且大多数从事法律实践工作的同志都认为，社区矫正工作者应该具有警察身份。一方面是刑罚执行工作

---

① ［日］大谷实：《刑事政策学》，黎宏译，法律出版社2000年版，第262～264页。

② 司法部基层工作指导司：《英国社区矫正制度》，载《中国司法》2004年第5期。

③ 郭建明：《关于社区矫正立法的若干问题思考》，载社区矫正宣传网微信公众号，http：//mp. weixin. qq. com/s/MHamfrtgbVttZTn_ zsXMUQ##，2017年1月6日访问。

④ 焦暄旺：《关于〈社区矫正法（征求意见稿）〉的若干思考》，载刑事执行微信公众号，　http：//mp. weixin. qq. com/s/3G3aZXIo6isc－o2PL1tRHA，2017年1月6日访问。

的需要，另一方面也是社区矫正实际操作的必需。没有警察身份，社区矫正执法职能与任务很难完成。对此，部分专家并不认同，认为社区矫正应该以教育感化为主，不能靠威胁吓唬。[①]

笔者同意大部分学者的观点，认为在专职社区矫正工作者中应该配备人民警察。首先，社区矫正的对象是罪犯，其具有一定的人身危险性和社会危害性，有必要配备人民警察维护社区矫正的安全性。其次，社区矫正的工作性质具有强制执行性，而警察依法强制执法具有不可替代性。[②] 社区矫正是特殊的刑罚执行方式，其具有强制执行性，主要体现在对服刑人员的自由限制，甚至采取必要的强制手段和强制措施之上。因此，需要具有强制执行权的警察规范执法，以保证社区矫正工作合法有效地进行。再次，我国长期以来由公安机关管理社区服刑人员，现在转交司法行政部门，那么工作人员由警察来承担也是合乎情理的。[③] 最后，国外社区矫正人员的警察身份或者武装人员性质的身份具有可借鉴性。例如，俄罗斯社区刑罚执行工作人员均具有警察身份，并且享有军衔待遇；新加坡对假释人员的管理也由警察负责。其他一些国家的缓刑官、假释官尽管不具有警察身份，但具有强制执法权，在执行公务期间可以使用手铐、电警棍、催泪器，[④] 具有武装人员的性质。

由于社区矫正工作具有刑罚性和社会性的双重属性，故即使需要警察的参与，也不宜要求所有专职社区矫正工作者都具备警察身份。为了满足社会性的要求，应当在专职社区矫正工作者中配备一

---

① 浙江省台州市司法局:《首届浙江台州社区矫正论坛综述》，载《中国司法》2016 年第 9 期。

② 郑艳:《社区矫正机构配备人民警察的现实考察与理想愿景》，载《中国司法》2016 年第 10 期。

③ 刘强:《对〈社区矫正法（征求意见稿）〉的修改建议》，载刑事执行微信公众号，https: //mp. weixin. qq. com/s/4NNQE_ keL0PTXpPWBYjTbQ，2017 年 1 月 6 日访问。

④ 浙江省台州市司法局:《首届浙江台州社区矫正论坛综述》，载《中国司法》2016 年第 9 期。

定比例的警察，与普通公务员身份的社区矫正者共同执行社区矫正工作。

（二）专业社会工作者

专业社会工作者主要是受雇于某一社会团体的专业人士，也可以是具备社会考试合格证书、专业经验丰富的公民个体。社会团体主要是指非政府的、非营利的社会机构和团体，包括社会工作者的组织。社区发展需要培育成熟的社会中介组织、社会民间团体。社区的公益事业不仅要组织政府资源进行，更要利用社区资源进行。社区矫正将犯罪人置于社区进行教育改造，如果不充分发动社区力量参与教育改造，不仅社区矫正的质量无法得到保证，而且犯罪人的人身危险性无法得到有效控制。在国外，非营利的社会机构和团体在社会中发挥了重要的作用，如美国的部分中途训练所，这些更生保护机构是由非政府的社会团体负责运作的。这些机构与政府的社区矫正部门签订合同，接受一定的资助，在社区为当事人提供服务。社团组织及社会工作者参与社区矫正，也是通过与政府社区矫正部门签订合同的形式，承担对社区服刑人员的矫治和服务项目，但社区矫正的专业社会工作者不承担刑事执法的任务。

在目前我国几个试点的城市中，上海新航社区服务总站便作为社会团体参与社区矫正。它是经上海市民政局批准的民办非营利性单位。“总站”按照国家法律、法规及其章程自主运作，并根据上海市社区矫正工作办公室设定的工作目标，制定相应的工作计划，聘用具有一定法律和社会工作专业知识的社会工作者，参与和协助司法行政机关做好社区服刑人员的监管、教育、矫治、服务等工作。①

由于目前我国社会社团的力量相对薄弱，在社区矫正的社会力量参与方面，社区矫正机构还应积极从具有社会工作者考试合格证书、社会工作经验丰富，或者具有某一方面如社会学、法学、心理

① 刘强：《社区矫正制度研究》，法律出版社2007年版，第391～392页。

学、教育学、精神病学等专业知识的公民个体中选聘专业的社会工作者，为社区矫正对象提供相对专业的帮助和服务。应当明确的是，专业社会工作者与专职的社区矫正工作者是一种平等、合作、互补的关系，他们各自承担着不同的工作职能。在矫正活动中，社会工作者尊重理解式的工作态度、平等互动式的工作方法对专职的社区矫正工作者的刑罚执行观念会产生积极的影响。社区矫正工作应在“在坚持刑罚执行本质属性的前提下，借鉴社会工作的理念与方法，着力进一步理顺政府、社团和社会工作者的关系，力争早日形成政府主导推动、社团组织自主运行、社会多方参与的工作新格局”。①

（三）社会志愿者

除专门参与矫正工作的专业社会工作者外，社区矫正工作者还包括一些零散的社会志愿者。社会志愿者主要指社区矫正机构公开招募来的，协助社区矫正工作者和专业社会工作者，利用空余时间兼职并义务从事对社区矫正对象的教育、监督、帮助工作的人员。他们在不同的国家或地区，处于不同机构或服务不同的对象，也有不同的称谓，如有的称“兼职导师”，有的称“荣誉观护人”，还有的称“保护司”。这些志愿者利用业余时间参与社区矫正工作，参与对犯罪人的改造保护和出狱人的社会安置帮教工作。对于这些志愿者，相关部门和组织要积极创造条件，为他们提供适当的参与途径，以增强社区矫正的后备资源和工作实力。这不仅有利于提高社区矫正在民间的社会支持度，还有利于储存社区矫正的后备资源。当然，同时必须注意的是，社区矫正工作是一项技术性强的专门性工作，负责矫正工作的国家公务员以及专门的矫正组织应当积极开展对这些矫正志愿者的培训工作，避免一些不必要的负面效应。

---

① 上海市司法局社区矫正工作办公室：《加强协调形成合力，积极推进仁海社区矫正试点工作》，载2003年《社区矫正理论与实务研讨会会议材料》。

将志愿者引入社区矫正符合国际惯例，也更能体现出社区矫正的特点。但笔者认为，社区矫正的本土化构建不仅包括一套制度，而且包括一套技术，不仅包括帮助、教育、治疗，而且包括危险评估、人身制裁等内容。志愿者在整个社区矫正过程中只能居于补充者的地位。正因如此，《欧洲社区制裁与措施规则》第49条又明确规定："社区中个人的帮助活动，不应当替代本来应当由专门工作人员从事的工作。"

三、社区矫正工作者的职责

如前所述，社区矫正工作人员包括专职的社区矫正工作者、专业社会工作者和社会志愿者三类人员。三类人员在社区矫正中具有不同的地位，履行不同的职责。

（一）专职社区矫正工作者的职责

专职社区矫正工作者作为负责社区矫正执行事务的国家工作人员，是社区矫正机构中的正式执法人员。专职社区矫正工作者分为两类，一类是普通公务员身份的专职社区矫正工作者，另一类是具有警察身份的专职社区矫正工作者。这两类工作者的职责是不同的，具体体现在：

1. 普通公务员身份的专职社区矫正工作者承担的工作职责。

（1）管理职责。这是指专职社区矫正工作者依法对社区矫正对象进行日常管理活动方面的职能。专职社区矫正工作者主要是办理有关的法律手续，包括接受、评估、考核、审批、有关活动的安排等。通过办理这些手续，实现对社区矫正对象的日常管理。

（2）监督职责。这是指专职社区矫正工作者通过管理和监控社区矫正对象而保护社会的职责。在开展社区矫正工作的过程中，专职社区矫正工作者要负责监督和控制社区矫正对象的行为，根据社区矫正对象所具有的不同人身危险性，采取相应的管理和监控活动，以便保护国家、社会和他人的安全，特别是要注意保护犯罪被害人的安全。

(3) 教育职责。这是指专职社区矫正工作者利用多种方法促使社区矫正对象发生积极变化方面的职责。通过这样的活动，使社区矫正对象改恶从善，不再进行危害社会的行为。

(4) 帮助职责。这是指专职社区矫正工作者选用多种资源解决社区矫正对象存在的困难和问题方面的职责。

2. 具有警察身份的专职社区矫正工作者的职责。

关于具有警察身份的专职社区矫正工作者的职责，有学者主张具体包括以下几类：参与审前调查，参与入矫接收或解矫释放宣告，禁止令的执行，处置突发性事件，电子定位监督和信息化核查，制止和惩戒违反监督管理规定的行为（包括采取强制措施、警告、治安处罚、脱逃和重新再犯罪的责任追究等），收监押解、看管等。①

（二）专业社会工作者的职责

专业社会工作者是协助专职社区矫正工作者开展有关社区矫正工作的人员，他们不具有国家工作人员身份。他们在社区矫正工作中的职责是：

1. 为社区矫正对象制订特定期限内分类、分阶段、个性化的矫正方案，运用社会工作理念和方法开展矫治教育工作；

2. 组织社区矫正对象参加文化和政治学习、社区公益劳动和就业技能培训；

3. 观察了解社区矫正对象的现实表现，对其进行日常管理和鉴定评估；

4. 帮助社区矫正对象解决心理、生活、就业等方面的实际困难。

（三）社会志愿者的职责

社会志愿者是协助专职社区矫正工作者开展有关社区矫正工作

---

① 郑艳：《社区矫正机构配备人民警察的现实考察与理想愿景》，载《中国司法》2016年第10期。

的人员，不具有国家工作人员身份。他们的主要职责是：

1. 协助专职社区矫正工作者和专业社会工作者教育、监督社区矫正对象；

2. 帮助社区矫正对象解决某一方面的实际困难；

3. 为社区矫正对象在心理咨询、法律、文教、医疗等某一方面提供力所能及的援助。

四、社区矫正工作者的任职资格、素质要求及培训

社区矫正的对象是犯罪人，其犯罪行为形成的复杂的内在心理机制和社会机制，决定了要矫正犯罪人的反社会性人格将是多方面的复杂的工作，涉及医学、心理学、社会学、行为学、法学等多个学科的知识，这就要求社区矫正工作者具备一定的专业知识。另外，社区矫正中的“矫正”，不能仅仅理解为刑事执法活动，而要着重理解为通过各种心理咨询、心理分析、物质帮助、情感关怀等手段将其成功地改造为适应社会主流文化的人的活动。可见，社区矫正工作者在具备相关专业知识的同时，还必须具备一定的道德素养和工作技术。因此，必须充分重视选任矫正工作者的能力资格、道德衡量、技术培训等工作。

（一）社区矫正工作者的任职资格

社区矫正工作者包括专职社区矫正工作者、专业社会工作者及社会志愿者。一般而言，各国均很重视政府公务员的选任，因为这是矫正工作的骨干力量。至于兼职的社会志愿者，主要是任职能力的训练。1945 年，美国观护及假释制度协会曾经公布观护人与假释人员的遴选标准：①特别智识——需具备社会个案工作的智识及实务经验，包括对人类生理、心理及情绪变化的了解，以及处理家庭问题、运用社会资源的能力与经验；需熟谙有关法律的内容，以便行使职权；熟悉管辖区域内各机构活动的情况。②特别学历——具备学士学位并选读社会科学的课程（社会学、心理学、人类学等）。③特别经历——需曾在社会机构从事工作 1 年以上，不过在

社会工作学院实习或曾受有关训练的时间可以计算在内。[①]

笔者认为，作为专职社区矫正工作者，除符合《公务员法》规定的任职条件外，还应具备如下条件：①作为专职的社区矫正工作者，应当具有在大学社会科学如社会学、教育学、心理学、人类学、法学等专业的学习经历，并具有大专以上学历；②应当具有社会个案工作 1 年以上之经验；③需接受矫正机关之一定培训；④需无违法犯罪记录，操行良好。此外，专职的社区矫正工作者应从具备法律职业资格证书、教师资格证书、心理卫生类医师资格证书的候选人中优先录用，同时应当逐步建立相对统一的专业资格准入制度。

专业的社会工作者也应严格进行选定，但应比照专职社区矫正工作者适当放宽任职条件。首先，专业的社会工作者必须具备“接受矫正机关之一定培训，需无违法犯罪记录，操行良好”这类基本的条件。其次，应该具备相应的专业知识，符合一定的学历要求，具有社会个案工作之经验，但可以比照专职社区矫正工作者放宽要求。例如，不要求专业学习经历，只要具备相关专业知识即可；具有社会个案工作经验时间可缩短为半年。最后，应当具备一定的资质要求。有学者建议，可考虑对社区矫正工作中的社工作出资质要求，即应当具备社工专业背景，取得社会工作者任职资格和资格证书。[②]

作为社会志愿者，凡拥护宪法、遵守法律、品行端正、热心社区矫正工作、有一定的法律素养和专业知识的中国公民，均可报名参与社区矫正社会志愿者工作。当然，同时必须注意的是，社区矫正工作是一项技术性极强的专门性工作，社区矫正机构应当积极开展对这些社会志愿者的培训工作，避免一些不必要的负面效应。

① 房传钰：《现代观护制度之理论与实际》，台湾三民书局 1976 年版，第 295、296 页。

② 浙江省台州市司法局：《首届浙江台州社区矫正论坛综述》，载《中国司法》2016 年第 9 期。

有学者认为，我国法律应该在对社区矫正工作者的任职要求进行统一规定的基础上，对劳动报酬及权利义务也作一个统一规定，最大限度地保障社区矫正效果。①

（二）社区矫正工作者的素质要求

有学者认为，社区矫正工作者应当具有下列基本素质：①掌握在社区中执法的基本内容和要求。社区矫正工作者应当准确把握法律法规的相关规定以便在合法的前提下开展工作。②把握在社区中对矫正对象进行改造和矫正的特点和规律。矫正工作者需要把社会学、犯罪学、心理学和有关学科的基本理论和常识运用于对罪犯的改造和矫正中，发现罪犯犯罪的主客观原因，针对具体情况进行矫正。③学会社会工作者应该具有的工作能力和工作方法。社区矫正工作者需要更多地了解社区的总体状况与基本特点，学会利用社区资源有效预防和控制犯罪；掌握个案社会工作、群体社会工作、社区社会工作以及其他间接社会工作的方法。④提高在社区矫正工作中的创新意识。②

基于对社区矫正的定位及任务的认识，以及相关学者的理论阐述，笔者认为，社区矫正工作者应当具备如下素质：

1. 基本素养——诚恳的工作态度，热情的工作信念，正确的服务观念，浓厚的工作兴趣；

2. 知识素养——心理学的基本原理，对学习历程与行为发展的认识，对社会环境与文化变迁之理解，辅导理论与实务的工作经验，个案调查与心理治疗之技术与经验；

3. 工作素养——对于犯罪人本身应提供改善环境、增进生活适应能力之服务，应当协助犯罪人与家庭实现和解或建立良好关系，应当努力增进犯罪人与社区的融合；

---

① 赵云霞、张会清：《恢复性司法理念下社区矫正相关问题研究》，载《河北法学》2012 年第 1 期。

② 刘强：《社区矫正的定位及社区矫正工作者的基本素质要求》，载《法治论丛》2003 年第 2 期。

4. 责任素养——对个案资料的保密责任，对犯罪人困难的扶助责任，对法律政策的贯彻责任。

社区矫正工作者的类型不同，其在社区矫正工作中的职责及作用不同，因此，对社区矫正工作者的条件要求也不必一刀切，强求一致。例如，为了扩大社区矫正中社会力量的参与范围，对参与社区矫正工作的志愿者只要求热心社区矫正工作，遵守法律、品行端正，有一定的法律政策水平、文化素质和专业知识即可。但作为社区矫正工作的核心力量，专职社区矫正工作者的任职条件必须严格要求，并应当大力加强对其的教育培训工作，以使其适应社区矫正工作的需要。

（三）社区矫正工作者的培训

为实现矫正工作者的专业化和专职化，必须大力加强对社区矫正工作者的教育培训，使其除应具备与刑事执法活动相关的政治素质、业务素质和身体素质外，还应特别具备在社区对犯罪人进行矫正的素质要求，以适应工作的需要。这一点在当前来说尤其显得重要和迫切。具体而言，笔者认为应着重进行以下内容的培训：

一是掌握在社区中执法的基本内容和要求。社区矫正工作者要对社区矫正对象适用的刑罚方法和相关刑事措施有比较清楚的把握。社区矫正的执法与监狱的执法相比，更具复杂性，对于管理对象需要依法区别对待。

二是深刻认识在社区中对矫正对象进行改造和矫治的特点和规律。在社区，矫正对象处于一个开放的社会之中，对其的改造需要有更高的水平和更强的工作能力，需要矫正工作者把社会学、犯罪学、心理学和有关学科的基本理论和常识运用于对罪犯的改造和矫治中，就像医生对待病人那样，首先发现矫正对象的症结所在，然后对症下药，使罪犯病情得到好转。

三是学会社会工作者应该具有的工作能力和工作方法。社区矫正工作者既要扮演刑事执法的角色，也要扮演对罪犯进行帮助和服务的角色。因此，社区矫正工作者在履行职责时，应尽量充分体现出工作的服务性、角色的多样性、处事的协调性、视角的全方位性。

社区矫正是一项严肃的事业，它不仅需要人们的献身精神和对犯罪人改造保护事业的巨大热忱，而且需要良好的专业工作能力和知识。犯罪人的再社会化是一件非常复杂的专业性工作，其包含的内容如人格调查、监督改造、帮助救济、心理调适等无不涉及法学、犯罪学、心理学、社会学、教育学等各项学科知识。若要使社区矫正工作获得成功，必须对社区矫正工作者进行一定的训练，以保证矫正工作的顺利进行。

第三章　社区服刑人员

第一节　社区服刑人员的范围

根据我国《刑法》及《刑事诉讼法》的规定，社区服刑人员包括被判处管制的罪犯、被宣告缓刑的罪犯、被宣告假释的罪犯以及暂予监外执行的罪犯。而根据《关于开展社区矫正试点工作的通知》（以下简称《通知》）及《司法行政机关社区矫正工作暂行办法》（以下简称《暂行办法》）的规定，对被剥夺政治权利并在社会上服刑的罪犯也可实施社区矫正。且根据《社区矫正实施办法》（以下简称《办法》）的规定，被剥夺政治权利的罪犯应由司法行政机关配合公安机关监督其遵守《刑法》第54条的规定，可以自愿参加司法行政机关组织的心理辅导、职业培训和就业指导活动。从上述规定来看，各项司法解释虽然将被剥夺政治权利的罪犯也纳入社区矫正范围，但尚未得到效力较高的《刑法》及《刑事诉讼法》的回应，较为矛盾。除了剥夺政治权利的罪犯是否应适用社区矫正，对于暂予监外执行的罪犯也有学者认为不应被列为社区矫正的对象。如何划定社区服刑人员的范围，是社区矫正开展的前提，值得我们深入探讨。

一、被剥夺政治权利的罪犯应适用社区矫正

我国不少学者提出，对被剥夺政治权利的罪犯不宜适用社区矫正，其理由主要是：第一，剥夺政治权利属于资格刑范畴，社区矫正是一种社会化行刑措施，社会化行刑是以矫正复归思想为基础

的，资格刑适用的目的是防卫社会，在思想基础上，资格刑与社区矫正并不相同。第二，从制度设计上看，我国《刑法》并没有对剥夺政治权利的监外服刑人员的人身自由进行限制，服刑人员在迁居方面是自由的，这种自由使社区矫正在实践中无法开展。第三，剥夺政治权利的行使并不需要社会力量的参与，这一点也与社区矫正的本质不同。也就是说，对于剥夺政治权利，行为人只要消极不行使其政治权利即可，无实施社区矫正的必要。① 上述观点在实然的意义上有一定的道理，但根据社区矫正内容以及实践，被剥夺政治权利的罪犯有必要被纳入社区矫正的范围。首先，社区矫正的内容包括"监督管理"、"教育矫正"及"帮困扶助"三个方面，虽然被剥夺政治权利的罪犯不需要"矫正"，但针对他们的监督管理和帮困扶助是非常有必要的，也是有法律依据的。根据《暂行办法》，社区矫正的三大任务可以被概括为"监督管理"、"教育矫正"及"帮困扶助"。"两高两部"《关于扩大社区矫正试点范围的通知》进一步肯定及深化了对上述任务的理解。在"两高两部"《关于在全国试行社区矫正工作的意见》中，"监督管理"、"教育矫正"及"帮困扶助"三个概念被明确地提出，并进行了深入的阐述。《办法》也明确规定，被剥夺政治权利的罪犯，应当在司法行政机关及公安机关的监督下，遵守《刑法》第 54 条的规定。因为参与司法行政机关组织的心理辅导、职业培训及就业指导活动是"帮困扶助"的一部分，属于社区服刑人员的权利，故没有强制要求他们参与。其次，对被剥夺政治权利的罪犯开展社区矫正，取得了良好效果。人们已经开始认识到，被剥夺政治权利的罪犯与其他的社区服刑人员不同，没有必要对他们开展全面的社区矫正，只需要"对症下药"，在督促他们遵守相关规定的同时，着力解决他们所面临的困难，使他们更顺利地回归社会。自 2003 年开始社区矫

① 刘志伟、何荣功、周国良：《社区矫正专题整理》，中国人民公安大学出版社 2010 年版，第 13 页。

正试点工作以来，2003 年 7 月至 2011 年 8 月底，我国累计接收社区服刑人员 771131 人，社区服刑人员在矫正期间仅有 1690 人再次犯罪，再犯率为 0.22%。在所有 5 种社区服刑人员中，被判处剥夺政治权利的犯罪分子仅占总数的 10% 左右，他们的再犯率也没有超过平均水平。① 这说明对被判处剥夺政治权利犯罪分子的社区矫正效果好，应继续坚持。再次，因为社区矫正的宗旨在于帮助罪犯重返社会，对被剥夺政治权利的罪犯适用社区矫正，也是这一宗旨的体现。德国学者阿沙芬堡认为，犯罪现象是人类社会不可分割的组成部分，它与社会盘根错节地交织在一起，并从社会中不断吸取新的养分。只有在社会之中，并且在与社会的因果关系中才能形成犯罪行为。② 美国学者默顿也认为，物质利益对于每一个人都是重要的，而成功地实现物质利益目标的过程是通过合法手段获得进一步的教育，经过艰苦的努力获得高收入的工作。但是不可能所有的人都能通过合法手段获得教育，因为社会只为少数人提供这种机会。所以社会中的一些成员不得不通过违法的手段如犯罪，来实现“成功”的目标。由此看来，既然犯罪是在社会中产生的，也是社会进步所付出的必要代价，那么社会也应当为消除犯罪作出自己的努力。被剥夺政治权利的犯罪人也不例外，他们是社会竞争中的失败者，也是社会的弱者，需要借助外力帮助他们完成回归社会的目标。通过社区矫正，被剥夺政治权利的犯罪人保持了正常的家庭生活及正常的社会联系，还不会丧失教育和工作的机会。这些都使得他们能够在正常的生活环境中反省、完善自己，逐渐满足基本的物质和心理需要，进而顺利融入社会。

二、暂予监外执行的罪犯应适用社区矫正

暂予监外执行是人道主义在我国行刑制度中的体现，对患有严

① 吴宗宪：《论对剥权犯实行社区矫正的必要性》，载《中国司法》2012 年第 2 期。

② 吴宗宪：《西方犯罪学》，法律出版社 1999 年版，第 222 页。

重疾病的罪犯适用保外就医，可以对其在社区进行监管，在家庭的环境中受到较好的照料，其所患疾病也能够较快地痊愈或缓和。适用监外执行的罪犯，一般都会感激国家对其的宽大和人道主义待遇，进而受到鼓舞，珍惜这个宝贵的机会。就是其家属和亲友们，也会教育、鼓励罪犯在监外执行期间努力改造，接受有关部门的监督。[①] 根据《刑事诉讼法》第258条的规定，对暂予监外执行的罪犯，依法实行社区矫正，由社区矫正机构负责执行。虽然有《刑事诉讼法》的明确规定，但仍有学者认为，暂予监外执行的罪犯不应当适用社区矫正，理由包括：第一，社区矫正未将罪犯与社会隔离，缺乏安全性，因而社区矫正必须适用于人身危险性小的罪犯。而暂予监外执行的条件并没有要求有悔改表现，暂予监外执行的罪犯的罪行可能比较严重，悔改表现可能不好，用社区矫正这种轻缓的刑罚执行方式来矫正他们的恶习，无法让人认同他的适当性。第二，暂予监外执行的罪犯只是在形式上走进了社会，实际上他们并没有脱离监狱而成为社区的正式成员，他们的身份不在社区，对他们实施社区矫正工作是非常困难的。第三，从理论基础上看，之所以要对犯罪人暂予监外执行，根本原因在于犯罪人出现了不适宜在监狱内执行的理由，需要变通刑罚的执行，监外执行虽然在客观效果上无法否认也具有使犯罪人社会化的效果，但该制度建立的根本目的并非出于使犯罪人社会化的考量。第四，从实际运作来看，由于犯罪人的生理原因，在实践中对暂予监外执行的犯罪人开展社区矫正工作实际上是难以进行的。[②] 笔者认为上述理由并不能成立。首先，上述关于人身危险性的担忧其实是不必的，适用暂予监外执行的罪犯本身患有严重疾病，需要接受治疗，人身危险性已经极大地被削弱。同时，在实行社区矫正之前，还要经过科学严

---

① 刘强：《社区矫正制度研究》，法律出版社2007年版，第278页。

② 刘志伟、何荣功、周国良：《社区矫正专题整理》，中国人民公安大学出版社2010年版，第12、13页。

格的裁决前调查，该项制度主要评估犯罪人的人身危险性大小以及是否真正适合社区矫正，只有经过裁决前调查，得出适合社区矫正的结论，暂予监外执行犯罪人才能够开展社区矫正。其次，认为暂予监外执行人员并没有脱离监狱，对他们开展社区矫正比较困难的观点也是可以被质疑的。暂予监外执行人员虽然在接受治疗之后还要回监继续服满刑期，但这并不代表对他们开展社区矫正比较困难甚至毫无必要。暂予监外执行人员虽然并没有完全脱离监狱，但他们的确是在社会中生活，事实上已经是一名社会人，而不是高墙里的罪犯，需要与社会打交道，需要积极地治疗、戒除恶习、融入社会。这一方面是为了犯罪人能够更好更早地回归社会，另一方面也是出于公共安全的考虑。如果认为暂予监外执行人员治疗完毕后还要回监狱服刑，之前开展的教育矫正会前功尽弃，那么，社区矫正本身也不能百分之百保证每个犯罪人都能够重返社会，成为对社会有用的人，是否也可以此为理由怀疑社区矫正开展的正当性与有效性？再次，认为暂予监外执行制度建立的根本目的并非出于使犯罪人社会化的考量，所以不应开展社区矫正的观点是片面的。如果以此逻辑，那么管制、缓刑等仅仅是按照罪责刑相适应原则所作出的判决，也并非出于使犯罪人社会化的考量，也不应适用社区矫正，这明显与实际不符。我国刑罚有明显的教育改造目的，暂予监外执行的直接目的虽然是出于人道主义考虑，但这与刑罚的教育改造目的并不矛盾，两者为什么就不能融合呢？最后，认为暂予监外执行人员由于生理原因，导致社区矫正工作难以进行，所以开展社区矫正不现实的观点也是绝对化的。不可否认，由于适用暂予监外执行的人员包括患有严重疾病的罪犯、怀孕的罪犯、哺乳自己婴儿的罪犯以及生活不能自理的罪犯，这些人因为生理原因，的确导致社区矫正工作难以进行，但生理原因有多种多样，社区矫正的形式也异常丰富，总会找到合适的教育矫正方式。例如，怀孕的罪犯虽然无法从事体力劳动，但可以参加司法行政机关开办的教育讲座，根据今后的生活规划学习某方面的技能与知识。或许有人认为，暂予监外执行本来就是对犯罪人的一种宽宥和人道，若还要执行社区矫正，则抵消了监外执行给犯罪人带来的益处，甚至给予犯罪人更大的负担，使暂予监外执行名不副实。暂予监外执行虽然人道，但仍然是一种刑罚执行方式，具有一定的惩罚性和强制性，适用暂予监外执行的罪犯不可能与普通人无异，而体现惩罚性和强制性的主要方式就是社区矫正。此外，对暂予监外执行的罪犯适用社区矫正，也有助于消弭认为监外执行过于宽大的错误观念。

三、被判处罚金刑的罪犯不应适用社区矫正

有论者认为，我国社区矫正适用对象还应当包括被判处罚金刑的罪犯。其理由是，既然被判处罚金刑的罪犯属于身在社区的情形，自然有必要将其纳入社区矫正的范围，而且判处罚金刑，只表明对犯罪人的处罚，但犯罪人的思想还有待于社区矫正，这样才能促进犯罪人复归社会。[①] 笔者认为不妥。首先，社区矫正作为一种刑罚执行方式，要严格遵循罪刑法定原则的制约。根据相关的法律法规，被判处罚金刑的罪犯并没有被要求适用社区矫正，因此将社区矫正义务强加在被判处罚金刑的罪犯身上是没有根据的。其次，罚金刑作为财产刑，具有十分突出的刑罚经济性特点。财产刑是以剥夺犯罪人一定数额的财产为内容的刑罚方法，它不需要建监狱，也不需要配置大量的行刑人员。因此，从刑罚成本而言，它几乎不需要任何的成本。相反，对于犯罪人缴纳来的财产，却可以将其部分作为司法资源，也可将其通过国家赔偿的方式弥补受害人的损失。[②] 上述是罚金刑的优势所在，即刑罚经济性；而社区矫正的全过程需要大量的人力物力，这又抵消了罚金刑的优势。此外，被判处罚金刑的犯罪人的社会危害性及人身危险性一般情况下都不是很

① 刘志伟、何荣功、周国良：《社区矫正专题整理》，中国人民公安大学出版社2010年版，第13页。

② 邓文莉：《刑罚配置论纲》，中国人民公安大学出版社2009年版，第131页。

大，并没有教育矫正的急迫需求，若对于所有非监禁刑的罪犯不加区分的一概适用社区矫正，则浪费了宝贵的司法资源，也不合理地加重了本就捉襟见肘的社区矫正力量的负担。

第二节　社区服刑人员的权利

一、社区服刑人员权利的内涵

社区服刑人员到底享有哪些权利，也即其权利的内涵具体包括哪些内容？对此，目前刑法学界已有不少研究。例如，有学者提出社区服刑人员的一般权利包括：①生命健康权；②人身自由权；③人格权；④住宅权；⑤通信权；⑥婚姻家庭权；⑦财产权和继承权；⑧知识产权；⑨政治权利；⑩宗教信仰自由；⑪受教育权；⑫劳动权；⑬文化活动权；⑭批评、建议、申诉、控告、检举的权利；⑮获得国家赔偿权；⑯获得物质帮助权；⑰诉讼相关权利。[①]也有学者认为，社区服刑人员的权利包括：①完全享有的权利；②被剥夺或者受到限制的权利；③特有权利。完全享有的权利具体包括人身安全权，人格尊严权，合法财产权，辩护、申诉、控告、检举权，婚姻家庭权，劳动就业权。被剥夺或者受到限制的权利具体包括政治权利、行动自由权、会见权、隐私权。特有权利具体包括知情权、获得帮助权、获得奖励权。[②] 还有学者在《社区矫正法（专家建议稿）》中，对社区服刑人员的权利以概况性规定的方式作了详细的立法设计：①人身自由、人格尊严和财产权利不受侵犯；②超出原裁决剥夺、限制范围的权利；③了解社区矫正的相关信息；④辩护、申诉、控告、检举和揭发的权利；⑤对社区矫正机

① 吴宗宪：《社区矫正导论》，中国人民大学出版社 2011 年版，第 132 ~ 139 页。

② 王平：《社区矫正制度研究》，中国政法大学出版社 2014 年版，第 286 ~ 290 页。

构、社区矫正官的决定或者处理依法进行投诉的权利；⑥依法享有的其他权利。[①]

《办法》第36条规定：社区矫正人员的人身安全、合法财产和辩护、申诉、控告、检举以及其他未被依法剥夺或者限制的权利不受侵犯。社区矫正人员在就学、就业和享受社会保障等方面，不受歧视。《办法》关于社区矫正人员权利的规定总体上来说是较为全面的，但对于社区矫正机构滥用职权或者违法行使职权的行为，并没有为社区服刑人员提供明确的救济措施。武汉大学教授秦前红认为，人权司法保障“首先是要尊重保障公民的诉权，诉权具有基础人权的特性，是一种核心权利，因此诉权的实现程度成为人权是否得到充分保障的一个重要指标”。[②] 最高人民法院副院长江必新认为：“人权司法保障的第一层含义是司法中的人权保障，主要是指行使刑事司法权（包括追诉权），展开刑事诉讼的程序过程中，除了保护受害人的权益之外，还要保护犯罪嫌疑人、被告人和服刑人的基本人权，核心在于通过制约司法程序中的国家权力来防止侵害被追诉人的基本人权。人权保障的第二层含义是运用司法权来保障人权，即人权的司法救济。在国家治理现代化目标下，人权保障的第二层含义还需扩展为扩大运用司法权来保障人权的范围，即各类人权的保障可诉诸司法程序。”[③] 因此，诉权的拥有以及救济措施的完善是社区服刑人员拥有其他权力的基础和保障。从这个角度而言，《社区矫正法（专家建议稿）》对社区服刑人员权利的划分是科学的、全面的。其明确告知社区服刑人员，在面对社区矫正机构、社区矫正官的不合理决定或者处理时，享有依法进行投诉

---

① 赵秉志：《社区矫正法（专家建议稿）》，中国法制出版社2013年版，第38、39页。

② 梅义征：《社区矫正制度的移植、嵌入与重构——中国特色社区矫正制度研究》，中国民主法制出版社2015年版，第176页。

③ 江必新：《关于完善人权保障的若干思考》，载《中国法律评论》2014年第2期。

的权利。

上述前两种权利的内涵划分各有千秋，但也在某种程度上稍有重复。例如，受教育权、劳动权、文化活动权都可统一归于发展权，事无巨细地列举各项权利恐有条文繁缛的立法弊端。再如，被限制或剥夺的权利中的政治权利仅适用于被剥夺政治权力的社区服刑人员，但对其他类型的社区服刑人员来说仍然享有，其适用标准难以一以贯之。对于社区服刑人员的诉权，前两种权利内涵划分仅规定了“控告、检举、申诉的权利”，而对控告、检举、申诉的对象并没有作出明确说明，这难免让人产生疑惑，即对于社区矫正机关的不合理决定或处理，社区服刑人员到底有无权利进行自我救济？在第二种权利内涵划分中，还包括了被剥夺或者受到限制的权利，如行动自由权、会见权等。但从相反的角度来讲，这些所谓的“权利”能否被视为权利？既然已经被剥夺或者被限制了，难道不应当将其划归为义务的范畴吗？这在某种程度上造成了权利与义务界限的模糊，不利于明确社区服刑人员的权利范围以及对权利的保障，因而是不必要的。另外，法律权利意味着“法律上之力”，是“获得利益的手段”，意味着“一种正当理由”，意味着公民手中的“一张政治王牌”，拥有权利就被赋予力量来坚持权利要求，这种要求通常比功利、社会政策以及人的活动等其他道德或者政治基础更加重要。[①] 法律权利将正当要求法律化、现实化之后，就使体力、智力等方面的弱者获得一种基于“法律上之力”的强大后盾的保障，实际上是以制度的方式弥补了自然状况的差异。法律权利的保护也是一种制度性保护，权利通过规则得以确认，具有稳定性，并有国家强制力作为后盾给予保障。并且，通过权利的制度性保护使得权利的享有“不是一种恩赐或施舍，也不诉诸一般的兄弟情义、爱情或友情。它们是一种权利或利益，而远不止是一种善

① ［美］杰克·唐纳利：《普遍人权的理论与实践》，王浦劬等译，中国社会科学出版社 2001 年版，第 3 页。

良的愿望或主张”。[①] 既然在立法中明确权利内涵的最原始动力就是通过法律的明文规定来切实保护社区服刑人员的权利，那么“被剥夺或者受到限制的权利”这种提法则明显不合时宜，也不具有必要性与实用性。

本书更赞同《社区矫正法（专家建议稿）》中所作的立法设计。一方面，该条文设计全面覆盖了社区服刑人员依法享有的各项权利，且有兜底条款堵截司法实践中可能之漏洞。另一方面，该条文设计从基本权利、实体权利和程序权利三个层次对其内涵进行了高度概括，不仅结构清晰，而且逻辑分明。当然，对于该立法设计的个别文字表述也有可供商榷之处。例如，“超出原裁决剥夺、限制范围的权利”，从语义角度分析，“剥夺”、“限制”本身就意味着是从某一范围内排除之部分，而超出被排除部分的边界范围又该如何理解，在某种程度上确实容易引起误解。主动句的表达形式也容易给人一种该权利系额外享有的感觉，好像社区服刑人员比其他人员享有更多的权利，而事实上却并非如此，其享有的权利是被保留的权利。因此，这样的表述不如“依法未被原裁决限制、剥夺的权利”清楚明白，这样的被动式表达也不会导致一些不必要的误解。同时，这样的表述也更能体现出权利克减明示原则的要求。

二、社区服刑人员权利的具体分析

（一）隐私权

与在监服刑人员受到无所不在的监控待遇相比，社区服刑人员由于在社区这一开放环境中服刑，从而享有了更多的自由空间，也因此获得了更多的隐私可能。例如，在通信自由这一点上，在监服刑人员虽然享有一定的通信自由，但信件须经监狱检查，对于信件内容妨碍服刑人员改造的可依法扣留。而目前尚无任何规范性文件

① 董云虎、刘武萍：《世界人权约法总览》，四川人民出版社 1991 年版，第 75 页。

对社区服刑人员的通信自由施加限制，根据“法无授权不可为，法不禁止即自由”的原理，那么社区服刑人员就当然享有通信自由的权利。在此意义上，社区服刑人员享有了更多的隐私权。但不可否认的是，基于社区服刑人员的特殊身份，其隐私权在内容上也应当受到一定的限制，不可能像普通公民一样完全享有隐私权。

国外立法例中也有这样的要求，如《欧洲社区制裁与措施规则》第 23 条规定，“社区矫正和措施的执行活动的性质，内容和办法，不应当危害犯罪人及其家庭的隐私或者尊严，也不应当导致对他们的骚扰。不应当损害自尊，家庭关系，与社区的联系和在社会上生活的能力。应当采取措施保护犯罪人免受侮辱，不适当好奇心的干扰或者宣传”。从严格意义上讲，隐私权也属于人格尊严权的一部分。具体而言，社区服刑人员的隐私权至少包括通信自由、住宅隐私、身份隐私。为保护社区服刑人员的人格尊严和人身安全，除非是进行社区矫正的需要，否则不得对外宣传并公布社区服刑人员的罪犯身份，更不得随意侵入社区服刑人员的住宅。

在此应主要分析身份隐私的问题，尤其是对于社区服刑人员的服刑身份有无保密的必要。有观点认为没有必要，如有学者就指出：“对于行为人实施的犯罪行为以及由此衍生出来的罪犯身份是不属于隐私权保护范围之内的。”① 但也有观点认为，不可断然否定社区服刑人员的身份隐私。对此，正如有论者指出的，在司法实践中就有如下困境：“一般已经拥有正常工作的社区服刑人员比较避讳工作的同事知道自己身份，对于这种定期定量的矫正任务，很多已就业社区服刑人员在参加每月学习请假时，都怕用人单位知道自己是服刑人员后而被解雇或者遭到同事的歧视出现学习请假难的问题，非常不利于社区矫正工作的开展。”② 站在假释人员的角度

① 王平：《社区矫正制度研究》，中国政法大学出版社 2012 年版，第 296～300 页。

② 程晓溪：《社区服刑人员隐私权保护问题研究》，载《江西广播电视大学学报》2015 年第 3 期，第 58 页。

再考虑一下这个问题，是出狱后悄然开始自己的生活更有利于他忘掉自身的烙印还是让他在“社区”中堂皇接受“矫正”更有利？[①] 同样，也有学者在论及社区矫正执法人员有无必要身着警服接触社区服刑人员时指出，“目前在社会上，人们对于警察的接触十分敏感，如果警察身着警服接触某人或者进入某个家庭，就会在社区中、在该人及其家庭周围的其他人中产生较大的反响，使人们对警察接触的对象产生消极的联想、印象等。例如，被接触的对象及其家人是否干了坏事？是否犯了罪？等等。这会干扰社区服刑人员及其家庭的正常生活与工作，加重社区服刑人员的心理负担，不利于社区服刑人员顺利回归社会”。[②] 还有论者在论及公益劳动制度时提到，“人格维护方面要充分考虑到社区服刑人员普遍较为敏感的特殊心理感受。禁止以社区服刑人员作为反面教材，组织群众参观社区服刑人员公益劳动；在劳动地点的选择上应尽量避开可能使参加者遇见很多熟人的场合；对社区矫正中的公益劳动确有必要进行宣传、报道的，在文字上应避免出现社区服刑人员的真实姓名，在照片或影视资料上应避免暴露社区服刑人员的面部”。[③] 而这些敏感的身份信息实则就是社区服刑人员隐私权的体现。

应当说，上述观点均有一定道理，但本书更倾向于否定论的见解。对于社区服刑人员的身份信息来说，并不属于社区服刑人员的隐私权范畴。理由如下：首先，可以利用已有的相关司法制度解除社区服刑人员关于身份信息的担忧。我国2012年新修订的《刑事诉讼法》规定的前科消灭制度，便是旨在减少犯罪前科对于服刑人员的污名化效应。其次，社区服刑人员的身份信息可以依法基于

---

① 王翠竹、王世洲：《社区矫正在我国的现实处境及进路分析》，载《辽宁大学学报（哲学社会科学版）》2012年第6期，第22页。

② 吴宗宪：《社区矫正立法中的警察问题探讨》，载《中国司法》2014年第11期，第59页。

③ 马辉：《组织社区服刑人员参加公益劳动应把握的原则》，载《人民调解》2010年第7期，第32页。

社区矫正的目的而披露或使用。事实上，通过裁判文书公开的方式也可以比较容易查询到相关人员的信息。此外，这也涉及社区服刑人员隐私权与社区公民知情权之间的平衡问题。再次，社区服刑人员为了回归社会，在一些情况下不得不披露自己的身份，与他人沟通。如果认为社区服刑人员的身份在开展社区矫正时属于隐私权，那么他们在解矫后的社会生活中也不得不主动披露自己的身份，而解矫后的披露也难免会产生歧视、标签化等问题。最后，国外司法实践中不乏要求对社区服刑人员身份信息进行披露的做法，如“梅根法案”。①

（二）劳动经商权

根据《暂行办法》第36条的规定，社区矫正人员在就学、就业和享受社会保障等方面，不受歧视。免受就业歧视是保障社区服刑人员人格尊严的具体体现，也是法律平等对待社区服刑人员的题中之意。那么，社区服刑人员有无劳动经商权？对此，说法不一。从法律文本的角度考察，根据1989年《关于依法加强对管制、剥夺政治权利、缓刑、假释和监外执行服刑人监督考察工作的通知》的规定，服刑人员外出经商权是受限制的。而在1998年7月9日最高人民检察院、公安部、司法部联合发布的《关于不允许暂予监外执行的罪犯外出经商问题的通知》中，特别规定暂予监外执

① 1994年7月29日，7岁的美国新泽西州女孩梅根，被邻居杰西——一个刚搬来此地、有过两次前科的性犯罪分子诱骗至家中，惨遭强奸并被杀害。“梅根事件”发生后，震惊了整个新泽西州。在社会的不断呼吁和努力下，1996年5月17日，时任美国总统克林顿签署了“梅根法案”。这项法案要求所有有“性犯罪”前科的人必须到当地警察局报到、注册。社区居民有权上网或者到警察局追踪本地性罪犯的姓名、居住地点，而且可以将性罪犯的资料公布于众。美国各州关于“梅根法案”的具体规定也不尽相同。例如，在华盛顿州，如果一名刑满释放的性罪犯乔迁新居，警察会挨家挨户打电话通知邻居，告知他们该罪犯的姓名和住址。有的州规定，这些性罪犯必须远离儿童，他们的居住地点必须在距离学校或者孩子集中地150米左右（500英尺）以外等，如果违背上述条款立即逮捕。“梅根法案”的出台，对于震慑、防范这类性侵害犯罪，保护妇女儿童合法权益，有十分显著的效果。然而，该法案一直以来不断受到诟病，如其性犯罪概念的广泛化、犯罪分子终身受辱等。

行的罪犯不允许离开居住地外出经商。因生活确有困难的和谋生需要的，在不影响对其进行监督考察的情况下，经执行机关批准，可以在居住地自谋生计。而1998年《企业法人法定代表人登记管理规定》规定，监外执行服刑人不具有担任法定代表人的资格等。当时的立法意图是为了维护商业秩序，在人们眼中，罪犯是触犯刑事法律而受刑事处罚的人，其商业信誉比不上普通人，公众对矫正对象缺乏信任感。[①] 应当看到，在上述规范性文件中，其立法旨意不仅是在于对经商权的限制，更是对行动自由权的限制（一般情况禁止外出经商，特殊情况允许在居住地自谋生计）。不难看出，立法者在此更看重的是暂予监外执行的罪犯离开居住地而外出经商是否具有人身危险性，会不会给流入地的社会秩序带来治安隐患。同时，在一定程度上也是出于有效维护监管秩序的考虑，防止监外执行的罪犯因外出经商而脱管、漏管。

这样的立法考虑或许在当时的社会环境下是可以理解的，但放在今日的社会环境下再来考察似乎就不太合适了。因为，在目前商业环境高度发达的情况下，一个人的经商条件已经随着商业社会的高速发展而得到了大大的改善，物流更加便捷，结算也方便，需要外出才能经商的行业（如必须到原产地采购相遇）已大大减少。尤其是随着电子商务的发展与深化，在家动动鼠标、刷刷微信就能够轻松完成一笔商品交易，坐等快递上门取货发货，甚至都不需要迈出家门。在这种情况下，再坚持严格限制外出经商的做法实际上已经被社会发展速度所架空，显得意义不大。但我们也注意到，时至今日也还有学者提出，对怀孕或哺乳自己婴儿的妇女适用暂予监外执行，除非因生活必需，且经执行机关批准，该怀孕或哺乳自己婴儿的妇女不得经商。[②] 该论点的主要理由如下：第一，对怀孕或

---

① 卢方：《论我国社区矫正对象权利的法律保障》，载《皖西学院学报》2013年第3期。

② 王平：《社区矫正制度研究》，中国政法大学出版社2014年版，第200页。

哺乳自己婴儿的妇女适用暂予监外执行，不是基于对妇女犯本人的法外施恩，而是基于保护婴儿或胎儿的权利作出的监禁刑罚的变通执行规定。第二，怀孕或哺乳自己婴儿的妇女，与保外就医的罪犯不同，仍然具有相当的可能危害社会的犯罪能力。第三，相对于保外就医的罪犯处于伤病之中可能令人心生同情，怀孕或哺乳自己婴儿的妇女难以获得社会民众的同情和谅解。基于上述原因的考虑，该观点之主张填补了上述立法空白，应当对怀孕或哺乳自己婴儿的妇女适用监外执行严格考察，防止危害社会的情况出现；对已经获得暂予监外执行的妇女，应当规定严格的限制条件，以减少其可能继续危害社会的可能性。

对于这一观点，笔者认为值得商榷。现行关于暂予监外执行的法律法规主要的规范对象是保外就医的罪犯，而较少对怀孕或哺乳自己婴儿的妇女作出限制性规定。首先，将孕妇或哺乳期妇女这类人员纳入暂予监外执行的理由不能成为否定其享有劳动经商权的直接理由。该论点的中心思想在于，之所以会对孕妇或哺乳期妇女的监禁刑罚作变通执行，其出发点不在于作为罪犯的母亲本人的相关权利应当得到保障与体现，而是在于保障下一代的健康成长（在监服刑的各种条件当然不利于婴儿或胎儿健康成长）。通俗地说，就算妈妈不在监狱服刑还是坏人，但因为儿女的确是无辜的，所以让妈妈不必在监狱服刑。但是妈妈不管在哪里服刑都是坏人，然后按照逻辑三段论的推导就能得出否认其有劳动经商权的结论（具体如下：大前提：坏人不能经商；小前提：妈妈是坏人；结论：妈妈不能经商）。因此，问题的关键在于社区服刑人员有无经商权（即包括妈妈在内的坏人不能经商这一大前提），而这跟孕妇或哺乳期妇女为何能适用暂予监外执行（即作为坏人的妈妈在哪里服刑）毫无关系，因此，理由一无法成立。其次，允许孕妇或哺乳期妇女经商并不意味着其就比保外就医的罪犯有更高的可能危害社会的犯罪能力。该论者指出，“即使不规定保外就医的罪犯禁止外出经商，其事实上也失去了外出经商的能力。对于保外就医的罪犯来说，身患严重疾病需要治疗，其继续危害社会的现实可能基本消失；怀孕或哺乳自己婴儿的妇女，却仍然具有继续危害社会的现实可能性；至于生活不能自理的罪犯，显然几乎完全失去继续危害社会的能力”。换言之，该观点认为孕妇或哺乳期妇女的人身危险性（继续危害社会的能力）要高于其他人员，而其他人员因为身体原因、劳动能力原因而在事实上不具有经商能力。暂且不论是否有足够的事实证据证明孕妇或哺乳期妇女的人身危险性（继续危害社会的能力）就高于其他人员，一个显而易见的道理是，经商能力并不等于继续危害社会的能力，更不能说赋予某一群体经商能力就意味着增高了该类群体的人身危险性。若照此推演，同是社区服刑人员，同是怀孕或哺乳自己婴儿的妇女，经商的就比不经商的危险吗？这危险性到底何来？显然这是非常荒谬的。最后，该论点并未指出孕妇或哺乳期妇女难以获得社会民众同情和谅解的具体原因所在。既然保外就医的罪犯因为伤病而令人同情，那么同样处于弱者地位的孕妇或哺乳期妇女为什么就不值得人同情？再退一步讲，他人的同情也并不能成为允许或限定社区服刑人员某一权利的法律理由。正如著名学者苏力所言：“恻隐之心或同情心只是显示了保护弱者或弱势群体的公共政策有足够的社会心理基础，却未必足以作为政策、法律制度的基础。”[①] 综上，对于孕妇或处于哺乳期的妇女不应限制其劳动经商，能够经商，自食其力，不等不靠，正是社区矫正的意旨所在。

（三）言论自由权

北京市社区矫正工作领导小组办公室发布的《关于印发〈社区服刑人员管理工作暂行规定〉的通知》（京社区矫正办〔2005〕47 号）第 24 条规定：“社区服刑人员接受媒体采访，或者会见其亲属以外的境外人士，须由本人提前五日向司法所提交书面申请。

① 苏力：《弱者保护与法律面前人人平等——从孕妇李丽云死亡事件切入》，载《北京大学学报（哲学社会科学版）》2008 年第 6 期。

申请内容包括：接受媒体采访或会见境外人士的原因、时间、地点，媒体或境外人士的有关情况，采访或会见的具体内容等。”此外，该通知第 26 条还规定：“社区服刑人员接受媒体采访或会见境外人士前，司法所应当对其进行教育。采访或会见当日，司法所要派人到现场掌握情况，发现服刑人员、记者、境外人士有违法行为或者采访、会谈内容违反法律及有关规定的，可终止采访或会见。采访或会见结束后，司法所应当及时向区县司法局报告，区县司法局要及时向市社区矫正工作领导小组办公室报告。”此外，《北京市司法局、北京市公安局关于对社区服刑人员考核奖惩工作的暂行规定》（京司发〔2008〕123 号）第 18 条第 6 款规定：“未剥夺政治权利的缓刑、假释、暂予监外执行社区服刑人员未经批准接受传媒采访的，每次扣 10 分。”由此可见，上述社区服刑人员在言论自由权的行使方面是受到一定限制的，即上述规定赋予了司法行政机关的采访批准权（未经批准不得擅自接受采访）、在场监督权（采访当日需派员在场）和终止采访权（发现服刑人员、记者有违法行为或采访内容违反法律和相关规定）。但问题在于，司法行政机关对其言论自由的限制行使是否有理有据？上述规定赋予司法行政机关的三项权利又是否具有法律效力？

笔者认为，对社区服刑人员权利的认定应严格遵循“权利推定原则”和“克减明示原则”，下面就结合这两项原则对上述问题进行判断。就前一原则而言，由于现行法律对服刑人员的权利规定不明确，从有利于保护服刑人员权利的角度出发，同时按照“法无明文即自由”的精神，有必要在社区服刑人员的权利确定问题上坚持权利推定原则，即对社区服刑人员权利的保障不能仅仅以法律规定的范围为限。[①] 依据《暂行办法》第 25 条的规定：“被宣告缓刑或者被裁定假释的社区服刑人员，在社区矫正期间应当遵守下列规定：①遵守法律、行政法规和社区矫正有关规定，服从监督管

① 葛炳瑶：《社区矫正导论》，浙江大学出版社 2009 年版，第 86 页。

理；②定期报告自己的活动情况；③遵守关于会客的规定；④离开居住的市、县或者迁居，应当报告司法所，并经县级公安机关批准；⑤附加剥夺政治权利的缓刑、假释社区服刑人员还必须遵守本办法第27条的规定；⑥遵守其他具体的监督管理措施。”可见其中并无禁止社区服刑人员接受采访的规定。此外，更需要强调的是，《刑法》第75条、第84条关于“对缓刑犯、假释犯应遵守的规定”也都未涉及禁止缓刑犯或假释犯接受采访的内容。当然，虽说可将上述需经司法行政机批准方可接受采访的做法视为《暂行办法》第25条第6款中的“其他具体的监督管理措施”，但需要注意的是，《暂行办法》仅为行政法规，并不是严格意义上的法律，而作为法律的《刑法》对此却并未加以禁止，因此可以推定上述社区服刑人员享有言论自由权，其可以自由接受采访而不需要司法行政机关的批准。

而对于后一原则来说，监管机关对于罪犯权利的克减不能任意和随便为之，必须具有正当理由和法律依据。故对罪犯权利的限制和剥夺必须以法律明确规定的形式作出。[①]《暂行办法》第21条第2款的规定也正好体现了这样的原则精神，即规定了社区服刑人员在接受社区矫正期间享有其他未被依法剥夺的权利。换言之，凡是未被依法剥夺的权利（即未明示克减的权利），司法行政机关都不应以任何理由予以限制与剥夺。如前所述，我国法律并未对上述社区服刑人员的言论自由权加以剥夺，该权利属于“未依法被剥夺的权利”，故就此点而言，其也完全享有自由接受采访的权利。因此，笔者认为，上述司法行政机关对其言论自由的限制行使无法无据，上述规定赋予司法行政机关的三项权利也并不具有法律效力。对此，也有论者表示赞同，认为对各类服刑人员的言论、出版自由的权利不宜加以限制或剥夺。[②] 再如，有论者也主张，由于现行法

① 葛炳瑶：《社区矫正导论》，浙江大学出版社2009年版，第105页。
② 刘强：《社区矫正制度研究》，法律出版社2007年版，第337～338页。

律对缓刑、假释和监外执行对象的言论自由权未加限制，因此这三类人员应当是享有言论自由的。①

三、社区服刑人员权利的保障

权利保障，是指排除对权利行使的障碍，建立使权利最终实现的制度化保护。从目前社区矫正的实践状况来看，仍然存在一些负面因素限制了我国社区服刑人员权利及其保障的发展和完善。这些障碍主要有：①人们的意识形态仍然受传统思想文化观念的影响，公众刑罚观念中存在误区；②一些社会成员社会责任感淡化、人权观念缺乏，权利意识尚未引起公众的普遍关注；③与发达国家（地区）社区矫正相比，我国相关立法滞后；④社区矫正机构及有关司法执法组织机构不健全，矫正职能定位模糊，程序制度简单粗放；⑤社区矫正的执行不够专门化、专业化，行刑工作不够科学化、技术化。社区矫正在我国还是一项新生事物，刑事司法、执法机关和公众对社区矫正的认识还比较粗浅，要克服和排除以上各项障碍绝不可能一蹴而就。因此，应积极克服困难，为社区服刑人员权利保障寻求一条直接的解决途径和突破口——建立和健全权利保障机制。② 针对上述障碍，应着力从以下方面保障社区服刑人员的权利。

（一）立法保障

社区服刑人员的权利保障，根本上来自于立法，明确、完善、科学的权利规定具有最高的效力，是今后最主要的努力方向。在2016年12月通过的《社区矫正法（征求意见稿）》（以下简称《征求意见稿》）中，关于社区服刑人员权利的规定为“社区矫正人员依法享有的人身权利、财产权利和其他未被依法剥夺或者限制

① 但未丽：《社区矫正：立论基础与制度构建》，中国人民公安大学出版社2008年版，第266页。

② 刘强：《社区矫正制度研究》，法律出版社2007年版，第343、344页。

的权利，不受侵犯。社区矫正人员合法权益受到侵害的，有权提出申诉、控告和检举”。相比2012年《实施办法》，《征求意见稿》的相关规定更为简单粗疏，所以饱受社区矫正实务界及学界诟病。一直以来，我国社区矫正立法的理念基本还是停留在监督考察阶段，各项义务规定相对细密，而对于社区服刑人员的权利保障涉猎较少，甚至不如教育帮扶的规定完善。这些过于粗疏的规定会带来以下问题：①社区服刑人员面对侵权事件，打算依法维护自身权益时，没有具体的行为指引，往往不知所措，无法找到扎实的法律依据；②社区服刑人员的权利即便暂时没有受损，也会处于时刻遭受侵犯的边缘，对侵权人的威慑力不足，导致社区服刑人员安全感欠缺；③在社区服刑人员权利遭到侵犯时，即便有律师等法律援助，一般也会因法律规定的阙如而提不出切实可行的主张；④法律规定的粗疏给司法人员滥用职权、玩忽职守提供了温床，容易诱发司法腐败及司法不公。因此，当务之急是出台更加完善的《社区矫正法》，在社区服刑人员权利保障方面，实现由粗线条模式到细线条模式的转变，并在之后的司法实践中不断发现新问题、解决新问题。

（二）司法保障

如果说立法保障是根本和基础，那么司法保障则是社区服刑人员的权利能够得到真正实现的关键，是权利从应然到实然的必由之路。前文已述，诉权的拥有以及救济措施的完善是社区服刑人员拥有其他权力的基础和保障，所以，在司法保障建设中，社区服刑人员的检举、控告、申诉的制度化建设是重中之重。首先，可以明确检举、控告、申诉的启动权由社区服刑人员享有，社区服刑人员可以随时行使上述权利，相关机构有义务接受社区服刑人员的检举、控告、申诉，且应在特定时间内进行调查并作出答复。其次，应细化检举、控告、申诉的流程，做到人尽其责、职权统一，防止出现扯皮、拖沓等现象。还应充分发挥检察机关的司法监督职能，在相关机构不依法行使职能时，检察机关有权督促其接受社区服刑人员的检举、控告和申诉并及时答复，必要时检察机关可介入调查。最后，应建立制度化的社区服刑人员日常违规惩处和司法惩处的听证机制和辩护机制。听证机制主要适用于对社区服刑人员违反矫正监管规定行为的惩处，包括警告、提请公安机关给予治安管理处罚等。因为这些处分实际上都与刑罚的变更直接相关，应该给予社区服刑人员自我辩解的机会。[①]

（三）社会保障

社区矫正主要是将社区服刑人员置于社会，让其与社会保持必要的接触和联系，为其更好更快地融入社会，成为遵纪守法、自食其力的公民打好基础。因此，社会保障必不可少，社会各界应当积极配合司法机关的社区矫正工作，做好保障工作。然而，现实情况是很多社区居民尚没有形成对社区服刑人员的认同，在对社区服刑人员的帮助方面出力不够，视其为异类的“二等公民”。[②] 有台湾地区学者认为：实际上，犯罪人之重返原居住社区，经常遭到当地居民之强烈反对。无论对于犯罪人之恐惧，是否充满理性，老百姓大多相信居住在犯罪人之邻里很可能再次成为受害人。[③] 另外，社区居民普遍缺乏社区共同体意识，社区精神尚未形成，大多数社区居民没有充分融入所居住的社区，普遍缺乏社区共同体意识，很少向别人求助也不主动帮助他人。对身边的矫正对象，除了担心他们可能对自身安全有所影响外，较少予以过多关心。在这样的社区里，人与人之间的联系比较疏松，甚至同在一个社区住了多年还互不认识，更谈不上互相帮助和主动参与矫正工作了。[④] 除了要加强

---

① 梅义征：《社区矫正制度的移植、嵌入与重构——中国特色社区矫正制度研究》，中国民主法制出版社 2015 年版，第 187 页。

② 王平：《社区矫正制度研究》，中国政法大学出版社 2014 年版，第 293 页。

③ 林茂荣、杨士隆：《监狱学——犯罪矫正原理与实务》，台湾五南图书出版公司 1999 年版，第 236 页。

④ 但未丽：《社区矫正：理论基础与制度构建》，中国人民公安大学出版社 2008 年版，第 189、190 页。

社区矫正工作的宣传，使人们认同社区矫正工作的意义，从而更好地支持和参与社区矫正事业外，更重要的是要从法律制度、管理机制、社区建设等最基础的方面做起，只有这样，万丈高楼才能夯实基础，才能更好地为社区矫正工作提供充足的社会保障。

第三节　社区服刑人员的义务

一、社区服刑人员的一般义务

根据2012年《实施办法》的规定，社区服刑人员的一般义务主要包括：①应定期向司法所报告遵纪守法、接受监督管理、参加教育学习、社区服务和社会活动的情况。发生居所变化、工作变动、家庭重大变故以及接触对其矫正产生不利影响人员的，应当及时报告。保外就医的社区服刑人员还应每个月向司法所报告本人身体情况，每3个月向司法所提交病情复查情况。②未经批准不得离开所居住的市、县（旗），未经批准不得变更居住的县（市、区、旗）。③应当参加公共道德、法律常识、时事政策等教育学习活动。④有劳动能力的社区服刑人员应当参加社区服务。概括地讲，主要为报告义务、迁移报告义务、学习教育义务、社区服务义务等。除了《实施办法》要求的义务外，社区服刑人员还负有其他法律、法规等要求的义务，如《刑法》对于管制犯、缓刑犯、假释犯所要求的义务。但目前，我国关于社区服刑人员义务方面的规定非常简单，无论是《刑法》规定的被判处管制的罪犯应当遵守的规定，还是被宣告缓刑的犯罪人应当遵守的规定，或者是假释犯应当遵守的规定，内容都很简单，早已不适合市场经济条件下的社会环境。因此，应当在研究市场经济条件下社会生活与社会环境的特点的基础上，进一步完善社区服刑人员应当履行的法律义务的内容。[①] 此外，社区服刑人员在进行社区矫正时，实际上是一个接受刑罚惩罚，在特定时间内被限制人身自由的过程。而根据《立法法》第7条第1款和第8条第4款的规定，凡是涉及刑罚的有关事项，都必须由国家的立法机关，即全国人民代表大会和全国人民代表大会常务委员会制定的法律加以规范。反观我国目前关于社区矫正诸多内容的规定，包括公益劳动的规定，仅仅来自于最高人民法院、最高人民检察院、公安部、司法部等出台的一些司法文件，其法律位阶明显是不足的。[②] 在上述4项义务中，仅仅第一项和第二项有《刑法》作为根据，第三项和第四项则仅有司法文件作为根据。因此，在今后的社区矫正立法中，将学习教育义务和社区服务义务纳入其中是非常有必要的。

二、被判处管制的社区服刑人员的专门义务

根据我国《刑法》第39条关于被管制罪犯的义务和权利的规定，被判处管制的罪犯应当遵守下列规定：遵守法律、行政法规，服从监督；未经执行机关批准，不得行使言论、出版、集会、结社、游行、示威自由的权利；按照执行机关的规定报告自己的活动情况；遵守执行机关关于会客的规定；离开所居住的市、县或者迁居，应当报经执行机关批准。吴宗宪教授以《刑法》第39条为例，指出了被判处管制的犯罪人法律义务规定的不足：①内容过于笼统。例如，“遵守法律、行政法规，服从监督”就存在这样的问题，“遵守法律、行政法规”是每个公民都应当履行的法律义务，而不仅仅是被判处管制刑的犯罪人需要履行的法律义务。②规定缺乏针对性。该款的规定适用于被判处管制刑的所有犯罪人，没有区

① 吴宗宪：《社区矫正比较研究》（上），中国人民大学出版社2011年版，第130页。

② 蔡雅奇：《社区矫正公益劳动并非刑事义务》，载《检察日报》2013年2月18日第6版。

分犯罪人的不同情况，不利于法官根据犯罪人的具体情况有针对性地判处犯罪人应当遵循的法律义务。③预防重新犯罪的效果差。由于规定的法律义务缺乏针对性，不能根据犯罪人以及被害人等的具体情况而判处犯罪人在刑罚执行期间应当遵循的法律义务。④惩罚性不足。即使被判处管制刑的犯罪人完全遵守了该款的所有规定，对于他们来讲，也没有多大的惩罚性。[1] 因此，应当在社区矫正立法框架内探讨被判处管制的社区服刑人员的专门义务，完善立法，不断克服上述缺陷。具体来讲，应当关注以下几个问题。

（一）被判处管制的社区服刑人员的禁言义务——以不得接受媒体采访为例

北京市社区矫正工作领导小组办公室发布的《关于印发〈社区服刑人员管理工作暂行规定〉的通知》（京社区矫正办〔2005〕47号）第24条规定："社区服刑人员接受媒体采访，或者会见其亲属以外的境外人士，须由本人提前五日向司法所提交书面申请。申请内容包括：接受媒体采访或会见境外人士的原因，时间，地点，媒体或境外人士的有关情况，采访或会见的具体内容等。管制和剥夺政治权利的社区服刑人员在社区矫正期间不得接受媒体采访。"[2] 再如，《辽宁省社区矫正工作实施办法》第49条明确规定："被判处管制的社区服刑人员，未经批准，不得行使言论、出版、集会、结社、游行、示威自由的权利。"

在另外一些省市的社区矫正监督管理工作中，也有不少类似的规定。例如，《广东省司法厅关于社区矫正人员考核及分类管理的暂行规定》（粤司办〔2013〕235号）第14条第（七）项规定："社区矫正对象擅自接受采访、发表演说的，一次扣4－5分。"《福建省社区矫正对象计分考核规定（试行）》（闽社区矫正

① 吴宗宪：《社区矫正比较研究》（上），中国人民大学出版社2011年版，第130、131页。

② 北京市社区矫正工作领导小组办公室、北京市司法局：《回归领航》，第9页。

〔2008〕号）第 18 条规定："社区矫正对象违反规定擅自接受新闻媒体采访的，扣 1—3 分。"《湖北省社区矫正人员监管工作》第 21 条规定："社区矫正人员接受新闻媒体采访、会见境外人士，应当事先将来访者的基本情况、会见事由向司法所报告，并经县级司法行政机关批准。"第 22 条规定："社区矫正人员不得会见违法犯罪嫌疑人、同案犯、法轮功等邪教组织以及其他非法组织的人员。"

本书认为，若一项义务的设定往往伴随着权利的受限，则意味着这样的义务配置值得商榷，不应过多限制管制类社区服刑人员接受采访的权利，也不宜剥夺管制类社区服刑人员的言论自由权。首先，从法条内容的演进过程来看，"不得接受采访、发表演说"脱胎于 1995 年 2 月 21 日由公安部发布施行的《公安机关对被管制、剥夺政治权利、缓刑、假释、保外就医罪犯的监督管理规定》（公安部令第 23 号），[①] 是对其言论自由的一种限制与约束。根据该规定第 12 条第（四）项的规定，被判处剥夺政治权利的罪犯不得接受采访、发表演说。但值得注意的是，即便不否定该条规定的合法性，其也仅仅适用于被判处剥夺政治权利的罪犯，也并未规定所有的管制犯不得接受采访、发表演说。其次，从义务对象的类型特点来看，也没有必要单独强调不得接受采访。未经执行机关批准，不得行使言论、出版、集会、结社、游行、示威自由的权利这一限制，主要是对过去管制主要适用于反革命分子的传统的沿袭。而在现行体制下的社区矫正方案中，被判处管制的社区服刑人员，与其他类别的社区服刑人员相比，单独再强调这一限制，并没有特别的必要。尤其是当"革命刑法"向"市民刑法"的转向已经逐渐成为学界共识之时，再套用"反革命"等革命话语来设置相应义务就显得不太合时宜。此外，事实上，依据有关游行示威的法律法规，一般普通公民行使集会、结社、游行、示威等自由权利也需要经过事先批准，那么将此作为管制犯的一项专门义务，就完全凸显

① 该规定已于 2016 年 4 月 22 日废止。

不出其与普通公民守法义务之间的区别和差异。再次，从义务设定的执行实效来说，正如有学者指出："公民的言论、出版、集会、结社、游行、示威是不可以被剥夺，也无法剥夺的，因为这些自由直接或者间接地涉及人的精神和认知领域，涉及人之成其为人的基本条件，无端地剥夺这些自由会堵塞人类通往真理的道路，构成对人类的伤害。"① 也有论者指出："剥夺出版自由可能还比较容易实施，但是剥夺犯人的言论自由则根本是不可能实现的！难道要求犯罪人做哑巴？"最后，从义务履行的社会效果来说，"擅自接受采访扣分"容易激化双方对立。这既是对这部分群体的不信任，更是对自身工作的不信任。另外，从舆论监督的角度而论，这还带有某种回避监督的味道。

（二）被判处管制的社区服刑人员遵守禁止令的义务

最高人民法院、最高人民检察院、公安部等发布的《关于对判处管制、宣告缓刑的犯罪分子适用禁止令有关问题的规定（试行)》（法发〔2011〕9号）第3条规定："人民法院可以根据犯罪情况，禁止判处管制、宣告缓刑的犯罪分子在管制执行期间、缓刑考验期限内从事以下一项或者几项活动：（一）个人为进行违法犯罪活动而设立公司、企业、事业单位或者在设立公司、企业、事业单位后以实施犯罪为主要活动的，禁止设立公司、企业、事业单位；（二）实施证券犯罪、贷款犯罪、票据犯罪、信用卡犯罪等金融犯罪的，禁止从事证券交易、申领贷款、使用票据或者申领、使用信用卡等金融活动；（三）利用从事特定生产经营活动实施犯罪的，禁止从事相关生产经营活动；（四）附带民事赔偿义务未履行完毕，违法所得未追缴、退赔到位，或者罚金尚未足额缴纳的，禁止从事高消费活动；（五）其他确有必要禁止从事的活动。"第4条规定："人民法院可以根据犯罪情况，禁止判处管制、宣告缓刑

① 刘松山:《宪法文本中的公民"政治权利"——兼论刑法中的"剥夺政治权利"》，载《华东政法学院学报》2006年第2期，第11～14页。

的犯罪分子在管制执行期间、缓刑考验期限内进入以下一类或者几类区域、场所：（一）禁止进入夜总会、酒吧、迪厅、网吧等娱乐场所；（二）未经执行机关批准，禁止进入举办大型群众性活动的场所；（三）禁止进入中小学校区、幼儿园园区及周边地区，确因本人就学、居住等原因，经执行机关批准的除外；（四）其他确有必要禁止进入的区域、场所。”第5条规定：“人民法院可以根据犯罪情况，禁止判处管制、宣告缓刑的犯罪分子在管制执行期间、缓刑考验期限内接触以下一类或者几类人员：（一）未经对方同意，禁止接触被害人及其法定代理人、近亲属；（二）未经对方同意，禁止接触证人及其法定代理人、近亲属；（三）未经对方同意，禁止接触控告人、批评人、举报人及其法定代理人、近亲属；（四）禁止接触同案犯；（五）禁止接触其他可能遭受其侵害、滋扰的人或者可能诱发其再次危害社会的人。”由此可见，禁止令不是一种新的刑罚，而是对管制犯、缓刑犯具体执行监管措施的革新，禁止令由司法行政机关指导管理的社区矫正机构负责执行。禁止令是一种配合刑罚起辅助预防作用的强制性约束措施，这是禁止令的本质属性。这是因为：第一，禁止令是一种针对犯罪人的强制管束措施；第二，管束的终极目标在于预防犯罪人重新犯罪；第三，这种预防管束措施只能配合刑罚使用，不能单独适用。对于禁止令在社区矫正中的积极作用，有学者认为，禁止令的创设从实体上丰富与完善了社区矫正的监督管理内容，有助于实现社区矫正工作的针对性、规范性。[①] 但也应当看到，禁止令的非直接强制性也在司法实务中也带来了一些适用困难。这是法院慎用禁止令的根本原因。[②] 禁止令附属于管制与缓刑，但又相对独立，违反禁止令的只能依法予以治安管理处罚，其虽然具有“强制性”，但“惩罚

① 沈玉忠：《困惑与破解：刑法禁止令的法律适用》，载《汕头大学学报（人文社会科学版）》2014年第4期。

② 沈玉忠：《困惑与破解：刑法禁止令的法律适用》，载《汕头大学学报（人文社会科学版）》2014年第4期。

性”却并不突出。因此，对于禁止令义务在社区服刑人员身上的适用与配置，还需要特别注意以下几个方面的问题。

1. 强化禁止令义务设定的针对性。

禁止犯罪分子在执行期间从事特定活动，进入特定区域、场所，接触特定的人，这既是对其必要的行为管束，也是对其行动自由的合理限制。三个“特定”是指与原犯罪有直接关联的活动，区域、场所和人。这个范围应当限定在与原犯罪有直接关联的活动，区域、场所和人以内，不应当进行扩大。禁止令的适用，是为了确保管制和缓刑的执行效果，这一目的决定了禁止宣告的内容必须具有针对性，确实能够通过权利的限制、剥夺，有效降低、消除被告人的人身危险性。在确定禁止令的具体内容时，要充分考虑禁止内容与犯罪分子所犯罪行的关联程度，有针对性地作出禁止其在管制执行期间、缓刑考验期限内从事特定活动，进入特定区域、场所，接触特定的人的一项或几项内容。例如，邓家忠案中被告人邓家忠因平时酗酒成性，不注意控制自己的情绪，终造成酒后伤人案件的发生，伤人罪行与酗酒行为具有紧密的关联关系。为防止其再次酒后实施犯罪行为，有必要通过禁止其饮酒的行为对其进行教育矫正，维护社会秩序的正常运行，故法院结合本案客观情况对其作出在缓刑考验期限内禁止饮酒六个月的禁止令。被告人邓家忠被判处禁止饮酒六个月，由法院在判决生效后将裁判文书送达当地社区矫正机构，当地社区矫正机构负责对被告人邓家忠禁止饮酒六个月的行为进行监督管理。[①] 这就充分考虑了禁止令义务内容的针对性。但在实务中，也有部分禁止令的内容与具体个案的关联度低，针对性不强。[②] 例如，刘某盗窃案中，被告人被禁止在缓刑考验期限内进入酒吧、游艺娱乐等消费场所。但是，刘某犯罪是因自身无

① 彭汉文、黄宁：《禁止令的适用》，载《人民司法》2011 年第 24 期。

② 周海洋、齐心：《禁止令适用现状分析》，载《中国检察官》2012 年第 4 期，第 18 页。

固定职业，经济窘迫，又有赌博恶习，见有机可乘遂起意行窃，其虽有实施盗窃犯罪的内因驱动和再次犯罪的较高风险，但酒吧、游艺娱乐等消费场所对其是否实施盗窃并无实质影响。再如，在陈某故意伤害案中，法院宣告被告人陈某两年内不得进入夜总会、酒吧等娱乐场所，但案发是被告人与被害人宿怨所致，与场所无实质关联。① 综上所述，应当强化禁止令义务设定的针对性。禁止令义务内容的设定应当根据犯罪分子的犯罪原因、犯罪性质、犯罪手段、犯罪后的悔罪表现、个人一贯表现等情况，充分考虑与犯罪分子所犯罪行的关联程度，有针对性地决定禁止其在管制执行期间、缓刑考验期限内“从事特定活动，进入特定区域、场所，接触特定的人”的一项或者几项内容。举例来说，如果犯罪分子是因为在夜总会、酒吧沾染恶习实施犯罪的，则可作出禁止其进入夜总会、酒吧的决定。犯罪分子在犯罪前后有滋扰证人行为的，可作出禁止其接触证人的决定。

2. 提高禁止令义务内容的明确性。

就目前的相关规定来看，禁止令的内容大多是一些总括性规定，导致在实践中禁止令内容随意性较大。例如，“禁止接触特定人员”中“接触”是否包括“发送化名、匿名的电子邮件”以及让第三人接触等。这些模糊的规定，导致司法机关在适用禁止令时，没有相对统一的禁止令标准，如“娱乐场所”、“经营活动”、“不良人员”等，这些都是容易产生执行争议的笼统性或模糊性的内容规定方式。② 怎么界定“禁止进入的娱乐场所”？溜冰场、游乐场是否属于“娱乐场所”？如何界定“禁止接触特定的人”中“接触”的含义？打电话、发微信、QQ 聊天、电子邮箱等是否属于禁止令中“接触”的范围？这些都缺乏一定的明确性。

---

① 周海洋、齐心：《禁止令适用现状分析》，载《中国检察官》2012 年第 4 期，第 18 页。

② 沈玉忠：《困惑与破解：刑法禁止令的法律适用》，载《汕头大学学报（人文社会科学版）》2014 年第 4 期。

3. 注重禁止令义务履行的可行性。

禁止令的适用必须具有可行性。禁止令的内容不能根本无从执行，使得有些禁止令无法具体实现，如禁止在外过夜等。早在2011年，时任最高人民法院副院长的张军在全国法院刑事审判工作座谈会上就特别谈到，禁止令的适用要考虑对被告人能够监控、便于监控，措施能够落实。禁令内容与行为人日常生活过于密切，难以有效实施的，不能随意作出宣告。此外，更应注意到的是，在实务中，风险管控的执行情况直接决定着刑事禁止令的法律效果。从我国现实情况来看，刑事禁止令的管控由司法行政机关指导管理的社区矫正机构负责执行，但司法行政机关并没有形成覆盖全部社区的监控网络，不能对刑事禁止令的适用者进行有效的监控，尽管司法行政机关也在试图通过GPS定位等手段来实现。如此一来，刑事禁止令的适用就形同虚设。此外，我国司法行政机构下的社区矫正机构并没有执法权，在监控过程中遇到了监控对象不服从、监控缺失等问题，还需要报送公安机关来进行处罚。在此瓶颈下，罪犯对社区矫正机构的监控往往熟视无睹，不畏惧刑事禁止令的法律威严。这样的现实境遇完全弱化了立法意图，使得一切制度性设计都停留在了理论层面。① 如前所述，在邓家忠一案中，虽然注意到了禁止令义务设置的针对性，但对其执行的可能性和监管的操作性却仍不免存有疑问。法院虽然作出了邓家忠缓刑考验期限内禁止饮酒六个月的禁止令，并要求当地社区矫正机构负责对被告人邓家忠禁止饮酒六个月的行为进行监督管理。但如何进行监督管理却是一个大问题。首先，即便在技术条件成熟的情况下，当地社区矫正机构可以通过手机GPS定位措施24小时对其活动轨迹进行定位和监管，但这只能判断其所在位置，并无法判断其有无饮酒的行为。退一步讲，就算其出入酒吧、饭馆，也不能绝对得出其在上述地点就

---

① 肖扬宇：《从“人身危险”到“人身风险”——刑事禁止令的理论进路与制度基点》，载《中国人民公安大学学报（社会科学版）》2013年第2期。

必然有饮酒的行为。其次，在不可能对其日常行为进行24小时全天候监视的情况下（事实上也不可能），如何监督管理其有无饮酒的行为恐怕就成为了一个不可能完成的任务。即便是电话抽查（即通过言语交流判断其有无处于醉酒状态）、酒精测试（即通过类似酒驾检测技术手段对其进行测试），也可能会出现逃避抽查、隐瞒事实、测试不准等情况，况且这些抽查、测试的频度也必须考虑到不影响社区服刑人员的正常生活。再者，也必须考虑到不能过多耗费社区矫正工作人员的时间与工作精力。例如，社区服刑人员习惯于在凌晨两点消夜时段饮酒，那么，此时总不可能还要求社区矫正监管人员在下班之后的休息时间还随时待命对其有无饮酒行为进行监管。最后，在无法全面禁止其获取酒类渠道的情况下（如禁止向此类社区服刑人员出售酒类，即便作出此规定其仍然可以通过获赠等合法形式或诈骗等非法形式获取），其随时随地都存在饮酒可能性，对此，社区矫正监管机关根本就无法执行禁止其饮酒的禁止令。因此，应当注重禁止令义务履行的可行性。

4. 重申禁止令义务设定的审慎性。

如前所述，禁止令的执行不能妨害犯罪分子的正常生活。对于法律法规明确禁止的行为，也不能再通过禁止令的形式予以禁止。禁止令的适用不应妨害社区服刑人员的必要正常社会生活，更不应对犯罪分子的基本权利和尊严有所侵害。禁止令内容与行为人日常生活过于密切，难以有效实施的，不能随意作出，如规定犯罪分子不得进入公共场所、不得乘坐公共交通工具等。此外，法院在适用职业禁止令时应持谨慎的态度。因为职业禁止令也可能干涉到公民的基本权利（如劳动权），而且也可能会剥夺行为人的经济生活基础，同时也使得其再社会化更趋于困难。因此，禁止令是一种仅仅是为了避免对公众的重大危险始可被允许的措施。[①]

① 沈玉忠：《困惑与破解：刑法禁止令的法律适用》，载《汕头大学学报（人文社会科学版）》2014年第4期。

5. 加重违反禁止令义务的惩罚性。

司法所可以通过为被判决禁止令者佩戴电子监控设备、手机定位、电话查访、不定期走访等形式监视其是否遵守禁止令，如存在拒绝佩戴、毁坏电子监控设备，不配合查访、走访或行踪难以确定，欺骗等情形，可以根据社区矫正考核规定对其进行惩罚。未违反禁止令，仅违反对禁止令执行的监管措施的，可以量化为考核计分，从而影响考核结果和对被判决禁止令者的处遇，能督促其遵守禁止令判决，从而达到预防再次违法或犯罪的效果。另外，为保证被判决禁止令者遵守禁止令，司法所可以与被判决禁止令者的亲友、单位、学校及基层组织等签订矫正协议，协同对其进行预防、教育和监管，以达到禁止令的实际执行效果。①

三、被缓刑、假释的社区服刑人员的专门义务

根据我国《刑法》关于缓刑犯与假释犯应遵守的规定，二者的内容基本相同，均为：遵守法律、行政法规、服从监督；按照考察（监督）机关的规定报告自己的活动情况；遵守考察（监督）机关关于会客的规定；离开所居住的市、县或者迁居，应当报经考察（监督）机关批准。前文已述，“遵守法律、行政法规”是每个公民都应当履行的法律义务，而不仅仅是缓刑犯或假释犯需要履行的法律义务。因此，应当将“遵守法律、行政法规、服从监督”删去，同时应将考察（监督）机关替换成“社区矫正机构”。虽然根据相关的规范性文件，公益劳动是缓刑犯及假释犯的一项社区矫正义务，但公益劳动目前仍存在不少争议，在此笔者主要探讨缓刑犯、假释犯监督管理规定中有关公益劳动的问题。

（一）公益劳动的合法性问题

公益劳动通常被视为一种具体的矫正措施，公益劳动强制要求

① 苏青：《我国〈刑法〉“禁止令”如何才能“令行禁止”》，载《法学杂志》2013 年第 10 期。

矫正对象在一定时间、地点进行无偿劳动，其实质属于相对限制矫正对象人身自由的刑事义务。目前，我国《刑法》、《刑事诉讼法》都没有对社区服刑人员参加公益劳动作出规定。关于公益劳动的规定散见于部门规章及有关文件。司法部《司法行政机关社区矫正工作暂行办法》第32条规定："司法所应按照符合社会公共利益、社区服刑人员力所能及、可操作性强、易于监督检查的原则，组织有劳动能力的社区服刑人员参加必要的公益劳动。"第21条第3款规定："社区服刑人员在接受社区矫正期间，应当遵守国家法律、法规、规章和社区矫正有关规定，服从管理，接受教育，按照规定参加公益劳动。"2009年的"两高两部"《关于在全国试行社区矫正工作的意见》规定："完善教育矫正措施和方法，加强对社区服刑人员的思想教育、法制教育、社会公德教育，组织有劳动能力的社区服刑人员参加公益劳动，增强其认罪悔罪意识，提高社会责任感。"根据上述规定，社区服刑人员公益劳动是教育矫正措施之一，其组织实施机构是基层司法所。2012年的"两高两部"《社区矫正实施办法》规定："有劳动能力的社区矫正人员应当参加社区服务，修复社会关系，培养社会责任感、集体观念和纪律意识。社区矫正人员每月参加社区服务时间不少于八小时。"然而，有论者认为，社区矫正公益劳动并非刑事义务。首先，社区服刑人员参加公益劳动时，实际上是一个接受刑罚惩罚，在特定时间内被限制人身自由的过程。而根据《立法法》第7条第1款和第8条第4项的规定，凡是涉及刑罚的有关事项，都必须由国家的立法机关，即全国人民代表大会和全国人民代表大会常委会制定的法律加以规范。反观我国目前关于公益劳动的规定，仅仅来自于最高人民法院、最高人民检察院、公安部、司法部等出台的一些司法文件，其法律位阶明显是不足的。其次，虽然公益劳动是犯罪人承担刑事责任、接受刑罚处罚的一个载体，但这只能说明公益劳动是社区服刑人员接受教育矫正的一个途径和方式，并不能自然得出公益劳动是社区矫正人员应承担的一项刑事强制义务的结论。① 这使关于公益劳动之规定由于法律依据的瑕疵，立刻成了无本之木，并在推行过程中遭到不少矫正对象的强烈反对。② 例如，有的社区服刑人员在多年的监狱生活的学法热潮中增强了“维权”意识,③ 针对现行法律并未作出公益劳动规定这一点，一口咬定公益劳动是强加于社区服刑人员的法外义务，对公益劳动具有抵触情绪甚至是拒绝参加，这为通过公益劳动手段对社区服刑人员进行教育矫治带来了一定困难。

通览目前我国的刑法规定，社区服刑人员劳动问题的规定，仅见于《刑法》第 39 条的规定，即“对于被判处管制的犯罪分子，在劳动中应当同工同酬”。这表明法律没有设定管制犯有参加劳动的义务，即便是该条第 1 款第 1 项所言“遵守法律、行政法规，服从监督”暗含有参加行政法规规定的劳动义务，也绝不是无偿劳动，相反是同工同酬的有偿劳动。④ 更没有为其他类型社区服刑人员设置其必须参加公益劳动的义务。也就是说，对于被判处缓刑、被裁定假释的服刑人员，并没有任何关于劳动方面的法律规定。社区矫正机构无权强迫其参加劳动，更没有权力强迫其无偿参加公益劳动。因此，有必要从立法上明确公益劳动作为刑事义务的体系性地位。

对此，应该首先回顾一下服刑人员劳动义务的来源。早在建国初期的 1951 年，在第三次全国公安会议上出台的《关于组织全国犯人劳动改造问题的决议》（以下简称《决议》）就涉及了此问题。《决议》提出：“为了改造这些犯人，为了解决监狱的困难，为了

① 蔡雅奇：《社区矫正公益劳动并非刑事义务》，载《检察日报》2013 年 2 月 18 日第 6 版。

② 但未丽：《中国增设社区服务刑之必要性及立法构想》，载《首都师范大学学报（社会科学版）》2009 年第 6 期。

③ 张来增：《剥夺政治权利社区服刑人员矫正方法的研究》，载北京市司法局编：《社区矫正优秀理论研究成果汇编》2005 年版，第 145 页。

④ 赵秀伟：《社区矫正公益劳动若干问题的思考》，载《犯罪与改造研究》2012 年第 10 期。

不让判处徒刑的犯人坐吃闲饭，必须根据惩办与改造相结合的原则，并适应全国各项建设的需要，立即着手制定通盘计划，组织劳动改造工作。凡有劳动条件的犯人，应一律强迫其参加。”此后，随着《劳动改造条例》和《监狱法》的颁布实施，用法律法规的形式将劳动改造罪犯的政策法律化。我国《监狱法》第3条规定：“监狱对罪犯实行惩罚和改造相结合、教育和劳动相结合的原则，将罪犯改造成为守法公民。”第7条规定：“罪犯必须严格遵守法律、法规和监规纪律，服从管理，接受教育，参加劳动。”第69条规定：“有劳动能力的罪犯，必须参加劳动。”劳动是教育的手段，教育是劳动的目的。实践证明，劳动矫正不仅是改造罪犯的基本手段和有效途径，而且也是我国教育改造罪犯长期经验的总结。可见，通过组织罪犯从事生产劳动是法定的改造罪犯的一种基本手段。虽然社区服刑人员与在押罪犯不同，但两者都是在适用刑罚，必须充分利用刑罚的特殊预防作用，着力于改造与挽救，而强制罪犯参加劳动则是改造罪犯的行之有效的方式。社区服刑与监狱服刑在劳动改造方面并不因刑罚执行的场所不同而不同，只不过应当根据社区服刑的开放性和灵活性作出相应的调整即可。通过公益劳动，一方面能使社区服刑人员养成积极向上的生活习惯，增强他们的社会责任感。另一方面，还能借助公益劳动向被害人表达自己的忏悔，请求得到被害人及社会的谅解。因此，从立法上赋予社区服刑人员参加公益劳动的刑事义务并无不妥，这就是对于罪犯改造经验总结的继承，也是在刑罚理念变革下作出的适当调试。需要特别注意的是，上述新中国成立初期的《决议》本着“实事求是、区别对待”的精神提出：“判处一年以下徒刑的犯人，在当地群众和原告同意的条件下，可交群众管制，从事公共工程或为军属和孤寡老弱代耕及打零工等。这种犯人，原则上应自食其力，不领囚粮。”在这一规定中可以看到，“从事公共工程或为军属和孤寡老弱代耕及打零工”多多少少都有一些公益劳动的影子，特别是“为孤寡老弱代耕及打零工”就是体现和发挥增强管制犯人社会责任感、弥补犯罪对社会造成危害的象征性意义。

当然，也有论者认为，社区服刑人员可以有参加劳动的刑事法律义务，但不应一概而论，而应当区别对待。对缓刑、管制、假释的社区服刑人员，应当设定这一义务。对剥夺政治权利、暂予监外执行的社区服刑人员不应当设定这一义务。因为缓刑、管制、假释的服刑人员相对于剥夺政治权利服刑人员而言，罪行较重。暂予监外执行服刑人员，往往身体有病或者不宜从事劳动。① 笔者认为，这一观点恐怕值得商榷。是否赋予某类社区服刑人员公益劳动的义务，并不在于该类型社区服刑劳动人员所犯罪行的轻重。不能说假释类社区服刑人员的罪行重，就应当对其赋予公益劳动的义务，而剥权类社区服刑人员的罪行轻，就意味着其可以不参加公益劳动。罪行的轻重只能在刑罚裁量和执行环节中发挥作用，也就是实现罪责刑相适应这一基本原则，而是否参加公益劳动跟罪行轻重在逻辑上来说并无任何关联。将公益劳动定位于一种矫正措施，是可以适用于所有社区服刑人员的，罪重也好，罪轻也好，都应当一视同仁。是否可以免除参加公益劳动的义务，更多的判断依据是其是否具有劳动能力。因此，不能将剥权类社区服刑人员排除在应当参加公益劳动的人员范围之外。而对于暂予监外执行类社区服刑人员，由于身体有病这一生理原因就不配置此类义务更不是其特殊的立论理由。在因身体有病或其他原因而丧失劳动能力的情况下，不管何种类型的社区服刑人员都会因为不具有劳动能力而不必履行参加公益劳动的义务（实属因客观履行不能而免责），显然这并不是免除暂予监外执行类社区服刑人员参加公益劳动义务的理由。况且，公益劳动的种类也很多元化，不能将公益劳动就简单理解为体力劳动，身体有病不宜从事体力活动，但不代表其也不可以参加其他非体力劳动。尤其是在充分发挥社区服刑人员自身特点的公益劳动中

---

① 赵秀伟：《社区矫正公益劳动若干问题的思考》，载《犯罪与改造研究》2012年第10期。

(如为敬老院老人传授电脑技巧就并不需要很多体力),上述观点认为不宜参加劳动显然也是由于对公益劳动的一种片面误解。

(二) 公益劳动的无偿性问题

需要首先明确的是公益劳动的无偿性。无偿性是指从事公益劳动的社区服刑人员不能获得报酬的特性,公益劳动是一类无偿劳动。公益劳动之所以具有无偿性,其原因在于犯罪人是在用劳动或者服务,赔偿或者补偿他们的犯罪行为给社区和社会造成的损失和损害,是他们为自己的犯罪行为承担责任的体现。公益劳动的无偿性主要表现为:社区服刑人员不得因公益劳动获得报酬。社区矫正机构也不得借助社区服刑人员的公益劳动获取利益,不得组织社区服刑人员为私营组织、私营企业或私人从事此类劳动。如果管理部门根据需要,为参加公益劳动的社区服刑人员提供一些基本的劳动工具、劳保用品或交通费,或者是为劳动表现好的社区服刑人员提供一些物质性奖励等,则应当是允许的。① 也有论者指出,严禁社区矫正机关或者社区矫正工作人员利用职权,从安排社区服刑人员的劳动中谋取私,不准使用社区服刑人员担任社区矫正机构的勤杂工、炊事员等。社区矫正机构不能将公益劳动作为增加其收入的手段。② 除此之外,无偿性也是公益劳动公益性原则的题中之意。既然是要求公益劳动,那么就应当强化其无偿性。这就要求社区服刑人员参加公益劳动是无偿的、非营利性的。公益性原则在公益劳动中的贯彻主要体现在劳动目的、领域以及报酬方面。公益即社会公共利益,社区服刑人员的公益劳动必须以增进社会公共利益为目的,其劳动方式、内容、过程及结果应当具有公益性。公益劳动的领域应是社区或公共服务方面,涉及为不特定多数人服务的各种劳动。社区矫正机构不能组织社区服刑人员为社区矫正机构、派出所等机构服务,更不能为社区矫正机构工作者、社区民警提供服务,

① 吴宗宪:《社区矫正导论》,中国人民大学出版社 2011 年版,第 315 页。

② 吴宗宪:《社区矫正导论》,中国人民大学出版社 2011 年版,第 316 页。

这样具有以权谋私的色彩。

当然，也有观点认为，对于被判处管制的犯罪分子，他们不但有劳动的权利，还享有与其他公民获得同工同酬的权利。除公益劳动外，按照《刑法》的规定，被判处管制刑的罪犯在社区矫正的劳动中，应当与其他社会上的人员在同样的工种上获得同样的报酬，不得有任何区别。而被判处其他刑罚的社区矫正人员的劳动，按《刑法》规定是不能给予报酬的。但由于被判处其他刑罚的社区矫正人员是在社区服刑，温饱问题需要自己解决，他们的劳动报酬除一部分贡献给劳动基地外，另外一部分应发放给他们以满足其生活必须和用以抚养、赡养法定对象。① 笔者认为，这里存在一定误解。罪犯参加工作的有偿性并不影响其在工作时间之外参加公益劳动的无偿性，对这二者应当有所区别。根据《实施办法》第11条的规定，社区服刑人员在工作变动时，应当及时向司法所报告。事实上，很多社区服刑人员都是在工作之余开展社区矫正的，进行社区矫正并不影响其本职工作的开展。对于一些无生活来源的社区服刑人员，社区矫正机构除了开展社区矫正之外，还会协调有关部门和单位开展职业培训和就业指导，帮助落实社会保障措施。所以，罪犯参加工作与社区服刑是并行不悖的。

四、被暂予监外执行的社区服刑人员的专门义务

根据我国《刑事诉讼法》第214条的规定，被暂予监外执行的社区服刑人员一般分为以下三类：第一，有严重疾病需要保外就医的；第二，怀孕或正在哺乳自己婴儿的妇女；第三，生活不能自理，适用监外执行不致再危害社会的罪犯。下面将分别对上述三类社区服刑人员的专门义务展开论述。

---

① 张阳平、程勇：《社区矫正人员劳动问题探讨》，载《决策咨询》2014年第1期。

（一）保外就医类社区服刑人员的专门义务

根据公安部1995年2月发布的《公安机关对被管制、剥夺政治权利、缓刑、假释、保外就医罪犯的监督管理规定》，公安机关应当向被保外就医的罪犯宣布，在保外就医期间必须遵守下列规定：①遵守国家法律、法规和公安部制定的有关规定；②在指定的医院接受治疗；③确因治疗、护理的特殊要求，需要转院或者离开所居住区域的，必须经公安机关批准；④进行治疗疾病以外的社会活动必须经公安机关批准；⑤遵守公安机关制定的具体监督管理措施。

上述几项约束性规范的规定便是保外就医类社区服刑人员的义务来源。结合目前社区矫正工作实施机构的整体调整，应将监督批准权力移交给社区矫正管理机关。目前来看，保外就医类社区服刑人员占被暂予监外执行的社区服刑人员比例最高，在司法实践中可能遇到的问题也最多。有实务专家指出，暂予监外执行工作中存在问题最多的是病残罪犯的保外就医。[①] 其中比较突出的问题表现在服刑义务履行不到位的罚则相对缺失。一直以来，暂予监外执行就面临着种种批评，其中最大的质疑在于暂予监外执行会导致事实上的罪刑不相当。根据罪责刑相适应原则，犯罪对社会危害程度的大小是决定刑罚轻重的重要依据，犯多大的罪就应处多重的刑。而暂予监外执行是罪犯由于自身的因素（如身患严重疾病等），可以选择在监外服刑，且罪犯在监外服刑的期间与在监内服刑具有同等的法律效力，从而造成重罪轻罚或者有罪不罚的后果。[②] 对此，应强化保外就医社区服刑人员的治疗配合义务以及报告义务。笔者认为，保外就医类社区服刑人员除了履行正常的活动报告义务之外，应当严格按照2012年《实施办法》的相关规定，每个月向社区矫

① 周伟：《保外就医病残鉴定之薄弱环节与制度完善》，载《人民检察》2005年第14期。

② 王平：《社区矫正制度研究》，中国政法大学出版社2014年版，第193页。

正管理机关报告本人身体情况，每三个月向社区矫正管理机关提交病情复查情况。同时，对保外就医的社区服刑人员，社区矫正管理机关也应当定期与其治疗医院沟通联系，及时掌握其身体状况及疾病治疗、复查结果等情况，并根据需要向批准、决定机关或者有关监狱、看守所反馈情况。若保外就医类社区服刑人员无正当理由不按时提交病情复查情况，处以警告；多次警告无效的，应当收监执行。当然，由于保外就医所涉及的严重疾病类型各有不同，对其报告的频次与间隔也应当在具体司法实践中灵活掌握。正如有学者所指出，保外就医制度的设立，目的在于使患有严重疾病的罪犯得到更好的医疗和照顾，体现人道主义精神。这就要求：第一，罪犯所患疾病伤残情况必须达到一定的严重程度，客观上需要保外就医，不得以保外就医之名放纵罪犯，以维护法律的严肃性；第二，保外就医后必须进行相应的治疗，不能保而不医，永保病残现状，以此来逃避刑罚制裁；第三，保外就医经过诊治后，需要定期进行医学鉴定，以确定疾病是否痊愈或保外就医的情形是否已经消失而应重新收监执行，不能以保代放，将罪犯保外就医后，不进行定期的医学鉴定，或任由罪犯本人提供医学鉴定结论。①

（三）生活不能自理类社区服刑人员的专门义务

早前，我国《刑事诉讼法》对何谓生活不能自理以及不致危害社会未作出明确标准，这给了决定机关很大的自由裁量权，而监狱管理部门和公安机关在审批的过程中封闭性又很强，很难做到兼听则明，同时也为监管人员上下其手制造了机会。② 概括而言，关于罪犯生活不能自理鉴别的规定过于原则，在实际工作中难以准确把握适用。为进一步规范对罪犯生活不能自理的鉴别工作。2016

---

① 周伟：《保外就医病残鉴定之薄弱环节与制度完善》，载《人民检察》2005 年第 14 期。

② 米森：《试论我国暂予监外执行的决定程序》，载《宁夏大学学报》2012 年第 2 期。

年7月26日，最高人民法院专门发布了《关于印发〈罪犯生活不能自理鉴别标准〉的通知》（法〔2016〕305号）。应当说，该标准为罪犯是否因生活不能自理适用暂予监外执行，提供了明确的鉴别标准和规范判断依据，有助于社区矫正管理机构科学鉴别与规范认定生理不能自理类社区服刑人员。该标准对罪犯因疾病、伤残、年老体弱等原因造成身体机能下降而不能自主处理自己日常生活的情况进行了全面鉴别，从进食、大小便、穿衣洗漱、行动（翻身和自主行动）等四方面来综合评定罪犯的生活自理能力，所参照的考量标准与目前国际卫生组织（WHO）最新公布的《国际功能分类》中有关“自理”的标准一致，实现了与有关国际标准的有机衔接。最高人民法院要求各级人民法院要加强对标准的理解与适用，依法依规开展工作，不断提升暂予监外执行组织诊断工作的科学化、规范化水平，切实保障刑罚有效实施。

之所以对生活不能自理的罪犯批准暂予监外执行，目的就是让罪犯能够在扶养义务人的照料下更好地生活和医疗。但司法实践中却多存在着“出口不畅”的问题，如在生活不能自理的老残犯的暂予监外执行工作方面，其主要问题是罪犯亲属不愿接纳而无法实施暂予监外执行。即使是作为扶养义务人的罪犯亲属愿意担任担保人，但也可能因为情势发生变更而出现所谓的酌定收监情形。① 例如，罪犯的扶养义务人死亡、丧失劳动能力（客观履行不能）或者对罪犯有虐待、遗弃甚至加害行为的（主体不适格）。再如，不愿继续为罪犯担保的，监狱应要求罪犯重新提供担保人，罪犯不能重新提供担保人的，也可能涉及收监执行的问题。

由于因病残或年老等导致生活不能自理大多具有长期不可恢复性，在这个相对较长的诊疗、护理过程中，若是缺乏严格的监督、管理程序，就可能不同程度地出现不进行或延迟进行续保鉴定的现

① 魏彤：《关于保外就医执行制度改革和完善的调研与思考》，载《中国司法》2009年第3期。

象。但现有法律并没有明确规定罪犯不按期进行续保鉴定应承担怎样的法律责任，导致保而不医、以保代放等情况的发生。同时，也出现了一些主动要求收监执行的“实践怪圈”，一些罪犯因经济困难而陷入“久保不医、久保不愈”的困境继而要求监狱收监，特别是欠发达地区罪犯，虽然保外却因经济条件差、医疗费用昂贵，很难得到很好的医治，只能靠草药偏方治疗。[①] 就此而言，保外就医制度的宗旨得不到充分实现，暂予监外执行的预期目的也就相应落空。

因此，为了避免生活不能自理类社区服刑人员规避法律，出现符合暂予监外执行却主动要求收监执行的实践悖论，也有必要赋予其一定的专门义务。当然，这样的义务设定主要旨在维护暂予监外执行制度的实施初衷，有效减少刑事司法资源的浪费。基于此，本书认为，生活不能自理类社区服刑人员应当履行以下义务：①在暂予监外执行期间不得自伤自残；②协助社区矫正管理机构提供适格的担保人；③不得与担保人串通制造被虐待等虚假事实以求收监执行。

（二）特殊身份妇女社区服刑人员的专门义务

对于孕妇或哺乳期妇女适用暂予监外执行，有论者认为，与管制、缓刑、假释等人身危险性、社会危害性均较小的罪犯相比，孕妇或哺乳期妇女之所以能够暂予监外执行，主要在于保护胎儿或婴儿的天然权利，而不是孕妇或哺乳期妇女本身值得法外开恩。事实上，孕妇或哺乳期妇女所犯罪行完全可能较为严重，他们本身具有较大的人身危险性和再犯可能性。因此，应当对其义务进行严格规定，以保卫社会。有学者认为，应当对其规定以下专门义务：①不得向被害人、证人寻衅；②不得与不良分子交往；③未经执行机关批准，不得离开居住的县、市；④不得携带或拥有可能用于犯罪的

① 魏彤：《关于保外就医执行制度改革和完善的调研与思考》，载《中国司法》2009 年第 3 期。

物品；⑤未经执行机关批准，不得参与社会大型公共活动；⑥除非因生活必需，且经执行机关批准，不得经商；⑦不得出入营业性娱乐场所。之所以应当对其作出较多的限制性规定，在于防止出现罪刑失当的情况，因为这可能引起被害人的强烈不满以致出现私人报复。①

对于上述考虑，在社会层面也有一些深厚的原因。在我国，长久以来传统文化渲染的是报复与朴素正义观念。基于教育的导向和民众情感等原因，人们更愿意把犯罪人视为“另类”，更多的是期待将犯罪人隔离或让他们消失。直到现在，我国一些教科书仍将犯罪表述为“孤立的个人反对社会的行为”。在这种观念下，犯罪是与社会绝对对立的，相当一部分民众把将犯罪人置于社区矫正的行为曲解为“放虎归山”。与此相对应，民众对稳定安全的心理期待是：把犯人关起来，以此防范犯罪人有可能对自己造成的伤害。②但问题在于，在“不得参与社会大型公共活动；不得与不良分子交往；不得出入营业性娱乐场所”中，“社会大型公共活动”、“不良分子”、“营业性娱乐场所” 等如何理解？参加演讲会或者音乐会算不算“社会大型公共活动”？有前科的公民算不算“不良分子”？KTV、游乐园算不算“营业性娱乐场所”？若过度限制罪犯的人身自由，则会不会有侵犯人权之嫌？本书认为，除了在以后的立法中厘清上述概念的内涵外延，更重要的是要贯彻区别对待的方针，对于罪行严重、人身危险性较大的罪犯，应当严格监管，在保证胎儿及婴儿的天然权利的基础上，要求其遵守法规，履行各项义务。对于罪行较轻、人身危险性不大的罪犯，则可适当降低要求，但仍要保证最基本的监管。毕竟，从原则上讲，这类犯罪人除享有必要的哺乳和照料婴儿以及维持日常生活起居等基本的人身自由

① 王平：《社区矫正制度研究》，中国政法大学出版社 2014 年版，第 200 页。

② 武玉红：《电子监控在我国社区矫正管理中的运用与优化》，载《青少年犯罪问题》2013 年第 3 期。

外，并不应当再享有其他更多的人身自由。

五、被剥夺政治权利的社区服刑人员的专门义务

根据我国《刑法》第54条的规定，剥夺政治权利是指剥夺下列权利：选举权和被选举权，言论、出版、集会、结社、游行、示威的权利，担任国家机关职务，担任国有公司、企业、事业单位和人民团体的领导职务。有论者认为，剥权犯与缓刑犯、假释犯的社区矫正义务不应有什么不同，但目前对此类犯罪行为和犯罪人的惩罚显得很不足。[①] 此种观点有待商榷，对于剥权犯，其在主刑执行期间，已承受了监禁刑的痛苦与权利损失的体验，如强迫其参加劳动、限制其人身自由。而剥夺政治权利属于资格刑，目的是限制其在政治权利方面的一些资格，只要这些资格得到了限制，就达到了该项刑罚的目的。至于剥权人员是否有痛苦与损失的感受，感受程度的大小，并不影响该项刑罚功能的实现。[②] 不能因为剥夺政治权利看似不那么痛苦或损失不太严重而对被剥权的社区服刑人员增加一些额外的义务。

关于剥权犯义务的规定早已有之，1995年《公安机关对被管制、剥夺政治权利、缓刑、假释、保外就医罪犯的监督管理规定》（公安部令第23号）第12条规定，公安机关应当向被判处剥夺政治权利的罪犯宣布，在执行期间必须遵守下列规定：①遵守国家法律、法规和公安部制定的有关规定；②不得享有选举权和被选举权；③不得组织或者参加集会、游行、示威、结社活动；④不得接受采访、发表演说；⑤不得在境内外发表、出版、发行有损国家荣誉、利益或者其他具有社会危害性的言论、书籍、音像制品等；⑥不得担任国家机关职务；⑦不得担任企业、事业单位和人民团体领

① 杨政军、张景荪：《剥夺政治权利执行难问题探讨》，载《北京政法职业学院学报》2005年第2期。

② 刘强：《社区矫正制度研究》，法律出版社2007年版，第269页。

导职务；⑧遵守公安机关制定的具体监督管理措施。但既然是"剥夺政治权利"，那么所剥夺的权利应当具有政治性，与政治无关的自由不应当被剥夺。如果服刑人员所接受的采访、发表的演说与政治无关，而是学术性的、日常生活性的，则不宜过分限制。言论方面的权利的行使，有可能产生危害社会的结果，但是，也有可能产生有益于社会的结果，建言献策一类的言论，就属于对社会有益的言论，不应当加以剥夺。从犯罪学研究的角度来看，一些犯罪人根据自己的犯罪经历提出的很多预防犯罪、改进工作、完善制度等方面的言论，可能具有独特的有益于社会的价值，这些言论应当加以推广和落实，而不应当不加区别地予以禁止和剥夺。出版方面的权利也具有类似的情况，需要禁止的是犯罪人可能再次危害社会的出版物，而不是所有出版物。犯罪人在服刑期间创作的有益于社会的作品，应当提供帮助促其出版，使其发挥有益于社会的积极作用，而不是加以禁止。

有论者认为，从适用必要性来看，被剥夺政治权利人员无行使政治权利的可能性，只要其消极不行使其政治权利即可，根本无适用社区矫正的必要。[①] 很多剥权犯也认为，自己仅仅是被剥夺了政治权利，法律并没有规定要自己参加公益劳动等社区矫正活动，因而拒绝参加。本书认为，根据"法无明文规定不为罪"的原则，剥权犯的这种看法是有道理的，在全国人大及其常委会通过法律之前，任何机构或个人均无权给剥权犯设定法律之外的义务。虽然剥权犯有权利不履行额外的义务，但对于他们政治权利剥夺状况的监督管理仍是必要的。对于在社会上服刑的剥权犯而言，他们在社会上执行剥夺政治权利刑的过程中，具有很大的行动自由，在这种情况下，他们是否会利用所享有的行动自由去行使被剥夺的政治权

① 刘志伟等：《社区矫正专题整理》，中国人民公安大学出版社 2010 年版，第 13 页。

利，需要由专门的机关进行监督和管理。[1] 应着重监督他们是否行使了依法被剥夺的政治权利，从而更加准确地执行我国法律的规定和人民法院的判决。[2]

① 吴宗宪:《论对剥权犯实行社区矫正的必要性》，载《中国司法》2012 年第 2 期。

② 吴宗宪:《论对剥权犯实行社区矫正的必要性》，载《中国司法》2012 年第 2 期。

第四章　社区矫正的基本程序

第一节　社区矫正的一般程序

在当前的刑罚体系下，社区矫正的一般程序实际上指的是管制、缓刑、假释、暂予监外执行和剥夺政治权利的适用程序，也就是非监禁刑适用的一般程序。社区矫正的适用程序，是指刑事诉讼过程中，主管机关作出社区矫正执行依据的程序，该程序有两种：一种是以适用缓刑和管制为主的刑事审判程序，为自始适用；另一种是对罪犯适用假释或暂予监外执行的程序，属嗣后变更适用。① 社区矫正程序是社区矫正制度化的基石，规范着社区矫正权力行使的正当化，保障了社区服刑人员的正当权利，有助于提高社区矫正的运作效率。虽然社区矫正在我国经历了十多年的发展，不断朝着制度化、规范化的方向完善，但对于社区矫正程序的研究尚不够深入，尤其是以往的研究主要集中于实体制度，而缺乏对程序的深入探讨，从而导致了社区矫正在实施中面临的程序性困境。为了避免社区矫正成为难以实施的制度，有必要细化完善社区矫正程序。② 鉴于此，社区矫正的一般程序有认真探讨的必要，其内容具体包括社区矫正的裁决、执行及解除。

---

① 刘强、姜爱东：《社区矫正评论》（第四卷），中国人民公安大学出版社 2014 年版，第 102 页。

② 耿业华：《社区矫正制度的程序完善》，载《人民检察》2012 年第 20 期。

在社区矫正程序开始前，为了体现对犯罪人意愿的尊重，追求社区矫正的实际效果，要听取犯罪人的意愿，询问其是否接受社区矫正。从某种意义上说，犯罪人的同意与否决定着社区矫正是否开展，是社区矫正的前提。通过了解犯罪人的意愿，一方面，体现了对犯罪人的尊重以及刑罚人道主义思想。在我国的社区环境中，某些犯罪人往往存在一定的心理压力，不愿意让人们知道其境况，不愿意引起邻里的关注，也不愿意参加所在社区的义务劳动，认为这样会暴露自己的身份，给以后的生活带来负面影响，有些人甚至认为社区服务比坐牢还可怕。如果犯罪人有着重重顾虑，即便违心接受了社区矫正，其效果也是堪忧的，在“标签效应”的影响下，犯罪人很可能产生自卑情绪和反社会情结，从而阻碍了其再社会化。另一方面，迎合了积极改造、自愿融入社会的犯罪人的意愿，得到犯罪人对于社区矫正的真心配合。犯罪人会倍加珍惜来之不易的自由，感受到国家政策的宽大，从而努力改造，积极重返社会，这样社区矫正的功效便得到最大化的发挥。很多国家和地区对于犯罪人同意都有规定。《联合国非拘禁措施最低限度标准规则》（《东京规则》）总则 3.4 规定：“正规诉讼或审判之前或拟替代此类诉讼或审判的所有非拘禁措施，实施前应征得罪犯的同意。”我国香港地区《社会服务令条例》第 4 条规定：“法庭不得针对罪犯作出社会服务令，除非该罪犯同意该命令的作出。”香港地区《罪犯缓刑条例》第 3 条规定：“法院在作出缓刑令之前，须以该罪犯明白的语言向他解释或安排向他解释该命令的效力，并解释如他不遵守该命令或犯另一罪刑，则可就其原有罪行判处刑罚；如该罪犯不少于 14 岁，则除非他表示愿意遵守该命令的规定，否则法院不得作出该命令。”我国台湾地区“更生保护法”第 3 条规定：“前条所定之人，得向其住所、居所或住所地之更生保护会或其分会申请保护。检察官、军事检察官、观护人或监狱长官，对前条所定之人，认有应受保护之必要者，应通知各该受保护人之住所。居所或所在地之更生保护会或其分会，经其同意保护之。”①

在我国，关于犯罪人意愿听取的规定较为笼统含蓄，在一定程度上出现了适用上的困惑。我国《社区矫正实施办法》（以下简称《办法》）第4条规定了裁决前调查事项。第5条规定：“对于适用社区矫正的罪犯，人民法院、公安机关、监狱应当核实其居住地，在向其宣判时或者在其离开监所之前，书面告知其到居住地县级司法行政机关报到的时间期限以及逾期报到的后果。”在《办法》中，从裁决前调查直接进展到了适用社区矫正，有关犯罪人意愿听取的条款被省略了。《北京市社区矫正工作实施细则》（试行）第9条规定：“人民法院、监狱管理机关和公安机关看守所要在矫正对象判决、释放前，以书面形式明确要求其必须接受社区矫正。”《北京市社区矫正实施细则》第8条规定：“对拟使用管制、缓刑、假释或者暂予监外执行的被告人、罪犯，人民法院、看守所、监狱应当要求其如实提供一个拟适用社区矫正后的居住地，并作出接受社区矫正的书面保证。对拒绝作出接受社区矫正书面保证的，人民法院、看守所、监狱根据具体情况，可以不予适用社区矫正。”北京市关于社区矫正的规定尊重了犯罪人的意志，体现了《东京规则》的精神。根据我国《刑法》，对判处管制、宣告缓刑、决定假释的犯罪分子，依法实行社区矫正。这些条款并非弹性条款，而是规定上述三类犯罪分子一律适用社区矫正，且无规定是否听取犯罪人的意愿。刑法典立法的滞后与地方性法规的超前形成了矛盾，造成了一定的困惑。例如，被判处管制的犯罪人拒绝接受社区矫正，则应当尊重犯罪人的意愿执行管制刑，还是应当严格依照《刑法》的规定开展社区矫正，让人无所适从。

---

① 刘强：《各国［地区］社区矫正法规选编及评价》，中国人民公安大学出版社2004年版，第574、585、695页。

一、裁决前调查

（一）裁决前调查的概念

裁决前调查来源于刑罚个别化思想，是对犯罪人是否适用社区矫正进行评判的制度。20 世纪以来，基于来自精神病学和心理学以及刑法“现代学派”的冲击，人们想通过一个“积极的”对行为人进行治疗和教育的制裁，来克服被感觉为过时的报应刑，对于这种制裁而言，已经实施的犯罪行为只应当是一个契机，而不应当是一个根本的原因。刑法制裁，如果只是将它“个别地”和正确地、适当地适用于行为人，能够消除再犯危险，至少可以明显地降低再犯危险。① 裁决前调查制度则是判断犯罪人人身危险性大小的有效手段，其旨在通过对犯罪人有关的、体现再犯可能性大小的所有因素，如已然的犯罪状况、犯罪人个体因素、犯罪人日常表现及所处的环境等进行调查评估，为犯罪人人身危险性、社区矫正适应性勾画出清晰的图样，进而充分发挥社区矫正的总体效果，增强社区矫正裁量的可操作性。随着我国社区矫正的逐渐适用，非监禁刑将会得到越来越多的运用，一旦让犯罪人在社会上服刑，犯罪人有没有人身危险性、人身危险性的大小、可改造程度如何等问题须提前澄清。为了使刑罚措施的判决、决定与罪犯的人身危险性相符，建立健全判决前调查制度势在必行。② 自从 2012 年《办法》正式将裁决前调查纳入社区矫正环节后，裁决前调查制度取得了很大的进展。例如，上海市 2013 年从监狱假释的罪犯调查评估率达到 100%，由法院宣告缓刑的罪犯调查评估率接近 90%。其他省市可

---

① ［德］汉斯·海因里希·耶塞克、托马斯·魏根特：《德国刑法教科书》，徐久生译，中国法制出版社 2001 年版，第 903 页。

② 但未丽：《社区矫正：理论基础与制度构建》，中国人民公安大学出版社 2008 年版，第 249 页。

能没有上海这么高，但调查评估的比例也在稳步提高。①

对于裁决前调查，人们有很多种理解，如社会调查、审前风险评估、人格调查等。主张社会调查的学者认为，社区矫正社会调查程序是对拟适用社区矫正的犯罪嫌疑人、被告人或者罪犯的情况进行调查分析，并出具调查评估报告的活动。并指出，很多著作或规范性文件中将该程序称为“审前社会调查”，但是由于目前社会调查程序不仅发生在审判前，而且会发生在其他诉讼阶段，因此，称为“社会调查”更为合理。② 主张审前风险评估的学者认为，裁决前的社会调查，可称为“审前风险评估”，也可称为审前评估，是审判的向前延伸。指人民法院在判处或裁定缓刑、假释等非监禁刑罚或决定暂予监外执行之前，委托社区矫正机构或其他机构调查被告人户籍、前科、家庭状况、一贯表现等背景资料，并由该机构综合判断该被告人能不能在社区得到有效矫正，预测其再犯罪可能性，最终评估其是否适合适用非监禁刑罚，形成审前社会调查报告提供法庭作为适用非监禁刑的重要参考依据的过程。非监禁刑审前风险评估是一个集基本信息、基础调查、综合分析、结论定性功能为一体的过程。③ 主张人格调查的学者认为，社会调查制度，也称人格调查制度，即对犯罪人的性格、特点、家庭环境、社会交往、成长经历、犯罪行为特征、事后表现等进行全方位的社会调查，最终对其人身危险性和责任程度进行评估，以此作为法院实施个别化处遇的参考。④ 笔者认为，将裁决前调查理解为社会调查并不妥当，虽然调查主要围绕调查对象的居所情况、家庭和社会关系、一

---

① 梅义征：《社区矫正制度的移植、嵌入与重构——中国特色社区矫正制度研究》，中国民主法制出版社 2015 年版，第 85 页。

② 司绍寒：《〈刑事诉讼法〉视野下的社区矫正社会调查程序》，载《中国司法》2012 年第 10 期。

③ 王宏玉、张学超：《突破与完善：我国社区矫正社会调查制度探析》，载《中国人民公安大学学报（社会科学版）》2013 年第 2 期。

④ 刘立霞、路海霞：《品格证据在刑事案件中的运用》，中国检察出版社 2008 年版，第 105 页。

贯表现、犯罪行为的后果和影响、居住地村（居）民委员会和被害人意见等事项进行，社会化程度较高，但如果只将裁决前调查理解为社会调查难免抹杀了该项活动司法裁决的性质。裁决前调查旨在通过司法过程之前，对嫌疑人、被告人或者罪犯进行调查，贯彻教育刑理论与刑罚个别化原则，其中包括量刑前的调查、假释前的调查及暂予监外执行前的调查，上述调查均由法院、检察机关、公安机关及监狱作出或者委托司法行政机关作出，调查后的裁决均由人民法院或公安机关作出，整个过程突出了司法裁决的特点，因此在裁决前调查的概念中，必须蕴含这一特点。将裁决前调查理解为审前风险评估亦较为片面。首先，根据《办法》第4条之规定，司法机关可以委托司法行政机关进行调查评估，这就意味着不排除司法机关自己调查评估的可能性。其次，根据相关法律法规，不仅缓刑、假释、暂予监外执行可以适用社区矫正，管制及剥夺政治权利也可以适用，因此“审前风险评估说”对于上述两点的理解略有欠缺。另外，“审前”一词易将裁决狭义化，使人仅仅理解为法院审判前。“人格调查说”对于裁决前调查的理解亦较为狭窄，不仅缩小了裁决主体的范围，而且用“人格调查”一词企图涵盖裁决前调查的全部内容，恐难以做到。笔者认为，社区矫正裁决前调查是指裁判机关在受理刑事案件和假释、暂予监外执行等案件后，根据被告人或拟假释、暂予监外执行的罪犯的犯罪情节、主观恶意、社会危害性及悔罪表现等情况，拟依法适用社区矫正，在作出裁决前亲自或者委托被告人或拟假释、暂予监外执行罪犯户籍所在地或常住地社区矫正机关或专业社区工作者对他们的居所情况、家庭和社会关系、一贯表现、犯罪行为的后果和影响、居住地村（居）民委员会和被害人意见、拟禁止的事项等进行调查了解，并形成评估意见以供裁判时参考的活动。

（二）裁决前调查的法律依据

裁决前调查在我国最早是审理未成年人刑事案件的程序，早在20世纪80年代，江苏省苏州市平江区法院就建立了“少年刑事案社会调查制度”，取得了较好反响。2001 年《最高人民法院关于审理未成年人刑事案件的若干规定》开启了裁决前调查的立法先河，规定未成年人案件可以进行裁决前调查。2009 年，“两高两部”出台《关于在全国实行社区矫正工作的意见》，将裁决前调查的对象范围扩大到了可能适用非监禁刑的被告人。2012 年，在《办法》明确、详细规定了裁决前调查制度的同时，新《刑事诉讼法》将裁决前调查制度正式纳入未成年人案件。

尽管上述法律法规明确提出了裁决前调查的概念，且鼓励各级司法机关充分发挥其作用，但相应的立法工作还是没有跟上司法发展的脚步，表现为：第一，法律依据不充分。如今，除了有《刑事诉讼法》正式规定了未成年人案件的裁决前调查制度外，对其他应当适用裁决前调查的对象，只有司法解释等规范性文件提供法律依据，最高位阶的刑事法律则付之阙如。以缓刑为例，在《刑法》所规定的缓刑的适用条件中，大部分为主观性条件，如“悔罪表现”、“对所居住社区没有重大不良影响”等，这些仅仅依靠法官是无从考证并得知的，必须通过专门的调查机构进行裁决前调查才能尽可能地接近真相。而《刑法》、《刑事诉讼法》等最高位阶的法律只字未提，使裁决前调查制度几乎无法可依。第二，《办法》中关于裁决前调查的规定过于简略，让人产生疑惑。首先，《办法》将裁决前调查的范围仅限于考察对社区的影响，没有涵盖对人身危险性的考察，属喧宾夺主。其次，“可以”一词使裁决前调查制度沦为了可有可无的程序，为司法机关的“懒政”埋下伏笔。再次，没有对裁决前调查的运用加以说明，只提到了交给委托机关，裁决前调查在裁决中的地位如何、如何运用裁决前调查以及违规使用的后果等均未涉及。第三，裁决前调查制度缺乏具体的程序设计。裁决前调查的主体、主体的权限、裁决前调查的流程以及相应的惩戒措施都没有得到明确，各地在开展工作时缺乏明确的指导，随意性太大，削弱了裁决前调查制度的效果。在今后的立法中，应当重点解决裁决前调查的合法性问题，由《刑法》、《刑事诉讼法》补充相关的规定，明确裁决前调查的主体、对象、内容。同时完善程序，科学配备调查评估人员，精确设计调查评估的步骤。通过立法的完善，提高社区矫正工作的规范化水平，推进社区矫正工作的深入发展。

（三）裁决前调查的内容

1. 域外裁决前调查内容简介。

（1）量刑前调查。

在美国等西方国家，缓刑前的调查又被称为量刑前调查，现代量刑前调查制度始于19世纪40年代的美国缓刑资格调查制度，当时主要是对犯罪人能否适用缓刑进行全面系统的调查。到了20世纪30年代，缓刑资格调查演变成为整个量刑提供“量刑前调查报告”（presentence investigation report，简称PSI），从而形成了现代意义上的审前调查制度。[①] 美国等发达国家对量刑前调查极为重视，作为一项准司法活动，他们的理念是：法官主要基于犯罪事实对案件进行审理，但在具体裁判时又必须考虑到当事人的个人情况。而人的情况是一个动态的发展过程，犯罪行为只是人的成长过程的一个点，并不能完全展现当事人个人的主观恶行，而且当事人个人的性格偏好、人际关系、家庭纽带也会对其认罪伏法、复归社会产生深层的影响。[②] 量刑前调查报告，是根据法官要求而由缓刑官准备并向法庭提交的包含有关犯罪、犯罪人和量刑建议等内容的书面报告，主要描述了犯罪的性质、犯罪人的特征、犯罪历史、被害人遭受的损失和量刑建议。[③] 研究者通过对美国量刑前调查报告进行研究，概括出了包含9部分的量刑前调查报告、包含13个方面的量刑前调查报告以及包含33个项目的量刑前调查报告等类型。

---

① 蔡雅奇：《论社区矫正中的裁决前调查制度》，载《铁道警官高等专科学校学报》2012年第2期。

② 武红玉：《社区矫正管理模式研究》，中国法制出版社2011年版，第215页。

③ 吴宗宪：《社区矫正比较研究》（上），中国人民大学出版社2011年版，第95页。

在英国，根据英国《2000年监督社区中犯罪人的国家标准》，量刑前调查报告包括了封面、犯罪分析、犯罪人评估、侵害公众危险性和重新犯罪可能性的评估、结论。笔者通过整理发现，上述量刑报告涉及的调查事项主要包括犯罪行为及证据、犯罪后果及证据、个人与家庭背景、前科情况、重新犯罪可能性、被害人意见、犯罪后关系修复、量刑建议、个人健康状况、社区环境与资源、服兵役情况、宗教信仰、就业历史、经济状况等。通过调查上述事项，法院得以了解嫌疑人的人身危险性及改造可能性，能够全面评估社区矫正的适合性，体现了教育刑理念、刑罚个别化原则以及对保护公众的考虑。尤其值得一提的是美国亚拉巴马州《社区矫正法》，该州规定：矫正局工作人员有权对适用本项目的特定罪犯进行调查，提出建议和其他有助于帮助矫正局官员执行本节规定的项目的信息。但在罪犯加入本计划前，主审法官和主控检察官应提前10天获取书面通知。被害人已经因为罪犯的犯罪行为受到身心伤害的，地方检察官或其助手可以向矫正局局长提交被害人的反对意见。① 亚拉巴马州注重对罪犯危险性进行全面调查，如考察罪犯的家庭条件、工作状况、犯罪记录、人际关系等，这对于社会安全的保护以及罪犯矫正效果的保证具有重要意义。长期以来，我国对于拟判处管制、缓刑、剥夺政治权利罪犯缺少调查，或者只考虑犯罪现实，较为片面。在社会行为论及人格行为论日益得到提倡的背景下，人们对犯罪现象的认识趋于客观，对犯罪原因的认识不断深化，对犯罪人的认识不断丰富。因此，罪犯处遇前的调查范围必须尽可能地全面客观，尽量克服调查的随意性与形式主义，这样才能还原真实的案件与犯罪人，保证刑罚执行的效果。此外，允许被告人和律师提前了解量刑前调查报告的内容也是美国量刑前调查报告所要强调的，虽然有反对者认为这种做法对量刑前调查的顺利进行构成了阻

① 刘强：《各国［地区］社区矫正法规选编及评价》，中国人民公安大学出版社2004年版，第14页。

碍，报告的内容对被告人可能会有伤害，以及报告内涉及的机密信息有泄露之虞，但现实的考量更侧重于对被告人知情权的保护以及信息准确性的保证。1978 年美国《联邦刑事诉讼规则》在排除诊断建议、信息来源保密等情况下，有保留地赋予被告人及其律师阅读量刑前调查报告的权利。

（2）假释前调查。

假释前调查与量刑前调查的调查内容较为相似，但调查的范围和报告的内容要难于量刑前调查，除了调查罪犯的个人背景、社会关系、社区意见等几大板块外，还需要考虑三个方面的因素：一是犯罪的严重性，二是重新犯罪的可能性，三是在狱中的表现。[①] 由此可见，狱中的表现只是假释前调查的众多内容之一。美国等发达国家极为重视对罪犯的假释前调查，以期在保护社会的基础上实现罪犯的更生改造。其中的典型立法如美国亚拉巴马州《社区矫正法》，该法规定：除非赦免和假释委员会认为，如果释放该罪犯，他将自由生活并不违反法律以保持自由状态且不具有与社会公共秩序发生冲突的合乎情理的可能性，否则，任何罪犯不得仅因高质量地完成监狱分配的任务或者在监狱中良好的行为表现而获得假释。并且明确规定，假释委员会目的是考察假释对象回归社会的可行性。根据加拿大国家假释委员会的政策要求，如果释放犯人，假释委员会成员应系统地审查该犯人可能对社会造成的风险。首先，假释委员会成员审查所有可以得到的关于犯人的相关信息，作出风险的初次评估。这包括犯罪、犯罪历史、社会问题、心智状态、较早释放方面的表现、关于犯人关系和就业的信息、心理或精神治疗报告、专业人士和其他人的意见、受害人的意见以及显示释放是否会构成对社会不当风险的任何其他信息。[②] 跟加拿大类似，在西方很多发达国家，假释前调查旨在保护社会，同时为犯罪人重返社会提

① 武红玉：《社区矫正管理模式研究》，中国法制出版社 2011 年版，第 217 页。

② 王珏、王平、杨诚：《中加社区矫正概览》，法律出版社 2008 年版，第 246 页。

供便利。这些国家批准假释的条件主要包括假释适合性、假释计划、被害后果陈述等，上述当然也成为假释前调查的重中之重。在假释适合性中，服刑表现只是其中一项，另外还包括原判刑罚、犯人情况、服刑时间等，这些条件成为犯人假释的前提性条件。在假释计划中，假释官会根据每名犯人的具体情况作出假释后的安排，假释委员会在审核假释计划时，主要考虑犯人被假释后是否会威胁社会、犯人的生活环境以及能否顺利适应社会。被害后果陈述则使被害人参与了假释决定的作出过程，是一种较新的尝试，充分体现了国家公权力向个人私权利的让渡，以及对被害人情感的尊重。被害人可以就犯罪给自己造成的伤害以及犯人被假释后可能会造成的伤害进行充分陈述，这将成为假释决定作出与否的重要参考。

主观的描述毕竟弹性过大，为了更加客观地展现罪犯是否适合假释，美国犯罪学家戈特弗雷德森、莱斯利·威尔金斯和彼得·霍夫曼在美国假释委员会的支持下发展起了一种实用性假释决策辅助工具，即“突出因素分数”（SFS），经过数次修订，最终形成了包括6个因素的预测表，具体包括：以前是否被定罪/判决、以前被监禁是否在30天以上、本次犯罪/以前被监禁时的年龄、最近监禁/自由时间、这一次是否属于缓刑/假释/监禁/逃跑者、老年犯罪人6个组成部分。得分在0分到10分之间，得分越高，说明犯罪人重新犯罪的可能性越低，假释的适宜性越大，反之则不然。① 上述量化指标较为务实，虽不能保证百分之百准确，但已经尽最大可能减少了人为因素的干扰。

2. 我国裁决前调查的内容。

在我国，根据《办法》第4条的规定，裁决前调查的内容主要包括被调查人的居所情况、家庭和社会关系、一贯表现、犯罪行为的后果和影响、居住地村（居）民委员会和被害人意见、拟禁

① 吴宗宪：《社区矫正比较研究》（上），中国人民大学出版社2011年版，第216页。

止的事项等。《办法》第 4 条没有区分量刑前调查、假释前调查以及暂予监外执行前调查，虽然三者大致内容相似，但假释前调查及暂予监外执行前调查各有其侧重点。对于假释前调查而言，假释的条件为“认真遵守监规，接受教育改造，确有悔改表现，没有再犯罪的危险”，所以，除了犯罪行为及后果等事项之外，假释前调查必须侧重于罪犯人身危险性的评估，即对罪犯前科、经济状况、受教育情况、改造情况等进行重点考核，以此为根据考察罪犯是否有再犯之虞。对于暂予监外执行前调查而言，由于暂予监外执行条件的缘故，此项调查较为复杂，更侧重于调查符合暂予监外执行的三个条件：有严重疾病需要保外就医的；怀孕或者正在哺乳自己婴儿的妇女；生活不能自理，适用暂予监外执行不致危害社会的。同时，《刑事诉讼法》还规定，对适用保外就医可能有社会危险性的罪犯，或者自伤自残的罪犯，不得保外就医。除了上述调查事项外，还需要考察犯罪事实及证据、保证人资格、经济状况、医疗及生活环境等事项。根据浙江省《社区矫正审前社会调查实施办法》（试行）的规定，审前社会调查的内容主要包括调查对象的家庭背景、个性特点、犯罪前表现、悔罪表现、社会反响、监管条件、辖区公安派出所意见等。根据湖北省《适用非监禁刑审前社会调查实施办法》（试行）的规定，审前社会调查的内容包括调查对象的基本情况，调查对象在家庭、学校、工作单位和社会上的表现情况，调查对象在监狱、看守所的表现情况，社区群众和单位职工对调查对象的评价和反映，受害人意见等。青海省《适用非监禁刑罚审前社会调查实施办法》中关于社会调查的内容与湖北省基本一致。上述省份的规定基本涵盖了《办法》第 4 条所要求的事项，但仍需完善。首先，审前社会调查过于依赖调查对象的一贯表现及在看守所、监狱内的表现，对调查对象的其他情况缺乏掌控，不利于全面了解调查对象，也暗藏着调查对象为争取非监禁刑而功利化的风险。故还应考察调查对象的经济条件、职业历史、身体条件、受损社会关系修复的难易程度等。其次，社会调查没有区分量刑前调查、假释前调查及暂予监外执行前调查，导致后两者的调查缺乏重点，不利于准确评估罪犯假释及暂予监外执行的适正性。如何评估罪犯的“人身危险性”及身体状况，如何在暂予监外执行罪犯的身体状况与矫正状况之间找到平衡与兼容的方式，值得深思。对于假释而言，应当借鉴国外假释成败预测的做法，根据我国的具体情况，研究我国的假释成败预测工具，具体可以通过综合考虑三个因素，即已然之罪情节、监内服刑表现和监外服刑条件，来判定犯罪人的人身危险性，进行假释成败预测。①

鉴于未成年人案件的特殊性及复杂性，司法机关充分考虑了特殊预防及教育刑理念，坚持以“教育为主、惩罚为辅”的原则和“教育、感化、挽救”的方针进行处理。因此，未成年人犯罪裁决前调查规定得较为详细。1991 年，最高人民法院在《关于办理少年刑事案件的若干规定（试行）》中指出：“开庭审判前，审判人员应当认真阅卷，进行必要的调查和家访，了解少年被告人的出生日期、生活环境、成长过程、社会交往以及被指控犯罪前后的表现等情况，审查被指控的犯罪事实和动机。”根据 1995 年最高人民法院《办理未成年人刑事案件适用法律的若干问题的解释》的规定，在具体量刑时，不但要根据犯罪性质、犯罪情节，如犯罪手段、时间、地点、侵害对象、犯罪形态、后果等条件，而且还要充分考虑到未成年人犯罪的动机和目的、犯罪时的年龄，是否初犯、偶犯或者惯犯，在共同犯罪中的地位和作用，犯罪后有无悔罪表现，个人一贯表现等情况，来决定对其适用从轻或者减轻处罚以及相应幅度，使判处的刑罚有利于未成年罪犯的改过自新及健康成长。2001 年，最高人民法院《关于审理未成年人刑事案件的若干规定》明确提出，在办理未成年人刑事案件时，控辩双方可以提供书面调查报告，并明确调查的主体、内容以及调查时间。2006 年修订的

① 吴宗宪、蔡雅奇、彭玉伟：《社区矫正制度适用与执行》，中国人民公安大学出版社 2012 年版，第 157 页。

《人民检察院办理未成年人刑事案件的规定》第16条规定："可以结合社会调查，通过学校、社区、家庭等有关组织和人员，了解未成年犯罪嫌疑人的成长经历、家庭环境、个性特点、社会活动等情况，为办案提供参考。"2006年，最高人民法院《关于审理未成年人刑事案件具体应用法律若干问题的解释》第11条规定："对未成年罪犯量刑应当依照刑法第六十一条的规定，并充分考虑未成年人实施犯罪行为的动机和目的、犯罪时的年龄、是否初次犯罪、犯罪后的悔罪表现、个人成长经历和一贯表现等因素。对符合管制、缓刑、单处罚金或者免予刑事处罚适用条件的未成年罪犯，应当依法适用管制、缓刑、单处罚金或者免予刑事处罚。"2012年"两高两部"的《办法》第33条更是明确了未成年人社区矫正的思路，体现了保护未成年人隐私、有别于成年人的特殊处遇、保障未成年人受监护权及就学就业权利等理念，为未成年人社区矫正指明了方向。

（四）裁决前调查的主体

《办法》第4条规定了裁决前调查的启动机关与实施机关，两者之间是一种委托的关系。笔者认为，从字面意思来看，委托是将事情托付给其他人办理，是一种授权行为，此处用"委托"暗含县级司法行政机关具有推脱的意味，而调查评估应属一种责任而非权力，故用"委托"二字明显不妥，这模糊了调查评估的定位，削弱了调查评估的作用。所以，应明确职责分工，将"委托"替换成"通知"。另外，上述规定中"可以"一词的运用保留了法院、检察院、公安机关、监狱自己开展调查评估的可能性，但笔者认为调查评估只能交给作为专门社区矫正机构的司法行政机关开展，理由如下：首先，由社区矫正机构开展调查评估，能够保证调查工作正式、深入、细致、专业地进行。其次，社区矫正机构对当地情况比较熟悉，有获得真实、翔实调查资料的条件和可能性。再次，社区矫正工作者直接承担矫正对象的监督、管理、帮助和教育任务，对其进行调查并出具调查报告，工作者会倾向于根据自己的矫正经验和犯罪人回到社区后的矫正难度，尽量全面了解被调查者并对其作出综合、客观的评价。最后，由社区矫正机构派员调查，有利于保持司法官的中立地位，从而对犯罪人作出相对冷静、正确的裁判和决定。①

由司法行政机关开展裁决前调查固然是目前的最优选择，但也存在着一些问题。例如，司法行政机关普遍存在人员配置不足的现象，往往一个司法所专门从事社区矫正工作的只有一两个人，给裁决前的调查工作带来诸多不便。甚至有的工作人员抱着“多一事不如少一事”的观念，认为少一个社区服刑人员可以少一份压力，从而极力找出被告人或犯罪人不适合开展社区矫正的种种理由。另外，社区矫正人员的业务素养普遍较低。据统计，很多城市的社区矫正人员绝大多数是大专学历，具有法学、社会学、心理学、统计学等与裁决前调查有关学科的人员较少。而在美国，社区矫正工作者的学历一般是本科以上，平均学历高于监狱工作人员。在加拿大，假释委员会为其成员提供广泛的培训体制和表现评估。培训是通过假释委员会的职业发展准则和发展项目来实施的，年度有建设性方式的审查制，向成员们提供其决定的反馈信息。② 在美国等国家和地区，甚至还出现了私人准备的量刑前调查报告（privately commissioned presentation report），这种量刑前调查报告被作为由缓刑部门准备的量刑前调查报告的补充或者替代。受委托准备这类量刑前调查报告的第三方，主要是犯罪学家、其他有关的科学家、以前的缓刑官等。③ 针对目前社区矫正人员专业性不足的问题，可以考虑邀请高校、科研单位和医疗机构从事刑法学、犯罪学、社会学、心理学、教育学、统计学、精神病学的专家、学者，为裁决前

① 但未丽：《社区矫正：理论基础与制度构建》，中国人民公安大学出版社 2008 年版，第 251 页。

② 王增铎、杨诚：《中加矫正制度比较研究》，法律出版社 2001 年版，第 171 页。

③ 吴宗宪：《社区矫正比较研究》（上），中国人民大学出版社 2011 年版，第 113 页。

调查工作的开展提供智力支持和技术把关。引入专家、学者，除了可以提升裁决前调查的专业水准外，还可以对社区矫正人员起到引导、监督作用，增强社区矫正人员的敬业精神。与此同时，应当通过多种途径扩充社区矫正队伍、补充专业人员，提升矫正人员待遇，并建立教育培训机制，逐步实现从“输血”到“造血”的转变。

（五）裁决前调查的对象

我国社区矫正的裁决前调查包括管制前调查、缓刑前调查、假释前调查、剥夺政治权利前调查及暂予监外执行前调查五种情形。对于这种分类，有学者认为，《刑法修正案（八）》只明确规定了管制、缓刑和假释犯适用社区矫正，因此不应将剥夺政治权利及暂予监外执行的罪犯作为社区矫正的对象。[①] 同时，一些省份也没有规定剥夺政治权利及暂予监外执行前的社会调查，如浙江省《社区矫正审前社会调查实施办法》（试行）第3条只规定了对拟判处管制、宣告缓刑或拟裁定假释的被告人或罪犯开展审前社会调查。笔者认为，新《刑事诉讼法》第258条明确规定，暂予监外执行的罪犯，依法试行社区矫正。此外，在《办法》中也明确规定暂予监外执行的罪犯应进行社区矫正，并规定了相应的监督、处罚条款。《刑事诉讼法》跟《刑法》一样，都由全国人民代表大会审议通过，具有相同的法律效力，因此，暂予监外执行的罪犯适用社区矫正具备有力的法律支持及政策支持，无可辩驳。对于被剥夺政治权利的罪犯应否适用社区矫正，笔者认为，虽然当前相应的法律缺位，恪守罪刑法定原则，不应适用社区矫正似乎无可厚非，但从应然的角度而言，还是应当将被剥夺政治权利的罪犯纳入社区矫正的适用对象范围。首先，对其适用社区矫正符合中央司法精神及宽严相济的刑事政策。根据“两高两院”2003年出台的《关于开展社区矫正试点工作的通知》，社区矫正的任务在于矫正社区服刑人员

① 司绍寒：《社区矫正立法基本问题研究》，载《中国司法》2011年第4期。

的不良心理和行为，使他们成为守法公民，同时帮助其解决在就业、生活、法律、心理等方面遇到的困难和问题，以便于他们顺利回归社会。被剥夺政治权利的罪犯跟一般的罪犯在需要救助及矫正的方面无任何区别，因此不能随意否定他们的需求，将他们抛向社会而置之不理。其次，根据“两部两院”2003 年《关于开展社区矫正试点工作的通知》及 2009 年《意见》的规定，社区矫正的适用范围包括了被剥夺政治权利的罪犯，契合了刑事政策的要求。同时，根据《办法》第 32 条之规定，“两部两院”对于被剥夺政治权利者适用社区矫正持肯定、支持态度。大量的犯罪数据统计也证明，被剥夺政治权利者的再犯罪率较低，社区矫正功不可没。再次，剥夺政治权利虽然为附加刑，但不同于没收财产与罚金刑，犯罪人没有切身利益受损的感受，剥夺政治权利虽然列出了具体剥夺的事项，但缺乏相关的保障措施，有失刑法之严肃性。对剥夺政治权利的犯罪人适用社区矫正，能够将其置于司法行政机关与公安机关的双重监管之下，更有利于监督其履行判决。当然，现行的社区矫正规定没有被剥夺政治权利者违反《刑法》第 54 条规定的制裁条款，在一定程度上脱离了社区矫正的“刑罚”属性，值得立法者深思。

此外，由于我国户籍制度及人口流动的加剧，一些省份如浙江省规定，裁决前调查的对象只限于具有本省户籍及将在本省执行社区矫正的人。但也有一些省份没有特殊的限制，如根据上海市《关于办理减刑、假释案件实施细则（修订）的通知》的规定，“判断不致再危害社会，应当根据罪犯的原判情况、悔罪态度、服刑期间的一贯表现等进行全面考察。对外省籍罪犯，还应考虑其回归社会的生活保障及帮教条件”。根据青海省《社区矫正对象监督管理工作规定（试行）》的规定，“矫正对象应当在法律文书生效之日起 7 日内或离开监所之日起 7 日内到户籍地（户籍地与经常居住地不一致的，以经常居住地为准）司法所报到并办理登记手续”。笔者认为，如果人为地以户籍地为标准区别对待，违反了教育刑的初衷，不利于案发地社会秩序的好转，会削弱社区矫正的效果，同时也不利于公平公正的实现。由于社区矫正地为犯罪人的居住地，在裁决前调查制度的问题上，应当适用居住地原则，由居住地县级行政司法机关具体开展。但在人口流动如此频繁的我国，如何确定居住地，关系到社区服刑人员的切身利益，不可小觑。笔者将在之后进行详细论述。

二、社区矫正的执行

（一）居住地的选择

目前，我国社区矫正的管辖原则是以居住地为主、户籍地为辅。司法部2004年7月施行的《司法行政机关社区矫正工作暂行办法》第16条规定：社区服刑人员，由其居住地司法所接收；户籍所在地与居住地不一致的，户籍所在地司法所应当协助、配合居住地司法所开展矫正工作。北京市2008年《关于进一步规范社区服刑人员管辖和接收工作的规定》第2条规定：社区服刑人员由居住地司法所负责管辖和接收。居住地与户籍地不一致的，户籍地司法所应配合居住地司法所为符合条件的服刑人员协助办理最低生活保障。浙江省《浙江省社区矫正实施细则（试行）》第4条规定：社区矫正人员一般实行居住地管辖原则，不能确定居住地的，在户籍地接受社区矫正。湖北省《湖北省社区矫正对象管理工作规定（试行）》第5条规定：矫正对象应当在法律文书生效之日起7日内到户籍地（户籍地与经常居住地不一致的，以经常居住地为准）司法所报到并办理登记手续。

虽然各省市基本都认可居住地中心原则，但居住地如何选择，则规定不一。北京市2008年《关于进一步规范社区服刑人员管辖和接收工作的规定》第3条规定：社区服刑人员有下列情形之一的住地（外出工作、上学、就医以及经批准请假外出后的暂住地除外），应当确立为其居住地，即①本人有住房或者租赁、借住6个月以上的合法住所，当地公安派出所或居（村）委会出具书面证明证实本人住在此处的；②亲属有住房或者租赁6个月以上的合法住所，书面同意接纳服刑人员住在此处的。同时具有上述情形的，按第一种情形处理；不具有上述任何一种情形的，社区服刑人员的户籍地即为居住地。浙江省《浙江省社区矫正实施细则（试行）》第4条规定：居住地应当同时具备下列条件，即①社区矫正人员应当具有其本人所有、承租或者他人、有关单位提供且能够连续居住1年（含）以上的固定居所，社区矫正执行期少于1年的除外；②社区矫正人员有固定生活来源，或者有他人、有关单位为其提供的生活保障。确定居住地时，司法行政机关应当对人民法院、人民检察院、公安机关、监狱提供的材料，以及被告人、罪犯本人及其家庭成员或监护人、保证人出具的相关材料进行综合评判，向上述委托机关反馈意见。北京市及浙江省关于住所地确定的规定都强调了要有已经居住了一定时间的居所，至于居住时间的长短、有无生活保障，则各有侧重。笔者认为，居住地应当是犯罪人居住过的地点。所谓的“居住过”如何确定？有无时间长短的要求？这些虽然无确切的标准，但可以通过裁决前调查确定。根据《办法》第4条的规定，受委托的司法行政机关应当根据委托机关的要求，对被告人或者罪犯的居所情况等进行调查了解，并提交委托机关。应当认为，居住地的裁决前调查不只是查清有无居住地及有多少居住地，更重要的是考察居住地是否具备有利于犯罪人社区矫正的环境。只要犯罪人在某一地点居住过，较为熟悉当地环境，进行日常生活没有障碍，对其能够落实有效监管，且社区居民对该犯罪人的矫正工作不排斥，就应当认为该地点满足了作为居住地的条件。那么在犯罪人既有经常居住地又有户籍地，且对两地环境均熟悉的情况下，如何确定矫正地点？或者犯罪人有多个居住地，流动性较强，如何确定矫正地点？笔者认为，应当按照尊重犯罪人意愿优先便于矫正与监管的顺序选择矫正地点。虽然优秀的矫正机构、良好的生活基础、丰富的社区资源、社区居民的积极配合等各种优良的矫正与监管条件对于罪犯的矫正十分重要，但在我国社会，关系及面子在某种程度上体现了一个人的社会地位，罪犯也不例外。虽然其触犯了法律，名誉受损，但仍有不同程度的爱面子心理。从另一方面讲，爱面子对于罪犯来说不只是消极情绪，更是其渴望回归社会、得到大家认同的体现，在某种程度上起到了“知耻而后勇”的积极作用。在有多个居住地、外在条件相差不大且均可以选择的情况下，应给予犯罪人选择的权利，其可以选择一个能够接受的环境开展矫正，可以领会到司法机关的苦心，也会更加珍惜改造机会，积极地融入社会。否则，犯罪人在其认为不可接受的环境中开展矫正，会觉得抬不起头，甚至产生“破罐子破摔”的心理，不利于矫正的顺利开展。

（二）报到事项的告知和法律文书的交接

《办法》第5条规定：对于适用社区矫正的罪犯，人民法院、公安机关、监狱应当核实其居住地，在向其宣判时或者在其离开监所之前，书面告知其到居住地县级司法行政机关报到的时间期限以及逾期报到的后果，并通知居住地县级司法行政机关；在判决、裁定生效之日起3个工作日内，送达判决书、裁定书、决定书、执行通知书、假释证明书副本等法律文书，同时抄送其居住地县级人民检察院和公安机关。县级司法行政机关在收到法律文书后，应当在3个工作日内送达回执。报到事项的告知和法律文书的交接的目的主要在于确保罪犯的知情权以及防止脱管发生。除了要达到上述目的外，一些地方还规定了社区矫正前的培训教育，如《浙江省社区矫正实施细则》第7条规定：对于适用社区矫正的罪犯，人民法院、公安机关、监狱应当核实其居住地，在向其宣判时或者在其离开监所之前，应当开展社区矫正相关教育，书面告知其到居住地县级司法行政机关报到的时间期限以及逾期报到的后果，并采取派员送达、邮政特快专递等方式书面通知居住地县级司法行政机关。笔者认为，社区矫正前的培训教育非常重要。鉴于种种原因，部分矫正对象对社区矫正的目的和意义存在一些片面性的认识。例如，有的矫正对象将社区矫正想当然地理解为完全释放，不受任何约束，与正常人无异。有的矫正对象只看重社区矫正中的救助功能，简单地将矫正组织看作一个救助机构，一旦自身的需求得不到满足，就消极应付矫正主体对其实施的矫正工作。另有部分矫正对象只看重社区矫正承担的刑罚的执行功能，认为积极配合矫正工作，会使罪犯的标签给自己带来求学、就业等方面更多的歧视。[①] 对矫正对象的这些误解，会导致他们不愿意配合矫正工作，甚至出现脱管现象。而培训教育会使矫正对象对社区矫正的性质、目的、手段等有个大致的了解，端正其对社区矫正的态度，为社区矫正做好铺垫。或许有人认为，在报到事项告知阶段对矫正对象开展教育培训，与矫正对象办理登记手续后的入矫教育重合，为了节省司法资源，没有必要开展事先的教育培训。笔者认为，报到前的教育培训与入矫教育虽然都属教育培训，但两者所起的作用截然不同：前者是在矫正对象对社区矫正基本一无所知的情况下进行的教育培训，着眼于宏观上的理解，重点在于端正矫正对象的态度，纠正其偏见。后者主要是为了使矫正对象知道社区矫正期间自己享有的权利和应当履行的义务，更着眼于微观层面。根据《湖北省社区矫正教育工作规定（试行）》及《青海省社区矫正对象教育工作规定（试行）》关于入矫教育的规定，司法所应当在入矫教育时向矫正对象宣布在社区矫正期间享有的权利和应当履行的义务：矫正对象享有人格不受侮辱等权利，须履行积极参加学习、教育和公益劳动等义务。若矫正对象事前对什么是社区矫正一无所知，便不会深刻理解自己的权利义务，甚至违法行使权利，不履行义务。此外，有学者根据对贵阳市织金县社区矫正脱管漏管成因的考察，认为脱管漏管的原因包括但不限于：①缺乏社区矫正意识而脱管。有人因就医需要而擅自离开居住地，有人因孩子生病需前去看望而擅自离开居住地，更有人是纯粹地失踪；②因交付执行脱节而漏管，如出现过档不见人的现象。[②] 将关于社区矫正的教育培训提前到报到事项

---

① 刘强、姜爱东：《社区矫正评论》（第一卷），中国法制出版社 2011 年版，第 233 页。

② 刘强、姜爱东：《社区矫正评论》（第四卷），中国人民公安大学出版社 2014 年版，238 页。

告知与法律文书交接阶段，能纠正矫正对象的错误意识，在一定程度上防止脱管漏管现象的发生。此外，待我国社区矫正体制成熟之后，还可以探索监狱行刑与社区行刑之间的过渡环境和过渡性措施。例如，开放式或半开放式监狱，既可以在监狱内行刑，也可以允许服刑者依照《监狱法》的规定有条件到社会中的学校或工厂行刑。在管理方式上，监狱民警直接管理与间接管理并用，通过分类处遇逐渐使罪犯过渡到接近社区矫正的环境。①

（三）社区服刑人员的报到、接收

《办法》第6条规定：社区矫正人员应当自人民法院判决、裁定生效之日或者离开监所之日起十日内到居住地县级司法行政机关报到。县级司法行政机关应当及时为其办理登记接收手续，并告知其三日内到指定的司法所接受社区矫正。发现社区矫正人员未按规定时间报到的，县级司法行政机关应当组织查找，并通报决定机关。在目前的实践中，人员接收绝大多数都不是到法院或监所直接衔接，采取的是社区服刑人员自己到司法行政机关报到的形式，这就使人员接收工作能否顺利完成在很大程度上取决于社区服刑人员接受社区矫正的自觉性和主动性。有的社区服刑人员缺乏罪犯意识和服刑意识，没有认识到接受社区矫正是自己的法定义务；有的社区服刑人员受旧的观念影响，不愿别人知道自己是罪犯要接受社区矫正；有的社区服刑人员是“户口空挂”或者“口袋户口”，从监所出来并没有回到原籍，下落不明；一些被剥夺政治权利在社会上服刑的社区服刑人员认为自己不行使政治权利，就没必要接受社区矫正；有的社区服刑人员嫌麻烦，认为“多一事不如少一事”。以上种种情形都决定了一些社区服刑人员不会主动到司法所报到，形成了脱管隐患。② 对于业已形成的脱管状况，除做好告知阶段的教

① 鲁兰：《中日矫正理念与实务比较研究》，北京大学出版社2005年版，第218页。

② 葛炳瑶：《社区矫正导论》，浙江大学出版社2009年版，第103页。

育培训外，司法行政机关还应当与公安机关建立联动机制，由公安机关协助追查。《北京市社区矫正实施细则》第 14 条规定：司法所发现社区矫正人员未按规定时间报到下落不明的，应当立即追查，书面通报公安派出所协助追查，并向区县司法局书面报告。此外，法院、监所与司法行政机关的衔接沟通尤为重要。在实践中，法院、监所与司法行政机关的沟通不畅，经常会出现脱管现象，甚至有时候矫正对象虽已到达，但法律文书尚未到达，影响了社区矫正的正常进行，破坏了法律的严肃性。社区矫正是一项复杂的系统工程，涉及部门较多，部门之间的协调衔接是造成社区服刑人员交接的主要根源，解决社区服刑人员的交接问题，必须从工作机制和部门衔接入手。一方面，可以用规范性文件的形式明确各部门在交接工作中的权利义务，特别是交接程序、交接时限、交接内容等，并且设立联络员制度。另一方面，可以定期或不定期举行联席会议、经验交流会、学习会等，共同商讨解决交接工作中遇到的难题。

（四）社区矫正的宣告

《办法》第 7 条规定：司法所接收社区矫正人员后，应当及时向社区矫正人员宣告判决书、裁定书、决定书、执行通知书等有关法律文书的主要内容，社区矫正期限，社区矫正人员应当遵守的规定、被禁止的事项以及违反规定的法律后果，社区矫正人员依法享有的权利和被限制行使的权利，矫正小组人员组成及职责等有关事项。社区矫正的宣告旨在使社区矫正人员明白自己的权利与义务，如何划定权利与义务的范围事关重大。《办法》第 36 条具体规定了社区矫正人员所享有的权利，其规定：社区矫正人员的人身安全、合法财产和辩护、申诉、控告、检举以及其他未被依法剥夺或者限制的权利不受侵犯。社区矫正人员在就学、就业和享受社会保障等方面，不受歧视。司法工作人员应当认真听取和妥善处理社区矫正人员反映的问题，依法维护其合法权益。赵秉志教授在其主编的《社区矫正法（专家建议稿）》一书中，将社区服刑人员享有的权利列为：①人身自由、人格尊严和财产权利；②超出原裁决剥夺、限制范围的权利；③了解社区矫正的相关信息的权利；④辩护、申诉、控告、检举和揭发的权利；⑤对社区矫正机构、社区矫正官的决定或者处理依法进行投诉的权利；⑥依法享有的其他权利。有学者认为，从我国《刑法》有关管制、缓刑、假释罪犯需要遵守的规定看，这三类罪犯都要遵守法律、行政法规，服从监督，并且要按照执行（考察、监督）机关的规定报告自己的活动情况，遵守执行（考察、监督）机关关于会客的规定，离开所居住的市、县或者迁居应当报经执行（考察、监督）机关批准。这三个方面是法律明确规定的三类罪犯应当履行的义务，涉及对罪犯个人隐私权、会见自由和迁徙自由三项基本权利的限制。因此，将人身自由、人格尊严和财产权利不受侵犯的权利赋予社区服刑人员值得商榷。① 笔者不敢苟同。首先，合法的人身自由、财产权利以及人格尊严是包括社区服刑人员在内的每个公民都享有的，也是其他一切权利的基础。其次，社区服刑人员的个人隐私权、会见自由和迁徙自由虽然受到限制，但并不等于他们没有自由权、财产权及人格尊严。没有最高国家权力机构的立法及司法机关的裁判，任何人的上述权利不被剥夺。适用管制、缓刑和假释的社区服刑人员经过了法定程序，相关权利被限制是正当合法的，但他们可以自由行使没有被限制的其他权利，法律应予保障。最后，鉴于我国社区矫正历史不长，立法缺失及实践积累不足，将人身自由、人格尊严及财产权利写入《社区矫正法》的目的在于强调社区服刑人员权利保护的重要性。根据我国《监狱法》的规定，罪犯的人格不受侮辱，其人身安全、合法财产和辩护、申诉、控告、检举以及其他未被依法剥夺或者限制的权利不受侵犯。社区服刑人员与监狱、看守所服刑人员的合法权益本质一样，不能因为种种原因而限制或

① 梅义征：《社区矫正制度的移植、嵌入与重构——中国特色社区矫正制度研究》，中国民主法制出版社 2015 年版，第 185 页。

剥夺。

（五）社区矫正档案的建立

《办法》第10条规定：县级司法行政机关应当为社区矫正人员建立社区矫正执行档案，包括适用社区矫正的法律文书，以及接收、监管审批、处罚、收监执行、解除矫正等有关社区矫正执行活动的法律文书。司法所应当建立社区矫正工作档案，包括司法所和矫正小组进行社区矫正的工作记录，社区矫正人员接受社区矫正的相关材料等。同时，留存社区矫正执行档案副本。从特点上看，社区矫正档案具备动态性、规范性及保密性。动态性是指档案要紧跟矫正的步骤，社区矫正人员档案建立后，随着矫正对象不断接受思想教育、行为改造等，需要形成的文件越来越多，如每隔一段时间对矫正对象的考核等，因此，档案的收集要具备动态性，及时补充材料，为矫正对策的制定及社区矫正研究的深化提供基本材料。规范性是指从规格上来看，档案制作上要简洁，格式上要统一。从管理层面上讲，档案的管理要依法依规进行，严格要求，责任到人。保密性是指要严格按照《保密法》的规定存放、查看、借阅、复印档案。因为档案记录了矫正对象的个人信息、主要犯罪事实、家庭成员与主要社会关系等，这些信息涉及个人隐私，不宜随便泄露。从类型上看，社区矫正档案包括四类：①入矫档案，主要包括社区矫正人员登记表、起诉书、判决书、执行通知书、结案登记表、入矫宣告书、入矫谈话记录等；②审批类档案，主要有社区矫正对象外出审批表、请假审批表、迁居审批表等；③考察类档案，主要有矫正方案，月度、季度、年度考核登记表，社区矫正人员思想汇报，社区矫正工作者走访、教育记录等；④解矫档案，主要有社区矫正期满鉴定书、解除矫正宣告书。社区矫正工作档案则主要是指社区矫正小组的人员结构、职责分工、工作计划与总结等相关记录。[1] 有代表性的地方性法规有湖北省与青海省的《社区矫正对象档案管理规定》，根据相关规定，司法局在矫正对象接收和被决定矫正之日起建立矫正对象正式档案，一人一档，并建立副档。除了档案的类别外，还规定了入档材料的用语、书写规范及装订注意事项。档案的管理也另设一章，对档案保密、保管、借阅、期限等作了规定。

（六）社区服刑人员的监督管理与教育矫正

社区服刑人员的监督管理，是指社区矫正执行机关根据国家法律、法规、规章以及社区矫正相关规定，对社区服刑人员的社会服刑过程依法进行监督、考察和管理，以保障刑事判决、裁定和决定得到严格执行的具体活动。社区服刑人员的教育矫正，是指国家非监禁刑罚执行机关，在相关社会团体和民间组织以及社会志愿者的协助下，以转变思想观念、矫正行为恶习为目的，以思想、文化、技术等教育为主要内容，对社区服刑人员的思想、行为、心理及其人格进行有组织、有计划的系统影响活动。[2] 具体来讲，社区服刑人员的监督管理主要包括风险评估、形成矫正小组、制定矫正方案、日常行为监管、阶段性风险评估等。社区服刑人员的教育矫正主要包括入矫教育、日常教育、特殊教育、社区服务、解矫教育。监督管理与教育矫正共同构成了社区矫正执行的主要内容。

无论是监督管理还是教育矫正，分类原则是一条贯穿始终的红线，通过对不同情况的犯罪人实行不同的处遇，贯彻行刑个别化理念。风险评估、形成矫正小组、制定矫正方案、禁止令的执行、日常教育、特殊教育、社区服务等流程无一不是贯彻了分类原则。同时，监管机关还应注重根据矫正的实际情况，灵活调整监管与矫正策略，以取得最好的效果。对此，相应的规范性文件也有所体现，

---

① 张瑞菊：《社区矫正档案管理研究》，载《辽宁经济管理干部学院学报》2015年第3期。

② 葛炳瑶：《社区矫正导论》，浙江大学出版社2009年版，第109～125页。

如《办法》第9条规定：司法所应当为社区矫正人员制定矫正方案，在对社区矫正人员被判处的刑罚种类、犯罪情况、悔罪表现、个性特征和生活环境等情况进行综合评估的基础上，制定有针对性的监管、教育和帮助措施。根据矫正方案的实施效果，适时予以调整。《北京市社区矫正实施细则》第21条规定：司法所应当制定有针对性的监管、教育和帮助措施。根据矫正方案的实施效果和社区矫正人员的现实表现、具体情况，每六个月予以调整。《浙江省社区矫正实施细则》（试行）第15条规定：司法所应当为社区矫正人员制定矫正方案，在对社区矫正人员被判处的刑罚种类、犯罪情况、悔罪表现、个性及心理特征、生活环境和再犯罪风险等情况进行综合评估的基础上，制定有针对性的监管、教育和帮助措施。根据矫正方案的实施效果，适时予以调整。虽然上述立法明确规定了分类原则，但有些矫正工作者尚没有意识到对服刑人员分类的必要性，甚至不懂得什么是分类。此外，对社区矫正五种对象的区别在实践中尚不明确，尤其是缓刑和假释，这两种类型在具体监管与矫正中几乎没有什么差别。这些都是需要改进和完善的。①

在监督管理的程度方面，对不同人身危险性的犯罪人采取严厉程度不同的监管方式也被各地所普遍遵循。北京市根据社区服刑人员的不同情况，将管理级别分为三级四等，即一级宽管、二级宽管、普管、严管。对不同级别的犯罪人在报到、思想汇报、公益劳动、学习及物质奖励等方面实行不同处遇。上海市根据社区服刑人员的犯罪原因、犯罪类型、危害程度、悔罪表现、家庭及社会关系等情况，实施分类管理，采取不同的管理教育措施。上海市将社区服刑人员分为一级矫正、二级矫正、三级矫正三种级别。三种矫正级别的社区服刑人员在接受教育、报告义务、公益劳动等方面享有不同的处遇。分级管理增加了社区矫正管理工作的科学性，实现了司法资源的优化配置，但与此同时，我国目前很多地区的分级管理

① 刘强：《社区矫正制度研究》，法律出版社2007年版，第166、167页。

的依据依然薄弱，主要是犯罪情况及家庭背景等，这在一定程度上削弱了监督管理的科学性。因此，建立健全对社区服刑人员的评估制度势在必行，这不仅契合类型化管理，遵循行刑个别化的要求，更有利于对社区服刑人员的管理和矫正。

值得注意的是，虽然《办法》第9条将监管、教育和帮助相并列，旨在突出三者的平等地位，但由于历史原因以及惯性思维的作用，很多社区矫正机关对社区矫正的目的、方向理解不深、不明，依然片面地强调监管，而忽视教育矫正，即强调刑罚执行性质的一面多，而强调社会工作性质的一面少。从管理方式上看，基本上是在监管和控制上下工夫，而矫正犯罪心理和行为习惯方面的办法还比较少。至于工作目标，基本上是“不出事”、“不闹事”、非下落不明就可以了。虽然有的试点省市也要求对矫正对象进行多种形式的教育和矫正，但由于工作人员数量少、专业素质还达不到要求，往往也无法落实，社区矫正的工作效果不得不在“把人盯住”、不“脱管漏管”的低水平上徘徊。① 这种重监管轻矫正的工作方式，从根本上背离了社区矫正的宗旨，削弱了社区矫正的效果，仅仅实现了由监禁刑罚向非监禁刑罚的转变，而没有附加任何额外效果。笔者认为，监督管理是基础和保证，教育矫正才是实现社区矫正目的的重中之重，不可喧宾夺主。要想更好地实现社区矫正的预期目的，应从以下两方面着手：第一，加强社区矫正队伍建设。司法力量的有效供给是实现司法效果的前提条件，但目前的状况表明，我国社区矫正队伍人员较少且整体素质有待提高，社区矫正缺乏经费支持及职员上升空间，对于人才的吸引力不够。应当高度重视社区矫正工作，深刻地认识到社区矫正是刑罚执行不可缺少的一环，在人、财、物和体制、编制方面给予大力支持。同时，可以充分利用社会资源，通过政府购买服务等方式壮大社工和社会志

① 但未丽：《社区矫正：立论基础与制度构建》，中国人民公安大学出版社2008年版，第179、180页。

愿者队伍，优化工作人员结构。第二，转变传统观念，创新工作方式，突出社区矫正社会化特色。从社区矫正社会化的特点及要求来看，创新教育矫正措施及方法既要遵循罪犯教育改造工作的一般规律，体现罪犯教育的法定性和强制性特征，又要按照非监禁刑罚执行自身的工作规律，推进教育矫正措施及方法的创新实践，体现社区服刑人员教育矫正工作的社会化和个性化特色。①

三、社区矫正期满解矫

根据《办法》第29条、30条之规定，社区矫正期满前，社区矫正人员应当作出个人总结，司法所应当根据其在接受社区矫正期间的表现、考核结果，社区意见等情况作出书面鉴定，并对其安置帮教提出建议。社区矫正宣告由司法所工作人员主持，按照规定程序公开进行。司法所应当针对社区矫正人员的不同情况，通知有关部门、村（居）民委员会、群众代表、社区矫正人员所在单位、社区矫正人员的家庭成员或者监护人、保证人参加宣告。宣告事项包括：宣读对社区矫正人员的鉴定意见；宣布社区矫正期限届满，依法解除社区矫正；对判处管制的，宣布执行期满，解除管制；对宣告缓刑的，宣布缓刑考验期满，原判刑罚不再执行；对裁定假释的，宣布考验期满，原判刑罚执行完毕。县级司法行政机关应当向社区矫正人员发放解除社区矫正证明书，并书面通知决定机关，同时抄送县级人民检察院和公安机关。暂予监外执行的社区矫正人员刑期届满的，由监狱、看守所依法为其办理刑满释放手续。各地基本按照上述规定制定解矫的程序。根据上海市《社区矫正工作流程》的规定，街镇司法所（科）应召开由社区矫正社会工作者、社区矫正志愿者、公安民警、社区服刑人员及其家属参加的评议会，组织对服刑期届满的社区服刑人员服刑情况进行评议，街镇司法所（科）根据评议结果作出鉴定结论，鉴定结论应书面抄报居

① 葛炳瑶：《社区矫正导论》，浙江大学出版社2009年版，第138页。

住地人民检察院监所检察部门。笔者认为，上海市的该条规定与《办法》的要求有所出入。在上海市的规定中，作出鉴定结论的基础被缩小了，只限于社区服刑人员的服刑情况。而《办法》中鉴定结论的基础则不仅包括社区服刑人员的服刑情况，还包括社区意见。社区矫正的试点和推进，离不开社区居民的认可和支持，只有得到社区居民的肯定，社区矫正才有持久的生命力。[①] 一般而言，社区居民并不欢迎将犯罪分子置于社区，所以在进行裁决前调查时，要做好社区意见采集工作，比较有效的手段包括召开听证会等。同时，对社区服刑人员宣布解矫，给予其完全自由并将其置于社区之中，这暗含了某种危险性。如果说将犯罪分子置于社区开展矫正会不同程度地威胁到社区居民的安全，那么将社区服刑人员完全释放则会给社区居民带来更大的心灵震动。在上海市的规定中，参加评议会的主体并不包括社区代表，这种罔顾社区意见的做法在某种程度上曲解了《办法》的精神，增加了社区的不安感。

第二节　社区矫正的特殊程序

一、假释适用的程序

对于假释的犯罪分子适用社区矫正，是我国社区矫正的主要做法。社区矫正作为一种社会性刑罚，通过与监禁性刑罚相结合，既严厉惩治了犯罪分子，满足了公众的正义观念，又没有彻底将犯罪分子推向人民的对立面，而是提前释放，进行矫治和挽救。因此，假释极其明显地体现了社区矫正惩罚与矫正相结合的特征。在社区矫正中，假释犯得到了系统性的矫治与严密的监督，假释适用中的顾虑可以被很好地消解，假释适用数量也会有一定程度的增长，假释案例的增多，又会促进社区矫正立法与机制的完善，两者形成了

---

① 武红玉：《社区矫正管理模式研究》，中国法制出版社 2011 年版，第 287 页。

良性循环。然而，我国假释率长期偏低。据统计，1996 年全国共假释罪犯 36552 人，假释率为 2.58%；1997 年假释 41993 人，假释率为 2.9%；1998 年假释 29541 人，假释率为 2.06%；1999 年假释 30075 人，假释率为 2.11%；2000 年假释 23550 人，假释率为 1.63%。① 从观念上看，我国仍保留着不同程度的打击观念，强调假释对于犯罪分子而言是一种奖励，而没有站在预防犯罪、改造犯罪人的应然性角度看待假释。从立法上看，假释采取的是“认真遵守监规，接受教育改造，确有悔改表现，假释后不致再危害社会”的实质标准，这种标准虽然较为全面，但裁量范围过宽，程度较难把握，反而导致司法机关在假释的决定上放不开手脚，甚至违法假释，严重影响了假释的正常适用。如何在程序上加以改进从而科学适用假释，充分利用社区矫正之利，值得探讨。一般而言，假释的适用程序包括假释决定程序与对假释的监督程序。

（一）假释的决定程序

假释的决定程序分为监狱提请阶段与法院决定阶段，根据我国《监狱提请减刑假释工作程序规定》及《关于减刑、假释案件审理程序的规定》，先由监区或直属分监区的全体警察集体评议，提出假释建议，报送相关材料，由监狱刑罚执行部门审查。监狱刑罚执行部门审查后，出具审查意见，连同监区或分监区报送的材料一起提交假释评审委员会评审，并将拟提请假释的罪犯名单及假释意见在监狱内公示。监狱提请假释评审委员会完成评审和公示程序后，会将假释建议和评审报告报请监狱长办公室审议决定。经监狱长办公室决定提请假释的，则制作各种法律文书提请人民法院裁定。人民法院审查监狱移送的材料，组成合议庭，选择开庭或不开庭审理（书面审理）。开庭审理的，假释罪犯应参加庭审，还可以根据需要通知证人等相关人员参与庭审；书面审理的，应当提讯假释罪

① 刘志伟、何荣功、周国良：《社区矫正专题整理》，中国人民公安大学出版社 2010 年版，第 63 页。

犯。作出假释裁定后，及时送达监狱、同级检察院及罪犯本人，并向社会公布。鉴于之前的规定较为笼统，“两高”及时总结了假释实践中的经验教训，经过2013、2014年的立法完善工作，现已基本明确了假释的决定程序与分工协作流程，为假释工作指明了方向。但目前仍有值得完善之处，具体表现为：

1. 被害人意见表达不畅。

预防与报应是现代刑事司法不可偏废的两大价值目标，法院在定罪和量刑时应当对这两者同时兼顾，在刑罚执行过程中同样应当如此。对犯罪人适用假释虽然主要从特殊预防而言，即犯罪人确有悔改或立功表现，人身危险性降低，没有必要执行全部刑罚，但是适用假释也不应完全不顾刑罚的报应功能，不顾对被害人利益的保护。① 与监禁相比，社区矫正的报应功能弱化、矫正功能增强，虽然有助于犯罪人重返社会，减少社会不稳定因素，但也可能使被害人要求惩罚犯罪人的愿望落空。如果在假释案件审理过程中，被害人无法参与，或者犯罪人没有得到被害人的谅解，而盲目地作出假释决定，由于被害人与犯罪人之间固有的矛盾，很有可能导致新的社会冲突。根据《关于适用〈中华人民共和国刑事诉讼法〉的解释》第452条的规定，审理假释案件，应当对罪犯的个人情况、原判认定的罪名和刑期、历次减刑情况、假释建议和依据进行公示，公示地点为罪犯服刑场所的公共区域，还可以直接面向社会公示。根据《关于减刑、假释案件审理程序的规定》第3条、第7条的规定，法院应当在假释案件立案后5日内将执行机关报请假释的建议书等材料向社会公示，并写明公示期限和提出意见的方式。在公示期间提出不同意见的人可以参加庭审。上述规定意图通过假释案件的公示，了解犯罪人监外服刑、回归社会的可能性，以及被破坏社会关系的恢复程度。虽然被害人可以提出自己的意见，表达对假释的赞成与否，但只有在法院需要的时候才能根据法院的通知

① 陈永生：《中国减刑、假释程序之检讨》，载《法商研究》2007年第2期。

参加庭审，具有被动性，有效表达意见的渠道其实掌控在法院手中。与裁判结果有关的人应当有权参与到裁判的制作过程中来，这是程序正义的基本要求。[①] 从某种意义上来说，立法没有明确被害人在假释程序中的作用，这就意味着法院在审查决定应否适用假释时完全无需考虑被害人的利益，不仅无需听取被害人的意见，甚至无需将假释裁定送达被害人。

在美国，被害后果陈述是指有关犯罪对被害人造成的伤害以及犯人被假释后可能对被害人产生的各种影响的描述，这是被害人参与假释活动的一种比较新的尝试。假释官与被害人联系，了解犯罪行为对被害人生活造成的影响，询问被害人对于假释犯罪人的意见。通过这样的方式，增加了假释决定中对于被害人的责任。此外，假释听证会也是假释批准过程中的重要环节，虽然绝大多数案件通常由假释听证官决定是否批准假释，但是，如果假释听证官在案件材料中发现了一些问题，如被害人强烈反对假释，那么就要考虑举行正式的假释听证会。[②] 最高人民法院审判监督庭发布了《在减刑、假释工作中贯彻宽严相济刑事政策》，指出：各级人民法院要摒弃“唯分是举”的错误做法，要树立全面审查原则，既要将罪犯的改造表现作为宽严相济的重要根据，也要充分考虑罪犯的原判刑罚性质、情节、主观恶性、犯罪原因、原判刑罚情况、人身危险性、罪前社会表现、年龄、身体状况以及被害人意见等因素。只有这样，才能做到宽严有理、宽严有据。该文件要求法院对于被害人意见等因素进行全面考察，彻底贯彻宽严相济刑事政策，发挥假释制度的积极功能，确保刑罚的执行效果。该项文件同时指出：积极主动缴付财产执行财产刑或履行民事赔偿责任的罪犯，在依法减刑、假释时，应根据悔改表现予以从宽处理。自国家刑罚制度代替

① 陈瑞华：《刑事审判原理论》，北京大学出版社 1997 年版，第 61 ~65 页。

② 吴宗宪：《社区矫正比较研究》（上），中国人民大学出版社 2011 年版，第 217 ~219 页。

公民个人实施复仇、报偿以来，被害者的权利考量往往取决于政府的司法救济，被害人在诉讼中的角色轻微。上述规定意图通过赔偿、补偿等方式考察罪犯的悔过程度，并间接了解被害人的态度，不失为一种对于被害人意见的考虑。但单纯从经济角度考察被害人的态度较为狭窄，一些没有造成被害人实际经济损失的犯罪则付之阙如。虽然现阶段有宽严相济刑事政策以及相关文件的指导，但从长远来看，立法的完善必不可少，可以借鉴美国假释机制，在假释案件办理过程中，规定法院应当主动联系被害人，告知其有权参加庭审，可以充分发表意见，并将被害人意见作为假释与否的重要依据。

2. 启动程序存在瑕疵。

关于假释的启动程序，根据我国《监狱提请减刑假释工作程序规定》，假释的启动首先应由监区或分监区的全体警察集体评议，提出假释建议然后报监狱刑罚执行部门审查，经过一系列监狱内部的审查程序，最终提请法院假释。目前，假释决定程序的启动与罪犯完全无关，采取的是被动假释模式，与英美刑法中的的假释委员会假释相似，且是唯一的启动模式。在英美刑法中，假释的启动有三种情形：第一种是强制性假释，只要犯人的行为符合法律规定的释放条件，则不需要经过假释委员会的批准，犯人即可得到假释；第二种是假释委员会假释，假释委员会认为有条件的释放犯人不会损害社会的和平、安宁，同时也有利于犯人复归社会，会主动作出有条件释放犯人的决定；第三种是依申请假释，犯人提出申请，假释委员会综合考察后准予假释。① 加拿大《矫止与附条件释放法》甚至规定了犯人申诉制度。犯人申诉，是指犯人对假释决定不服时提出的要求重新审议的请求，特别是在犯人的假释请求被驳回、犯人无法获得假释的情况下，更有可能提起申诉。根据该法第147条的规定，被拒绝假释的犯人可以根据下列理由提出申诉：

① 赵秉志：《英美刑法学》（第二版），科学出版社2010年版，第265页。

①假释委员会没有遵守基本公平原则；②假释委员会犯了法律错误；③违反或者没有适用某项假释委员会的政策；④以错误的或者不完整的信息为基础作出决定；⑤没有正当理由或者超出正当理由行动，或者未行使其管辖权。[①] 赋予犯人假释申请权，是美国等发达国家监狱行刑宪法化与司法化的成果，也是正当程序的体现。尊重他人的权利是防范犯罪唯一可靠和万无一失的手段，同时，任何刑法、法律都只能应用于那种蓄意或者过失践踏该项法律的人，而且只能在他因此而证明不尊重他人权利的程度上给予惩罚。[②] “正当程序论”认为，国家为了行使其刑罚权而对受刑人予以行刑，而受刑人作为自己犯罪的结果仅有义务被剥夺作为刑罚内容的权利，在这种关系中，受刑人的其他没有被剥夺的权利在实际上往往因国家行使其刑罚权而受到了限制，难以正常行使和实现。[③] 虽然我国法律没有明确规定犯人的假释申请权，但根据《人民检察院刑事诉讼规则》第650条的规定，监狱等执行机关对依法应当假释的罪犯，不提请人民法院裁定假释的，人民检察院应当依法提出纠正意见。根据《人民检察院办理减刑、假释案件规定》第9条的规定，人民检察院发现罪犯符合假释条件，但是执行机关未提请假释的，可以建议执行机关提请假释。虽然检察机关有监督假释程序启动的职能，但也仅限于提出纠正意见及建议权，对犯人假释申请的保护力度有限。建议完善立法，充分发挥检察机关的刑事执行监督权，如果犯人认为自己符合假释的条件而执行机关拒绝向法院提出申请，犯人有权向检察机关提出申请，检察机关经审查认为符合假释条件的，执行机关应当向法院申报。

---

① 吴宗宪：《社区矫正比较研究》（上），中国人民大学出版社2011年版，第227、228页。

② ［德］威廉·冯·洪堡：《论国家的作用》，林荣远、冯兴远译，中国社会科学出版社2009年版，第148～159页。

③ 王云海：《监狱行刑的法理》，中国人民大学出版社2010年版，第132页。

（二）假释的监督程序

根据《人民检察院办理减刑、假释案件规定》（以下简称《规定》）第2条的规定，人民检察院依法对减刑、假释案件的提请、审理、裁定等活动是否合法实行法律监督。由此可见，检察机关对于监狱的提请假释以及法院的审理、裁定假释活动有权全程监督。按照同步监督工作流程，对假释案件的检察监督工作可以划分为事前监督、事中监督和事后监督三个阶段。

1. 事前监督。

首先，《规定》第8条规定：人民检察院可以派员列席执行机关提请减刑、假释评审会议，了解案件有关情况，根据需要发表意见。第9条规定：人民检察院发现罪犯符合减刑、假释条件，但是执行机关未提请减刑、假释的，可以建议执行机关提请减刑、假释。第10条规定：人民检察院收到执行机关抄送的减刑、假释建议书副本后，应当逐案进行审查，可以向人民法院提出书面意见。上述规定赋予了检察机关假释案件审理前的监督职能，在评审阶段，如果检察人员有不同的意见，可以在评审会议上提出，这为检察机关较早参与假释程序提供了契机。如果执行机关未履行职责主动提请假释，检察机关可以较好地捍卫犯人的合法权益，在一定程度上弥补犯人假释申请权缺失的不足。在假释案件审理前，检察机关向法院表达对于假释与否的看法以及建议，可以为法院审理案件提供新的角度，为检察人员出席法庭打下基础。

虽然立法赋予了检察机关事前监督权，但仍有值得商榷之处。首先，如上文所述，虽然检察机关有监督假释程序启动的职能，但也仅限于提出纠正意见及建议权，对犯人假释申请的保护力度有限。其次，在假释评审会召开之前，狱政管理部门已经就罪犯是否确有悔改或立功表现、罪犯是否符合假释条件等情况进行了审查，认为应当假释并提交给假释评审委员会。在某种程度上，评审会只是进行形式上的审查与讨论，并不触及实质内容，罪犯是否有悔改表现、是否认真遵守监规等实质性审查已经由狱政管理部门审查完毕。我国刑罚执行较为封闭，以考核计分的方式对服刑人员进行量化评价，是执行机关进行日常管理、激励服刑人员积极改造的必要手段。而什么情况下能够计分？如何计分？怎样量化？对这些事项的评价往往主观性较强，监区或分监区一般具有较大的自由裁量权，只有对上述内容进行监督才能触及刑事执行监督的根本，才能有效防止营私舞弊现象的发生。现行立法虽然赋予检察机关评审会议参与权以及意见发表权，但一方面没有触及检察监督的实质性内容，另一方面意见发表并无任何强制力，仅仅是假释评审委员会参考的依据之一。所以，有必要将检察监督的触角往前延伸，完善派驻检察人员巡视制度，及时对罪犯计分考核和奖惩等情况进行了解和监督，听取服刑人员对监管人员的意见，主动挖掘假释中存在的舞弊、滥用线索和信息，及时发现监管工作中的问题，避免监管人员伪造服刑犯虚假表现材料现象。① 而要想主动发现假释过程中的内幕与司法腐败，则要充分利用派驻检察室的职能优势，密切注意假释过程中的不公平现象，并通过侦查手段将不公平现象背后的司法腐败有力地揭露出来。《规定》第 6 条规定的检察机关调查核实的几种情形也传达了这一思想。归根结底，必须大力强化监所检察的自侦办案职能，一方面要更多更好地发现和查处违法犯罪案件，另一方面要能够及时地堵塞导致违法犯罪的漏洞和空间，震慑刑罚执行中和监管场所内的职务违法犯罪，净化执法环境。同时，作为监所自侦办案的制度保障，派驻检察室建设与监所队伍建设必不可少。②

2. 事中监督。

根据《规定》第 11 条至 18 条之规定，检察机关应当出庭就假释建议发表检察意见，有权出示证据，申请证人出庭作证，要求

---

① 董坤：《检察机关减刑、假释同步监督的路径化构建》，载《西南政法大学学报》2012 年第 1 期。

② 杨国章：《论减刑假释监督》，载《中国刑事法杂志》2004 年第 5 期。

执行机关代表出示证据或者作出说明，向罪犯及证人提问并发表意见。如果认为需要进一步调查核实事实证据，有权建议休庭。发现庭审活动违反法律规定的，应当依法向法院提出纠正意见。虽然检察机关在庭审活动中有诸多监督权限，但其在庭审中的地位如何以及法院、执行机关、检察机关三者之间的关系如何，始终存在争议。如何构建假释案件开庭审理的诉讼结构和程序设置，是强化检察机关诉讼监督的关键。目前，虽然检察机关具有上述权限，但证据的出示、证人出庭作证、法庭调查、法庭辩论等情况极少发生。在一般情况下，法庭会支持执行机关的假释建议，检察机关作用的发挥余地较小。在某种意义上，除了实现当面审之外，与一般的行政审批程序无异。有论者提出，应当建立庭审的“等腰三角形式的对抗结构”，即作为审判机关的法院是减刑、假释的居中裁判者，处于“等腰三角形”的顶端，而作为庭审监督者的检察机关，和作为庭审提请方的监狱（包括拟被假释的罪犯）处于“等腰三角形”底端各一角，使双方彰显一定的对抗色彩。执行机关提出并支持假释建议，实际上是为罪犯设置利益。也就是说，执行机关与罪犯在庭上的诉求基本重合，是利益申请方。检察机关作为监督方，坚持客观公正义务，可以对假释全面调查核实，收集证据和各方面的意见，尤其是不利于被提请假释罪犯的各种证据信息要着重调查、核实，相对于监狱和罪犯而言，检察机关是利益申请方的抗辩方。[①] 有学者则认为“两造对立、裁判居中”的诉讼格局不可取，其将假释案件的权力运行纳入广义司法权范畴，要解决的问题是刑罚变更执行问题，属赋予利益的法律事项，不存在天然冲突与对抗的双方。案件事实相对简单，有争议的情况较少，程序公正的标准可以适当降低，法院以非讼的方式加以确定即可。人为地制造对抗因素，刻意地将假释案件庭审程序诉讼化，不仅没有必要，而

① 董坤：《检察机关减刑、假释同步监督的路径化构建》，载《西南政法大学学报》2012 年第 1 期。

且会导致司法成本的大量增加，有损诉讼效率。同时，根据我国《监狱法》的规定，刑罚执行阶段的主要任务是正确执行刑罚、惩罚和改造罪犯、预防和减少犯罪。这就决定了检察机关在执行阶段的主要任务是监督刑罚执行活动是否合法、保证国家法律法规在刑罚执行活动中的正确实施，而不应作为“两造”中的“一造”。[①] 笔者认为，破解“行政审批程序”式的假释案件审理困局的关键在于加强检察机关监督的力量，根本在于赋予检察机关更大的调查权限以及向前延伸的监督触角，防患于未然。所谓的“等腰三角形式的对抗结构”只不过是检察机关权限增强的一种外在表现，是调查权扩大的必然结果。事中监督是检察机关监督程序的重中之重，若事中监督做不好，势必会“污染下游的水源”。检察机关应做好事中监督，及时跟进罪犯的改造情况、奖惩情况、立功情况及计分情况，在监狱假释审查阶段着手进行真实性审核，询问狱警与其他在押犯，以及采取一切可能的调查措施证明拟假释罪犯是否达到“认真遵守监规，有悔改表现，没有再犯危险”的标准。只有做到上述事项，检察机关在出庭过程中，面对执行机关提出的假释建议，才会有针对性的质疑乃至反驳，进而形成对抗结构。另有观点认为假释案件事实简单，争议点很少，不应人为制造对抗因素，这种观点未免片面。假释案件事实是否简单、争议点是多是少，完全取决于检察机关介入假释程序的深度及广度，取决于检察机关见微知著的能力和水平，不能因为假释案件与诉讼案件不同，而一概认为假释案件事实简单、争议点较少。笔者亦不同意人为制造对抗因素，但假释案件的审理也绝不意味着一团和气，检察机关应有最起码的担当，应在调查研究并有充足证据的基础上发表自己的意见，甚至质疑执行机关的假释建议。只有这样，才能从源头到结尾都有效杜绝司法腐败的发生。综上，笔者认为，要想防止假释案件

① 高祥阳、许世腾：《减刑假释案件庭审检察监督的制度构建》，载《人民检察》2013年第10期。

审理“走过场”、“行政审批化”，应在加强检察机关调查权的基础上，前移介入时段，深化参与力度，并在庭审中充分发表意见。

3. 事后监督。

根据《关于适用〈中华人民共和国刑事诉讼法〉的解释》第454条的规定，人民法院作出假释裁定后，应当在七日内送达同级人民检察院。人民检察院认为假释裁定不当，提出书面纠正意见的，人民法院应当另行组成合议庭审理，在一个月内作出裁定。根据《规定》第22条的规定，人民检察院发现人民法院已经生效的假释裁定确有错误的，应当向人民法院提出书面纠正意见，提请人民法院按照审判监督程序依法另行组成合议庭重新审理并作出裁定。《规定》第23条还规定，人民检察院收到控告、举报或者发现司法工作人员在办理假释案件中涉嫌违法的，应当依法进行调查，并根据情况向有关单位提出纠正违法意见，构成犯罪的，追究刑事责任。根据上述规定，在假释裁定作出但尚未生效之前，检察机关如认为假释不当，有权要求法院另行审理。但在假释裁定作出并已经生效之后，检察机关如认为裁定有错误，则只有提请再审的权力，法院不是必须进行再审。有学者认为，对于确有错误的已生效的假释裁定，接收法院必须按照纠正意见的要求，限期重新组成合议庭进行审理。如果法院未予重新审理，则之前诉讼行为无效，同时检察机关有权启动责任追究程序，追究相关人员的法律责任，并建议法院更换办案人员。笔者认为这种做法不妥。首先，现有立法已明确要求法院在作出假释裁定的七日内将裁定送达检察院，且赋予检察院要求法院重新审理的权力。若检察院在对假释裁定的初次审查中没有发现错误，进而造成错误的假释裁定生效，则此种责任在很大程度上应由检察院负责，强制要求法院重新审理甚至追究责任，未免对法院不公。其次，即便错误的假释裁定已经生效，尚可通过正常的再审程序解决，解决方案并非付之阙如。根据我国《刑事诉讼法》的规定，对于已经发生法律效力的判决、裁定，当事人及其法定代理人、近亲属可以向法院或检察院提出申诉；最高人民检察院对各级人民法院已经发生法律效力的判决和裁定，上级人民检察院对下级人民法院已经发生法律效力的判决和裁定，如果发现错误，有权按照审判监督程序向同级人民法院提出抗诉。上述条款并未将“对假释裁定的抗诉”予以排除否定，且与《监狱法》第 34 条的规定“人民检察院认为减刑、假释裁定不当的，应当在刑事诉讼法规定的期间内提出抗诉”相吻合。因此，检察机关对法院假释裁定提出纠正意见和抗诉的有效衔接，可以使事后的监督手段更加多元化、更加体系化。

二、暂予监外执行适用的程序

根据我国《刑事诉讼法》第 254 条的规定，罪犯在交付执行前，暂予监外执行由交付执行的人民法院决定；在交付执行后，暂予监外执行由监狱或者看守所提出书面意见，报省级以上监狱管理机关或者设区的市一级以上公安机关批准。2014 年 10 月出台的《暂予监外执行规定》（以下简称《规定》）系统地规定了暂予监外执行适用的条件，人民法院决定暂予监外执行的程序，监狱管理机关、公安机关批准暂予监外执行的程序，保证人制度，暂予监外执行罪犯的交接程序，暂予监外执行罪犯收监执行，检察机关法律监督，暂予监外执行程序终止等问题。《规定》的制定施行，对于保证暂予监外执行工作严格依法进行，促进人民法院、人民检察院、公安机关、司法行政机关严格依照《刑事诉讼法》公正执法具有重要意义。虽然《规定》为暂予监外执行树立了较清晰的标杆，但在实践中仍然存在着实然与应然的矛盾，值得研究。

（一）暂予监外执行决定权的归属问题

关于暂予监外执行决定权的归属，《规定》作了明确的规定，以交付执行前后为分界，分别由人民法院、省级以上监狱管理机关以及设区的市一级以上公安机关决定。但随着实践的展开，人们逐渐认识到现有法律制度存在的问题。有人提出，监外执行的决定权应统一由人民法院行使，具体原因包括：①执行机关和审判机关不同的职能分工，决定了该决定权只能属于人民法院。裁判权只能由人民法院行使，人民法院的判决和裁定具有无可辩驳的、高度的权威性和稳定性，任何其他机关都不能行使该权力或变更其作出的决定，否则就构成了对人民法院审判权的侵犯。②目前暂予监外执行工作的不正常现状，决定了由人民法院裁定势在必行。现行法律规定，由监狱及其管理机关行使暂予监外执行的批准权，罪犯所在地的公安机关协助代为执行。对于执行机关而言，这种情况实际上属于内部自审自批的管理制度，无法摆脱自己局部利益对暂予监外执行工作的消极影响，难以保证执法的准确性和公正性。③由人民法院裁定暂予监外执行，是理顺监督与被监督关系的客观需要。根据《刑事诉讼法》、《监狱法》的规定，适用暂予监外执行由人民检察院依法行使监督权，但目前省级监狱管理机关也有权决定暂予监外执行，这就出现了到底应由何种级别的检察机关承担该项具体法律监督义务的问题。按照目前各级检察机关的业务分工，承担监管场所法律监督职责的是由监狱所在地的地市级人民检察院派出的行使县级人民检察院职权的驻监检察组，这势必导致越级问题，这种由于级别问题引起的监督与被监督关系的混乱，使得检察机关难以有效开展暂予监外执行监督工作。[①] 笔者同意由法院行使暂予监外执行决定权的观点，暂予监外执行涉及罪犯人身自由，应由法院裁决，若任由执行机关决定，则架空了法院的判决，破坏了法律的严肃性，且该种行政审批式的做法也不利于保护罪犯人权。有论者认为，监狱是刑罚执行机关，为落实刑罚执行方式的文明化、个别化，应当扩大监外执行的适用。而如果由人民法院裁定是否暂予监外执行，显然不利于监狱行刑方式的变革。[②] 这种观点较为片面，没有认清法院在暂予监外执行过程中所发挥的作用。尊重和保障自

---

① 金干林：《监外执行应由人民法院裁定》，载《人民检察》1999 年第 10 期。

② 王平：《社区矫正制度研究》，中国政法大学出版社 2012 年版，第 216 页。

由越来越成为法治建设的条件和基础，而非法治建设的目标。机制法治化的目标是自由的实现，自由又是机制法治化的必要条件。机制建设的法治化就是指：凡是涉及公民基本权利保护的，不论是消极权利还是积极权利，必须符合法治理性和程序正当的基本要求。① 笔者认为，暂予监外执行与缓刑一样，均是刑罚的一种执行方法，是判决内容的一部分或延伸，理应由作出生效判决的法院决定。法院作为我国唯一的审判机关，有权通过刑事审判的方式给犯罪人定罪量刑，并确立相应的刑罚执行方法，监外执行是与收监执行相对的刑罚执行方式，均属于法院裁判权的管辖范围。监狱和公安机关是我国的刑罚执行机关，其只能按照法院的判决被动执行刑罚，无权决定刑罚执行及方式。且监狱与公安机关的暂予监外执行决定权实际上与行政审批权无异，呈现出封闭独断的行政程序色彩，若自审自批，难免有腐败的发生。

虽然由法院决定是否暂予监外执行有利于司法进步，但这只是走出了自己监督自己的怪圈，是公平公正的宣示，具有形式上的意义。实质上，如何确保法院有效行使该项权力，值得深思。在美国，暂予监外执行相当于医疗假释，美国大部分州都由假释委员会作出决定，每个州还都有自己的医疗假释决定程序，这种假释决定往往是由医生、法官、假释委员会、监狱长和州长一起作出的。② 美国医疗假释的决定权虽然归假释委员会，但具体作出医疗假释决定的还包括医生、法官、监狱长及州长。这种参与主体的多样性，在一定程度上确保了医疗假释决定作出的科学性，也降低了暗箱操作的概率。在我国，可以充分利用检察机关的监督职能，加强法院

① 贡太雷：《惩戒与人权：中国社区矫正制度的法治理论》，法律出版社 2015 年版，第 192 页。

② 吴宗宪：《社区矫正比较研究》（上），中国人民大学出版社 2011 年版，第 209 页。

的参与力度，同时强化人民群众的监督，防止执行机关自审自批的隐患。

（二）暂予监外执行适用的监督程序

对暂予监外执行适用的监督主要是检察机关的法律监督。根据《规定》，监狱、看守所应当向人民检察院通报有关诊断、检查和鉴别活动，人民检察院也可以派员监督上述活动。根据司法部2016年8月印发的《监狱暂予监外执行程序规定》的相关规定，在暂予监外执行的提请阶段，监狱暂予监外执行评审委员会应当召开会议，对刑罚执行部门审查提交的提请暂予监外执行意见进行评审，提出评审意见。监狱可以邀请人民检察院派员列席监狱暂予监外执行评审委员会会议。监狱暂予监外执行评审委员会经评审同意对罪犯提请暂予监外执行的，应当在监狱内进行公示。公示无异议或者经复核异议不成立的，监狱应当将提请暂予监外执行相关材料送人民检察院征求意见。监狱对人民检察院意见未予采纳的，应当予以回复，并说明理由。决定提请暂予监外执行的，监狱应当将提请暂予监外执行书面意见的副本和相关材料抄送人民检察院。在暂予监外执行的审批阶段，省级监狱管理局有权批准暂予监外执行，并将《暂予监外执行决定书》送达监狱，同时抄送同级人民检察院。人民检察院认为暂予监外执行不当提出书面意见的，监狱管理局应当在接到书面意见后十五日内对决定进行重新核查，并将核查结果书面回复人民检察院。人民检察院认为暂予监外执行不当提出书面意见的，监狱管理局应当在接到书面意见后十五日内对决定进行重新核查，并将核查结果书面回复人民检察院。监狱管理局批准暂予监外执行的，应当在十个工作日内，将暂予监外执行决定上网公开。此前的《刑事诉讼法》将检察监督权仅限于事后监督模式，导致检察机关缺乏知情权、监督效果差等后果。随着新《刑事诉讼法》的修改以及《监狱暂予监外执行程序规定》的出台，将暂予监外执行的检察监督切入点变为全程同步监督，这无疑进一步规范了暂予监外执行活动。但与此同时，纵观整个过程，检察机关只有知情权及提出意见的权力，无法实质影响暂予监外执行决定的作出过程。不少学者针对暂予监外执行提出要增强检察机关监督的刚性，扩大检察机关的监督范围。但也有学者敏锐地提出片面扩大实体权力不一定能促进刑罚执行监督的效果，同时也改变了检察权的属性。建议变检察机关的同步监督为随时介入监督，即检察机关有权随时介入执行机关的活动，及时发现违法情况并予以纠正。笔者赞同此方式，这种监督虽然也不具有强制性，但赋予了检察机关更为全面、及时的监督权，检察机关可以根据需要参加执行机关会议，全程见证诊断、检查与鉴别活动，制发检察建议、调阅材料，询问民警或犯人等。同时，还要进行配套建设，建立检察机关与公安机关、监狱的行刑衔接机制，开发行刑衔接系统，指定专人负责联络，并明确考核惩戒。

第三节　社区矫正的中止和终止

一、社区矫正的中止

目前，尚没有任何法律文件规定社区矫正期限的中止制度。《办法》规定了应当给予警告的情形、应当撤销缓刑或假释的情形以及应当收监执行的情形。但是单纯的警告力度太轻，撤销缓刑或假释惩罚性太重，中间没有过渡性的惩罚措施。针对这一现状，有学者提出建立社区矫正期限的中止制度，即被判处剥夺政治权利、管制的社区服刑人员因违法行为而被治安拘留、司法拘留的，社区矫正期限中止，待治安拘留、司法拘留期满后，恢复执行社区矫正。被判处缓刑和适用假释、暂予监外执行的社区服刑人员因违法行为未被收监执行但被治安拘留、司法拘留的，社区矫正期限中止，待治安拘留、司法拘留期满后，恢复执行社区矫正。社区矫正期限中止的日期，从作出拘留决定之日起开始计算。社区服刑人员对社区矫正期限中止的计算有异议的，可以通过投诉机制提出。[①]应通过对执行方面以及刑事立法和司法方面的改进，完善社区矫正的惩罚机制，使监禁刑与非监禁刑的惩罚力度得到一个适当的衔接，在扩大社区矫正、注重刑罚轻缓的同时，能保持刑罚应有的惩罚功能。[②] 社区矫正对象一方面虽已构成犯罪，但社会危害性并不大，另一方面社区矫正对象具有矫正可能性，且进行社区矫正不会危及社会安全。上述两点早在裁决前调查中就已掌握，根据裁决前调查，矫正对象具有矫正必要性，虽然社区矫正具有刑罚性质，但社区矫正的侧重点在于矫正，而不在于惩罚，不应在社区矫正过程中设置过于严格的规定。应在裁决前调查的基础上，动态地观察矫正对象的改造情况，看到其完善、进步的一面。所以，对于矫正对象，应当给予其充足的机会以便其改过自新，建立中止制度的出发点正在于此。中止制度承认治安拘留、司法拘留的必要性，坚持有错必纠，但又给予矫正对象继续矫正的机会。对于轻微违法行为，矫正对象不至于被撤销缓刑、假释或者收监执行。另外，继续矫正其实也是对矫正对象的惩罚，治安拘留/司法拘留 + 继续矫正这一模式，虽然没有收监执行严厉，但也给予了矫正对象相当大的惩罚。

根据《办法》第 25 条、第 26 条的规定，缓刑犯、假释犯或暂予监外执行犯因违反监督管理规定受到治安管理处罚，仍不改正的，由司法行政机关向法院或批准、决定机关提出撤销缓刑、假释建议书或收监执行建议书。但问题在于，“仍不改正”是指什么？单纯因为“仍不改正”而收监执行是否正当？对此有两种理解，理解一：该规定的立法本意为社区矫正期间仍不改正，其行为违反

① 赵秉志：《社区矫正法（专家建议稿）》，中国法制出版社 2013 年版，第 50 页。

② 刘强：《社区矫正制度研究》，法律出版社 2007 年版，第 564 页。

监管规定并已受到治安处罚。同时在执行中作两种处理，一是受到治安警告、罚款等处罚的为“情节轻微”，不作收监处理。事实上，将受到治安警告、罚款处罚的予以收监明显偏重，但给予治安拘留不予收监又会纵容犯罪，并直接危害社会导致刑罚执行不公。二是进行治安拘留的属于“情节严重”，予以收监处理。理解二：不管受到何种治安处罚，都不予收监处理。[①] 理解二实际上已经导致刑罚执行不能，显然不符合立法本意。笔者同意理解一的观点，“仍不改正”应当指《治安管理处罚法》中最重的惩罚措施——治安拘留，只有第一次被治安拘留并中止社区矫正期限，在之后的社区矫正中再次因违法行为被处以治安拘留的，才能否定该人的社区矫正可能性，认为该人具备社会危险性，应当转变为收监矫正。

二、社区矫正的终止

根据《办法》第31条之规定，社区矫正人员死亡、被决定收监执行或者被判处监禁刑罚的，社区矫正终止。首先，社区矫正人员死亡的：如果属于正常死亡，司法所要及时通知公安派出所，并到相关医院开具死亡证明。如果属于非正常死亡，司法所在通知公安派出所的同时，还应当报请检察机关鉴定死亡原因。司法行政机关与公安机关最终将有关情况书面通报原判决的人民法院和原关押的监所。其次，社区矫正人员被收监执行的，一般情况下是因为被依法撤销假释或缓刑。法院裁定撤销假释或缓刑收监执行后，司法所应当与公安机关提出终止矫正意见，经社区矫正工作领导小组办公室审查后，送公安机关审批。司法所要在法院裁定规定的日期，将社区服刑人员移送给执行监狱，并将原判法律文书和矫正档案等有关材料移送监狱。再次，社区矫正人员被判处监禁刑罚的，一般情况下是因为违法犯罪被判处监禁刑罚，需要到监所执行。自羁押

① 徐小平：《“仍不改正”条款带来困惑》，载《检察日报》2013年4月1日第3版。

之日起，社区矫正便终止。司法所要将原判法律文书及矫正档案等材料移送监所。暂予监外执行人员社区矫正终止既有可能是矫正期满，也有可能是监外执行条件消失。基本程序是由居住地区、县司法局向作出决定的人民法院或其服刑监所提出建议书，区、县司法局向人民法院或服刑监所移送收监执行建议书、对违法违规行为的处罚决定书、原审判决书、原暂予监外执行决定书、社区矫正人员综合表现材料等。决定机关应当在一定期限内作出决定并将审批结果在暂予监外执行期满前送达区县司法局。

目前，在与社区矫正终止相关的规范性文件中，只是单纯规定了终止，并没有完善其他相关的配套措施。笔者认为，在社区矫正终止程序中，应当增设矫正质量评价及再犯评估环节。之所以要增加矫正质量评价环节，是因为社区矫正作为一个系统工程，从裁决前调查到入矫，再到终止，中间经历了一个较长的过程，社区矫正工作人员也做了大量工作。为了及时总结经验教训，为社区矫正调研提供第一手素材，也为了确保社区矫正工作人员能更加尽职尽责，形成工作压力与动力，应当在终止的同时反思矫正过程的经验与不足，围绕“做了什么”及“做得怎么样”进行矫正质量评价。之所以要增加再犯评估环节，在很大程度上也是为了充分利用对罪犯的了解，形成一份权威性的评估报告，为以后的监所矫正打下基础，使监所工作人员更加深入地了解犯罪人，及时吸取之前的教训，进而制定更有针对性的矫正方案。

第五章 监督管理

第一节 监督管理的一般性制度

一、风险评估与需要评估

在社区矫正中，对犯罪人进行评估是开展监督和帮助工作的第一步。只有通过评估在了解到犯罪人的相关情况之后，才有可能进行有针对性的监督和帮助工作。社区矫正机关在接收矫正对象后，首先要进行风险与需要评估，这种做法来源于美国威斯康星州的危险—需要体系，该体系的主要优点是具有完整性和简明性。其中，危险维度用来衡量犯罪人重新犯罪的可能性大小，需要维度用来确定对犯罪人提供帮助的方面和迫切程度。目前，从这两个维度对社区服刑人员进行评估的做法在美国、加拿大、英国等西方国家中比较普遍。在实践中，对这两方面的评估往往同时进行，并且编制在一种评估工具（量表）中。[①] 美国有代表性的危险评价工具包括威斯康星危险评价工具、宾夕法尼亚州危险评估工具、马萨诸塞州缓刑管理局犯罪人危险性评估工具等。三者的主要内容包括以前是否犯过罪、第一次犯罪时的年龄、是否被缓刑或假释过、有无不良嗜好、犯罪态度等。

① 吴宗宪:《社区矫正比较研究》（上），中国人民大学出版社 2011 年版，第 330、331 页。

（一）风险评估

评估是人们一种经常性的认知活动，按照某种法则并采用一定的方法对所观察的事物进行评价和测量。社区矫正对象的风险评估，也有人称之为人身危险性的预测，主要是指评估矫正对象可能出现的影响矫正质量提高和效果实现的不确定因素。虽然适用社区矫正的基本都是罪刑较轻的犯罪分子，但对其不予关押并置于社区，仍具有一定的风险。这种风险不光是对于社区居民的风险，对于犯罪人来说，很多犯罪人具有犯罪惯性或不良嗜好，将其置于社区进行矫治，使其处于一种半自由状态，如何保证其不再犯罪并积极矫正需要评估，这能为分类管理及制定有针对性的矫正方案提供参考。

在风险评估的分类上，有学者较为赞同静态指标与动态指标的分类方式，认为静态因素反映的是服刑人员既成的、无法改变的因素，而动态因素反映的是服刑人员生活中的一些可变因素。静态因素包括犯罪记录、犯罪类型、情节及其危害性、药物滥用史、个人生涯，动态因素包括人生观、认罪的态度、受教育程度、就业状况、婚姻家庭状况、社会交往状况、药物滥用状况、在社区中生活的能力。[①] 采用此方式的典型的代表为湖北省《社区矫正对象风险评估办法（试行）》。该办法所规定的风险评估指标包括静态指标与动态指标：静态指标有犯罪与服刑表现记录、教育和工作背景、经济状况、家庭和婚姻状况、居住指标，动态指标有休闲和娱乐活动情况、交友情况、酗酒和使用毒品情况、心理情绪和人格特征、生活态度及政治倾向。静态评估与动态评估的分类虽然以变动与否为标准，较为科学，但没有体现出社区矫正的阶段性。相较之下，笔者更赞成按时间进度将评估指标分为最初评估与后续评估。犯罪人矫正之初的状况及矫正工作需要与后续阶段的侧重点有所不同。

① 王平：《社区矫正制度研究》，中国政法大学出版社2012年版，第339、340页。

在矫正工作之初，评估更为注重全面准确地了解犯罪人的各种情况，希望最大可能地收集一切有利于了解犯罪人的资料。在矫正过程中，因为经过了一段时间的矫正，之前制定的矫正方案经过了实践的检验，矫正机关对犯罪人也有了更进一步的了解，矫正的目的性及针对性更强。同时，在矫正过程中也可能会出现一些新的问题和困难需要及时解决。因此，需要有侧重地进行评估，并及时根据矫正进度完善矫正方案。

同时，风险评估指标的选取至关重要，决定着风险评估的科学性。评估人员应当清楚评估可以预测什么、解决什么，应当懂得评估究竟能够产生哪些所需要的结果。一般来说，风险评估包括以下指标：

1. 犯罪人背景。

犯罪人背景包括性别、年龄、家庭状况、婚姻状况、文化程度、职业情况、成长经历、人际交往、性格特征等事项。人格行为论者认为，行为是在人格与环境的相互作用中，依据行为人的主体的人格态度而形成的，并将主体的人格现实化。犯罪人的各种背景对于犯罪人格的形成至关重要，要想科学地开展社区矫正，全方位观察并深刻了解犯罪人是第一步。

2. 犯罪历史。

社区服刑人员的犯罪历史与他们在未来犯罪的可能性有着密切联系。犯罪学的很多研究表明，已经犯过罪的人更容易再次犯罪；过去犯过很多罪的人，在未来再次犯罪的可能性更大。

3. 个人嗜好。

好的情趣可以指引人们向上，但不良嗜好却是诱发犯罪的重要原因。在盗窃、持毒、暴力等犯罪中，尤其要考察犯罪人的个人嗜好，以制定切实可行的矫正方案。

4. 犯罪态度。

犯罪态度包含犯罪人对自己实施或可能实施犯罪的态度。对于已实施的犯罪的态度，实际上与犯罪人的悔罪表现考察无异。对于已有的犯罪，犯罪人是持后悔的态度还是不在乎的态度，对于可能实施的犯罪，犯罪人是持极力避免的态度还是不介意甚至希望的态度，都决定了犯罪人的人身危险性及犯罪可能性。

5. 服刑情况。

一般来说，对于假释的犯罪分子，若其服刑情况良好，则基本都做到了“认真遵守监规，接受教育改造，确有悔改表现”。但对于暂予监外执行的犯罪分子，其监外执行并不是因为表现良好，而是因为身体原因，有些犯罪人的主观恶性和人身危险性甚至还较大，对他们服刑情况的考察，有助于矫正机关深入了解他们，制定或宽或严的矫正方案。

6. 犯罪类型。

不同的犯罪类型反映出犯罪人不同的社会危害与人身危险性，一般而言，过失犯、单独犯、初犯、非暴力犯罪要比故意犯、共犯、累犯再犯、暴力犯罪的人身危险性小。

7. 目前状况。

目前状况主要是指犯罪人在生活、学习、工作、人际、环境等方面的状况，这些状况与犯罪人人身危险性的大小有密切关联。很多犯罪人都是没有固定工作、文化程度较低、没有职业技能的人，出狱后再次犯案有时甚至是不二选择。还有些犯罪人的生活环境、人际交往状况较差，经常受到外界不良因素的影响，再加上自己经济地位及社会地位较低，很容易再次犯罪。考察这些情况能够使矫正工作人员具有一定的预见性，能够充分利用矫正环节，为犯罪人创造出良好的环境，加强职业技能培训，将他们改造成有生存能力、明辨是非、自食其力的人。

（二）需要评估

社区矫正具有双重属性，一方面具有刑罚执行的惩罚性，另一方面又为矫正对象回归社会提供了帮助。这种双重属性，要求在制定个案时一定要对带有惩罚性的矫正措施进行评估，看其是否能够满足对矫正对象的惩戒和行为矫正的需要。同时必须对矫正对象的社会复归所需要的社会工作内容进行评估，以确定合适的措施。通过需要评估，才能为矫正项目的设计提供一个合理的基础和指导意见，才能对社区矫正的效果有一个更好的预见性。① 20世纪70年代之后，美国的社区矫正出现了“以需要为基础的监督”的提法，并开展了“社区资源管理队”计划的尝试，这是为实现以“需要为基础的监督”提出的特殊组织设计，其内容是提高矫正工作人员的专业知识和专业兴趣。在此基础上，管理队的工作者在管理中能有针对性地解决当事人中出现的不同的问题。② 事实上，“以需要为基础的监督”的提出还源于减少或控制危险的考虑。随着“对服刑人员风险程度的分类”与监督管理要着重从“对服刑人员的联系”的观念逐步向“以目标为基础”即“以需要为基础”的监督管理观念的转变，在社区矫正中出现了遵循风险分类原则，重点满足服刑人员的特殊需要，希望通过满足服刑人员的需要降低其风险程度。③ 从某种程度来说，风险评估与需要评估还是具有一些共通之处的，都是对犯罪人基本情况的考察，在考察内容方面可能会有重合。但需要评估是对风险评估的有效补充，是相对于风险评估状况的一种解决方案。如果说风险评估是客观性、实然性评估，那么需要评估则是主观性、应然性评估。只有了解社区服刑人员的社会危险性，才能对他们进行类型划分，有针对性地安排矫正力量并开展矫正工作，从而有效地预防他们可能发生的违法犯罪行为，保护社会的安全。同时，只有清楚地了解社区服刑人员可能存在的困难和问题，才有能效地帮助他们，从另一方面消除可能导致他们违法犯罪的因素。④ 以犯罪人所处的状况为例，风险评估认为犯罪

① 丁寰翔、余建明、陈立峰等：《社区矫正理论与实践》，中国民主法制出版社2009年版，第221页。

② ［美］大卫·E. 杜菲：《美国矫正政策与实践》，中国人民公安大学出版社1992年版，第304页。

③ 刘强：《社区矫正制度研究》，法律出版社2007年版，第158页。

④ 赵秉志：《社区矫正法（专家意见稿）》，中国法制出版社2013年版，第56页。

人生存环境恶劣且无业，应当严格管理监督，防止其再次犯罪。从需要评估的角度看，该犯罪人需要最基本的生活保障及相应的职业技能培训，在条件允许的情况下应改变住所。

一般而言，需要评估的内容主要包括以下几项：就业情况、有无谋生技能、经济状况、居住状况、家庭背景、人际关系、不良嗜好、健康状况（包括心理健康）。通过对上述事项的评估，社区矫正机关能够较为详细地了解犯罪人的诉求，进而制定服务计划，尽可能地满足其合理要求，在保证社区矫正顺利进行的同时，也为矫正对象以后的生活打好基础。

二、分类管理

我国台湾地区学者张甘妹说：在矫正体系中，一个国家违法犯罪人分类制度是否发达，已经成为该国矫正制度发达程度的重要标志。分类是按照某种科学标准或规范将事物区分为不同类别的过程。社区服刑人员的分类教育矫正就是指社区矫正机构根据社区服刑人员的特点、危险状态、教育矫正等，按照一定的标准，将社区服刑人员分别归类，运用科学的方法，施以有针对性的内容教育的过程。① 依据不断调整、变动的风险与需要评估，对社区服刑人员实行分级管理、分类教育和分级处遇，既是社区矫正依法、严格、科学、文明管理原则的具体体现，也是增强社区矫正针对性和有效性、调动和保护社区服刑人员积极性、提高社区矫正质量的必然要求。分类的主要功能在于：使管理部门能够作出如何恰当安排犯罪人参加矫正计划的决定；有助于识别犯罪人的需要，在专门化的治疗计划中对犯罪人提供有效的服务；能够使假释委员会对符合条件的犯人作出更好的提前释放的决定；社区矫正机构可以利用分类体系确定适合参加某些矫正计划与活动的假释犯；危险评估及其分类有利于提前决定最适合特定犯罪人参加的监督类型；有助于作出与

① 欧渊华：《社区服刑人员教育矫正理论与实务》，中国法制出版社 2016 年版。

社区犯罪控制有关的决定；有助于确定需要判处的刑罚的性质。①具体到我国的社区矫正实践中，分类管理体现了刑罚个别化的精神，使得矫正机关能够根据评估及时修改矫正计划以适应矫正对象，能够使矫正机关科学分配资源，达到优化配置。如果分类管理得当，则可以兼顾社区矫正的刑罚性与矫正帮助功能，使矫正对象顺利回归社会。如果分类管理不得当，则会以不正确甚至完全起反作用的方案矫正犯罪人，效果适得其反。

从各地的分类管理规定来看，大多地方以社区服刑人员人身危险性为标准，分为严管、普管与宽管三种。也有地方以社区矫正阶段为标准，分为初期矫正、分级矫正和期满矫正三个阶段。浙江省的社区矫正属于前一种情形。根据《浙江省社区矫正对象奖惩考核暂行办法》的规定，社区矫正对象被分为三级四等，即严管、普管和二级宽管、一级宽管，对不同等级的社区矫正对象实行不同的矫正处遇。在社区矫正过程中，宽严之间具有流动性，可相互转换。服刑人员在月度考核评议中获得好评的，可以由严向宽逐渐过渡。如果被扣分、警告或治安管理处罚的，作降级处理。上海市的社区矫正兼具上述两类情形。根据《上海市社区服刑人员分类矫正规定》，对社区服刑人员的矫正工作，一般经过初期矫正阶段、分级矫正阶段和期满前矫正阶段。在分级矫正阶段，根据风险评估结果，社区服刑人员被分为一级矫正、二级矫正与三级矫正，监管措施严厉程度逐渐减弱。不同的矫正级别可相互调整，调整依据是社区服刑人员矫正效果评估或奖惩情况。

事实上，分类管理的标准并不以社区服刑人员人身危险性或社区矫正阶段为限，还有以犯罪类型特征、年龄特征、刑罚执行类别、服刑人员的需要等标准进行分类。以犯罪类型特征为标准进行分类主要是考虑到同一犯罪类型的罪犯往往有着相似的犯罪动机、

① 吴宗宪：《社区矫正比较研究》（上），中国人民大学出版社 2011 年版，第 342 页。

犯罪主观意志甚至相似的经历，同时也有着相同的矫正需要。

目前，社区矫正中服刑人员的犯罪类型主要集中在经济类、职务类、盗窃类、抢劫类、涉毒类、暴力类几种。不同犯罪类型的罪犯有着较大差异，职务类及激情犯罪人一般能深刻认识到自己的错误，能较好地遵守规章制度，参加各项活动，积极改造自己。针对这类犯罪人，矫正机关要通过各种方式加以鼓励，树立典型，激励其他类型犯罪人。而盗窃类、抢劫类犯罪人矫正的积极性不高，甚至会敷衍了事。盗窃类、抢劫类犯罪人很多都有前科记录，在生活中好逸恶劳，喜欢走捷径。针对这类犯罪人，矫正机关要从思想观念上引导，并对他们进行职业技能培训，使他们掌握一技之长，能自食其力。

以年龄特征进行分类则突出了未成年人矫正的重要性与特殊性。对未成年人进行社区矫正是为了防止监禁刑所带来的不利影响，为他们以后的成长提供帮助。意大利犯罪学家切萨雷·龙勃罗梭指出：监狱是犯罪的学校，特别是结伙犯罪的学校，而这类犯罪是所有犯罪中最危险的犯罪。[①] 根据《社区矫正实施办法》第 33 条的规定，对未成年人实施社区矫正，应当遵循教育、感化、挽救的方针。在社区矫正过程中，对未成年人进行身份保护，采取有益于未成年人身心健康发展的特殊监督管理措施，为未成年人的就学就业提供帮助，进行思想和心理辅导等。在未成年人社区矫正过程中，应当了解熟悉未成年人的心理特点，在不同的阶段采取不同的矫正方案。在矫正初期阶段，未成年人一般会有自卑、抵触矫正的情绪，此时应一对一地耐心开导未成年人，使未成年人了解社区矫正的益处，培养他们的健康情趣，引导他们树立生活的信心。在矫正中期，未成年人一般心理趋于稳定，对社区矫正的接受度变高，此时应着重开展思想教育、法律教育，使他们树立正确的人生观价

① ［意］切萨雷·龙勃罗梭：《犯罪及其原因和矫治》，吴宗宪等译，中国人民公安大学出版社 2009 年版，第 342 页。

值观。在矫正后期，鉴于未成年人心智发育的不成熟，他们往往会出现浮躁、不认真矫正的情况，此时应再次加强思想教育，严格监管，巩固矫正成果。

三、矫正小组

根据《社区矫正实施办法》第8条的规定，矫正小组由司法所工作人员担任组长，由社会工作者、志愿者、有关部门、村（居）民委员会、社区矫正人员所在单位、就读学校、家庭成员或者监护人、保证人等组成。社区矫正人员为女性的，矫正小组应当有女性成员。司法所专门从事社区矫正的工作人员就是指矫正的专职人员，因此，矫正小组由专职人员、社会工作者、志愿者及适宜的人员组成。社会工作者指受雇于公立或私立社会福利机构中，提供社会服务并取得一定报酬的专业人员。社会志愿者是指不受私人利益驱使，不受法律强制，基于某种道义、信念、良知、同情心和责任感，为改进社会而提供服务，贡献个人的时间、才能及精神，而从事社会公益事业的人或人群。①

（一）专职人员

专职人员负责辖区内所有的社区矫正事务，不仅要负责社区刑罚的执行，组织、协调社区参与监狱行刑社会化的事务，还要组织政府资源和社区资源开展社区矫正工作。不仅要负责宏观的、微观的社区矫正任务，还要充分重视对社区志愿者组织及个人的培育以及这些组织活动的协调。从相关规定看，虽然专职人员为司法所专门从事社区矫正的工作人员，但专职人员具体包含哪些人，则各有规定。根据中共北京市委政法委员会及首都社会治安综合治理委员会发布的《关于开展社区矫正试点工作的意见》的规定，专业矫正力量由司法所干部和抽调的监狱警察组成。司法所干部的职责是对矫正对象进行教育矫正，组织社会志愿者对矫正对象进行帮教，

① 张建明：《社区矫正实务》，中国政法大学出版社2010年版，第42、43页。

协调有关部门解决矫正对象在矫正过程中遇到的相关问题。监狱警察的职责是协助司法所干部开展对矫正对象的教育矫正工作，对矫正对象的认罪、学习等情况进行考核，提出奖惩建议。根据《湖北省社区矫正试点工作实施意见》的规定，社区矫正专业工作者主要由司法行政部门（含从监狱抽调的民警）和公安部门的工作人员组成。根据《青海省社区矫正试点工作方案》的规定，社区矫正专职人员主要由司法所工作人员（含从司法行政系统抽调的人员）和公安派出所民警、各级社区矫正组织中的专门工作人员等国家公职人员组成。根据《江苏省社区矫正工作条例》的规定，社区矫正工作人员由社区矫正执法工作者、社区矫正社会工作者组成。社区矫正执法工作者由社区矫正机构和司法所的公务员担任，社区矫正社会工作者在社区矫正机构组织下，协助开展社区矫正工作。关于专职人员的范围，省市之间分歧较大，这种现象的存在，虽然在社区矫正发展的初期带有一定的必然性，但是这方面的问题如果得不到迅速解决，会成为社区矫正进一步发展和社区矫正工作规范化、法治化的重要障碍。①

有省市将狱警以及公安民警视为专职人员，笔者认为狱警及公安民警不适宜做社区矫正专职人员。社区矫正是一项非常复杂的任务，比监狱监管更加不易。在监狱，服刑人员是在严格的监控下服刑；而在社区，虽然服刑人员一般犯罪性质较轻、社会危害性不大，但由于他们在社区，不可能完全处于严格的监控条件之下，因此不能排除少数服刑人员的不确定性。而狱警从来没有在上述背景下开展过矫正工作，专业化程度不高，专业化训练不够，难以胜任。在很多情况下，参与社区矫正工作的还是抽调的狱警，他们往往具有不稳定性，处于观望状态，或者刚刚适应社区矫正的工作模式就被调走，这些都决定了抽调的狱警不可能胜任社区矫正工作，

① 吴宗宪：《论社区矫正工作人员的种类与名称》，载《中国司法》2005 年第 12 期，第 62 页。

不应被视为专职的矫正人员。虽然依据我国法律的规定，公安机关是缓刑、管制、假释以及监外执行等社区矫正方式的执行主体，但公安机关日常工作的重心主要在于打击犯罪和维护社会治安，任务已经非常繁重，根本无暇顾及刑罚的执行，因此不能奢望公安民警作为社区矫正的主力及专职人员，而只能作为社区矫正的协助者、配合者。

（二）社会工作者

社会工作者是指受雇于公立或私立社会福利机构中，提供社会服务并取得一定报酬的专业人员。社区矫正的社会工作者是指根据一定条件选择并经培训后对社区服刑人员开展相关社会工作的全日制专业人员。[①] 社会工作者参与社区矫正，充分体现了社区矫正制度的本质特点，即依托于社区而存在并发挥作用，社区及社会工作者的成熟是社区矫正能够发挥作用的前提条件，有利于服刑人员的再社会化。上海市成立的非营利性、从事专业社会服务的民办非企业单位——上海市新航社区服务总站，组织社会工作者参与社区矫正工作。社会工作者的主要职责：①为社区服刑人员制定个性化矫正方案，经常与社区服刑人员联系沟通，掌握其思想、学习、工作、生活等情况，积累工作资料，做好案例分析；②组织社区服刑人员的教育学习、公益劳动和技能培训等工作；③掌握社区服刑人员的现实表现，为社区服刑人员的日常管理、司法奖惩及期满鉴定提供基本依据；④帮助社区服刑人员和刑满释放人员解决心理、生活、就业等方面的实际问题或困难；⑤做好社会志愿者的组建、管理和培训，指导他们开展工作。[②]

社会工作者虽然体现了社区矫正的社会性，有助于服刑人员回归社会，但社区矫正毕竟是刑罚，同时也具有打击犯罪、预防犯

① 吴宗宪：《社区矫正比较研究》（上），中国人民大学出版社 2011 年版，第 316 页。

② 葛炳瑶：《社区矫正导论》，浙江大学出版社 2009 年版，第 60 页。

罪、改造罪犯的目的，这就需要具备专业知识的执行人员和辅助人员，实行严格规范的规章制度，这样才能提高行刑的效益，公正执法，实现刑罚的目的。而当前的社会工作者严重不足，一方面，社工专业毕业的学生最终成为社会工作者的比例偏低，另一方面，现有的社会工作者大部分都缺乏本职训练，没有专业知识和专业方法的支持，难以提供个性化、多样化、系统化的专业服务。目前，很多社会工作者的来源都是就业困难人员、下岗人员和退休人员，虽然这些人大多有较为丰富的阅历和生活经验，但人员素质参差不齐，缺乏系统、专门的培训，更缺乏社会工作专业知识，难以保证完全适应政策性很强、不断发展的社区矫正工作的需求。特别是在面对一些综合素质较高的矫正对象时，开展工作会比较困难。[①] 社会工作者的素质与技能对于矫正效果影响至深，除要加大投入外，上海市新航社区服务总站关于社会工作者的招聘要求与培训模式值得推广，其招聘要求：社会工作者必须具备国民系列教育大专及以上学历；具有社会学、心理学、法学等相关专业知识，获得社工师和社工师助理或心理咨询师和心理咨询师助理资格证书者在同等条件下优先考虑；具有一定的文化知识，有较强的文字表达能力和人际沟通能力，能独自撰写信息、简报、个案和工作总结；具有独立操作计算机的能力，能完成专业报表和相关文字材料的制作，并为工作对象提供生活关心和就业指导等社区服务。[②] 此外，新航社区服务总站还积极组织社会工作者上岗培训，社会工作者必须经过120 小时的集中培训并经考核合格后方可上岗。上岗培训根据社工的专业背景不同，分别按法律知识和社会工作知识两大块集中授课，再通过集中讲座、模拟实训等形式进行合成训练，强化提高，为新社工上岗打下良好基础。

---

① 但未丽：《社区矫正：立论基础与制度构建》，中国人民公安大学出版社 2008 年版，第 312 页。

② 参见上海市新航社区服务总站网站：http：//www. xhang. com/index. asp。

（三）社会志愿者

社会志愿者往往基于道义、良知、怜悯与社会责任感，利用自己的时间、技能、知识等为社区服刑人员提供服务。其普通人的身份容易打消社区服刑人员的顾虑，可以较好地开展沟通与矫正。社会志愿者还对社会有引领作用，有助于引导人们转变对社区服刑人员的看法，在社区服刑人员与公众之间搭建起一座桥。同时，社会志愿者的大量参与，可以明显减少人力、物力、财力、精力对社区矫正工作的制约，对于专职人员与社会工作者是必要的补充。社会志愿者在国外的社区矫正中起着举足轻重的作用。在日本，保护观察志愿者是被法务省委任的从事矫正工作的志愿者人员，全日本大约有 5 万人。由于志愿者熟悉社区环境与习惯，贴近被矫正者，可以提高矫正效果。日本妇女还组织成立了矫正援助妇女联合会，全国共有 20 万名志愿者，她们积极到矫正援助馆、监狱和青少年管教院参与矫正工作，提供各种物质和精神帮助。① 英国社区矫正的突出特点就是社会团体、民间志愿者的参与，甚至占据主导地位。在美国，根据 1987 年的统计，每年有 30 万至 50 万的公民自愿参与社区矫正，分布在 2000 至 3000 个司法区。而根据 1989 年的统计，有 9800 万美国人进行了平均每周 4 小时的自愿性质的服务，后来的资料表明，矫正志愿者的数量有较大增长。②

我国的社会志愿者一般是居住在社区中的居民，主要包括退休人员、学生、社会团体人员及宗教人员。③ 据统计，目前我国从事社区矫正的社会志愿者已达 46. 8 万人，累计接受社区矫正人员 98. 6 万人，累计解除矫正 54. 6 万人，社区矫正人员在矫正期间的

---

① 李如林、林文学：《日本矫正制度的几点启示》，载《犯罪与改造研究》2004 年第 8 期。

② 刘强：《美国社区矫正的理论与实务》，中国人民公安大学出版社 2003 年版，第 341 页。

③ 郭建安、郑霞泽：《社区矫正通论》，法律出版社 2004 年版，第 113 页。

重新犯罪率在0.2%左右，取得了良好的法律效果与社会效果。①我国社区志愿者的工作任务主要包括：对社区服刑人员进行法治、道德教育，参加矫正方案的制定及对矫正对象的评估，协助专职人员及社会工作者做好日常工作，开展帮教活动，对社区服刑人员进行心理辅导，帮助社区服刑人员解决生活、工作中的问题。虽然我国社区志愿者队伍发展迅速，但同时，我国市民社会不发达，公民对社会事务的关注度和责任感也不是很高，民众对犯罪者普遍具有恐惧或厌恶情绪，会介意自己社区内是否有社区服刑人员的存在。这些都是我国社区矫正志愿者队伍难以壮大的深层原因。对此，应当加大力度宣传社区矫正，特别是矫正成功的典型案例，吸引更多人才加入社会志愿者的行列，以带动、影响全社会消除对于社区服刑人员的偏见。在社区矫正工作发展进程中，推进志愿者组织建设是一项需要用心投入、精心设计的事业，需要克服路径依赖，真正使志愿者组织去行政化，而建立社会帮教基金是一个不错的选择，这样能使志愿者组织一开始就摆脱了经济上对政府的依赖，同时激发志愿者组织自身的积极性和能动性，真正发挥“志愿者”的特点和优势，也会使社区矫正工作的社会化特色更加的凸显。②

四、矫正小组任务

社区矫正的主体是社区矫正工作者，由于大多数社区矫正工作者都在矫正小组中从事相关工作，因此，明确规定矫正小组的工作任务，对于确保矫正小组切实履行工作责任是十分必要的。矫正主要任务包括制定个案矫正方案，对社区服刑人员进行日常监督管

---

① 朱旭、崔清新：《我国社区矫正志愿者近50万人，累计接受社区矫正人员近百万》，载中国法院网，http://www.chinacourt.org/article/detail/2012/06/id/521333.shtml。

② 梅义征：《社区矫正制度的移植、嵌入与重构——中国特色社区矫正制度研究》，中国民主法制出版社2015年版，第80页。

理、教育矫正、帮困扶助，接受社区服刑人员的投诉等。[①] 因制定个案矫正方案将在下文详细论述，本节不再提及。

（一）日常监督管理工作

对社区服刑人员的日常监督管理，是指矫正小组依据国家法律、法规、规章以及社区矫正相关规定，对社区服刑人员的社会服刑过程依法进行监督、考察和管理，以保障刑事判决、裁定和决定得到严格执行的具体活动。监督管理工作既体现了社区矫正刑罚性的一面，也是防范社区服刑人员重新犯罪的有力保障，更是社区服刑人员教育改造的基础和前提。社区服刑人员日常监督管理的内容具体包括：社区服刑人员遵纪守法情况、社区服刑人员被剥夺或被限制的权利的实际执行情况、社区服刑人员被限制的人身自由及其活动范围的实际执行情况、社区服刑人员遵守具体监督管理规定情况。[②]

1. 监管原则。

监管原则主要包括分类管理原则与动态管理原则。根据前文所述，根据行刑个别化原则，分类管理是开展监督管理工作的基础。“人格不同，处遇不同”，处遇对犯罪人有现实的人格冲击力和塑造力，恰当的处遇可以有效地消除罪犯的人身危险性。针对不同类别采取相应处遇措施是提高矫正效果、降低社会危险性的有效方式。应按照罪犯人身危险性分为严管、普管与宽管三种监管方式，由严到宽进行监管。管理不只是将犯罪人分类，按照不同的特点采取有针对性的措施，更是要及时跟上犯罪人矫正的步伐，根据不同情况动态地采取适当的措施进行管理。值得一提的是累进处遇的方式，累进处遇制源于澳大利亚诺福克岛监狱监狱长马克诺奇提出的“三级累进制”，主要内容是以考核计分来衡量罪犯的表现，将刑期划分为刑罚、社会化、个人化三个阶段，根据罪犯的表现晋升级

① 赵秉志：《社区矫正法（专家建议稿）》，中国法制出版社2013年版，第58页。
② 葛炳瑶：《社区矫正导论》，浙江大学出版社2009年版，第115页。

别。累进处遇制度同样适应于社区矫正阶段，一个人在社区矫正的不同阶段，人身危险性会有所变化，根据这些变化及时调整监管方式，奖励努力改造矫正的罪犯，具有激励效果，有助于带动其他罪犯积极改造。

2. 监管模式。

社区矫正作为一种刑罚执行方式，应当在矫正过程中体现刑罚性，随着我国社区矫正立法的完善以及体制机制的建立健全，对矫正对象的管理必然会更加规范严格。根据外国的调查，从严管理、加强与矫正对象的接触，能有效地降低矫正对象的再犯率。[①] 社区矫正主要的监管模式是考核制度，通过考核决定奖励或惩罚，以获得激励先进鞭策后进的效果，简单概括即奖勤罚懒。司法部《司法行政机关社区矫正工作暂行办法》第 34 条规定：司法所应当建立有关社区服刑人员认罪悔罪、遵纪守法、学习劳动等方面表现情况的考核制度。根据考核结果，对于表现良好的给予表扬奖励；对符合法定条件的，依照法定程序提请有关部门予以减刑。对违反法律、法规和社区矫正的有关规定，但尚未构成重新犯罪的，视情节轻重给予警告或者提请有关部门给予警告、记过、治安处罚、撤销缓刑、撤销假释或者收监执行。一般而言，违反报到、报告规定的，违反禁止令的，不参加教育矫正活动的，受到治安管理处罚的都会给予轻重不同的处罚。能认罪服法、态度端正，自觉服从管理、主动接受帮教，积极参加公益劳动和社区矫正各项活动的，可予以奖励。

（二）教育矫正工作

“人不能两次踏入同一条河流”，事物都是在发展变化的，罪犯也不例外，罪犯的心理、行为、习惯和人格等都在随着周围环境的变化而变化，人是可以被塑造的。不论是孟子提出的“人性本善”还是荀子提出的“人性本恶”，都肯定了人具有可塑性，可以

① 李蓉：《社区矫正程序实证研究》，湘潭大学出版社 2011 年版，第 228 页。

通过教化使人格更加完善。马克思指出：人的本质并不是单个人所固有的抽象物，在其现实性上，它是一切社会关系的总和。[①] 对于社区服刑人员来说，其行为的社会危害性及人身危险性都不大，具有更大的改造可能性，因此，对他们的教育矫正工作尤为重要。

1. 教育矫正个别化原则。

《社区矫正实施办法》第 17 条规定：根据社区矫正人员的心理状态、行为特点等具体情况，应当采取有针对性的措施进行个别教育和心理辅导，矫正其违法犯罪心理，提高其适应社会的能力。根据《北京市社区矫正实施细则》的相关规定，司法所应当在综合评估的基础上，制定有针对性的教育措施，并根据社区矫正人员的现实表现、具体情况，每 6 个月予以调整。这些规定充分体现了因人施教的精神及教育矫正个别化原则。要做到这一点，首先，应当根据裁决前调查和危险与需要评估的结论，按罪犯不同的犯罪性质和特点对罪犯进行分类，为以后有针对性的教育打好基础。其次，要细化到个人，教育矫正的实施必须从矫正对象的实际出发，具体的矫正对象虽然和同类罪犯有诸多相似之处，但也有很多自己的特点。必须发现他们在犯罪性质、表现、性格、文化程度和接受能力等方面的差异，因人而异展开教育，使每一个矫正对象都得到恰当的教育矫正。

2. 教育矫正的任务。

在司法部确定的社区矫正中，教育矫正的任务是：采取多种形式，对社区服刑人员进行法制教育和道德教育，矫正其不良心理和行为，促使其成为守法公民。因此，可以把教育矫正的任务概括为两项：促使其认罪悔罪、帮助其回归社会。首先，认罪悔罪是社区服刑人员矫正成功的前提条件，社区服刑人员要认识到自己的行为给被害人或者国家造成了多大的损害，产生悔恨心理，深刻反思自己的错误并洗心革面。很多犯罪人被判刑后仍然对自己的行为缺乏

---

① 《马克思恩格斯选集》（第一卷），人民出版社 1995 年版，第 18 页。

认识，认为自己的行为没那么严重，甚至认为自己是受害者，感到冤枉。在这种情况下，缺乏最起码的教育矫正前提，将无法进行下一步的计划。其次，很大比例的社区服刑人员学历较低，没有特长，加上社会歧视，解矫后很难找到合适的工作。教育矫正的另一个任务就是针对基础不同、性格不同、学历不同的社区服刑人员，有选择性地开展职业技能培训。只有增强他们的谋生能力，他们参与社会竞争的能力才会更强；只有具备了一定的经济基础，他们才会更快地适应社会。

（三）帮困扶助工作

司法部《司法行政机关社区矫正工作暂行办法》规定，社区矫正的任务之一就是“帮助矫正对象解决就业、生活和心理等方面遇到的困难和问题，以利于其顺利适应社会生活”。因此，帮困扶助工作包括物质帮困与心理帮困。

1. 物质帮困。

古人云：“仓廪实而知礼节。”这句话简明扼要地说明了物质基础的重要性。上海市矫正办朱久伟主任认为：若是一个人连基本的生存条件都没有，那么他除了从地球上消失，大概就只有去犯罪。所以帮困解难不是附加的任务，也不是辅助工作，它就是主题之一，是矫正工作的应有之义。① 要想通过社区矫正切实保障社区服刑人员的基本生活，首先，可以充分利用“中途之家”作为服刑与进入社会之间的缓冲。服刑人员恢复自由之后，往往更需要得到社会的支持，包括获得食宿以及在精神和职业方面的救助。“中途之家”可以为他们提供一定的暂时救助。例如，能提供住宿，帮助他们维护自身的合法权利和应得福利；当他们面对矛盾冲突时，能及时疏导和调停。通过“中途之家”，社区矫正服刑人员获得了进入社会前的缓冲期，可以利用这段时间积累经验与财富，为

① 但未丽：《社区矫正：立论基础与制度构建》，中国人民公安大学出版社 2008 年版，第 341 页。

真正进入社会、参与竞争打好基础。其次，充分利用低保制度，实现矫正对象的短期救济。很多矫正对象在服刑之后，发现自己已被家庭完全抛弃，自己虽然没吃没住，但因其家庭成员人均收入高于当地居民最低生活保障标准，也不符合办理低保的条件，再困难也无法申请低保。可以考虑修改低保制度，给予刚出监的矫正对象至少2个月的保障期，使他们能作为一个人以最基本的物质条件活下来。①

2. 心理帮困。

很多矫正对象之所以犯罪，在很大程度上是因为心理的问题，再加上经历犯罪、逮捕、审判和监禁，遭受了一系列心理打击，使他们基本都有或轻或重的心理疾病。应当由专业的心理医生为他们提供心理健康教育、心理咨询、心理矫正等服务，帮助他们克服消极悲观情绪，学会调节控制自己的情绪，掌握人际沟通方法。但心理帮困在目前存在一些制约因素，很多从事心理矫正的工作人员专业化水平不高，且人员偏少。很多矫正对象虽然存在心理问题，但由于怕承认自己有心理疾病而不去寻求心理矫正工作人员的帮助。应当加大心理帮困方面的投入，对心理矫正人员的学历、专业技能、职业素养等方面提高门槛。同时在社区矫正过程中密切观察矫正对象的心理变化，及时采取适当措施，并通过讲座、学习、宣传等方式使他们认识到心理健康的重要性，克服偏见，积极寻求心理帮助。

（四）接受服刑人员的投诉

根据联合国《非拘禁措施最低限度标准规则》（《东京规则》）的规定，罪犯应有权就非拘禁措施执行中影响其个人权利的事宜，向司法机关或其他独立的主管当局提出请求或投诉；应为任何有关不遵守国际公认人权事件的冤情提供申诉并且可能及时补救的适当

① 但未丽：《社区矫正：立论基础与制度构建》，中国人民公安大学出版社2008年版，第343页。

机制。基于人道主义和人权保障的考虑，社区服刑人员也应当享有自己的合法权利。虽然这种权利是一种被限制的少数人的权利，在内容上具有不完整性，在时间维度上具有不稳定性，且权利与义务不对等。然而，正是因为这种权利是弱势群体所剩的为数不多的权利，所以更值得尊重和保障。《社区矫正实施办法》第36条规定：司法工作人员应当认真听取和妥善处理社区矫正人员反映的问题，依法维护其合法权益。为了更具体地解释该条款，司法部法制司与社区矫正管理局指出：社区矫正人员对警告决定不服的，可以向县级司法行政机关申请复议，也可以向人民检察院申诉。[①] 这些规定或解读为服刑人员权利保障提供了法律依据，体现了权力制约与监督的考量，是法治理念在社区矫正领域的展现。有学者将我国目前社区服刑人员合法权利保障不足的原因归纳为司法理念问题、民众观念问题与客观条件问题，并提出了解决对策：个体层面的增权、人际关系层面的增权与社会参与层面的增权。[②] 笔者认为，上述原因与应对措施虽然较为全面，但没有抓住问题的本质，即法律法规及配套机制的缺位。国家通过立法活动来确认社区服刑人员的权利，而这种确认并不仅仅也绝不应该以一种“宣布行为”而告终，国家有责任、有义务通过其他一系列措施来保障社区服刑人员权利的实现。[③] 在法律体系上，我国关于社区矫正的法律着重于对社区服刑人员的监督考察，意图明确社区服刑人员的权利义务。一方面规定了社区服刑人员违反义务的后果，另一方面又没有法律法规去保障社区服刑人员应当享有的权利。虽然《社区矫正实施办法》规定了社区服刑人员的投诉权利，但仅是一种宣言式的规定，没有涉及投诉的具体流程、投诉权利的保障、投诉的接受主体以及对渎

---

① 司法部法制司、社区矫正管理局：《社区矫正实施办法解读》，法律出版社2012年版，第34页。

② 王平：《社区矫正制度研究》，中国政法大学出版社2014年版，第293、294页。

③ 刘强：《社区矫正制度研究》，法律出版社2007年版，第344页。

职行为的认定与惩戒。与之形成鲜明对比的是我国的《监狱法》。《监狱法》共78条，但涉及保障服刑人权利的就占了20多条，占总条数的26%。社区矫正是刑事执法的新领域，有必要借鉴《监狱法》，对社区服刑人员的权利以明示和强调。①

此外，在接受服刑人员投诉时，如何明确监管与干预的界限，值得探讨。服刑人员与其他公民一样，也享有基本的人身权、财产权与自由权，但由于身份的不同，这些权利或多或少会受到限制。美国最高法院大法官斯卡利亚曾说：对于缓刑犯（假释犯也一样）而言，确定的是，他们并不享有每一个公民所享有的完整的自由权，而只享有基于遵守特定限制的有条件的自由。这句话对于我国社区服刑人员也适用。② 于是冲突便产生了，一方面我们肯定服刑人员的权利，反对不当干预，另一方面我们又承认国家机关对于服刑人员的监管，认为应当限制某些权利。那么监管与干预的界限如何确定呢？笔者认为，解决此问题的关键在于明确规范司法人员的行为，并建立健全纠纷解决机制。可以尽量细化每一项监督措施，如报告管理制度：可以明确什么样的活动需要报告、报告的形式是什么、报告的流程是什么、没有履行报告义务会有什么后果等。为了最大限度地减少对社区服刑人员不适当的干预，可以运用电子监控技术实现对社区服刑人员的全方位控制与远程约束，且成本较小。在监管与干预出现矛盾时，可以赋予社区服刑人员要求复议的权利，还可以通过听证会广泛听取多方意见，在综合考量后作出决定，这样可以把对社区服刑人员与社会的伤害可能性降到最低，也践行了司法公开的要求。

五、制定矫正方案

《社区矫正实施办法》第9条规定：司法所应当为社区矫正人

① 刘强：《社区矫正制度研究》，法律出版社2007年版，第347页。

② 梅义征：《社区矫正制度的移植、嵌入与重构——中国特色社区矫正制度研究》，中国民主法制出版社2015年版，第186页。

员制定矫正方案，在对社区矫正人员被判处的刑罚种类、犯罪情况、悔罪表现、个性特征和生活环境等情况进行综合评估的基础上，制定有针对性的监管、教育和帮助措施。根据矫正方案的实施效果，适时予以调整。社区矫正方案决定了对社区服刑人员开展监督管理、教育矫正和帮困解难的基本思路、主要内容和侧重点，是个案矫正的依据。一名社区服刑人员的矫正方案是否科学合理、是否具有针对性、是否能取得预期效果，取决于对其信息掌握的充分程度、矫正方案制定者的素养和矫正方案实施条件的完备程度三个因素。各地开展个案矫正比较成熟的经验是为每一个服刑人员制定“一人一策”的矫正方案，以矫正小组为依托实施个别谈话与辅导、电话交流、社区和家庭走访等综合方法，因人而异，系统实施有针对性的教育矫正工作，取得了很好的实践效果。具体矫正方案的设计，主要是在对矫正对象风险评估及需要评估的基础上确立矫正个案的矫正具体项目和实施过程以及矫正团队的分工和配合。为了实现社区矫正的目的任务，矫正个案的矫正方案内容应当包括刑罚执行项目、行为矫正项目、心理矫正项目和社会化项目。[①] 刑罚执行项目主要是矫正对象在社区服刑期间必须遵守的法律法规，如管制犯、缓刑犯必须遵守的禁止令的规定等。行为矫正项目主要是针对罪犯存在的一些不良生活习惯和行为习惯展开矫正，以帮助其改正恶习、完善自身，更好地回归社会。心理矫正项目是指通过对犯罪人的经历、精神状况等的考察，制定个性化的心理矫正方案，使矫正对象的思维习惯和思想方式得到调整，同时消除他们的心理障碍，激发正面因素，促进社区矫止整体效果。社会化项目是为了克服长期脱离社会给犯罪人带来的不适应，通过社区服务、职业培训等方式让犯罪人更多地接触社会，跟上社会的发展步伐，恢复正常生活。值得注意的是，矫正方案制定得再好，也只能反映出矫正

① 丁寰翔、余建明、陈立峰等：《社区矫正理论与实践》，中国民主法制出版社 2009 年版，第 222 页。

对象一时的状态和需要，所以必须根据矫正进程适时评估矫正效果，吸取经验，反思问题，不断调整完善。

第二节　监督管理的具体内容

一、日常行为监督

《社区矫正实施办法》第 11 条规定：社区矫正人员应当定期向司法所报告遵纪守法、接受监督管理、参加教育学习、社区服务和社会活动的情况。发生居所变化、工作变化、家庭重大变故以及接触对其矫正产生不利影响人员的，社区矫正人员应当及时报告。保外就医的社区矫正人员还应当每个月向司法所报告本人身体情况，每 3 个月向司法所提交病情复查情况。第 19 条规定：司法所应当根据社区矫正个人生活、工作及所处社区的实际情况，有针对性地采取实地检查、通信联络、信息化核查等措施及时掌握社区矫正人员的活动情况。重点时段、重大活动期间或者遇有特殊情况，司法所应当及时了解掌握社区矫正人员的有关情况，可以根据需要要求社区矫正人员到办公场所报告、说明情况。社区矫正人员脱离监管的，司法所应当及时报告县级司法行政机关组织追查。第 20 条规定：司法所应当定期到社区矫正人员的家庭、所在单位、就读学校和居住的社区了解、核实社区矫正人员的思想动态和现实表现等情况。对保外就医的社区矫正人员，司法所应当定期与其治疗医院沟通联系，及时掌握其身体状况及疾病治疗、复查结果等情况，并根据需要向批准、决定机关或者有关监狱、看守所反馈情况。上述条款规定了社区工作人员的主动监督与被动监督，为日常行为监督勾勒出了大致框架。通过参考各地关于日常行为监督的规定，可以发现工作模式大同小异，主要包括：①要求按期报到，包括视情况电话报到或者亲自到司法所报到；②要求交思想汇报，有的一月一次，也有的一个季度一次，还有的半年一次；③司法所工作人员或者社工对矫正对象家庭、社区的走访，了解其改造表现和生活状态；④要求参加公益劳动，一般是1个月不少于10小时；⑤限制活动范围，根据分级处遇标准，有的服刑人员被要求不能离开本区或者本县，有的被要求不能离开本市。①

针对目前的监管状况，有学者认为，这些措施尚不足以对人身危险性比较大的矫正对象实施有效的控制。借鉴国外的经验，可以在分级管理的基础上对从严管理的矫正对象实施更为严格的监督和管理，通过增强矫正工作人员与矫正对象间的联系，促进矫正对象的改造，保障公众安全。② 有学者则批判了重管理轻矫正的倾向，认为如果社区矫正不把矫正放在重要位置，如果社区矫正片面强调刑罚执行性而忽略其社会工作性，那么这场轰轰烈烈的社区矫正意义何在呢？现在的社区矫正与从前社区刑罚执行的区别在哪儿呢？③ 笔者认为，社区矫正的监管功能与矫正功能二者需兼顾，但应有层次性。作为刑罚执行方式，社区矫正首先具有刑罚性，只是为了避免监禁刑带来的种种不利影响，将罪犯置于社区。同时，社区矫正另一个显著特点在于其矫正性，避免监禁刑的不利影响并不是目的，而是实现罪犯教育矫正、最终回归社会的手段。所以，应当在充分实现社区矫正刑罚性的基础上，进一步探索研究教育矫正的方式方法。单纯地强调更严格的监管措施，则不可避免地会牺牲教育矫正的功能；单纯地强调社区矫正的矫正性，则混淆了主次。当前，我国社区矫正监管还停留在“不出事”、“不闹事”的阶段，基本实现了保护社会的目的，但刑罚性欠佳，且基本没有体现出矫正性，这将是未来社区矫正实践的努力方向。

---

① 但未丽：《社区矫正：立论基础与制度构建》，中国人民公安大学出版社2008年版，第180页。

② 李蓉：《社区矫正程序实证研究》，湘潭大学出版社2011年版，第228页。

③ 但未丽：《社区矫正：立论基础与制度构建》，中国人民公安大学出版社2008年版，第180页。

二、暂时离开居住地

《社区矫正实施办法》第13条规定：社区矫正人员未经批准不得离开所居住的市县。社区矫正人员因就医、家庭重大变故等原因，确需离开所居住的市县，在7日以内的，应当报经司法所批准；超过7日的，应当由司法所签署意见后报经县级司法行政机关批准。返回居住地时，应当立即向司法所报告。社区矫正人员离开所居住市县不得超过1个月。对于居住地的概念，《社区矫正实施办法解读》作了如下界定：本办法所称居住地一般是指社区矫正人员能够连续居住6个月以上的居所所在的县（市、区、旗）。居住地应当同时具备以下条件：①社区矫正人员有固定住所，由其本人或者与亲友共有、承租，或者其他人、单位愿意为社区矫正人员提供，社区矫正人员能够在此居所连续居住6个月以上。②社区矫正人员在居住地有固定的生活来源，或者有亲友、其他人、有关单位为其提供生活保障。不能确定居住地的，在户籍所在地接受社区矫正。本条规定了矫正人员的暂时外出请假制度，旨在为正常社区矫正的开展提供时间保障。

关于司法所及县级司法行政机关审批的内容，根据北京市《社区服刑人员管理工作暂行规定》的相关规定，社区服刑人员离开所居住的区县的，应当向司法所提交书面申请，由司法所填写专门的审批表（一式二份），写明该人的基本情况、外出原因、具体期限和时间、去向、近期表现情况等。一方面，司法所要掌握社区服刑人员去哪儿、为什么去、去多长时间等情况，根据社区矫正的需要研判社区服刑人员暂时离开居住地的必要性，如果认为没有必要离开居住地，则应进一步询问社区服刑人员，倾听他们的真实想法和意见，若有可以解决的困难应及时帮助他们解决。另一方面，司法所要通过分析社区服刑人员近期表现情况来具体作出决定。如果社区服刑人员一直表现良好，但近期表现较差或者相反，则应在弄清前后差异原因的基础上判断该人的人身危险性与主观心态，进而结合离开居住地的必要性作出决定。如果社区服刑人员一直抵制矫正，没有悔罪表现，甚至有再次犯罪的倾向，则人身危险性较大，一般不予准假。

关于是否应有最长请假时间的限制，根据《社区矫正实施办法解读》的规定，在居所连续居住 6 个月以上一般应视为居住地。如果要变更居住地，或者请假的时间少于 1 个月，按照相关的规定申请即可。但当社区服刑人员需要 1 个月至 6 个月的假期时，如果一概不予批准，则未免严苛，不合常理。对此，北京市《社区服刑人员管理工作暂行规定》第 22 条作了变通，该条规定：社区服刑人员经批准外出后，确有特殊原因不能按时返回居住地的，应当及时向司法所电话报告，经司法所同意可适当延长返回时间，司法所及时将情况向派出所通报。该条规定虽然变相地延长了社区服刑人员的请假期限，但存在相当大的隐患。首先，请假制度的设立，本质在于使社区矫正机关对社区服刑人员的时间安排有预知，并及时掌握社区服刑人员的动向，为正常社区矫正工作的开展提供时间保证。如果社区服刑人员本身就在外地，且无法按时回居住地，矫正机关在很大程度上已经对其失去了控制，服刑人员仅通过电话向矫正机关请假，这给了少数服刑人员以虚假借口欺诈矫正机关的机会，矫正机关进一步失去了对他们的监管。其次，在一般情况下，社区矫正人员要向矫正机关提交包含各种内容的书面申请，以便矫正机关掌握全部情况，综合考虑。电话报告则将矫正机关的审查权破坏殆尽，矫正机关无从考察服刑人员的真实情况。在缺乏矫正机关有力监管的情况下，服刑人员本就脆弱的自我控制和调整机制更加脆弱，人身危险性增大，极易再次犯罪。笔者建议完善请假制度，填补 1 个月至 6 个月之间的缺口，规定暂予离开居住地的时间在 6 个月以下。同时，完善居住地与暂住地的司法所之间的协调配合机制，暂住地应当协助居住地对社区服刑人员进行监管，并定期将情况传达给居住地司法所，便于居住地司法所及时调整矫正方案，实现对社区服刑人员的全面监控。

三、异地迁居

为了满足社区服刑人员在就业谋生、赚钱养家、赔偿被害人等方面的正当需求，对于确实需要迁居外地的，社区矫正机关应当允许其流动。根据《社区矫正实施办法》第 14 条关于异地迁居的规定，社区矫正人员因居所变化需变更居住地的，应提前 1 个月提出书面申请，由司法所、县级司法行政机关两级审批，在征求新居住地司法行政机关的意见后作出决定。批准后，现居住地司法行政机关应将法律文书和矫正档案移交给新居住地司法行政机关，社区矫正人员应在规定的时间内前往新居住地司法行政机关报到。在这条规定中，"变更居住地"一词颇有歧义，在社区矫正中，居住地变更实际上是办理社区矫正人员刑罚执行管辖权变更手续。根据我国法律法规，户口、身份证、暂住证、居住证的申报、办理及其变更由公安机关负责。我国《户口登记条例》第 3 条规定：户口登记工作，由各级公安机关主管。第 14 条规定：被假释、缓刑的犯人，被管制分子和其他依法被剥夺政治权利的人，在迁移的时候，必须经过户口登记机关转报县、市、市辖区人民法院或者公安机关批准，才可以办理迁出登记。到达迁入地后，应当立即向户口登记机关申报迁入登记。所以，司法行政机关是无权办理户籍意义上的迁居手续的，《社区矫正实施办法》第 14 条有关居住地变更的规定也并非要迁移户口，而仅仅是司法行政机关之间社区矫正刑罚执行权的变更。因此，建议将该条中"变更居住地"的表述修改为"变更县级司法行政机关刑罚执行管辖权"。①

虽然，在迁居的过程中伴随有矫正档案的移送，但由于矫正档案具有滞后性、静态性，且在一些矫正档案中关于社区服刑人员个人情况、矫正情况的记载只有寥寥数笔，远远满足不了新居住地矫

① 田兴洪、谭晔、周义：《论社区矫正中矫正地变更的若干问题》，载《长沙理工大学学报》2015 年第 3 期。

正机关对服刑人员的了解需求，而重新开展评估和考察需要很大的时间成本，所以，为了防止迁居变成脱管，建立健全网络化管理制度意义重大。该制度的意义在于：不依赖社区服刑人员的户籍而重新统计个人信息，相当于设定专属于社区服刑人员的新的户籍，从而实现良好的管理。首先，在司法部社区矫正局建立社区矫正执行信息中心，该信息中心将全国所有处于社区矫正的犯罪人的资料及时收集和储存。其次，建立信息资料定期交换制度。在省级社区矫正局建立本省范围的执行信息资料管理和交换中心，在每个县、市、区社区矫正机构和基层的执行站都有计算机终端，每日向上级传送信息，保证社区矫正执行主管机关及有关人员能及时掌握全国的社区矫正执行情况。[①] 网络化管理制度可以有效地弥补矫正档案的滞后性，使信息动起来，使社区矫正机关能够实时了解服刑人员的情况，节省了人力和时间。

四、特殊情况汇报

特殊情况汇报专指保外就医的社区矫正人员向司法所的汇报，根据《社区矫正实施办法》，保外就医的社区矫正人员应当每个月向司法所报告本人身体情况，每 3 个月向司法所提交病情复查情况。鉴于社区矫正人员病情的动态变化性，矫正机关设定了 1 个月、3 个月的汇报频率。该项汇报制度的目的在于对保外就医的矫正人员形成有效监管，防止保外就医沦为释放，给社会重新造成危害。同时，也有助于及时掌握社区矫正人员的身体状态，帮助其解决遇到的难题。但上述规定属于被动监督，《社区矫正实施办法》第 20 条则规定了主动监督。该条规定：对保外就医的社区矫正人员，司法所应当定期与其治疗医院沟通联系，及时掌握其身体状况及疾病治疗、复查情况等结果，并根据需要向批准、决定机关或者有关监狱、看守所反馈情况。司法所通过直接联系医院，得到了有

① 陈一凡：《论社区矫正》，中国政法大学 2004 年硕士学位论文，第 32 页。

关保外就医人员身体状况的第一手资料，可以防止保外就医人员虚报、隐瞒病情。

根据各地的《社区矫正实施细则》，关于保外就医人员的汇报方式规定各异：北京市没有就保外就医人员的汇报方式作出规定；而根据浙江省的规定，保外就医的社区矫正人员确因病情、治疗措施等特殊原因所限，其本人无法到司法所报告的，经司法所同意，可采取电话报告等方式每月向司法所报告本人身体情况。病情复查情况报告或省级人民政府指定医院就医诊治病历等相关材料可由其家属、监护人或保证人送交司法所。笔者认为浙江省的规定较为人性化，其实根据北京市的规定，一般的社区矫正人员都可以电话方式向司法所报告自己的活动情况，那么保外就医人员由于特殊的身体状况，通过电话方式汇报也是应有之义。或许有人认为，本来保外就医人员每月汇报一次，频率不高，且前往矫正机关汇报的目的还在于能让矫正机关亲眼见证其身体状况。若允许电话汇报，那么不仅给了保外就医人员虚构、夸大病情的机会，还使矫正机关无法亲眼证实保外就医人员的身体状况。其实这种观点是多虑的，很多保外就医的罪犯都患有严重的疾病，加上治疗的复杂性，本身活动不方便，强制他们当面汇报身体情况不人道。此外，矫正机关可以与医院联系，深入了解其病情，这就基本排除了矫正机关被欺骗的可能性。因此，应当允许保外就医人员电话汇报。有学者认为，保外就医的罪犯都是患有严重疾病的罪犯，而且，每个罪犯所患疾病的情况又有差异，因此，统一规定报告身体情况和提交复查情况的频率，可能是不很恰当的。建议根据疾病情况规定向矫正机关报告身体情况和提交复查情况的频率。① 笔者赞同此建议，因为每种疾病都有轻重的幅度范围，不同的人对于同一种疾病也有不同的耐受力，因此不能“一刀切”，应当个别化地评估保外就医罪犯的身体状况，根据具体身体状况决定汇报频率。

---

① 赵秉志：《社区矫正法（专家建议稿）》，中国法制出版社 2013 年版，第 62 页。

五、禁止令的执行

《刑法修正案（八）》为被判处管制、缓刑的犯罪分子新增设了禁止令，法院在判决时可以根据犯罪情况，同时禁止犯罪分子在执行期间从事特定活动，进入特定区域、场所，接触特定的人。2011年出台的《关于对判处管制、宣告缓刑的犯罪分子适用禁止令有关问题的规定（试行）》将司法行政机关指导管理的社区矫正机构作为禁止令的执行机关。禁止令是由法院根据犯罪分子的犯罪原因、犯罪性质、犯罪手段、犯罪后的悔罪表现、个人一贯表现等情况，在充分考虑与犯罪分子所犯罪行的关联程度的基础上作出的，具有较强的针对性。禁止令的主要内容为禁止犯罪人从事特定活动，进入特定区域、场所，接触特定的人，所以禁止令在执行的过程中，涉及主体较多，执行起来较为复杂繁琐。之所以由社区矫正机关作为禁止令的执行机关，主要是因为社区矫正机关的矫正宗旨，以及社区矫正机关在矫正教育方面具有的丰富经验。被判处管制、缓刑的犯罪分子，社会危害性不大，人身危险性也不强，具有较好的可塑性，交由社区矫正机关进行监督管理，能更好地督促犯罪分子改正恶习。

社区矫正机关接到禁止令的执行任务后，应当首先对犯罪分子进行初步的教育培训和告知，向他们说明禁止令的内容，以及执行的方式。同时也要对他们开展思想教育、法治教育，使他们在对遵守事项充分了解的基础上提升自己的思想、法律素养。其次，社区矫正机关应当联系所涉及的各个单位、部门、个人，向他们说明法院禁止令的内容，尽量争取他们对禁止令的配合，并建立联络机制。同时，应当充分利用各种现代化手段进行监督管理，节省司法资源。再次，根据《社区矫正实施办法》第12条的规定，对于禁止令确定需批准才能进入的场所或区域，如果犯罪人确需进入的，经过县级司法行政机关批准后，可以进入。这是条变通的规定，旨在赋予矫正机关一定的权力，便于其根据矫正的具体需要灵活安排。最后，根据《社区矫正实施办法》第22条的规定，社区矫正机关如果发现犯罪人违反了监督管理规定或者禁止令的，应该及时调查核实情况，收集证明材料，提出处理意见。社区矫正机关是与犯罪人最贴近的机关，对犯罪人的主观心理和客观行为最为了解，有能力时刻掌握犯罪人的动向。为了提高社区矫正机关的威慑力，赋予其调查取证权及提出意见权，在方便调查违法违规行为的同时，也给了犯罪人较大的警醒，使其遵守禁止令，认真改造。

在禁止令执行过程中，监管力量不足一直是困扰社区矫正机关的大问题，因为它直接关系到禁止令能否执行以及执行的效果。禁止令主要是禁止社区矫正人从事特定活动，进入特定区域、场所，接触特定的人，对其日常生活的介入较深，矫正机关不可能有足够多的人手去监督每一名社区矫正人。例如，禁止进入网吧，基本上靠自律与家教，其他人很难监管，虽然网吧监管部门可对上网人进行身份信息识别，但建立这种身份信息识别系统成本很高，即便建立了，只要矫正人存心去网吧，还是可以想尽办法。至于禁止饮酒，就更是难上加难，没有任何办法可以24小时监控其是否饮酒。[①] 虽然可以动员社区矫正人员的家属协助监督，支持社会化服刑工作，但他们基于个人利益并不会完全履行禁止令的监督责任，特别是对于社区矫正人员违反禁止令的情况，他们更多的时候还是选择包庇。为了应对监管力量不足的问题，很多学者建议增加人手，尤其是增加具有专业知识的高素质社区矫正工作者，这样虽然可以缓解监管力量不足的问题，但我国司法资源的有限性与庞大的犯罪人数之间有着不可调和的矛盾，这并不是解决此问题的长远之道。笔者认为，主要应当从监管手段着手，利用科学的方法及前沿的技术实现司法资源与矫正需要之间的平衡。社区矫正机关可以通过为社区矫正人佩戴电子监控设备、手机定位、电话查访、不定期

① 桑先军:《当代中国非监禁刑执行问题研究》，知识产权出版社2014年版，第104页。

走访等形式监视其是否遵守禁止令，如果存在拒绝佩戴、毁坏电子监控设备、不配合查访、走访或行踪难以确定、欺骗等情形，可以根据社区矫正考核规定对其进行惩罚。另外，为最大限度地节省司法资源并取得更好的效果，社区矫正机关应广泛动员社会力量参与禁止令执行的监督管理，可与社区矫正人的亲友、单位、学校及基层组织等签订矫正协议，或者借鉴保外就医的保证人制度，对社区矫正人施加社区矫正机关之外的监管，实现全面覆盖，协同对其进行预防、教育和监管，以达到禁止令的实际执行效果。①

执行标准模糊是禁止令执行过程中出现的另一个问题，虽然《关于对判处管制、宣告缓刑的犯罪分子适用禁止令有关问题的规定（试行）》具体罗列了“特定活动”、“特定区域、场所”、“特定的人”的常见具体情形，法院的禁止令判决也比较明确，但在实践中仍难以把握。以禁止从事高消费活动为例，达到什么标准才能算高消费，这让社区矫正机关无所适从。如果对禁止令的理解把握过宽，则不当地限制了社区矫正人的自由，且现有的社区矫正资源难以做到。如果对禁止令的理解把握过窄，则起不到实质的作用，甚至会对社会形成较大危险。由于在适用和执行上存在重重困难，为避免因适用禁止令带来的不利后果，法院适用禁止令十分慎重，这也削弱了禁止令制度的效果。对此，各地可以通过制定地方性规范，根据地方经济、社会状况，对禁止令的适用内容加以细化。此外，赋予社区矫正机关一定的自由裁量权，增强地方性规范适用的灵活性、主动性，但同时要充分发挥检察机关对于社区矫正机构禁止令执行活动的监督作用。

六、建立投诉机制

“没有救济就没有权利”，权利人的权利遭受侵害后，应由有

① 苏青：《我国刑法禁止令如何才能令行禁止——兼论与社区矫正的衔接问题》，载《法学杂志》2013 年第 10 期。

关机构在法律允许的范围内采取一定的补救措施，以消除侵害、恢复权利，或者使权利人获得一定的补偿或赔偿。联合国《东京规则》第3.6条规定：罪犯应有权就非拘禁措施执行中影响其个人权利的事宜，向司法机关或其他独立的主管当局提出请求或申诉。对于社区矫正人员也不例外，《社区矫正实施办法》第36条规定，社区矫正人员的辩护、申诉、控告、检举以及其他未被依法剥夺或者限制的权利不受侵犯。司法工作人员应当认真听取和妥善处理社区矫正人员反映的问题，依法维护其合法权益。因此，当社区矫正人员的权利受到侵害时，可以通过民事诉讼、行政诉讼、刑事诉讼等各种司法程序来主张和维护自己的权利。但是，诉讼程序流程复杂、花费巨大、历时较长、举证困难，会中断社区矫正人员的矫正进程，影响社区矫正人员回归社会，因此并不是社区矫正人员面对侵害时的最佳选择。投诉机制又称诉冤制度，是指在行政管理的范围内解决社区服刑人员对社区矫正中有关问题的抱怨或者投诉的工作机制。换言之，投诉机制是通过行政途径正式审理和解决社区服刑人员投诉的过程和程序。①

（一）投诉机制的价值

1. 有效保障犯罪人合法权益。

虽然社区矫正人员拥有一定的自由，但还是要接受矫正机关对其施加的种种限制，进行学习、教育和矫正。在这个过程中，如果矫正机关不当行使权利，侵犯了矫正者的合法权益，如果矫正者无处投诉，或者没有合法的救济途径，那么就会有积怨及对社会的不满，而这是与社区矫正的初衷背道而驰的。设立投诉机制的目的就是保护犯罪人的合法权益。投诉机制的确立，为犯罪人提供了解决其问题的合法途径。通过合法途径就能解决，而不必采用成本较高的诉讼途径或者非法途径，这将在很大程度上降低社会不稳定因素，同时也保障了社区矫正的顺利进行。

① 赵秉志：《社区矫正法（专家建议稿）》，中国法制出版社2013年版，第64页。

2. 效率较高，节省成本。

行政程序本来就具有高效性，集中体现为精简程序环节、减少行政浪费等特点。从性质上来说，投诉机制属于行政救济方法，这种制度的运作主要是通过社区矫正机关内部不同层次或级别的机构和人员来进行的，它提供了一种更灵活的方法，大大提高了解决社区矫正机关和罪犯之间问题的效率，降低了相应的成本。虽然问题的最终解决可能需要通过各级社区矫正机关的共同努力，但是，相比较于诉讼而言，它不需要花费很长的时间，不需要经历诸多繁琐的程序，社区矫正机关方面也可以节省为应诉出庭而需支付的费用，法院可以节省为开庭而支出的成本。而且，这种方式还避免了社区矫正机关和罪犯由于对簿公堂而可能激化矛盾的风险。①

3. 保证社区矫正工作的质量。

之所以要开展社区矫正，主要是为有改造可能性和较大可塑性的罪犯营造一个良好的环境，防止交叉感染，使他们重新做人，回归社会。有利于罪犯改造的环境非常重要，决定着改造的成败，如果罪犯在社区矫正过程中自己的合法权利被侵犯而又投诉无门，或者没有得到较好地处理，他们会质疑整个社会的公平正义，也会对社区矫正机关的工作不信任，这会使他们本已脆弱的规范意识更加脆弱，最终影响改造的效果。投诉机制的价值就在于它使罪犯近距离地感受到公平正义，增强他们的规范意识，使他们感受到社会的温暖，唤起他们矫正完善自身的决心和回归社会的勇气。

4. 促使社区矫正机关改进工作。

投诉机制的设立，对于社区矫正机关而言，是一把悬在头顶的“达摩克利斯之剑”，为了防止罪犯向上级机关继续投诉，社区矫正机关必须认真对待罪犯的诉求，尽快研究解决的方案，满足罪犯的合理、合法要求。另外，投诉机制对于社区矫正机制的完善形成

① 马贵祥、柴晓宇、陈春芳：《论罪犯诉冤制度的建构》，载《兰州学刊》2012年第4期。

倒逼之势，为了缓和罪犯与矫正机关的紧张关系，防止罪犯不断投诉，社区矫正机关会主动关心罪犯的现状，了解存在的问题并力图解决，营造更加良好的改造环境。

（二）投诉机制的建构

1. 明确启动条件，履行告知义务。

联合国《囚犯待遇最低限度标准规则》（SMR）第35条规定：囚犯入狱时应发给书面资料，载述有关同类囚犯待遇、监所的纪律要求，领取资料和提出申诉的规定办法等规章以及使囚犯明了其权利义务、适应监所生活的其他必要资料；如果囚犯为文盲，应该口头传达上述资料。该条款赋予囚犯知情权，旨在使他们能够了解自己的权利义务，运用相关的法律法规保障自己的合法权益。社区矫正投诉机制的建立目的在于给予罪犯保障自己合法权益的工具，而如何使用这把工具，必须要事先告知使用方法，所以要充分保障罪犯的知情权，使他们明白在何种情况下自己的权利被侵犯，以及如何去捍卫自己的权利。

2. 畅通投诉渠道。

关于社区服刑人员的控告、申诉、检举等各项权利，在《社区矫正实施办法》及各地社区矫正法规中只是作了宣言式规定，并没有对投诉渠道、投诉对象、投诉方式、投诉处理等关键事项作出规定。“没有救济的权利不是权利”，社区服刑人员在面对权利被侵害时往往无所适从。英国建立了比较完善的服刑人员诉冤机制，并针对不同服刑人员不同的诉冤情形，为服刑人员诉冤设立了不同的渠道。对于服刑人员的轻微冤情，服刑人员可以通过向监狱官员申诉来解决。为防止监狱的不当干涉，对于服刑人员的重大冤情，则由专门的服刑人员服务中心来解决，并通过程序设置保证服刑人员诉冤的秘密性。同时，建立了针对服刑人员的定时访问制度，设立了专门的访问机构和专门的民政官员对服刑人员的定时访问，听取服刑人员的申诉。[1] 我国可以借鉴英国的经验，在社区矫正机关内指定专人负责接受服刑人员的投诉，并且明确投诉渠道，设置完善的投诉程序。对于重大冤情，可以请求检察机关介入，发挥检察机关的法律监督作用。

3. 社区矫正机关必须在规定时限内答复投诉人。

服刑人员投诉之后，如果有关人员和部门对其投诉可以答复，也可以不答复，那么对于服刑人员来说，没有答复的结果不失为一次打击。这样不但会挫伤其投诉的积极性，而且还可能会从根本上动摇其对监狱公平运作的信心。因此，有关人员和机构对于服刑人员的投诉，应当予以答复。这也是尊重服刑人员基于人所固有的人格的表现。[2] 投诉机制旨在为服刑人员创造出"短、平、快"的争议纠纷解决机制，将相关问题带给服刑人员的消极影响降到最小，保证服刑人员的矫正效果。如果有关人员和部门迟迟不答复投诉人，或者根本不予答复，投诉人则不得不寻求司法救济，这破坏了投诉人对投诉机制以及社区矫正机关的信任，浪费了矫正时间，削弱了社区矫正效果。因此，应该制定出一套基本的流程，规定接受投诉的工作人员必须在特定时间内予以答复，否则将追究其渎职责任。

第三节 违反管理制度的法律后果

一、暂予监外执行人员的收监

《社区矫正实施办法》第 26 条具体规定了暂予监外执行人员收监的情形，分别为：不符合监外执行条件的、脱管的、受到治安管理处罚仍不改正的、受到司法行政机关 2 次警告仍不改正的、不

① 王彬：《程序正义视野下的受刑人权利保护》，载《公安研究》2008 年第 7 期。
② 郭建安：《联合国监狱管理规范概述》，法律出版社 2001 年版，第 174 页。

提交病情复查情况且被警告后拒不改正的、暂予监外执行情形消失后刑期未满的、欠缺保证人的、有其他违法违规行为且情节严重的。该条还赋予社区矫正机关向批准、决定机关提出收监执行的建议权。《社区矫正实施办法》没有规定具体的暂予监外执行人员违反管理制度的收监流程，《北京市社区矫正实施细则》第43条规定得较为详细，由居住地区县司法局向作出决定的人民法院或者矫正人员服刑的监所提出建议书，区县司法局向人民法院或者服刑监所移送包括收监执行建议书在内的案卷材料，批准、决定机关自收到收监执行建议书之日起15日内依法审批或者作出决定，并将审批、决定结果在暂予监外执行期满前送达区县司法局。区县司法局将收监执行建议书和批准、决定机关的决定书或通知书同时抄送社区矫正人员居住地区县人民检察院和公安分局。

（一）暂予监外执行人员收监的难点问题

1. 条款规定不明确，难以把握。

虽然《社区矫正实施办法》已经规定了暂予监外执行人员收监的情形，但个别条款规定笼统，不好把握。例如，“受到治安管理处罚”具体是指何种程度的处罚？治安管理处罚种类的程度从警告到拘留，处罚情形严重程度从制造噪音到殴打伤害他人，跨度太大，不论何种程度的治安管理处罚均纳入收监情形，有失公正。再如，“仍不改正”具体是指犯过错误之后继续在行为上犯错，还是虽然没有在行为上犯错，但在思想观念上拒不转变？如果思想观念上的“仍不改正”可以被视为“仍不改正”，那如何对思想观念作出准确判断？有何标准？另外，在“其他违反有关法律、行政法规和监督管理规定，情节严重的”的规定中，“法律、行政法规和监督管理规定”的范围过于广泛，无论是刑事、民事还是行政，都可以被包含进去，“情节严重”也缺乏具体的衡量标准。这些问题都给收监执行带来了困惑。

2. 病情复查要求较高。

《社区矫正实施办法》第11条规定，保外就医的社区矫正人员还应当每个月向司法所报告个人身体情况，每3个月向司法所提交病情复查情况。第26条规定的收监情形中，包含了“保外就医期间不按规定提交病情复查情况，经警告拒不改正的”情形。病情复查的规定不明确，操作起来不统一，有的是病情诊断书，有的是处方证明，到底适用哪一级医疗机构的复查，各地规定也不统一。如果要求必须是县级以上人民政府指定的医疗机构，每3个月做一次全面复查，对于特殊病情或者鉴定费用较高的情况，会使很多犯人本就不好的经济状况雪上加霜。同时，很多犯人为了继续保外就医，会制造虚假的病情复查报告，破坏了暂予监外执行制度的严肃性。

3. 刑罚正义与现实考量的矛盾。

虽然暂予监外执行人员因为某种原因而符合收监条件，但在实践中仍会发生种种矛盾，使司法机关难以抉择。例如，重庆市綦江区社区矫正人员张某哺乳期满，其丈夫系同案犯已投入监狱服刑，家中尚有因患重型颅脑损伤生活不能自理的张某的公公，张某目前系其家庭的主要生活支柱，本身无多少生活来源，张某一家人目前因张某外出到江北区务工而租房居住。綦江区司法局拟提请将张某收监执行，原判人民法院表示，张某收监执行后其公公、小孩的生活困难问题应当提前协调解决，以免收监执行裁定下达后无法执行。目前，张某的收监执行问题已引起了区委政法委和重庆市司法局的高度重视。[①] 在该案例中，如果将张某收监执行，其家庭生活将面临实际困难，会影响社会的安定。

（二）暂予监外执行人员收监的完善建议

1. 完善法律规定。

应尽快出台统一的《社区矫正法》，解决《社区矫正实施办法》中规定不细、操作不便的问题。对于收监情形的理解，应当

① 刘强、姜爱东：《社区矫正评论》（第四卷），中国人民公安大学出版社2014年版，第171页。

秉持形式解释与实质解释兼顾的原则，将那些故意违反监外执行规定，且主观上拒不改正、矫正难度较大的罪犯收监执行，给那些虽然在客观上违反了监外执行规定，但程度较轻，且主观上有积极改造意愿的罪犯继续监外执行的机会，以观后效。对于较为笼统、裁量范围过大的规定予以细化处理，通过制定标准、列举等形式尽可能地为司法机关提供明确、可操作的规范。以北京市为例，《北京市社区矫正实施细则》第 41 条将“受到治安管理处罚的仍不改正的”换成了“被行政拘留、司法拘留、强制隔离戒毒的”，缩小了治安管理处罚的范围，且具有刚性，不至于使收监条件过于苛刻，也方便了司法机关的具体操作。

2. 认真开展病情复查监督。

为了做好并有效监督暂予监外执行人员的病情复查工作，各地司法行政机关采用了多种有效措施。例如，福州市鼓楼区司法局邀请医学专业人员成立鼓楼区社区矫正奖惩委员会病情审核小组，对社区服刑人员提交的疾病证明材料进行审核、研判。弥补了司法所工作人员在医学方面的专业知识短板，杜绝了社区服刑人员疾病造假问题。每季度对社区服刑人员提交的病情诊断，安排社区矫正奖惩委员会病情审核小组复查，完善了疾病诊断工作。另外，每年组织病情复查，组织社区服刑人员前往指定医院进行病情诊断，保障暂予监外执行工作严格依法规范进行。① 再如，安徽省桐城市司法局通过指定病情复查医院，掌握了暂予监外执行人员的真实病情的检查方式，避免出现伪造病历、弄虚作假的现象。此外，对于暂予监外执行罪犯提交的病情报告，由社区矫正执法大队会同司法所及时到相关医院进行复核，通过比对诊断证明、检查检验报告单、就医记录、走访询问相关主治医师等方式，详细了解暂予监外执行罪

① 《首次组织暂予监外服刑人员病情复查，促进社区矫正规范化》，载福州市鼓楼区司法局网站，http：//www. gl. gov. cn/Site/sfj/ArticleShow. aspx？articleid = 692495。

犯的病情，根据病情变化及时调整矫正工作方案。[①] 又如，广东省清远市还充分利用检察监督职能，对暂予监外执行的病情复查工作进行监督，取得了较好效果。[②]

3. 积极完善救助渠道，实现“情”与“法”的结合。

对于有家庭特殊困难且收监执行的社区矫正人员，在严格执行法律规定的同时，要做到“情”与“法”的结合，从人道主义的角度出发，建立健全救助机制。可以适当降低社区服刑人员的低保办理标准，为他们提供标准及程序上的便利，便于社区矫正工作的顺利开展，也为他们回归社会做好准备。另外，应当做好社会帮扶工作，由民政部门牵头，司法行政部门协调配合，利用各种救助资源，对于无亲可投的社区矫正人员家属实施救助。

二、对在社区矫正期间脱逃的处理

《社区矫正实施办法》第 19 条规定：社区矫正人员脱离监管的，司法所应当及时报告县级司法行政机关组织追查。第 35 条规定：司法行政机关应当建立突发事件处置机制，发现社区矫正人员非正常死亡、实施犯罪、参与群体性事件的，应当立即与公安机关等有关部门协调联动、妥善处置、并将有关情况及时报告上级司法行政机关和有关部门。《暂予监外执行》第 25 条规定：被决定收监执行的罪犯在逃的，由罪犯居住地县级公安机关负责追捕。公安机关将罪犯抓捕后，依法送交监狱、看守所执行刑罚。关于脱逃的后果，《刑事诉讼法》第 257 条规定：罪犯在暂予监外执行期间脱逃的，脱逃的期间不计入执行刑期。

（一）脱逃与脱管的区别

脱管，是指罪犯未经批准擅自离开居住区或未按规定报告自己

① 《市司法局抓好暂予监外执行人员病情复核工作》，载桐城新闻网，http://www.tcnews.cc/system/2016/04/15/010691260.shtml。

② 《市检察院组织 19 名监外执行罪犯复检病情》，载广东省政府门户网，http://www.gdqy.gov.cn/gdqy/400zwyw/201406/e25b3117f5b34900a64414e0732e5784.shtml。

的活动情况。从本质上说，脱逃也是脱管的一种形式，是脱管中较为严重的类型。脱逃与一般脱管的区别主要包括：①主观心理不同。脱逃者一般主观恶性较大，完全不想履行社区矫正期间的义务，企图脱离社区矫正机关的控制，不配合刑罚的执行。一般脱管者有些是因为缺乏矫正意识而脱管，还有很多脱管甚至有着不同程度的合理原因，如因过失而脱管、因生计而脱管、因居住地与户籍地不一致而脱管等。一般脱管者经批评教育，通常都能意识到自己的错误并努力改正，可责性较小。而脱逃者会千方百计地避开社区矫正机关的注意和追查，还往往认为自己没有罪行或罪行较轻，不至于被判处刑罚，归案后认罪态度恶劣。②行为方式不同。脱逃的重点在于“逃”，在这一点上，脱逃与脱逃罪的意思相同，即都是积极主动地采取各种方式逃出自己受到控制的区域，企图永远不再被监管和控制。而一般脱管者并不会想到逃跑，很多是因为执行不能而脱管，如正在暂予监外执行的贩毒者违反规定再次贩毒吸毒。甚至是因为司法行政机关监管不力而脱管，如司法所人手不够，基本不管的情形。③查找难易程度不同。脱逃者的意图在于永不处于监管之下，故一定会想尽办法隐藏自己，与司法机关周旋，查找难度较大，司法行政机关需要借助公安机关进行追捕。因过失而脱管的罪犯自不必提，即便意识到自己脱管的罪犯在接到司法机关的到案要求时一般不会一逃到底，如果继续负隅顽抗，逃避监管，那么就转变成了脱逃者。

（二）脱逃行为应否适用脱逃罪

很多学者认为，在社区矫正期间脱逃的，触犯了脱逃罪。有学者认为，保外就医期满故意不归应构成脱逃罪。① 也有学者认为，被依法判处管制、拘役、有期徒刑缓期执行或假释、监外执行的罪

① 刘超：《保外就医期满无故不归怎样定性》，载《人民检察》2006 年第 4 期。

犯，也可以成为脱逃罪的主体。[①] 还有学者甚至建议设立“潜逃罪”，认为嫌疑人实施犯罪后潜逃外地，逃避侦查、起诉、审判、逃避惩罚的行为称为潜逃。潜逃行为具有危害性，为了惩罚该行为，在刑法上有必要设立潜逃罪。[②] 笔者认为，脱逃行为不应当被犯罪化。首先，应当恪守刑法的谦抑性原则。刑法作为最后一道防线，不到万不得已不得轻易适用，动辄将某一行为诉诸刑法，另立新罪名，是刑法万能思想的体现。行为入罪的基本条件是其社会危害性较大，已达到刑法处罚的标准。虽然罪犯拒不配合矫正，将自己置于矫正机关的控制监管范围之外，但大部分罪犯并没有继续危害社会，很多罪犯只是为了摆脱束缚，有的甚至对社会作出了贡献。另外，既然能够适用非监禁刑，说明他们的人身威胁性不大。在这种情况下，将脱逃视为犯罪行为，有滥用刑法之嫌。如果设立潜逃罪，那么事后行为不评价理论将被打破，任何犯罪如果没有自首或当场被抓获，都会以某罪与潜逃罪数罪并罚，这是荒谬的。其次，脱逃罪的主体是被关押的罪犯，保护的是正常的监禁秩序及社会安全，而社区矫正服刑人并没有在押，且人身危险性远不如在押的罪犯，如果将两者等同对待，则违背了罪责性相适应原则。如果将这一逻辑扩大适用到刑法分则的所有罪名，则公安机关的行政处罚便失去了适用的空间，所有违法行为都成了犯罪行为。

三、对再犯罪的处理

根据《社区矫正实施办法》第 35 条的规定，司法行政机关应当建立突发事件处置机制，发现社区矫正人员实施犯罪的，应当立即与公安机关等有关部门协调联动、妥善处置、并将有关情况及时报告上级司法行政机关和有关部门。司法行政机关和公安机关、人

---

① 吕晓华、孙开元：《脱逃罪主体问题之我见》，载《新乡教育学院学报》2007 年第 2 期。

② 施斌：《建议在〈刑法〉中增设潜逃罪》，载《河北法学》1998 年第 5 期。

民检察院、人民法院建立社区矫正人员的信息交换平台，实现社区矫正工作动态数据共享。公安机关负有打击犯罪的义务，是主要的侦查机关。社区矫正人员再犯罪的，为了保护社会，防止危害结果的发生，司法行政机关应当立即与公安机关等机关协调配合，提供涉案服刑人员的相关情况，帮助相关机关及时查明案件并有效管理犯罪嫌疑人。

有论者认为，司法行政机关在社区服刑人员再犯罪时可以采取下列措施：①核查事实，查明涉案社区服刑人员；②对涉案的社区服刑人员实施重点监控，防止事态恶化；③运用教育疏导方法，稳定涉案社区服刑人员思想情绪；④组织抢救伤者、保护现场等。[①] 笔者赞同上述做法。此外，还可以采取其他措施：①重点保护社区居民安全。社区服刑人员是在社区内开展矫正的，虽然有利于其尽快回归社会，但也对社区居民的安全造成了威胁。在社区服刑人员再次犯罪时，应首先告知公安机关，并协同公安机关做好相关社区的安全保卫工作，但要采取有效措施将不利影响降到最低。②根据之前的风险评估与需要评估结果，结合社区服刑人员最近一段时间的表现，进行综合研判，为公安机关查处犯罪提供协助。③做好舆论引导工作。没有任何事物是绝对成功的，特别是对于试行不久的社区矫正工作而言。为了防止引起社区居民的恐慌，以及对于社区矫正工作的不合理抵制，应当按照社会公共突发事件宣传报道工作的相关规定和要求，决定是否对外发布信息。需要对外发布的，应当拟定信息内容，组织宣传报道，正确引导社会舆论。④在处理完再犯罪事件后，社区矫正机关应当认真反思自己工作的失误，进行仔细的调研，并形成详细的书面报告，防止出现类似事件。

四、出境管理

根据《出境入境管理法》第 12 条的规定：被判处刑罚尚未执

① 葛炳瑶：《社区矫正导论》，浙江大学出版社 2009 年版，第 124 页。

行完毕或者属于刑事案件被告人、犯罪嫌疑人的，不准出境。根据《刑法》关于管制犯、缓刑犯、假释犯义务的规定，上述罪犯离开所居住的市、县或者迁居，应当经执行机关、考察机关、监督机关批准。根据《关于适用〈中华人民共和国刑事诉讼法〉的解释》第433条的规定，暂予监外执行的罪犯未经批准离开所居住的市、县，经警告拒不改正，或者拒不报告行踪，脱离监管的，应当被收监执行。可见，我国社区服刑人员经过有权机关批准，可以离开居住地，但决不允许出境。对于外国公民而言，根据《出境入境管理法》第28条的规定，如果被判处刑罚尚未执行完毕或者属于刑事案件被告人、犯罪嫌疑人的，不准出境。但是按照中国与外国签订的有关协议，移管被判刑人的除外。可见，外国人一般也是不准出境的，但移管被判刑人的情形除外。

很多地方都建立了司法行政机关与公安机关的联动机制，加强两者的配合。对于持有出入境证件的，予以扣押或办理边控，社区服刑人员拒不交出的，由公安机关出入境管理部门宣布其出入境证件作废。通过这些措施，保证了社区服刑人员能在司法机关的控制下顺利完成矫正，防止了境外脱逃的发生。例如，烟台市司法局每月向区公安出入境管理部门通报新增加的社区矫正人员的有关信息。在社区矫正人员办理报到、入矫手续时，填写《法定不批准出境人员通报备案通知书》并及时送达公安部门，再由公安部门办理不准出境人员报备手续。在矫正期间内，对仍持有出国护照、港澳通行证、大陆居民往来台湾通行证的，及时通知公安机关予以扣押。对持有外国护照的社区矫正人员，及时通报公安边防检查机关。通过上述措施，有效阻止了正在社区服刑的人员非法离境，防止其脱离社区矫正机构的监管。[1] 例如，淮北市司法局在接收到社区矫正人员后，于5日内填写了《法定不批准出境人员通报备案

① 《社区矫正人员不准出境报备机制建立》，载烟台日报传媒集团网站，http://www.shm.com.cn/ytwb/html/201509/11/content_3126678.htm。

通知书》，报送市公安局出入境管理科备案。限制出境期限与矫正期限相一致，期满自动解除出境限制。公安机关在审核通报备案数据时，应核查备案对象是否已取得因私出入境证件，对取得有效出入境证件的，应及时通报辖市（区）司法局，由辖市（区）司法局通知司法所要求当事人交出证件。当事人拒不交出的，市（区）司法局可提请公安机关出入境管理部门宣布当事人的出入境证件作废。社区矫正对象在限制出境期限内申办出国出境证件的，公安机关除不予批准外，还应及时将相关情况通报给备案的司法行政机关。① 例如，佛山市规定矫正人员在矫正期间不得出境，而且矫正人员应当将持有的出境证件交给区司法局代管。在矫正期满后，代管机关应将出境证件归还矫正期满人员。一旦发现矫正人员隐瞒持有出境证件的，或不将持有出境证件交给区司法局代管的，将视为不服从社区矫正机关管理，将交由区司法局并予以警告处罚。②

---

① 《淮北市社区矫正人员出入境有新规》，载安徽新闻网，http://ah.anhuinews.com/system/2014/05/04/006416744.shtml。

② 《佛山市司法局、市公安局联合加强矫正人员不批准出境通报备案工作》，载广东省司法厅网站，http://www.fsonline.com.cn/2013/0713/62440.shtml。

第六章　教育矫正

第一节　入矫教育

《社区矫正实施办法》第15条是入矫教育的根据，要求社区矫正人员参加公共道德、法律常识、时事政策等教育学习活动。入矫教育是社区矫正对象入矫后接受教育矫正的第一课，也是社区矫正机构依法矫正社区矫正对象、使其成为守法公民的第一个环节。矫正对象在刚刚开始社区矫正时，对社区矫正的情况和有关法律、法规、政策不了解，对社区矫正的性质、价值等缺乏认识，不知道如何看待和利用社区矫正。入矫教育作为矫正对象的启蒙课，能够有效解决上述疑问，为社区服刑人员打开矫正大门。

一、入矫教育的意义

（一）使矫正对象稳定情绪、打消疑虑，为社区矫正打好思想基础

社区矫正对象由于经过了一系列刑事诉讼程序，受到的打击较大，情绪波动剧烈。加之对社区矫正的了解不多，很多社区矫正对象往往背上沉重的包袱，很难安下心来配合教育矫正。入矫教育的首要目的就是通过法律法规及政策的宣传，社区矫正目的、性质及流程的介绍，使矫正对象认识到社区矫正是一项文明的刑罚，体现了国家和社会对他们的宽容、挽救与帮助，社区矫正不是一味的惩罚，主要是为了使他们重返社会，获得正常生活的能力。通过教育，促使他们认清政策、打消顾虑，消除悲观情绪，树立矫正的信

心和勇气。

（二）纠正、深化矫正对象对于社区矫正的认识，激发矫正积极性

社区矫正在我国开展时间不长，很多人对社区矫正缺乏正确的认识，矫正对象亦不例外。有的矫正对象认为社区矫正等同于刑满释放，自己与普通人无异，因此反感矫正机关对他们的严格管理和纪律约束。有的矫正对象认为在社区服刑很丢人，担心社区对他们的鄙视，因而比较消极。有的矫正对象甚至认为自己无罪。要纠正上述错误观念，必须通过系统的入矫教育，使他们充分认识到社区矫正刑罚的不可抗拒性，真正理解教育矫正和严格管制对于把他们矫正成为守法公民的重要作用，使他们懂得不接受社区矫正教育，就会破坏自己重返社会的进程，极有可能再次犯罪。从而使他们将社区矫正视为自身完善提高的有效方式，进而积极配合矫正，努力回归社会。

（三）全面了解矫正对象各方面的情况

入矫教育是正式开展社区矫正的第一步，要想掌握社区矫正教育的主动权、提高社区矫正教育的质量，就应掌握社区矫正对象的基本情况及特点、专长。[①] 很多地方的矫正机关通过谈话、走访、电话联系等方式，对矫正对象的成长背景、犯罪过程、犯罪原因及动机、性格特点、经济状态、教育程度等有了一个较为全面的了解，并结合矫正计划，对每名矫正对象的教育矫正情况作出预测，以开展有针对性的教育、管理，为做好常规教育阶段的安全控制工作、维护矫正秩序、提高教育矫正质量，打下了良好的基础，创造了有利的条件。[②]

① 胡配军：《社区矫正教育理论与实务》，法律出版社 2007 年版，第 129 页。

② 王祖清、赵卫宽：《罪犯教育学》，金城出版社 2003 年版，第 285 ~ 287 页。

二、入矫教育的内容

根据北京市《社区服刑人员分类管理分阶段教育实施方案（试行）》及《社区服刑人员教育工作暂行规定》的规定，北京采取分阶段教育的方式，将教育矫正过程分为初始教育、常规教育和解矫教育。初始教育主要为入矫教育，其目标是促进社区矫正对象适应社会，在认罪服法的基础上服从矫正组织的管理教育。初始教育阶段为接受矫正后的2个月，教育内容主要包括：认识什么是社区矫正、认识为什么要接受社区矫正、认识如何接受社区矫正。主要教育方法以个别教育为主，具体方式有发放学习资料、个别谈话与辅导、电话交流、家庭走访等。[①] 根据上海市《关于加强和规范社区矫正教育学习工作的意见》，社区服刑人员矫正宣告后的3个月为矫正开始阶段，教育内容包括：①认罪服法教育。根据社区服刑人员的案由、刑罚种类及矫正期限，引导其正确认识所犯罪行的社会危害性，增强在刑意识。②社区矫正告知教育。根据分类矫正的有关规定，告知集中教育、个别教育、情况汇报、公益劳动的规定和要求，强调社区服刑人员外出请销假的有关规定和要求，告知社区矫正工作有关日常行为奖惩和司法奖惩的规定及实施办法等。③心理健康教育。通过心理量表测试，了解、掌握社区服刑人员的心理状态。教育、帮助社区服刑人员调节心理状态，重点帮助社区服刑人员渡过回归社会的心理适应阶段。根据江苏省《社区服刑人员教育矫正办法》的规定，县级司法局、司法所应当在社区服刑人员报到登记后1个月内，对其进行入矫教育。入矫教育包括社区矫正法律法规教育、权利义务教育、认罪悔罪教育、遵纪守法教育等。江苏省还发布了《江苏省社区矫正对象须知》，详细解答了什么是社区矫正，社区矫正的目的是什么，社区矫正工作的主要任务有哪些，社区矫正对象可以享受哪些权利、必须遵守哪些规定等

① 王平：《社区矫正制度研究》，中国政法大学出版社2014年版，第342页。

问题。综合各地有关入矫教育的内容来看，入矫教育的内容主要是“2W1H”教育：首先是社区矫正知识教育，解决“什么是社区矫正”（What）的问题，如江苏省各矫正点使用的《江苏省社区矫正对象须知》便符合这一特点。其次是使矫正对象认识自己行为的社会危害性，知道“为什么要接受社区矫正”（Why）的问题，进行认罪服法教育。此外，还要为矫正对象解决“如何进行社区矫正”（How）的问题，主要突出规范养成教育。[①] 通过一系列社区矫正常识、规定、纪律、认罪服法等内容的学习教育，消除矫正对象的疑虑、恐惧、抵触和侥幸等思想，使他们服从社区矫正工作人员的管理并尽快适应社区矫正这一特殊的矫正和生活环境，顺利地进入转化思想、矫正恶习、学习知识技能的下一个教育矫正阶段。

第二节　日常教育

日常教育是社区矫正的主干部分，其历时较长、教育内容丰富、过程复杂，影响较深。因此，在社区矫正中，应特别注重日常教育。

一、日常教育的原则

（一）因人施教、突出重点原则

社区服刑人员来源较为多样化，有被判处管制、缓刑、剥夺政治权利的，有被裁定假释、暂予监外执行的。有的涉嫌暴力型犯罪，有的涉嫌经济型犯罪。多样化的背景，使得日常教育不能搞“一刀切”，必须因人施教，根据每名社区服刑人员的不同情况和特点，采取不同的教育内容和方法，进行有针对性的教育。《社区矫正实施办法》也肯定了这项原则，其第 17 条规定：根据社区矫

① 张玉萍、王年生：《对社区矫正对象分阶段教育之探析》，载《淮海工学院学报（社会科学版）》2007 年第 3 期。

正人员的心理状态、行为特点等具体情况，应当采取有针对性的措施进行个别教育和心理辅导，矫正其违法犯罪心理，提高其适应社会能力。为此，必须加强调查研究，通过走访、座谈、查阅档案等方式深入了解和掌握每名社区服刑人员的实际情况，并在此基础上制定个别教育方案。另外，虽然要开展全面的教育活动，但社区服刑人员有不同的犯罪性质和特点，每名社区服刑人员对于教育的需求也不同，要在教育的内容和方法等方面，进行兼具针对性、层次性的教育，突出重点，放弃徒具形式的教育，既节省了司法资源，又取得了较好效果。

（二）循序渐进原则

日常教育与入矫教育不同，入矫教育只是让社区服刑人员对于社区矫正的性质、目的及意义有一个大致的理解，稳定情绪，为下一个阶段的教育做好铺垫。因此，入矫教育通常呈现出“扁平化”的特征，即时间较短、内容较为全面但不深刻，着眼于速成。而日常教育通常时间较长，除去入矫教育与解矫教育的时间，剩下的大部分时间都用于日常教育，日常教育是整个社区矫正的主干，肩负着社区矫正成败的重任，其时间跨度更广、结构更复杂，对社区服刑人员的磨炼更深刻、对社区矫正人员的要求更高。因此在日常教育中不能盲目求快，必须有计划、有步骤、有系统地进行。不论是思想道德教育、法治教育、心理健康教育还是职业技能教育，都必须坚持由浅入深、由易到难、由简到繁，使教育进程适应社区服刑人员的接受能力和理解能力。[1] 在日常教育过程中，还要时刻留意社区服刑人员对于教育内容的学习、消化、吸收情况，根据不同社区服刑人员的学习能力调整进度，对于难点问题要讲深讲透、以理服人，使社区服刑人员将学习内容真正内化于心、外化于行。此外，在社区服刑人员中，有些人文化水平较低，学习能力、接受能

① 欧渊华：《社区服刑人员教育矫正理论与实务》，中国法制出版社2016年版，第47页。

力较弱，有些人在学习过程中出现了反复，有些人甚至本能地排斥、抵触教育，社区矫正人员必须具备坚忍不拔的意志及持之以恒的精神，这是社区矫正教育取得较好效果的保证，同时也对社区服刑人员起到了无形的示范作用。

（三）教育监管相结合原则

社区矫正归根结底是一种刑罚执行方式，因而不可避免地具有刑罚性，在社区矫正日常教育过程中，如果没有监管，则教育便失去了保障，教育效果值得怀疑，因此，对社区服刑人员的监管不能放松，且应当进行类型化管理。正确的分类对于社区服刑人员的教育裨益良多。对于罪行较重、人身危险性大的社区服刑人员，应当通过种种方式严格管理，监督其自觉配合矫正机关接受教育。罪行较轻、人身危险性小的社区服刑人员，一般具有较高的自觉性与主动性，能够积极配合矫正机关的教育活动，只需宽松管理即可。如果没有良好的风险评估和正确的分类，则无法为教育活动提供保障，为脱管、漏管乃至再次犯罪埋下隐患。例如，浙江省对社区矫正对象进行分级管理、分类教育，管理级别分为三级四等，即严管、普管和二级宽管、一级宽管。对于不同的管理等级，司法所实行不同的矫正处遇。同时还实行累进制度，社区服刑人员通过自己的良好表现，可由严管升级到宽管。这种结合监管实行分级分类的教育矫正方式，能有效防范社区服刑人员重新违法犯罪，实现教育矫正针对性和安全性的双重结合。

（四）教育的社会性原则

不同于监所教育，社区矫正的显著特点就在于将犯罪人置于社区内开展教育矫正，参与主体的社会化、教育环境的社会化、教育项目的社会化正是社区矫正的优势所在。这样做的目的就是利用社区开放、平等的环境及社区的教化、经济生活、社会福利保障等功能，不至于将犯罪人与社会分隔开，避免交叉感染以及出狱后与社会脱节，快速使犯罪人回归社会。我国目前已形成了司法行政机关牵头，多部门和各类社会力量广泛参与的主体参与格局，通过社会工作者、志愿者以及相关人员的参与，对社区服刑人员进行心理矫治，职业培训等。为了营造社会化的教育环境，司法行政机关要主动与民政等相关部门联系，将社区矫正纳入社区建设规划中，社区的集体活动要积极吸纳服刑人员参与，做到社区集体活动社区成员“一个都不能少”。在制定矫正方案时，司法行政机关要注意方案与社区的联系，充分利用社区各项资源开展各种教育活动。例如，在矫正方案中要求服刑人员对社区绿地进行维护、对健身器材进行修理、对老人进行照顾，改变社区居民对服刑人员的成见。带领矫正对象参加社区体育活动比赛，让矫正对象在比赛中学习与竞争对手相处及与本团队成员的团结，学习在社区营造良好的人际关系。让服刑人员深入到社区企业、农村的田间地头进行劳作，体会劳动的艰辛。①

二、日常教育的内容

（一）思想道德教育

犯罪形成的原因是多方面的，其中一个很重要的原因在于犯罪人人格的残缺及道德的堕落。一个社会所共享的道德规范对于该社会的存在而言是必要的，而用法律来强制推行这些道德规范的正当理由也非常简单，那就是法律应该被用于维护任何对社会的存在而言非常重要的东西。② 开展思想道德教育有助于健康人格的形成，有助于防止反社会倾向的出现，有助于抑制不良动机，将犯罪苗头遏制在萌芽阶段。通过思想道德教育，可以逐步引导社区服刑人员改正恶习，唤醒其公德意识，重新建构自己的世界观、价值观、人生观。思想道德教育的素材很广泛，无论是中华传统美德、革命先烈的光荣事迹还是社会主义核心价值观，都可以作为教育材料。例

---

① 卢向群：《社区矫正教育模式创新刍议》，载《山西政法管理干部学院学报》2015 年第 3 期。

② ［英］H. L. A. 哈特：《法律、自由与道德》，支振锋译，法律出版社 2006 年版，第 2 页。

如，陕西省司法厅协同省委宣传部组织对社区服刑人员开展“日行一善，以善养德”主题教育活动，进行社会主义核心价值观、优秀传统文化学习教育，引导他们撰写心得体会、实践善行善举，培养良好道德风尚。[①] 在进行思想道德教育时，还要注意社区服刑人员的个性特征及优缺点，开展有针对性的思想道德教育。例如，盗窃犯人虽然孝敬父母、与人为善，但好逸恶劳，整天幻想不劳而获。可以针对其特点开展热爱劳动、尊重劳动的教育，使其懂得一分耕耘一分收获的道理，学会自食其力，尊重他人的劳动成果。

（二）法治教育

社区矫正作为一种刑罚执行制度，着力使犯罪人顺利重返社会，而重返社会的前提是犯罪人要形成公认的规则意识、法律意识，认识到自己能做什么、不能做什么，这样才能真正认识到自己的错误，了解社会规则，避免自己重蹈覆辙。很多社区服刑人员犯罪的原因也正是由于法治意识的极度欠缺，故对社区服刑人员开展法治教育势在必行。法治教育分为三个阶段：在第一个阶段，对社区服刑人员进行以法概念、法意识、依法治国为内容的教育，使他们认识到什么是法、法有什么作用、为什么要守法，形成基本的规范意识及对法律的敬畏。在第二个阶段，要开展以《刑法》、《刑事诉讼法》、《社区矫正实施办法》及当地社区矫正法律法规或规范性文件为主体，以《劳动法》、《物权法》、《婚姻法》等与日常生产生活息息相关的法律常识为辅的法治教育，使社区服刑人员了解上述法律的性质、功能，引导社区服刑人员用法治思维解决问题、用法治方式维护合法权益，提高法律意识和法治观念。在第三个阶段，引导社区服刑人员将上述法律知识与自身的法律问题相结合，更深刻地认识自己行为的社会危害性，更好地反省自己，在潜移默化中树立较强的规范意识和是非观念，达到“内化于心”的

① 高贞、戴艳玲、安文霞：《我国社区服刑人员教育矫正探索与实践》，载《首届浙江台州社区矫正论坛资料汇编》第167页。

法治教育效果。

（三）心理健康教育

健康不仅仅是躯体上没有疾病，而且要有完整的生理、心理状态和社会适应能力。犯罪的原因是多方面的，人格的缺陷及心理疾病是其中相当重要的因素。社区服刑人员大多存在各种各样的心理问题，如抑郁悲观、自暴自弃、冷漠消极、自我封闭、仇视社会、对抗矫正等。准确的判断心理问题并采取有效措施予以矫治，对于社区矫正的顺利开展、社区服刑人员社会危险性的排除乃至最终回归社会都大有裨益。监狱服刑人员的心理健康教育开展得较早。2003 年司法部《监狱教育改造工作规定》规定：监狱应当开展对服刑人员的心理矫治工作，心理矫治工作包括心理健康教育、心理测验、心理咨询和心理疾病治疗。随着社区矫正的展开，社区服刑人员作为服刑人员的一类，也有开展心理矫治的必要，在日常教育阶段则主要体现为心理健康教育。《社区矫正实施办法》第 17 条也肯定了心理健康教育的必要性，认为应当对矫正社区服刑人员开展心理辅导。

不同类型的社区服刑人员所需要的心理健康教育不同，与管制犯、缓刑犯及剥夺政治权利犯不同，假释犯与暂予监外执行犯由于长期在监所服刑，封闭的监所环境及恶劣的学习交往环境使得他们的个性心理和社会心理的正常发展受到阻碍。再加上“标签效应”的影响，他们会产生自卑消极等不良情绪，且会产生对负面形象的自我认同，从而再次走上犯罪的道路。因此，需要对假释犯与暂予监外执行犯予以特别关注，应当充分发挥社会力量的作用，调动周围的学校、医疗机构等资源，帮助其开展心理咨询与治疗工作。通过多种形式，有针对性地对他们进行心理健康教育，提供心理咨询和心理矫正，从而促使其顺利回归和融入社会。①

① 吴宗宪、蔡雅奇、彭玉伟：《社区矫正制度适用与执行》，中国人民公安大学出版社 2012 年版，第 170 页。

（四）职业技能教育

职业是个体联结社会的纽带，是社会人赖以在社会立足的基础。职业的获得不仅仅使个体获得社会生活的物质保障，更重要的是能使个体形成获得社会认同的社会心理。不稳定或者贫困的经济状况除了是犯罪的诱因之一，也使得社区服刑人员在重获自由之后面临再次犯罪的深渊。职业技能教育的目的是谋个性之发展、为个人谋生之准备、为个人服务社会之准备、为国家及世界增进生产力之准备。[①] 开展职业技能教育，是行刑社会化的必然要求，是对社区服刑人员关怀的重要举措，也是社区服刑人员的迫切要求。职业技能教育要以社会发展的状况为背景，以社会就业现状为前提，以市场为导向开展，同时仔细考察社区服刑人员的年龄、学历、已有技能、主观意愿等，进行有针对性的职业技能教育。职业技能教育跨度较广，涉及农业生产技术培训、工业生产技术培训、服务产业职业技术培训等领域，社区矫正机关本身一般无法满足职业技能教育的需求，需要与当地社会企业、职业技术培训机构、劳动保障部门、人才市场、职介所、高校等机构建立长期合作关系，充分利用社会资源，及时了解社会需求，掌握就业信息，举办针对性、实用性较强且灵活多样的职业技术教育课程。

三、日常教育的形式

当前，日常教育的形式主要包括集中教育、分类教育与个别教育。集中教育是指一名教育者同时对多名社区服刑人员开展的教育活动，这是我国社区矫正中最常见到的教育矫正方法。在进行这类教育活动时，往往将较多的社区服刑人员集中到一个特定的场所中，由一名教育者讲解有关内容、宣读有关材料、发表有关讲话等，而作为受众的社区服刑人员则集体聆听教育者的口头讲述，接受教育者发布的教育信息，从而增加对有关问题的认识，增强他们

① 周明星等：《职业教育学通论》，天津人民出版社 2002 年版，第 155 页。

的法纪观念，转变他们的思想和行为。[1] 集中教育有提高效率、节约资源、感染力强等优势，但存在着以下缺陷：①针对性不强。不同的社区服刑人员对教育有不同的需求，由于“众口难调”，以宣读式教育为主的集中教育充其量只能满足一些共性需要或少部分社区服刑人员的需要，而这种效果是远远达不到日常教育的要求的。②灵活性不足。很多社区服刑人员都有自己的工作、生活安排，相互之间往往没有太多交集，时间上也难以统一。如果采取“上大课”的方式统一讲授课程，人一般到不齐，这削弱了集中教育的效果。③没有即时反馈，教育效果难评估。在集中教育中，由于人多、内容具有共性且浅显等因素，受教育者难以形成巨大共鸣，不能真正深入内心、产生震动。即便有个别受教育者产生了某种共鸣，受到了感染，教育者在教育过程中也难以发现他们的外在表现并从中感知到教育产生的效果及程度。缺乏即时反馈的结果一方面导致学习总结表面化，另一方面也不利于准确评估教育效果。

分类是按照某种科学标准或规范将事物区分成不同类别的过程。社区服刑人员的分类教育就是指社区矫正机构根据社区服刑人员的特点、危险状态、教育矫正等的需要，按照一定的标准，将社区人员分别归类，运用科学的方法，施以有针对性的内容教育的过程。[2] 分类教育是一种个性化的教育矫正方法，已经在西方国家实行多年，经证明效果良好。相较于集中教育，分类教育注重社区服刑人员不同的犯罪类型、年龄、背景等因素，以多种标准进行分类，进而采取不同的方法教育矫正，提高了日常教育的科学性和质量，克服了集中教育的千篇一律和呆板。但分类教育只是类的划分，仍是某种程度上的共性教育，对于为数众多的个性无法完全顾及。此外，如何界定“类”的范围、如何科学地认定“类”，也关

① 吴宗宪：《通过方法创新促进教育矫正效果》，载《中国司法》2015 年第 6 期。

② 欧渊华：《社区服刑人员教育矫正理论与实务》，中国法制出版社 2016 年版，第 175 页。

系到教育的效果。

个别教育有明确的法律根据。《社区矫正实施办法》第 17 条规定：根据社区矫正人员的心理状态、行为特点等具体情况，应当采取有针对性的措施进行个别教育和心理辅导。我国素有因人施教的传统。朱熹说“孔子教人，各因其材”，孔子区别对待的教育方式一直深受人们重视与信赖。对社区服刑人员的教育也不例外。“世上没有完全相同的两片树叶”，社区服刑人员之间存在众多区别，集中教育与简单分类教育的方式已无法达到真正的教育效果。个别教育具有灵活性、针对性、全面性、动态性、及时性，通过个别谈话、交流、情况汇报、思想汇报、上门走访、个案调查等方式，可以获知社区服刑人员的各方面信息，将共性问题留给集中教育与分类教育解决，重点发现个性问题，解决特殊矛盾。通过集中教育、分类教育、个别教育三个层次，社区矫正人员去粗取精、由大到小，逐渐掌握社区服刑人员的各种细枝末节，将日常教育的触角充分延展，使每一名社区服刑人员都受到教育的感染，解决自己的问题。

第三节　监禁体验型教育

监禁体验型教育，在国外被叫作休克监禁或震慑性监禁，属于居住式中间制裁的一种。中间制裁指惩罚的程度介于监狱的严格管理与传统的缓刑、假释的宽松管理之间。在社区矫正中，如果罪犯违反了相关的监管规则，从保持这些规则的严肃性方面来说，必须要对其违规行为有所反应。但由于这些行为不是犯罪，对其收监理由似乎不够充分，中间制裁则可根据罪犯的违规程度给予适当的惩罚。休克监禁具体是指为了威慑和阻止犯罪人进行新的违法行为而在缓刑或假释前后对犯罪人实行的短期监禁。休克监禁的内容包括：①将犯罪人监禁一定的时期，让他们体验监狱的艰苦生活，对监禁刑产生惧怕心理；②利用犯罪人对监狱生活和监禁刑的惧怕心理，阻止他们实施新的更加严重的犯罪行为，因为这类犯罪行为可能会带来被判处监禁刑的后果；③在短暂的监禁之后，将犯罪人释放出去，让他们在社区中继续接受监督，执行完剩余的刑期。休克监禁的优点在于：①不用长期监禁就可以使犯罪人深刻铭记他们犯罪的严重性；②向法庭提供了一种释放那些被认为能够服从社区处遇的犯罪人的途径等。[①]

一、在我国开展监禁体验型教育的必要性

（一）有利于震慑社区服刑人员，督促其遵守监督管理规定

目前，对于不服从管理的矫正对象缺乏有力度的处罚措施，无法充分体现刑罚执行的强制性，也严重削弱了社区矫正的效果。除了最严厉的收监执行，一般的警告起不到威慑社区服刑人员的作用；而要适用治安管理处罚，则社区服刑人员必须违反监督管理规定、禁止令且触犯了《治安管理处罚法》，条件较为严格。收监执行的对象仅限于缓刑犯、假释犯及暂予监外执行犯，对于管制犯及剥夺政治权利犯则只能进行警告或治安管理处罚。随着我国社区矫正的发展，缓刑及假释的适用率会越来越高，这就意味着具有较大社会危险性的社区服刑人员将会进入社区，如果没有有力的威慑及惩罚机制，公众的不安全感会加深，社区矫正将难以进行。监禁体验型教育值得借鉴，即将严重违反监督管理规定的社区服刑人员重新投入监所，让其真切地体会到失去自由的滋味，可以使其在以后的社区矫正期间内遵守纪律、认真改造。

（二）可以建立与社区矫正相匹配的惩罚机制

现阶段，社区矫正的惩罚机制是“警告—治安管理处罚—收监执行”，警告、治安管理处罚与收监执行在惩罚力度上差异过大，中间缺少缓冲。对于虽然严重违反监督管理规定，但尚有矫正

① 吴宗宪：《社区矫正比较研究》（下），中国人民大学出版社2011年版，第443页。

余地的社区服刑人员而言，“一刀切”式的收监执行，不仅使已经进行的社区矫正工作前功尽弃，而且将社区服刑人员完全地推向了对立面，容易导致他们自暴自弃、再次犯罪。监禁体验型教育弥补了上述短板，成为监禁刑与非监禁刑之间的缓冲。监禁体验型教育具有鲜明的刑罚性，足以对违反监督管理规定的社区服刑人员形成威慑，使其悬崖勒马。同时，又给予了他们继续矫正的机会，不至于将他们回归社会的道路封死。这种恩威并施的惩罚机制充分体现了“宽严相济刑事政策”的精神，也符合我国对犯罪分子“教育、感化、挽救”和“惩罚与改造相结合”的教育改造方针和政策。

二、在监禁体验型教育适用过程中须注意的问题

（一）对象的选定

首先，监禁体验型教育主要是为了让社区服刑人员了解并体验被监禁的感觉，达到威慑的效果，因此，被判处管制、缓刑、单处剥夺政治权利的社区服刑人员应当成为监禁体验型教育的首选对象。他们没有被监禁的经历，短期的监禁能够对他们造成巨大的震撼和恐惧，使他们在今后的社区服刑过程中努力改造，避免再次被投入监所。其次，监禁体验型教育制度要有机地被纳入到现有的规范之中，如何判定某一名社区服刑人员应当被警告、被短期监禁或者被收监是至关重要的。因此必须有尽量明确的规定，三种情形之间应当形成由轻到重的阶梯。同时，还应当完善评估制度及调查制度，准确判断社区服刑人员是否有社会危险性、社会危险性有多大、是否有改造可能性等，为不同决定的作出提供科学参考。

（二）内容的设计

在美国纽约州休克监禁机构中，犯罪人每天需要操练、跑步、清扫、站队点名和列队训练、工作或学习等。这种半军事化的监禁方式能使犯罪人更加自律，学会团队配合，掌握某种工作技能等。除了上述内容，还可以在监禁体验型教育制度中添加以下内容：①参观监所。让社区服刑人员参观监所，了解监所的整体情况，感受

犯人们的生活日常，还可以与犯人交谈等。通过这种直观的感受，让他们对监所生活有一个整体的、最初的印象。②聆听讲解。监所管理人员可以为社区服刑人员介绍监所的设施及各项规章制度，还可介绍监所服刑人员的改造情况以及相应的惩戒措施。另外，表现突出的监所服刑人员可以亲自向社区服刑人员讲解自己改造的心路历程，以期引起共鸣。③亲自体验犯人生活。可以让社区服刑人员向监所犯人一样在监所服刑，监督他们遵守各项规章制度，让他们充分体会到失去自由的痛苦，了解监所相比社区所具有的严厉性，使他们能够倍加珍惜之后的社区矫正机会。

（三）时长的把握

有论者认为，作为教育矫正的一种活动形式，由社区矫正机构进行的休克监禁必须要控制在尽可能短暂的时间内。在这个时间内，既要让社区服刑人员充分体验监禁生活的主要方面，又要避免发生剥夺社区服刑人员人身自由的事实。因此，建议休克监禁的全部时间不超过一天。[①] 这一建议可以采纳。首先，既然是体验型教育，重点在“体验”，其强度当然不能等于或超过正常的监禁，而要达到体验的目的，一天的时间已经足够社区服刑人员完成参观监所、聆听讲授及亲自体验等任务了。其次，若将时间规定为一天以上或者根本无限制，则违背教育矫正的性质，甚至会转变成“虽无监禁之名，却有监禁之实”的状态。将时间限定在一天之内，有助于各地司法行政机关把握，且无侵犯社区服刑人员自由权之虞。或许有人认为，一天的时间太短，不足以给不遵守监督管理规定的社区服刑人员以有效震慑。笔者认为，这种说法没有深刻理解监禁体验型教育的真正用意。该制度设立的目的主要在于通过震慑达到教育矫正的目的，而非单纯为了震慑。对于从未有过监禁经历的人来说，一天的监禁时光已经足以对其心灵造成巨大震撼，也能使其体会到该制度的用意，意识到自己如果再不遵纪守法，则有收

① 吴宗宪：《休克监禁及其借鉴探讨》，载《中国检察官》2012 年第 2 期。

监执行的风险。若将时间延长，一方面会成为变相的监禁，另一方面于教育矫正毫无裨益，且浪费了本已紧张的监所资源。即便社区服刑人员没有感到震撼并吸取教训，继续违反监督管理规定，还可以采取其他的中间制裁措施，如家庭监禁、集中训练型教育等。对于拒不接受教育矫正、严重违反监督管理规定且无改造可能性的社区服刑人员，可视为“违反有关法律、行政法规和监督管理规定，情节严重”，进而收监执行。

第四节　家庭监禁

在西方国家，家庭监禁是指在特定时间内将犯罪人监禁在住所中的一个中间制裁形式。在实行家庭监禁的大多数情况下，要求犯罪人在夜晚和周末不得离开自己的住所，即在确定实行家庭监禁的同时，也向犯罪人下达宵禁令。而且，在很多情况下，为了确保犯罪人执行家庭监禁，还结合使用电子监控。在美国，佛罗里达州是第一个在全州范围内实行家庭监禁的州。根据佛罗里达州“社区控制计划”，家庭监禁的内容包括：犯罪人在自己家庭中服刑；参与计划的犯罪人被称为“社区控制犯”，危险性较低，他们会保持自己的职业；社区控制官会不定时地或者在夜晚工作，以确保犯罪人留在家中；对于一部分社区控制犯，还结合使用电子监控措施。①

一、家庭监禁设立的意义

（一）社区服刑人员没有脱离社会

在家庭监禁中，社区服刑人员虽然被要求不能离开自己的住所，但仍生活在社会中，他们可以正常的工作、学习、治疗等，也

① 吴宗宪：《社区矫正比较研究》（下），中国人民大学出版社 2011 年版，第 521 页。

可以正常参加社区服务或社区矫正机关批准的其他活动，基本的生活需求与交往需求没有受到限制。社区服刑人员仍可以接受到来自社会各方面的信息，并及时调整自己，跟上社会的步伐，不至于与社会脱节，影响整体的矫正效果。

（二）维系社区服刑人员与家庭的联系

家庭监禁使社区服刑人员与家庭的纽带没有断裂，有效避免了矫正对象家庭破裂的可能性。社区服刑人员在家庭监禁期间，能够进行正常的工作、学习、生活等，能够切实履行家庭成员的义务，使得社区服刑人员家庭的正常运行不会因为社区矫正而中止。在正常家庭生活的环境下，社区服刑人员通常会比较珍惜矫正机会，能够严格要求自己，争取获得完全的自由。

（三）节省教育成本

在家庭监禁过程中，社区服刑人员的家人一般都会希望社区服刑人员能够尽快改正自己，以开展正常生活，通常会配合矫正机关做好监督管理工作。同时，家庭成员具有矫正机关所不具备的亲近社区服刑人员的先天优势，实施管理监督不会引发社区服刑人员的抵触和反弹。通过家人感情因素的介入，有效分担了社区矫正机关的教育矫正职能，且教育矫正效果会更好。根据美国佛罗里达州2003年的家庭监禁实践，家庭监禁每个犯罪人每天的花费仅为10美元左右，而监禁一个犯人每天的花费为50美元左右，这明显节省了教育成本。

（四）防止社区服刑人员受到社会不良影响

行为心理学研究表明，21天的重复会形成习惯，90天的重复会形成稳定的习惯。在一般的社区矫正中，社区服刑人员被置于社区之中，除了开展正常的矫正活动外，矫正机关很难掌握服刑人员的行踪，使社区服刑人员容易受到社会不良影响，进而诱发犯罪。而家庭监禁则在特定时间内将社区服刑人员监禁在家中，无许可不得外出，将其与社区相对隔离，使其处于矫正机关与家庭的监督管理之下，能够督促社区服刑人员摒弃恶习，养成良好习惯，有效防止社区服刑人员受到社会不良影响，对于一些瘾癖性犯罪人效果更为明显。

二、家庭监禁适用须注意的问题

（一）适用的对象

在美国，适用家庭监禁的缓刑犯一般具有以下特点：犯罪人大多是初犯；犯罪人大多是非暴力犯，或者由于非暴力性财产犯罪而被判刑；犯罪人大多是那些与家庭有牢固联系，已婚并且与配偶过着有规律的生活的人；犯罪人没有形成药物依赖或者酒精依赖；犯罪人有自己的职业或者很有希望获得工作，并且能够稳定地维持职业；犯罪人往往受过较高的教育并且具有职业技能；犯罪人年龄较大，通常在30岁或者更大。适用家庭监禁的假释犯一般具有以下特点：犯罪人通常在30岁以上；犯罪人是非暴力性的，对公众的危险较低；犯罪人有自己的职业；犯罪人以前很少被定罪判刑；犯罪人有稳定的家庭；犯罪人没有药物依赖或者酒精依赖；犯罪人在矫正机构中没有进行过严重违规行为。① 由上可见，适用家庭监禁的犯罪人一般人身危险性较小、社会危害性较小、家庭环境较好，具有较大的改造可能性。我国相关规定的精神与上述规定也如出一辙。根据我国“两高两部”《关于开展社区矫正试点工作的通知》的规定，在适用社区矫正的5类罪犯中，对于罪行轻微、主观恶性不大的未成年犯、老病残犯，以及罪行较轻的初犯、过失犯等，应当作为重点对象，适用非监禁措施。该规定具体划定了优先适用家庭监禁的范围，即未成年犯、老病残犯、初犯、过失犯等。未成年人的身心发育尚未成熟，容易受到监禁及社会不良环境的影响，而且监禁造成的“罪犯”的标签不利于他们今后的成长，在社区执行刑罚又不利于保护他们的隐私和自尊。所以，未成年人除了尽量

① 吴宗宪：《社区矫正比较研究》（下），中国人民大学出版社2011年版，第528页。

避免适用监禁刑外，也应当优先适用家庭监禁，让他们在家人的关怀下、在矫正机关的引导下逐渐适应社会。老病残犯、初犯、过失犯本身社会危险性较小，认罪、悔罪深刻，一般有回归社会的强烈愿望，改造可能性大，适用家庭监禁不至于危害到社会，老病残犯还能得到家庭的照顾，也节省了教育成本。

（二）电子监控的适用

电子监控是指利用科技设备在罪犯的手腕或脚腕处附上一个电子传导器，监督受监控者是否遵守法律规定或者其他为罪犯设定的特别应遵守的规定；若违反，电子传导器便会发出报警的声响。电子监控系可以大大降低监管成本，有效降低社区服刑人员的违规率与重犯率，且能够及时正确地发现社区服刑人员的需要，使得工作人员能够开展有针对性、预见性的心理干预和教育矫正，最终实现社区服刑人员回归社会的目的。在西方国家，电子监控通常都会伴随着家庭监禁而适用。1991 年，英国出台刑事法法案，将宵禁施以电子监控的规定作为一种社区处罚的方式，并经由修正案方式纳入 1994 年的刑事法与公众规约之中。1995 年，电子监控作为限制人身自由的手段被英格兰和威尔士的少年法庭首先适用在 3 个年满 16 岁的少年犯身上。1999 年以后，英国开始全面实施电子监控。在我国，江苏省于 2009 年率先采取手机定位的方式对社区服刑人员实施跟踪和监督管控并在一定范围内开始推广。目前，我国有不少地方如江苏、北京、上海等，均采用了 GPS 定位手机系统，采取的方法是与矫正对象签订诸如《接受社区矫正电子监管保证书》之类的使用协议，其自觉携带手机，不准人机分离，若发现人机分离则按照相关规定处罚。然而电子监控并不适用于所有情形，出于节省矫正资源、电子监控效果及必要性的考虑，美国电子监控应用最广泛的是性骚扰、性侵害、家庭暴力、药物滥用、绑架或体型高大的罪犯；英国适用的是盗窃犯、酒后驾车者、强奸犯、与毒品案件相关的罪犯；我国电子监控的运用也需要有适用对象和用途的考量。2011 年，在上海市徐汇区法院，徐汇区康健街道司法所社区矫正人员向上海市“禁止令”实施后第一案的社区服刑人员递交了一款 GPS 电子监控设备，被告被判在缓刑期间禁止踏入娱乐场所。此后的一年里，被告必须时刻携带该款设备，一旦踏入禁区，手机将自动报警。这则案例选取了合适的适用对象，且具有可行性，加强了对社区服刑人员的管理。① 虽然电子监控有着种种优势，但作为法治国家，采纳电子监控必须具有法律依据，美国和英国都通过了大量法律，对电子监控的适用对象、适用范围、适用期间和适用年龄作了详细的规定，而我国对于家庭监禁及电子监控的规定仍付之阙如，易引发对社区服刑人员采用电子监控是否正当合法的争议。此外，电子监控本身不具有强制执行力，其究竟对于社区服刑人员有多大的威慑力？是否还需要其他的配套设施？这些问题都有待于在电子监控的适用过程中逐步解决。

第五节　集中训练型教育

集中训练型教育，又称矫正训练营，是一种将罪犯集中起来进行军事化集训、参加体力劳动和必要的教育培训或治疗计划的制裁方式。其是在美国最先产生的一种中间制裁形式。其目标是缓解监狱拥挤状况，通过严格的纪律和惩罚，单调的训练、操练和仪式能够形成一种威慑，也可以向矫正犯罪人灌输纪律、责任和自尊。② 第一批矫正训练营于 1983 年在佐治亚州和俄克拉何马州实行，用来帮助减轻监狱和看守所拥挤状况。矫正训练营很快变成了一种流行的中间制裁，这种流行的一个很重要的因素，就是它们反映了公众诉求。矫正训练营向保守派人士展示了它所拥护的一种强硬而具有惩罚性的制裁，而自由派人士则满足于这种措施的改造潜力和对

① 武玉红：《社区矫正管理模式研究》，中国法制出版社 2011 年版，第 271 页。

② 欧渊华：《社区服刑人员教育矫正理论与实务》，中国法制出版社 2016 年版，第 236 页。

监狱拥挤的缓解。①

一、集中训练型教育的特点

（一）实行军事化管理制度，纪律严格

大多数矫正训练营是以军事化环境为基础的，采用较为严格的生活方式。例如，使用严格的纪律和规则、军事化的制服、工作人员和操练教员的军事化头衔、兵营式住所、严格的身体训练和操练、将参加者编为班或排。矫正训练营的管理人员都是受过军事训练的退伍军人或专业军人、警察等，他们对犯罪人进行各种基本的军事训练，包括队列训练、床铺整体布置方面的训练、个人着装和仪容修饰训练等。还制定了严格的惩罚措施，如果违反了纪律，则要接受严厉的惩罚，甚至将犯罪人送回监狱。除了操练，平时的生活条件也比较艰苦、枯燥，在训练营中没有娱乐设施，犯罪人与外界无法联系，只有在表现良好或者训练后期才能开展交往和娱乐活动。支持者认为这种军事化的训练既有力地惩罚了犯罪人，也让犯罪人养成了自律、自尊、自控和应对压力的能力，有利于其最终回归社会。反对者则质疑，在严酷的军事化环境中，有可能出现虐待、公开羞辱等侵犯人权的行为。

（二）时间较短

从本质上来说，矫正训练营其实是休克监禁的一种，都是给犯罪人一种威慑性休克的感觉。矫正训练营不同于休克监禁的地方在于其实行的是军事化训练，强度更大、纪律更严格。但是，既然旨在给犯罪人以威慑，就没有必要花费太长的时间，否则就会异化为单纯的惩罚性监禁。在美国等西方国家，犯人在矫正训练营中停留的时间大多为 90 ~ 180 天，只要成功度过这段时间，犯人就可以提前刑满释放。

---

① 吴宗宪：《社区矫正比较研究》（下），中国人民大学出版社 2011 年版，第 452 页。

（三）训练对象的范围特定

由于矫正训练营实行纯军事化训练，强度较大，惩罚措施严厉，且时间较短，仅限于震慑犯罪人，所以训练对象的范围有着严格的规定。首先，比较倾向于身体健康的年轻男性参与。军事训练对于身体素质有一定要求，一般女性由于天生的身体条件，无法适应高强度的军事训练。对于年龄较大或者患有较严重疾病的犯人，出于人道主义考虑，也不能对其进行军事训练。美国堪萨斯州和俄克拉何马州确立的年龄上限是 25 岁，加利福尼亚州确立的年龄上限则是 40 岁；高达 90% 的训练对象为男性。其次，大多数训练对象为初犯、过失犯或者非暴力犯罪。矫正训练营作为中间制裁的一种形式，与监禁刑有着本质的不同，其主要目的是进行威慑，包括特别威慑和一般威慑。同时还在于改造犯罪人，向他们灌输纪律观念和团队意识。初犯、过失犯和非暴力犯的人身危险性较小，可改造的空间较大，应当作为矫正训练营的优先对象。

二、集中训练型教育适用须注意的问题

（一）集中训练型教育无需经过社区服刑人员同意

在国外，适用矫正训练营的前提是经过犯人的同意，只有在犯人明确认识到矫正训练营的性质和特点，并自愿要求进行矫正训练营的，才能适用。矫正训练营在很大程度上是为了缓解监狱的拥挤状况，如果犯罪人被判处 2～4 年的监禁刑，在矫正训练营的时间则为 90～180 天，这大大缩短了刑期，缓解了监狱的拥挤状况，且达到了同样的惩罚目的。如果单纯为了缓解监狱的拥挤状况而不取得犯罪人的同意，则侵犯了犯罪人正常的服刑权利。而在我国，适用集中训练型教育则主要是为了达到威慑、惩罚、教育的目的。集中训练型教育只是社区矫正进程中的一个环节，犯罪人已经在社区中服刑了，当然不存在缓解监狱拥挤状况的问题。此外，集中训练型教育主要针对的是在社区矫正过程中严重违反监督管理规定的社区服刑人员，为了达到休克、震慑、惩罚的目的，有必要将他们置

于矫正训练营进行军事训练，在惩罚的同时培养他们的纪律性、自控力及团队合作能力，这对于其他社区服刑人员也是一种威慑和督促。所以，在适用集中教育型训练时无需经过社区服刑人员的同意。

（二）时间以不超过1个月为宜

前文已述，在美国等西方国家，犯人在矫正训练营中停留的时间大多为90～180天，大部分矫正训练营计划完成后，会对犯罪人采取缓刑或假释的形式，也可以包括其他中间制裁，如日间报告和中途之家。以宾夕法尼亚州为例，犯罪人会被直接判处到奎汉纳矫正训练营参加为期6个月的矫治计划，以此作为监禁替代措施，然后以严格缓刑或者假释的形式释放1.5～4.5年。[①] 可见，矫正训练营在美国等西方国家通常被视为监禁替代措施，之后以缓刑或假释相配套。这与我国的刑罚体系截然不同，矫正训练营在我国其实只是社区矫正过程中的惩罚性措施，并不是监禁替代措施，其时间不能以监禁刑的期限为参考，而应纳入缓刑、假释的期限中，并根据具体的社区矫正期限作出决定。如果时间过长，首先会严重挤压正常社区矫正的时间，社区服刑人员完成矫正训练营后，很可能就没有了社区矫正的时间，甚至超出了社区矫正的时间。这将社区矫正的性质由教育矫正变为惩罚，异化为监禁刑，喧宾夺主，剥夺了社区矫正应有的效果。其次，不符合集中训练型教育的体验性宗旨，其效果体现在通过短暂而激烈的训练，给社区服刑人员提供一种具有惩罚性、威慑性的震动，而不是通过严苛的军事化训练，使他们变成苦役者或流放者。最后，军事化训练强调纪律性、服从性、自律性，通过矫正训练营制定的计划，机械地、准时地进行操练较为被动。社区服刑人员完成矫正训练营并踏入社会后，很可能会突然发现自己身无长物，不懂技能，且跟不上社会的发展，而只

① 吴宗宪：《社区矫正比较研究》（下），中国人民大学出版社2011年版，第469页。

懂得被动的服从。特别是在矫正训练营严重挤占正常社区矫正的情况下，社区服刑人员没有得到应有的心理干预、职业技能培训及道德教育，融入社会困难重重。因此，有论者提出：矫正训练营的时间设置以不超过 1 个月为妥。笔者认为是可行的。

（三）应坚持军事化风格

近年来，美国等国家的许多矫正训练营开始转变风格，从主要强调军事化转变为军事化与矫治并重的模式。美国 1994 年的犯罪法案就要求，具有矫治和后续安置计划的矫正训练营，才有资格获得联邦资助，这一规定促进了这种转变。今天，矫正训练营可以提供教育和职业课程与咨询、工作准备、戒毒治疗以及认知训练，帮助犯罪人发展更加亲社会的态度、价值和行为。许多矫正训练营计划提供生活技能课程、愤怒管理、问题解决和交流。[①] 笔者认为，我国的集中训练型教育应当坚持军事化风格，不应因贪图“大而全”而影响到它的核心目的。首先，集中训练型教育的目的就在于威慑与惩罚，其设立本身并不是目的，而是为了保障社区矫正工作的顺利进行，防止因社区服刑人员的严重违规行为造成恶劣影响。严酷的军事化训练一方面是对违规社区服刑人员的惩罚，且威慑了其他人，另一方面有利于培养违规社区服刑人员极为欠缺的纪律性、自律能力及责任意识，为之后的社区矫正打好基础。其次，不断完善的日常教育内容及程序为犯罪人矫治提供了保障。如今的日常教育涵盖范围广泛，对于社区服刑人员的主观心理及外在谋生技能均有较为成熟的教育、矫治方式，在集中训练型教育中添加矫治内容没有必要，反而会影响该项教育惩罚、威慑功能的发挥。最后，在西方国家，军事化与矫治并重的模式经证明并不完善。经研究表明，虽然矫正训练营具有一定的行为转变和矫治效果，但完成矫正训练营计划在就业稳定性、教育或者居住与财务稳定性方面并

---

① 吴宗宪：《社区矫正比较研究》（下），中国人民大学出版社 2011 年版，第 467 页。

没有更加成功，其效果是很小的。①

第六节　社区服务

一、社区服务的一般规定

社区服务，是指由法庭判决犯罪人到社区中进行一定时间无偿劳动或者服务的非监禁刑措施。一般认为，现代意义上的社区服务是在英国产生的。1970 年，英国的刑罚制度咨询委员会在一份题目为《非监禁刑与准监禁刑》的报告中，首先提出了“社区服务令”的建议。1972 年的《刑事司法法》第一次在立法中规定了“社区服务令”。根据这项规定，社区服务令的主要内容包括：判处社区服务令的犯罪人必须为 16 岁或者更大；犯罪人必须被判决犯有可以受到监禁刑处罚的犯罪，但是谋杀罪除外；在判处社区服务令之前，法庭必须考虑由缓刑官或者社会工作者准备的社会调查报告，相信这名犯罪人适合被判处社区服务令并且有适合的工作；社区工作的内容是在 1 年内的闲暇时间中必须完成 40～240 小时的社区服务；犯罪人的社区工作在社区服务组织者的监督下进行；如果犯罪人不参加工作，或者不按照规定工作，就违反了社区服务令，就有可能被送回法庭。② 在我国立法中，社区服务以“公益劳动”的名称进入不同层次的立法和规范性文件中。司法部 2004 年《司法行政机关社区矫正工作暂行办法》第 32 条规定：司法所应当按照符合社会公共利益、社区服刑人员力所能及、可操作性强、易于监督检查的原则，组织有劳动能力的社区服刑人员参加必要的公益劳动。2001 年 5 月 26 日，河北省石家庄市长安区人民检察院

---

① 吴宗宪：《社区矫正比较研究》（下），中国人民大学出版社 2011 年版，第 472 页。

② 吴宗宪：《社区矫正比较研究》（下），中国人民大学出版社 2011 年版，第 587 页。

正式向1名18岁的少年下达了社会服务令，这被看成是我国内地第一道“社区服务令”。

（一）社区服务的特点

1. 公益性。

参加社区服务是对社区服刑人员的行为进行矫正的一种有效方式，有助于培养其良好的行为习惯以及起码的社会责任感，具有较强的公益性。其公益性主要体现在两个方面：首先，公益性体现在无偿性方面。社区服刑人员为社区提供各种各样的服务完全是无偿的，不得收取或变相收取任何报酬。之所以要犯罪人进行无偿服务，是因为他们的犯罪行为给社会造成了损害，他们的社区服务是对社会损失的一种补偿。在一些犯罪中，犯罪人对社会或被害人造成了巨大的损害，他们所进行的社区服务虽然是无偿的，但仍不能完全弥补后两者所受到的损失，在这种情况下，社区服务其实是一种姿态，一种内心悔过的外在表现。通过无偿服务，犯罪人向社会及被害人表达了歉意，社会被破坏的秩序得到了一定程度的恢复，被害人的心灵受到了抚慰，也满足了其报复欲望，仍不失为一种较好的平复手段。其次，公益性体现在社区服务的场所及内容中。社区服务的场所应当是卫生、救济等与社会公众福利有关的事业机构或由社会福利性、非营利性机构建立起来的公益劳动基地，如福利院、环卫所、学校、医院等。社区服务的内容一般包括帮助福利院老人照顾其日常生活、社区保洁、植树造林、为身患疾病者服务、公益性演出等。通过参加公益劳动，可以增强社区服刑人员的社会责任感与公德心，并将社会主义道德通过劳动及劳动建立起来的社会关系传输给了矫正对象，从情感上帮助其矫正犯罪心理。[①]

2. 强制性。

社区服务从本质上说是一种刑罚执行方式，天然地具有刑罚的强制性。社区服刑人员必须在规定的时间到达规定的地点，服从安

---

① 李蓉：《社区矫正程序实证研究》，湘潭大学出版社2011年版，第236页。

排，参加劳动，接受社区矫正人员的监督管理。英国等西方国家一般通过法庭发布“社区服务令”的形式判处犯罪人从事社区服务，若犯罪人没有按照要求进行社区服务，往往会招致严重的后果，最常见的后果就是法庭将社区服务易科为监禁，用未完成的社区服务时间折抵监禁天数。在捷克，如果犯罪人在规定的时间内没有完成社区服务工作，法庭就可能改变社区服务刑罚，用剩余的社区服务时间折抵成监禁，每 2 小时没有完成的社区服务时间折抵 1 天的监禁。在意大利，如果监督法庭认为社区工作进行得不能令人满意，就会撤销社区服务令，然后根据最初的金钱制裁是罚金或者是罚款，而将社区服务易科为监狱监禁或者拘留。1 天未完成的社区服务折抵 1 天监禁。[①] 我国一些地区也出台了公益劳动的奖惩规定。根据《北京市社区矫正对象考核奖惩暂行办法》的相关规定，有劳动能力的矫正对象违反有关公益劳动规定的，按照不同的标准扣分。矫正对象连续 6 个月被扣分累计达 20 分以上的，或者本年度内累计扣 40 分以上的，可给予警告处分 1 次。矫正对象被累计警告处分 2 次，且经教育仍不悔改的，可给予收监执行、撤销假释、撤销缓刑。从某种意义上来说，强制性其实等同于惩罚性，通过制定详细的社区服务要求并严格执行，且有严重后果作保障，这给社区服刑人员造成了较大的压力，体现了对社区服刑人员的惩罚，也满足了社会及被害人对于犯罪人的惩罚要求，缓解了社会矛盾。

3. 可操作性。

可操作性是指社区服务必须限定在社区服刑人员力所能及的范围之内，超出其能力或可能带来危险的社区服务应当被禁止。北京市《社区服刑人员公益劳动管理暂行规定》第 8 条规定：司法所不得为社区服刑人员设定有危险或超体力的公益劳动项目。上海市《社区服刑人员公益劳动管理暂行办法》也为公益劳动确立了“社

① 吴宗宪：《社区矫正比较研究》（下），中国人民大学出版社 2011 年版，第 622、623 页。

区服刑人员力所能及原则”。之所以要坚持社区服务的可操作性，是因为：首先，社区服务体现的就是刑罚人道主义。社区服务将罪犯放到社区中改造，避免了罪犯被贴上“坐牢”的标签，维护了罪犯的人格尊严。对于一些过失犯、初犯、偶犯、未成年犯等，由于主观恶性较小、社会危害性较小，再犯可能性不大，将其放到社区中劳动改造，使他们认识到自己对社会是有用的，能够为社会做出自己的贡献，强化他们的自尊心和自信心，同时又使社会对他们更加理解、更加包容。通过社区服务体现出的人道主义，社区服刑人员能够尽快地重返社会。而设置超出他们能力或者有危险的劳动项目，一方面他们确实无法完成，或者有生命、健康的危险，另一方面会让他们觉得自己是在做苦役，是社会的流放者，进行着一般人不愿干的劳动，处于社会边缘。这不利于他们的心理健康，阻碍了他们正常回归社会的进程，偏离了社区矫正的航道。

4. 建设性。

尽管社区服务中包含了对犯罪人的惩罚性，但是，让犯罪人进行社区服务并不仅仅是为了惩罚他们。在执行社区服务令的过程中，社区矫正机构并不会仅仅为了惩罚犯罪人而让他们进行一些毫无意义的劳动或者服务，而是会把犯罪人看成是一种建设性的力量，利用犯罪人进行对于犯罪人和社会都有益的建设性活动。[①] 这也是由社区矫正的性质决定的，社区矫正具有惩罚性及教育矫正性两面，惩罚并不是目的，只是为了更好地进行教育和矫正。社区服务对于社会而言具有建设性，通过到各种公益性或非营利性的机构进行社区服务活动，社会赢得了大量免费劳动力，节省了大量开支，有助于社会公益事业的发展和人民福利的保障。社区服务对于社区服刑人员而言也具有建设性，通过社区服务，社区服刑人员保持了与社区的联系，不至于被边缘化；可以从事自己的职业甚至获

① 吴宗宪：《社区矫正比较研究》（下），中国人民大学出版社 2011 年版，第 583 页。

得更好的就业机会；培养社会责任感，养成良好的劳动习惯，增强自尊与自信。在我国一些地区，社区服刑人员公益劳动的形式和内容发生了一些积极变化，主要表现为公益劳动项目培训化及公益劳动形式就业化。前者通过把社区服刑人员公益劳动与开展职业技能培训相结合，提高了社区服刑人员的就业技能。例如，浙江省温岭市把电脑培训作为公益劳动项目之一，吸引和鼓励社区服刑人员劳动和培训。后者把开展公益劳动与解决就业融为一体，如浙江省台州市创建社区服刑人员公益劳动和过渡性安置就业基地，并出台相关政策措施，鼓励企业吸纳社区服刑人员就业。①

（二）增设社区服务的必要性

社区服务使社区服刑人员保持了与社会、家庭、工作的联系，有利于其再社会化，有利于被破坏的社会关系的修复。除此之外，社区服务还具有以下功能，有必要在今后的立法中予以规定：

1. 可走出公益劳动制度主体资格的法律困境。

公益劳动制度是我国对于社区服务的一次尝试，它在弥补、修复被损害的社会关系、矫正犯罪人心理及行为方面发挥了巨大作用，但公益劳动在法律上仍存在着主体资格不合法的问题。根据《欧洲人权与基本自由公约》第 4 条的规定，人民有免于受到奴役或是强迫劳动的权利。包括英国在内的很多国家，其社区服务的决定权一般掌握在法院手里。目前，我国社区矫正工作的执行机关是司法行政机关，实行公益劳动的管理机关和决定机关也是司法行政机关，而公益劳动是一种带有惩罚性质的强制性劳动，加入了社区服务的社区矫正明显增加了服刑罪犯的义务，并因此在实际上构成对刑罚的加重，改变了原判刑罚，故赋予司法行政机关社区服务的决定权是不合适的。我国应借鉴其他国家的经验，增设社区服务刑，并由法院作出决定。经过包括裁决前调查在内的种种调查评估，法院对犯罪人的人格状况、犯罪情况、社会危险性有着较丰富

① 葛炳瑶：《社区矫正导论》，浙江大学出版社 2009 年版，第 133 页。

的了解，从而可以准确地作出社区矫正的决定，这是司法行政机关所无法做到的。同时，社区服务是具有较大裁量范围的非监禁刑，由具有权威性且全方位了解犯罪的法院根据案件具体情况，决定是否进行社区服务并指出具体的工作量，是比较妥当的。

2. 能在非监禁刑领域有效贯彻罪责刑相适应原则。

罪责刑相适应原则的含义是：犯多大的罪，就应承担多大的刑事责任，法院也应判处其相应轻重的刑罚，做到重罪重罚、轻罪轻罚、罚当其罪、罪刑相称。这一原则同样适用于非监禁刑领域。社区服务灵活性强，其计量单位是服务时间，并且通常以小时计算，便于根据犯罪的社会危害性、主观恶性及应当承担的刑事责任，对犯罪人判处不同的服务时间，以具体直观的方式最大限度地实现罪责性相适应。同时，社区服务还能弥补监禁刑与非监禁刑之间差距过大的缺憾。在我国，被判处监禁刑的罪犯失去了人身自由及与社会的联系，在严酷的环境中进行改造，身心都受到了相当大的惩罚。而被判处非监禁刑的罪犯在一般人眼中成了“正常人”，这种巨大反差所反映出的行刑不公平一直被理论界所批判。而社区服务则在监禁刑与非监禁刑中间搭建起了一条缓冲带，法院可以根据刑事责任的大小，以服务时间、服务场所、服务内容等为手段，判处罪犯轻重不一的社区服务刑，这将更好地贯彻罪责刑相适应原则，还能减少因争取非监禁刑而出现的渎职腐败现象。

二、社区服务的例外

（一）可能具有社会危险性而不得适用社区服务

在社区矫正中，一般的社区服刑人员通常罪行比较轻、认罪悔罪态度诚恳，其改造可能性大、社会危险性小，从而被置于社区进行矫正活动。社区服务属于社区矫正的一种，其适用对象当然要满足上述条件，但并不止于上述条件。在社区服务中，社区服刑人员通常要深入到居民家庭、学校、医院、社会福利机构、街道等地点进行服务，他们与社区居民的距离更近，能更深入地参与社区事务，在某种程度上已经成为社区的一员。如果这些社区服刑人员具有某种难以发现的社会危险性，对整个社区而言都是灾难性的，社区居民也将更加抵触社区矫正，这对于社区矫正的发展非常不利。因此，实行社区服务的国家基本上都规定了严格的条件，将具有社会危险性犯罪人排除在社区服务之外。在美国得克萨斯州，交通犯罪人、妨害秩序犯罪人、缓刑违规者、假释违规者、酒后犯罪人、性犯罪人通常不能适用社区服务。在英国，家庭不稳定、有毒品或酒精依赖、有严重暴力行为等九种犯罪人不适合被判处社区服务令。①

有学者认为，从有利于社会稳定、增添社会和谐因素的角度考虑，社区服务刑的适用对象范围至少应包括四类：未成年犯、轻罪犯、过失犯、老弱病残孕犯。②笔者认为不可，从人道主义角度考虑，应当将老弱病残孕犯排除出社区服务的适用对象范围。其他三类罪犯能否适用社区服务，不能只考虑未成年、罪轻、过失三个因素，还应当综合考虑其他因素来判断是否存在社会危险性，若存在社会危险性，未成年犯、轻罪犯、过失犯亦不可适用社区服务。笔者认为，裁决前调查能对犯罪人分类和制定合适的监管矫正方案提供依据，应当充分利用裁决前调查，重点对犯罪人的社会危险性进行评估。可以参考美国缓刑审前调查的步骤，逐步完善我国的裁决前调查制度。美国缓刑审前调查的步骤具体包括：第一步，通过与犯罪人面谈获得其基本资料。包括犯罪案由、前科、吸毒或酗酒史、文化程度、就业和经济状况、家庭状况、社会交往等；第二步，就犯罪人提供的信息展开调查。通过走访相关当事人、犯罪人的家庭、社区、学校、工作单位，对犯罪人所提供信息的真实性进行核实，发现对调查评估有价值的其他信息。第三步，形成调查评

① 吴宗宪：《社区矫正比较研究》（下），中国人民大学出版社 2011 年版，第 593 页。

② 贾宇：《社区矫正导论》，知识产权出版社 2010 年版，第 200、201 页。

估报告，对调查结果进行总结，对犯罪人进行评价。[①]

（二）从人道主义角度考虑不适用社区服务

在美国及英国有关社区服务适用人群的规定中，严重疾病犯罪人、残疾犯罪人通常不适用社区服务。在我国，根据北京市《社区服刑人员公益劳动管理暂行规定》第5条的规定，年满60周岁的或者不满16周岁的、患严重疾病或者身体残疾生活难以自理或者丧失劳动能力的、怀孕或正在哺乳自己婴儿的妇女可以暂不参加公益劳动。上述规定遵循了我国“宽严相济”的刑事政策，主要是出于人道主义考虑。患病、残疾的犯罪人由于年龄或健康原因，尚且需要别人照料，根本无法参加社会劳动。年老、年幼的犯罪人一方面身体素质较差，无法参加繁重的社会劳动，对他们适用社区服务起不到应有的教育效果，反而会变成“苦役刑”。另一方面，他们通常作为被扶养人，没有家庭压力，不需要通过社区服务学习掌握职业技能，也不需要与社会建立太过紧密的联系。怀孕、哺乳的犯罪人则承担着养育子女的责任，无论是时间还是精力，都无法满足社区服务的需要。

三、社区服务的种类

社区服务设计了一系列不同的工作，犯罪人从事的工作要依据犯罪人的工作技能和工作地点及机构的需要而定。在美国的佛罗里达州，犯罪人所从事的社区服务工作主要包括四种类型：维护财产和房屋的工作，维护由州、县、市政府机构以及非营利组织或者机构所有或者出租的财产、建筑；维护道路的工作，维护由州、县、市所有的道路、公路；园林绿化与维护工作，在州、县、市的任何公园或者娱乐区域进行这类工作；其他工作，包括在州、县、市的任何医院、开发服务机构、其他非营利组织或者机构中进行的工

① 梅义征：《社区矫正制度的移植、嵌入与重构——中国特色社区矫正制度研究》，中国民主法制出版社2015年版，第94页。

作。在法国，犯罪人主要从事维护和改善环境、维护建筑和设备、维护公共道路等维护类的工作。在意大利，犯罪人不仅向国家、宗教、省或者地方当局提供社区服务工作，也可以向从事帮助、教育、民防、环境保护和林业的私营组织或者社团提供社区服务工作。[①] 可见，各国关于社区服务的分类主要是围绕服务地点及工作技能展开的，且劳动场所和性质具有无偿性与公益性。

在我国，根据劳动场所和劳动项目，社区服务可以被分为公共场所劳动、社会福利机构劳动、公益劳动场所劳动及本单位劳动。《上海市社区服刑人员公益劳动管理暂行办法》第 6 条规定了公益劳动项目的种类：在公共场所从事清洁、环保、看护等辅助性劳动；在公益劳动场所从事由签约双方认可的为社会服务的公益活动；为被害者开展补偿性劳动；在工作单位从事非本岗性、非盈利性、为公众服务的服务型工作；其他为社会、公众服务的劳动。公共场所的劳动一般为体力活动，主要表现为打扫街道、清理下水道、收集垃圾、修剪绿地和树木等，这些工作虽然较为简单，但繁杂琐碎，对体力还有一定的要求。这些工作使整个社区受益，便利了人们的日常生活，有利于争取到人们对社区矫正的支持以及对社区服刑人员的理解。公益劳动场所一般是社区矫正机关在当地政府和社会各界的支持下，专门开辟或建立的社区服刑人员公益劳动基地，定期会组织社区服刑人员到基地参加劳动。公益劳动场所一般表现为“生态基地”、“森林保护基地”、“绿色农业基地”等，其目的一方面在于环境保护、增进社会福利等，另一方面则为了培养社区服刑人员的劳动意识，养成劳动的习惯，锻炼心智，摒弃好逸恶劳的恶习，为今后的自力更生打好基础。社会福利机构一般表现为养老院、儿童福利院、疗养院等机构。通过社区服务，社区服刑人员缓解了社会福利机构对人力的需要，方便了相关人员的生活，

① 吴宗宪：《社区矫正比较研究》（下），中国人民大学出版社 2011 年版，第 614 页。

有利于培养社区服刑人员尊老爱幼的美德，以及细致体贴、关心他人的习惯，对于今后人际关系的和谐至关重要。本单位也是劳动场所的一种，在本单位开展社区服务有利于工作单位更好地接纳社区服刑人员，保障了今后的就业。但在本单位劳动亦存在着因熟人较多，社区服刑人员排斥的现象。应当尊重社区服刑人员的意愿，为其安排其他场所的社区服务，避免因为“面子”问题而影响到社区矫正的正常进行。

在选择社区服务种类时，还要考虑到社区服刑人员的年龄、性别、文化程度、身体状况、技能水平等因素。根据社区服务种类的特点、个人情况及意愿，安排合适的社区服务种类。公共场所劳动一般倾向于由年龄不大、身体条件较好的社区服刑人员。社会福利机构一般倾向于心思细腻、考虑周到，具有一定技能的社区服刑人员，多为女性。公益劳动场所一般倾向于欠缺职业技能、心智不成熟、劳动观念不强的社区服刑人员。若社区服刑人员的单位接纳社区服刑人员，且其本人同意的，可以考虑在本单位开展劳动，尽量解决今后的就业问题。

四、社区服务的时间

在社区服务中，体现社区服务工作量的主要参数就是社区服务的时间。关于社区服务的时间，各国的规定不尽相同：英国与法国均为40～240小时；俄罗斯为60～240小时；芬兰为20～200小时；美国对于社区服务的时间没有统一规定，少的60～100小时，多的达到1800小时；[①] 澳大利亚为16～320小时，且法院必须具体规定从事社区服务的时间范围，但不得超过18个月，并规定罪犯在社区服务期间的任何一天连续工作超过4小时，则接下来的1小时必

① 戴群策：《关于我国刑法设置社会服务刑的立法构想》，载《社会科学研究》2006年第1期。

须是用餐休息时间，同时罪犯每周的劳动时间不能少于 4 小时。[①]英国要求从社区服务令下达之日起，除非经过申请获得法院的批准，所有的劳动必须在 12 个月内完成，除因为罪犯正常的工作、受教育、宗教所抵触的以外，社区服务的时间一般为上午 9 点到下午 4 点。[②] 我国在公益劳动时间的规定上各不相同：北京、上海明确规定社区服刑人员参加公益劳动每月不少于 10 个小时；天津、山东、江苏则规定社区服刑人员参加公益劳动的时间每月分别不少于 8 个小时、10 个小时和 12 个小时；浙江规定矫正对象参加公益劳动的时间每月不少于 2 个工作日。[③]

（一）应根据多种因素确定社区服务时间

社区服务作为一种较为灵活的非监禁刑执行方式，可以适用于刑事责任大小不一的犯罪，主要是因为社区服务的时间跨度较大，便于司法机关采用。一般来说，社区服务时间的长短主要与犯罪行为的严重性相关，不过也要适当考虑其他因素，如主观恶性、认罪悔罪态度、造成损失的大小、身体状况、本人意愿等。值得注意的是，社区服务对于人身危险性有着较高的要求，因此社区服务时间不能简单地与上述因素成正比关系。例如，不能因为社区服刑人员对社区造成了较大损失、动机恶劣、认罪悔罪态度较差等，而对其适用社区服务刑，特别是人身危险性较大的，即便是本人同意也不应当适用。应当首先判断社区服刑人员的人身危险性大小，确定是否能够适用社区服务，其次才可根据上述因素决定社区服务时间的长短。上述是从社区服务的惩罚性角度进行的分析。从社区服务矫正性、教育性角度而言，对于一些身体状况较好、好逸恶劳、缺乏社会责任感与劳动习惯的社区服刑人员，要考虑适当延长其社区服

① 刘强：《各国［地区］社区矫正法规选编及评价》，中国人民公安大学出版社 2004 年版，第 277 页。

② 刘强：《各国［地区］社区矫正法规选编及评价》，中国人民公安大学出版社 2004 年版，第 185 页。

③ 武玉红：《社区矫正管理模式研究》，中国法制出版社 2011 年版，第 255 页。

务时间。

（二）社区服务时间应足够长

从上述介绍来看，国外的社区服务时间相对较长，一般最高在200~300小时之间。进行社区服务毕竟是刑罚执行的过程，应具有足够的强度，劳动时间规定得过低会影响执行的效果，也难以起到服刑人员的劳动补偿社会的作用。考虑到我国社区服务适用的情况，在设计社区服务刑时，可以考虑让社区服务的数量多一些、强度大一些。[①] 笔者赞同此观点，虽然社区服务不应影响到社区服刑人员的正常工作及寻求工作的努力，但其毕竟具有刑罚性，刑罚性即意味着会给受刑人带来一定的痛苦，以达到预防的效果。如果社区服务时间过短，则起不到刑罚的作用，对社区服刑人员回归社会也助力不大。

（三）社区服务时间应体现灵活性，并有利于监管

在国外，社区服务令的时间既包括犯罪人提供社区服务的总时间，也包括社区服务的时间范围，即犯罪人要在多长时间内完成全部社区服务。有论者提议将公益劳动的时间规定为矫正期内的总的小时数，社区服刑人员可根据自己的实际情况选择时间完成公益劳动。笔者认为，这种提议认识到社区服务人员有自己的家庭生活和工作，社区服务为了不影响或干扰到他们正常的生活工作秩序，应当体现灵活性，允许社区服务人员在给定的时间段里自己选择时间进行服务。这种思路是正确的，考虑到了实际情况，但同时还应当看到社区服务的刑罚性及需要监管的一面。实际上，对社区服务进行监管，督促社区服务人员在规定时间内完成任务也是社区服务刑罚性的体现，通过定时的监管，社区服务人员无法彻底放松，始终处于严格要求之中，这也是一种惩罚，满足了社会和被害人的报复欲。此外，如果只给社区服务人员设定总的服务小时数，或者同时

① 武玉红：《我国社区矫正中“公益劳动”的转向——基于英国社区服务令的思考》，载《青少年犯罪问题》2012年第5期。

还设定了较大幅度的时间段，那么社区服务人员的服务也有可能流于形式。在时间段的前半程，社区服务人员可能会以各种借口逃避社区服务，直到临近结束时“突击服务”，这种服务的质量是不能保证的。可行的方式是规定社区服务总的小时数，同时以周、月、季度为单位设定每个单位应完成的服务时间。这样既保证了社区服务时间的灵活性，又能时时提醒社区服务人员遵守规定、尽心服务。

五、社区服务的监督检查

任何好的制度都要有好的配套保障机制，社区服务也不例外。要充分发挥社区服务的作用，必须监督社区服刑人员遵守规定，认真开展服务，仅仅由社区服刑人员自己汇报却无法核实的社区服务，不得视为完成任务。对于无正当理由不参与社区服务或者参加社区服务时间不足的，应当责令其补足社区服务的时间。

（一）监督检查的主体

由于司法资源的短缺，社区矫正机关不可能有足够的人力对其管理的所有社区服刑人员进行监督检查，需要其他社会人员的参与。美国纽约市通过与私营机构社区服务量刑计划（CSSP）签订合同，让私营机构管理和监督社区服务，为犯罪人安置工作地点，监督犯罪人从事劳动，对不服从的犯罪人采取措施，向法庭报告犯罪人从事社区服务的进步情况。事后证明，CSSP是一项成功的计划，社区从社区服务中受益，参与者的重犯率低于看守所犯人，计划的完成率高达75%以上。[①] 我国可以充分利用现有的法律规定，扩张监督检查的主体，实现严格监管。例如，可以授权社会工作者、志愿者进行监督检查；可以授权公益劳动场所的相关人员（公益劳动基地、养老院、学校等场所的负责人）进行监督检查；

① 吴宗宪：《社区矫正比较研究》（下），中国人民大学出版社2011年版，第617页。

还可以参照美国纽约市的经验，由政府购买服务，委托有实力、有经验的组织或个人进行监督检查。

（二）监督检查的形式与内容

在监督检查的形式上，可以采取定期与不定期、直接与间接相结合的方式。定期监督检查可以涵盖全部社区服务的进程，比较全面，可以了解服务的整体情况，便于根据监督检查结果及时调整服务种类、场所和时间，对于社区服刑人员也是一种长期的鞭策。不定期监督检查能够发现社区服务的真实面貌，克服“作假”、“形式主义”的弊端，使社区服刑人员加强自律意识，严格要求自己。直接监督检查一般是社区矫正机关工作人员亲临社区服务现场，对社区服刑人员的表现有一个直接印象，能够更细致地发现问题，提高社区服务质量；缺点是费时费力，操作起来较为困难。间接监督检查主要通过询问社会工作者、志愿者、公益劳动场所负责人或者被委托的其他人，审阅相关的书面报告，网络查询等方式，了解社区服刑人员的服务表现；缺点是真实性较差，不容易发现细节问题，不利于及时调整策略。

监督检查的内容主要包括劳动的时间、地点、参加人、劳动量、劳动成果等，是对社区服刑人员奖惩的重要依据。社区服刑人员出于对自己正常工作生活等方面的考虑，往往对劳动时间、地点有一定的要求。与此同时，各种工作生活状态也会随着时间不断地变化，原先合适的时间、地点很可能变得不合适。因此，要通过监督检查发现这一变化，尊重社区服刑人员的合理意愿，为他们调整劳动时间和地点。劳动量和劳动成果是反映社区服务效果的重要标志，应当建立科学的评估机制，客观、真实地判断是否符合社区服务的标准以及是否达到了社区服务的规定量。此外，在监督检查的过程中，还要注意社区服刑人员的心理变化与生理变化，对于无正当理由排斥、拒绝社区服务的，应当采取相应的惩戒措施。对于因为身体变化而不适应现在的社区服务的，应当暂停社区服务或者变更社区服务种类。

（三）建立配套的惩戒机制

社区服务作为一种刑罚执行方式，惩戒机制是其保障和后盾，如果缺乏有效的惩戒，社区服务就成了“没有尖牙利爪的老虎”，监督检查就失去了保障，无从谈起。我国关于社区服务的惩戒规定得较为模糊，且过于宽松。根据《北京市社区矫正对象考核奖惩暂行办法》的相关规定，矫正对象被累计警告处分2次，且经教育仍不悔改的，才可收监执行、撤销假释、撤销缓刑。这加重了社区矫正机关的监督检查负担，降低了社区服务的标准，甚至会导致社区服务个案的失败。国外关于不执行社区服务令后果的规定较为严格。在韩国，被监督的罪犯若违反监督义务，缓刑官有权终止社区服务令。法官经过审查若认为缓刑官所写材料内容属实，将撤销社区服务令签署逮捕令。[①] 英国应对这种情况的做法主要包括警告、延长社区服务令时间、罚款、变更为监禁执行。有论者认为，应当借鉴英国的做法，对于犯罪人恶意逃避社区服务的，首先给予警告，警告后仍不履行社区服务的，可以延长社区服务的时间；如果情节严重，或者犯罪人明确拒绝完成社区服务的，则将案件发回法院，由法官作出决定，执行原判的监禁刑。[②] 但我国社区服务的主体包括管制犯、缓刑犯、假释犯、暂予监外执行犯及剥夺政治权利犯，虽然上述经验能够适用于缓刑犯、假释犯及暂予监外执行犯，但对于管制犯及剥夺政治权利犯则无能为力。笔者认为，可以尝试刑罚易科制度，使监禁、罚金和社区服务等刑罚方式在一定情况下相互转化，在刑罚易科制度下，法院在判决时可以有条件地将部分监禁刑易科为社区服务刑，在社区服刑人员拒绝履行社区服务时，可以把社区服务刑易科为监禁刑，刑罚的实现过程将变得更加灵活、合理。当然，在刑罚易科制度建立之前，不可贸然借鉴外国

---

① 张霞：《韩国社区服务令对我国社区矫正制度的启示》，载《政法论丛》2012年第6期。

② 武玉红：《社区矫正管理模式研究》，中国法制出版社2011年版，第260页。

经验，在社区服刑人员拒绝履行非监禁刑时，直接执行监禁刑。

第七节 解矫教育

解矫教育是指社区服刑人员矫正期满前的相关教育活动，主要目的在于巩固社区矫正教育成果，增强社区服刑人员的自律意识和守法观念，为其顺利回归社会打牢基础。《社区矫正实施办法》第29条规定：社区矫正期满前，社区矫正人员应当作出个人总结，司法所应当根据其在接受社区矫正期间的表现、考核结果、社区意见等情况作出书面鉴定，并对其安置帮教提出建议。因此，司法所应当要求社区服刑人员写出个人书面总结并查漏补缺，对社区服刑人员尚存在的某种问题，如过激的思想、落后的观念、法治意识不强等进行有针对性的补课教育，巩固教育成果。同时，努力为生活困难或者有就业需要的社区服刑人员提供就业援助。对仍欠缺谋生能力的，司法所应当协调劳动和社会保障机构，多方联系就业单位为他们提供职业技能培训、就业指导等，并推荐就业。对于家庭生活苦难的社区服刑人员，可以协调民政部门为他们申请最低生活保障，保证他们的基本生活。

一、解矫教育的意义

（一）有利于巩固矫正成绩，防止再次犯罪

在社区矫正将要结束的时候，一些社区服刑人员往往会放松对自己的要求：有的产生“混日子”的消极心理，不思进取，自由散漫；有的则会急于卸下身上的“枷锁”，企图回到之前消极的生活状态中；有的会感到前途渺茫，不知所措，甚至害怕完全回归社会。这就到了社会服刑人员最脆弱、最难以抵御不良社会影响的时候，因此仍需要继续开展教育活动，及时纠正他们的错误观念，强化规范意识。要复习并进一步理解、消化之前的教育内容，肯定他们的进步，指出他们的不足。结合当前的形势及他们的自身情况，

为他们冷静分析各种利弊，指出一条光明大道。要使社区服刑人员能够沉下心来，认真回顾自己的矫正历程，体会到社区矫正人员的良苦用心，再接再厉，继续学习完善，积极面对解矫后的新生活。这样才能最大限度地使矫正成绩得以巩固，避免他们再次犯罪。

（二）有利于了解社区服刑人员职业技能掌握情况

职业是立身之本，而良好的职业技能则是职业的保障。社区服刑人员很多都是没有工作、没有任何职业技能的犯罪分子，或者因为犯罪而丢失工作的犯罪分子。他们刑满释放后如果没有一技之长，很有可能会陷入再次犯罪的漩涡。系统性的职业技能教育，在一定程度上满足了他们对于职业技能的需求，但在市场经济及社会迅猛发展的大背景下，市场情况瞬息万变，日常教育中的职业技能教育很有可能无法考虑到当下的市场需求。因此，在解矫教育期间，应当对每个社区服刑人员是否具备一两门职业技能进行排查梳理，对符合要求的进行巩固提高，对不符合要求的要根据社区服刑人员期满后的就业意向进行有针对性的职业技能培训。这种面向社会的技能培训会提高社区服刑人员的职业水平，提升社区服刑人员刑满就业安置率，大大降低社区服刑人员再次犯罪的可能性。

（三）有利于总结研究矫正方法，积累矫正经验

社区矫正在我国的实践经历并不长，还存在很多细枝末节的问题值得进一步探讨，因此需要在社区矫正工作中及时总结经验教训，不断积累经验。在解矫教育中，对每个社区服刑人员的矫正效果和问题进行总结分析，一方面会找出矫正成功之处，另一方面也会发现矫正工作中的不足和问题。此外，社区矫正机关可以组织社区服刑人员座谈或个别征求意见，从社区服刑人员的角度对整个社区矫正过程进行评价，此举可以了解许多自身难以了解的情况，发现一些自身难以发现的问题。这对于改进工作方法、提高社区矫正工作人员素质、整体推动社区矫正工作再上新

台阶都有着重要作用。①

二、解矫教育的内容

（一）总结教育

解矫教育的内容主要是指导社区服刑人员对改造过程进行全面回顾和总结，并指明其解除矫正后应注意的问题和努力方向。总结教育是解矫教育的主要内容，其目的是引导社区服刑人员正确地面对今后的人生与社会生活，克服“松口气”思想，清除浮躁心态，静下心来对过去的社区矫正生活做一个全面回顾和总结，以巩固矫正成果，查出存在的不足。社区服刑人员的总结必须实事求是，不能夸大也不能缩小。矫正总结一般包括“矫正收获”、“存在问题”及“今后打算”等几个方面，可以设计专门的矫正总结表格，也可以由社区服刑人员自己发挥。

（二）补课教育

补课教育主要是针对入矫教育、日常教育中存在的不足和问题进行查漏补缺，在社区矫正结束之前，进行有针对性的专项复习和教育。在补课教育中，重点是思想补课教育和职业技能补课教育。在社区矫正临近结束时，一些社区服刑人员容易出现各种各样的思想问题：有的消极悲观，认为自己一无是处，还会受到社会的歧视，今后的生活将难以为继；有的盲目乐观，认为已经掌握了谋生技能，刑满释放后将“遍地黄金”；有的存在复仇思想，企图报复案件相关人员。因此，在解矫教育中，社区矫正工作人员应当灵敏地发现上述问题，及时采取有针对性的教育，遏制极端思想，引导社区服刑人员冷静客观地分析自己的优势和劣势，树立阳光心态。在职业技能补课教育中，主要是适应当下的社会发展形势和社会人才需求，根据社区服刑人员的意愿，展开小规模的专项培训。同时也要教育社区服刑人员，使他们认识到劳动最光荣，劳动是人谋生

① 胡配军：《社区矫正教育理论与实务》，法律出版社2007年版，第136页。

的唯一手段，摒弃坐等救济、好逸恶劳的思想。

（三）适应社会教育

社区矫正在社区服刑人员与社会之间架起了一座桥梁，防止社区服刑人员与社会脱节，有力促进了社区服刑人员回归社会的进程。但社区服刑人员毕竟不同于正常人，在对社会形势、就业、理想信念等方面的认识存在不同，需要继续引导。在社会形势方面，应当向社区服刑人员介绍我国改革和建设的现状和趋势、党和政府在现阶段的方针政策、当前社会热点难点问题等。在就业方面，主要是讲清我国目前关于刑满释放人员就业安置的主要规定，同时及时解答社区服刑人员的疑问，为他们重新就业提供咨询服务。在理想信念方面，要让社区服刑人员树立正确理想，鼓励他们勤劳致富，教育他们要有经受挫折和考验的预期，要用勇气正视现实，不断努力进步。同时要重点分析当前的社会风气，使他们认识到目前存在的不良社会风气是社会发展过程中不可避免的现象，会在改革发展的过程中逐步得到解决，引导他们多注意社会正能量，树立阳光心态，为社会发展尽一份力。

第七章　考核与奖惩

社区矫正制度中的考核与奖惩，概括来说，就是在社区矫正过程中，矫正主体对矫正对象的服刑表现进行评价，并以此为基础对矫正对象进行奖励或者处罚的活动。

第一节　考核与奖惩的一般规定

社区矫正试点工作始于2003年，根据2003年“两高两部”①《关于开展社区矫正试点工作的通知》的规定，北京、天津、上海、江苏、浙江和山东等省（市）成为进行社区矫正工作的首批试点省（市）。在试点地区中，北京市于2003年8月率先出台了《社区矫正对象考核奖惩暂行办法》，上海市于2004年1月制定了《关于社区服刑人员日常行为奖惩的规定（试行）》。随后，江苏省、浙江省和山东省也出台了各自地区的社区矫正服刑人员的考核与奖惩办法，其中江苏省还印发了《江苏省社区矫正对象计分考核规定（试行）》。2004年5月，司法部印发《司法行政机关社区矫正工作暂行办法》，提供了对社区服刑人员进行考核与奖惩的基本法律依据。

2005年1月20日，“两高两部”发布《关于扩大社区矫正试点范围的通知》，将河北、内蒙古、黑龙江、安徽、湖北、湖南、广东、广西、海南、四川、贵州、重庆12个省（市、区）列为第二批社区矫正工作的试点地区，各个地区也均作出了对社区服刑人

① “两高两部”分别为最高人民法院、最高人民检察院，公安部、司法部。

员进行考核与奖惩的规定。2011 年 5 月 1 日《刑法修正案（八）》颁布施行后，修订后的《刑法》明确规定对被判处管制、适用缓刑与假释的犯罪分子依法实行社区矫正。随后，“两高两部”于 2012 年 1 月 10 日发布《社区矫正实施办法》，为社区矫正中的考核与奖惩工作提供了更具规范性和科学性的指导，也使得社区矫正的奖惩标准在全国范围内取得了统一。

对社区服刑人员制定的考核奖惩规定，主要包括以下几个部分：考核与奖惩的目的、应当遵循的原则、参与机构的权力与责任以及具体内容、实施方法与所应遵循的程序等。

第二节　对社区服刑人员的考核

所谓对社区服刑人员（或者矫正对象）的考核，是指社区矫正组织依照一定的标准和程序，在一定时期内对社区服刑人员的服刑表现（接受矫正教育的态度和矫正中的行为）所进行的评价和鉴定。[①]《社区矫正实施办法》（以下简称《实施办法》）第 21 条规定：“司法所应当及时记录社区矫正人员接受监督管理、参加教育学习和社区服务等情况，定期对其接受矫正的表现进行考核，并根据考核结果对社区矫正人员实施分类管理。”

对社区服刑人员进行考核，可以清楚、及时地了解服刑人员在社区矫正期间的身体状态和心理活动，掌握他们的具体行为表现与特点，了解服刑人员工作与生活的实际情况。严格把握考核工作，一方面能够使社区矫正机构根据矫正对象的情况变化来考察社区矫正工作的具体效果，并通过有针对性的改进不断提高矫正的效果；另一方面，能够使矫正对象通过外在的情况反馈对自己进行准确的定位，知晓其与矫正工作期待的目标存在何种差距，使之在克服自

① 吴宗宪：《社区矫正导论》，中国人民大学出版社 2011 年版，第 274 页；赵新东：《社区矫正管理实务》，法律出版社 2006 年版，第 160 页。

身弱点方面有的放矢。

一、社区矫正考核的基本构成

在社区矫正工作中，对服刑人员进行考核的主体为社区矫正机构。《刑事诉讼法》第258条明确规定，社区矫正由社区矫正机构负责执行。根据《实施办法》第2条、第3条的规定，司法行政机关负责指导管理、组织实施社区矫正工作。具体到地方，由县级司法行政机关社区矫正机构对社区矫正人员进行监督管理和教育帮助，司法所承担社区矫正日常工作。此外，社会工作者和志愿者则是在社区矫正机构的组织指导下参与社区矫正工作。当前，对社区服刑人员的考核主要由各地区的司法所实行。① 截至2014年，各省（区、市）司法厅（局）普遍成立了社区矫正管理机构，如北京市司法局成立了社区矫正管理总队，上海等16个省（区、市）司法厅（局）成立了社区矫正管理局，97%的地（市、州）和92%的县（市、区）司法局成立了专门的社区矫正工作机构。②

社区矫正考核的客体为服刑人员在矫正期间的具体表现。《实施办法》要求矫正机构对服刑人员进行监督管理与教育帮助，其中监督管理的内容即考核的客体，主要表现在以下几个方面：在服刑期间是否遵纪守法、是否按时参加教育学习、是否依照规定参加社区服务。

社区矫正的考核应当依照相关规定依法进行。早在2003年的“两高两部”《关于开展社区矫正试点工作的通知》中，便已经定

① 自社区矫正试点工作开展以来，始终由司法所行使对社区服刑人员的考核权。《司法行政机关社区矫正工作暂行办法》（司发通〔2004〕88号）第9条第3款明确规定，乡镇、街道司法所具体负责实施社区矫正，并对社区服刑人员进行考核。而第34条则明确规定了考核的基本范围，包括社区服刑人员认罪悔罪、遵纪守法、学习劳动等方面的表现情况。

② 《郝赤勇副部长在全国社区矫正教育管理工作会议上的讲话》，载司法部网站，http：//www.moj.gov.cn/sqjzbgs/content/2015-12/11/content_6395767_2.htm。

下“要依据我国刑法、刑事诉讼法、监狱法等有关法律的规定开展社区矫正试点工作”的基调；而《实施办法》第35条则明确规定了司法行政部门应当建立执法考评、执法公开、监督检查等制度，保障社区矫正工作规范运行。在各地区依据《实施办法》制定的《社区矫正实施细则》中，又进一步对考核的具体标准、遵循的程序、考核的内容以及考核的方法作出了较为详细的规定，保证了考核工作的规范性与公正性。

二、社区矫正考核的功能

作为社区矫正过程中的一项基本制度，考核的功能实质上也蕴含于社区矫正工作的功能之中，社区矫正虽然具有开放性，但是其首先是一项严肃的刑罚执行活动，其根本目的在于矫正社区服刑人员的犯罪心理和行为恶习。只有对服刑人员进行严格、公正的考核，并在此基础上进行公正的奖励与惩处，才能切实发挥规范服刑人员心理与行为的效果，从根本上保证社区矫正工作的严肃性、有效性与权威性。

概括来说，对服刑人员进行考核主要有以下几个功能。

（一）信息反馈功能

对社区服刑人员进行考核，本质上是一种对服刑人员生活中思想信息与行为信息的搜集工作，便于社区矫正工作人员及时了解和掌握社区服刑人员的思想动态、活动情况和现实表现，形成对服刑人员在社区矫正期间具体思想变化与行为表现等动态发展情况的基础材料。人具有主观能动性，会对周围的作用力产生反应从而不断改变自己的行为。通过对社区服刑人员的活动进行信息搜集，可以为矫正工作提供有效的指导，使其随着服刑人员的变化作出有针对性的调整，对症下药，提高矫正工作的质量。此外，考核是司法所在根据服刑人员被判处的刑罚种类、犯罪情况、悔罪表现、个性特征和生活环境等情况进行综合评估的基础上作出的，社区矫正工作人员依据考核的结果对服刑人员作出相应的评定意见。对于表现良好的，给予表扬奖励；对符合法定条件的，依照法定程序提请有关部门予以减刑；对违反法律、法规和社区矫正的有关规定，但尚未构成重新犯罪的，视情节轻重给予警告或者提请有关部门给予警告、记过、治安处罚、撤销缓刑、撤销假释或者收监执行。①

通过社区矫正中的报到制度、监护制度、走访制度、会客制度等具体制度的设计，使考核能够全面、客观地描绘社区服刑人员在服刑期间的思想动态与行为表现，并将其及时地反馈给社区矫正机构，保证准确、公正地对服刑人员进行奖惩。

（二）监督管理功能

不可否认的是，相对于拘役、有期徒刑等监禁性的刑罚执行方式，社区矫正工作属于非监禁性的刑罚执行方式，在约束人身自由的严厉程度上相对较弱。在社区矫正工作中，需要全面落实对社区服刑人员的监督管理、教育矫正、帮困扶助三项工作任务，监督管理工作只是其中之一。但是，社区矫正指向的对象毕竟是实施犯罪行为的服刑人员，其本质上仍然是一种刑罚执行方式，在相对宽松的服刑环境、较为温和的执行方式背后，必须搭配严格的约束措施，教育矫正也需要以有效的监管为前提。

根据《实施办法》的规定，社区服刑人员应当定期向司法所报告遵纪守法、接受监督管理、参加教育学习、社区服务和社会活动的情况，而司法所则应当及时记录、定期考核。考核的内容即矫正对象是否严格遵守相关的约束性规定，因此，考核本身也就具有了监督和管理的功能。通过考核工作，社区矫正机构能够及时掌握服刑人员的具体活动轨迹，发现并纠正服刑人员的违规行为，从而

① 特别是在上报行政奖励、法律奖励的材料中，有的甚至要求以考核原始记载为证据。赵新东：《社区矫正管理实务》，法律出版社2006年版，第162页。

能够有效避免脱管、漏管的情况，防止其再次实施违法或犯罪行为。[①]

（三）教育引导功能

一般来说，适用社区矫正的服刑人员罪行相对轻微、主观恶性不大，社区矫正在约束手段方面相对温和、强制力较弱，而服刑人员作为犯罪人，自己通常不了解也并不会主动地约束自己的行为，甚至不排除极少数服刑人员出现抵抗等不服从管理的现象。因此，就需要通过考核思想动态与行为表现的方式，使服刑人员认识到社区矫正意图实现的目标，了解接受矫正的意义。在某种意义上，考核可以被视为一套行为规范，服刑人员通过考核规定的具体内容能够清晰地知晓何种行为当为、何种行为不当为，通过对比规范的行为，可以发现自己的不足之处，进而依照相关规定进行自我纠错，最终培养符合社会标准的行为习惯。

（四）激励功能

趋利避害是人的本性，社区服刑人员遵守相关约束性规定，其目的也是维护自身的利益——早日解除矫正并获得自由。考核本身并不能直接发挥出激励的效果，但是考核作为客观的记录，是服刑人员获得行政奖励与司法奖励的基础。通过考核这一纽带，可以将服刑人员的良好表现与奖励、服刑人员的恶劣表现与惩处连接起来。前者的效果在于提高服刑人员追求进步的积极性，后者的效果在于提高服刑人员克服自我弱点的积极性。

三、社区矫正考核的主要原则

社区矫正的主要任务是使社区服刑人员养成良好的行为习惯，成为守法公民，而良好行为习惯的养成离不开对不同性质行为作出

① 在上海进行实地调研时，上海市徐汇区社区矫正中心的工作人员介绍了其通过电子定位发现某一社区服刑人员违法行为的征兆（根据电子定位的轨迹，发现其在几天时间内重复围绕一座建筑物行走，推测可能是在进行踩点行为，为后续的违法犯罪行为做准备），并及时对其进行有效约束的事例。

的客观真实的记录与恰当的判断，对社区服刑人员的奖励与惩处均以这一记录为基本依据。考核工作直接关系着矫正工作的效果，必须遵循一定的原则，才能保证考核本身的客观性与准确性。

《实施办法》并没有对考核的具体原则作出明确的规定，但是要求司法行政机关建立例会、通报、业务培训、信息报送、统计、档案管理以及执法考评、执法公开、监督检查等制度，同时赋予检察机关监督权，发现社区矫正执法活动违反法律和《实施办法》中相关规定的，可以区别情况提出口头纠正意见、制发纠正违法通知书或者检察建议书。不过，在各地区制定的有关社区服刑人员考核奖惩的具体文件中，通常都会设定专条对考核的原则进行规定。例如，《浙江省社区矫正人员考核奖惩办法（试行）》第3条规定："对社区矫正人员实施考核奖惩应当坚持依法、公平、公正、公开原则，实事求是、准确及时原则，惩罚与教育相结合原则，综合考核与动态评估相结合原则。"《湖北省社区矫正人员计分考核规定》第2条规定："对社区矫正人员的计分考核，应做到及时考核、及时记载、及时公布，确保考核工作的公开、公平和公正。"《广东省司法厅关于社区矫正人员考核及分类管理的暂行规定》第2条规定："社区矫正人员的日常管理，应当按照管理类别实施相应的管理措施。社区矫正人员的考核，应当坚持实事求是和依法、公正、公开的原则。"

综合对比来看，对服刑人员的考核一般要遵循以下几个原则。

（一）依法考核原则

所谓依法考核，是指社区矫正工作人员应当严格依照社区矫正相关法律、法规对社区服刑人员进行考核。社区矫正属于一种刑罚执行活动，是十分严肃的执法工作，考核工作关系到矫正机构对服刑人员矫正效果的评估与矫正手段的调整，准确的考核是实现有效矫正的前提条件，因此，考核工作必须严格依照法律、法规确定的具体规则实施。

（二）及时考核原则

考核的结果是矫正机构对社区服刑人员进行奖励和惩处的主要依据，只有依照相关规定，及时对服刑人员的具体表现进行记录与考核，才能保证考核结果是对服刑人员矫正期间某一时段心理、活动状态的真实表现；只有做到实事求是地记录，才能克服主观随意性，作出事实求是的评价，考核结果才具有客观性、准确性。及时记录与考核，能够保证考核结果的科学性，增强服刑人员对矫正工作的信赖程度。

（三）公开、公正原则

考核工作是社区矫正的重要内容，要保持考核的公信力，就必须使考核工作公开进行。考核工作的公开性表现在两个方面：一是对内公开，即考核的标准、内容与结果都应当对考核对象公开；二是对外公开，《实施办法》明确规定要求人民检察院对社区矫正工作进行监督，如果司法工作人员有玩忽职守、徇私舞弊、滥用职权等违法违纪行为且构成犯罪的，应当依法追究刑事责任。对内的公开在于得到服刑人员的信任，对外的公开在于获取社会的认可。公正蕴含着平等的要求，由于服刑人员的表现可能存在差异，因此，所谓平等的要求主要体现在考核适用方面，即不因社区服刑人员的财富、地位等个人情况而区别对待，[①] 保证对服刑人员一视同仁。公开性是对执法行为的外在要求，公正性是对执法行为的内在要求，而执法行为的公开能够有效保障考核工作的公正性，从而维护社区矫正工作的权威。

（四）全面考核原则

通过社区矫正使服刑人员顺利回归社会并防止其再次犯罪的关键，在于对其进行的考核与奖惩是准确的，这就要求考核工作不能以偏概全，应当全面覆盖服刑人员的生活。通过对其思想动态与行为表现的全面考核，准确把握服刑人员在矫正期间的认罪悔罪态

---

① 汤道刚：《社区矫正制度研究》，中国社会出版社2010年版，第93、94页。

度、劳动学习情况，从而保证考核工作的正确性，实现社区矫正对服刑人员应当发挥的积极作用。

此外，还有观点认为考核工作应当遵循恰当兑现原则，即对社区服刑人员的考核结果要恰当兑现为对他们的奖惩的原则。① 实质上，其是要求考核结果与奖惩应当及时关联，目的在于发挥考核工作的激励和约束作用，已经不单单是考核工作本身的原则了。②

四、考核工作的主要内容

《实施办法》第 11 条规定："社区矫正人员应当定期向司法所报告遵纪守法、接受监督管理、参加教育学习、社区服务和社会活动的情况。发生居所变化、工作变动、家庭重大变故以及接触对其矫正产生不利影响人员的，社区矫正人员应当及时报告。保外就医的社区矫正人员还应当每个月向司法所报告本人身体情况，每三个月向司法所提交病情复查情况。"《实施办法》第 21 条规定："司法所应当及时记录社区矫正人员接受监督管理、参加教育学习和社区服务等情况，定期对其接受矫正的表现进行考核，并根据考核结果，对社区矫正人员实施分类管理。"

考核的时间为社区服刑人员到县级司法行政机关登记报到之日起至社区矫正期满或终止之日止，考核的对象即依法适用社区矫正的对象。需要注意的是，《实施办法》规定应当参加社区服务的为有劳动能力的服刑人员，因此，如果社区矫正人员没有劳动能力，则不需要参与社区服务的考核。③

---

① 吴宗宪：《社区矫正导论》，中国人民大学出版社 2011 年版，第 277 页。

② 有类似观点将其总结为考核奖惩与教育相结合原则。张建明：《社区矫正实务》，中国政法大学出版社 2013 年版，第 190 页。

③ 《广东省司法厅关于社区矫正人员考核及分类管理的暂行规定》第 9 条规定："社区矫正人员具有年老、身体残疾、患有疾病、怀孕、就读等原因，管理措施不受其对应的管理类别限制，可以根据其身体现状和实际情况，批准其采取灵活的方式落实报告制度，减免其参加教育学习、社区服务的时间和次数。"

根据《实施办法》的相关规定，对社区服刑人员的考核内容主要包括以下几个方面：一是服刑人员遵纪守法的情况，考核其是否依照规定报到，是否违反报告、会客、外出、居住地变更、人民法院禁止令等监督管理规定，或者有无违法、犯罪的行为；二是服刑人员教育学习的情况，考核其是否按照规定参加公共道德、法律常识、时事政策等教育学习活动；三是服刑人员进行社区服务的情况，即有劳动能力的社区服刑人员是否按照规定参加社区服务、是否满足社区服务的时间要求。

此外，根据社区矫正适用对象的不同，有些地区也规定了不同的考核侧重点。例如，《湖北省社区矫正人员计分考核规定》规定，对管制、缓刑和假释的社区矫正人员，应当重点考核其报告活动、请销假及参加学习教育、社区服务等方面的情况；对于暂予监外执行的社区矫正人员，则应当重点考核其就医、请销假、报告活动、接受教育等方面的情况。《江苏省社区矫正对象计分考核规定（试行）》规定，对于管制、缓刑和假释的矫正对象，应当重点考核其报告活动、迁居审批、请销假及参加学习教育、公益劳动等方面的情况；对于暂予监外执行的矫正对象，应当重点考核其就医、请销假、报告活动、迁居审批、接受教育等方面的情况；对于被剥夺政治权利的矫正对象，则主要考核其参与社会活动方面的情况。

总体来看，根据《实施办法》的规定，可以将考核的内容分为两大类：一是对服刑人员思想内容的考核，把握其在矫正过程中的法治观念、道德素质和悔罪自新的意识，是对服刑人员的思想改造；二是对服州人员行为表现的考核，把握其在矫正过程中的具体活动、行为习惯，是对服刑人员的行为模式改造。

五、考核工作的主要方法

《实施办法》并没有规定对社区服刑人员进行考核所应当采用的具体办法。在司法实践中，各地的考核办法也存在差异，概括起来主要五种类型：汇报法、评议法、查评法、记事法与计分法。[①]其中，汇报法是由社区服刑人员定期或不定期向社区矫正机构进行口头或者书面汇报，服刑人员处于相对主动的位置，而后几种方法则由社区矫正机构占据主导地位。比较而言，计分法评价的范围更全面、可操作性更强且评议的结果较为客观，是司法实践中运用最为普遍的考核方法。在考核时间上，一般采用“周记载、月小结、季评议”制度。例如，《湖北省社区矫正人员计分考核规定》要求：日常考核以奖、扣分形式予以量化；月度考核评价等级分为优秀、良好、一般和差四个等级，由司法所集体研究决定。

计分法属于一种量化考核方法，由于分数既可以相加也可以相减，采取的方法也可以分为两种：一部分地区采用的是设定基础分，只对遵守相关规定的行为加分的考核方法，如北京市、安徽省、广东省等地区；一部分地区采用的是设定基础分，对遵守相关规定的行为进行加分，对违反相关规定的行为进行扣分的考核方法，如江苏省、浙江省、湖北省、云南省等地区。

计分考核的操作程序一般为：

1. 考核人对矫正对象日常表现进行考核。根据考核加分、考核扣分的相关规定，当服刑人员出现应当加分或扣分的表现时，当日填报《加（扣）分审批单》，如果加、扣分的分值超出自身执行的权限，应按程序提议上级矫正组织机构研究审批。[②]

2. 对社区服刑人员进行加、扣分时，应当及时书面通知本人，并接受其对扣分决定提出的申辩。

3. 司法所每周召开一次会议对考核工作进行审查小结，每月

① 张建明：《社区矫正实务》，中国政法大学出版社 2013 年版，第 191 页。赵新东：《社区矫正管理实务》，法律出版社 2006 年版，第 167、168 页。

② 《广东省司法厅关于社区矫正人员考核及分类管理的暂行规定》明确规定了不同主体的扣分权限，扣 1 分的由负责管理的社区矫正工作人员执行；扣 2 ~ 3 分的由负责管理的社区矫正工作人员填报，司法所所长审批；扣 4 ~ 5 分的由负责管理的社区矫正工作人员填报，经司法所所长审核，由县级司法行政机关审批。

月底召开一次会议对社区服刑人员当月的整体思想、行为表现进行综合性评议，并依据评议结果对服刑人员进行奖励或惩处。

4. 街道（乡镇）社区矫正工作领导小组每月召开一次会议，听取社区矫正机构考核评议情况的汇报，研究、解决考核中的疑难问题，审定应受表扬的社区服刑人员。司法所一般于下个月上旬前，将上一个月的考核评议情况附相关材料，报街道（乡镇）社区矫正工作领导小组审批。

5. 街道（乡镇）社区矫正工作领导小组组长批准后，司法所于规定时间内将考核评议的结果张榜公布，并及时书面或者电话通知社区服刑人员。①

第三节　奖励制度

所谓对矫正对象的奖励，是指社区矫正组织依据对矫正对象的日常考核结果，根据相关法律、法规对矫正对象进行的奖励。②

社区矫正中的奖励制度可以分为行政奖励与司法奖励两个部分，行政奖励包括表扬、记功、评为社区矫正积极分子等，司法奖励为减刑。在司法部印发的《司法行政机关社区矫正工作暂行办法》中，规定根据考核结果，对于表现良好的给予表扬奖励；对符合法定条件的，依照法定程序提请有关部门予以减刑。不过，各个地区在社区矫正考核实践中对行政奖励的种类进行了一定的增加，如云南省、湖北省、广东省、浙江省等地区规定除表扬之外，还增加了评为社区矫正积极分子，其中湖北省还规定对于被评为社区矫正积极分子的服刑人员，由表彰单位给予精神或物质奖励。北京市的暂行办法规定对社区服刑人员的行政奖励包括表扬、物质奖

① 赵新东：《社区矫正管理实务》，法律出版社 2006 年版，第 170 页。
② 赵新东：《社区矫正管理实务》，法律出版社 2006 年版，第 173 页。

励和减短矫正期。[1] 根据2007年出版的、由上海市社区矫正工作办公室主编的《上海市社区矫正工作指导手册》的规定，上海市社区矫正奖励项目除表扬、评为社区矫正积极分子之外，还增加了记功的规定。

但《实施办法》并未对当前司法实践中广泛存在的诸多奖励方式作出明确规定，仅规定司法所应当根据考核结果，对社区矫正人员实施分类管理。此外，对于司法奖励也只是对减刑作了原则性的规定。[2]

一、表扬

表扬，是指社区矫正机构依照程序对满足一定条件的社区服刑人员给予公开肯定性评价的奖励方式。一般来说，社区服刑人员只要在一定时间内不违反矫正期间需要接受的约束性规定，或者说其虽然存在一定的违反规定的情况，但是情节比较轻微，都具有获得表扬的可能。而获得表扬的条件，一般为认罪悔罪、遵守法律法规、积极参加社区服务、认真完成教育学习等。例如，《浙江省社区矫正人员考核奖惩办法（试行）》规定，社区矫正人员当月认罪悔罪、遵守法律法规和监督管理规定、完成教育学习和社区服务任务的，考核结果为合格，而对于连续6个月月度考核结果均为合格的，由县级司法行政机关予以表扬一次，并通报同级人民检察院。

表扬一般分为两种类型：可以表扬与应当表扬。有地区在考核规定中对此作出了明确的区分。例如，根据《广东省关于社区矫

---

① 吴宗宪：《社区矫正导论》，中国人民大学出版社2011年版，第281页。

② 《实施办法》第28条规定："社区矫正人员符合法定减刑条件的，由居住地县级司法行政机关提出减刑建议书并附相关证明材料，经地（市）级司法行政机关审核同意后提请社区矫正人员居住地的中级人民法院裁定。人民法院应当自收到之日起一个月内依法裁定；暂予监外执行罪犯的减刑，案情复杂或者情况特殊的，可以延长一个月。司法行政机关减刑建议书和人民法院减刑裁定书副本，应当同时抄送社区矫正人员居住地同级人民检察院和公安机关。"

正人员考核及分类管理的暂行规定》，在一个考核周期内，社区服刑人员如果表现良好，且未被扣分的，应当给予表扬；对于表现良好，未被一次性扣2分以上并且累计被扣4分以下的，可以给予表扬。而扣分针对的内容，即不遵守监督管理规定、不按要求完成学习教育任务、不积极参加社区服务等情形。有地区则仅仅作出了应当予以表扬的规定。例如，根据《湖北省社区矫正人员计分考核规定》，社区服刑人员考核积分达到90分的，给予表扬1次，[①] 同时从累积分中减去90分，剩余的积分滚入下一轮计分，并作为下一次评定表扬的依据。此外，部分地区对于获得表扬的人数作出了限制性规定。例如，根据《湖北省社区矫正人员计分考核规定》，给予表扬的人数不得超过当季度末社区服刑人员的1/3。有的地区则只规定了对社区服刑人员可以予以表扬的情况。例如，《江苏省社区矫正对象考核奖惩办法（试行)》规定，对于符合一定条件并接受社区矫正满3个月的矫正对象，可给予表扬。

关于表扬的评定，一般由司法所根据对社区服刑人员的考核结果进行合议后提出建议，上报上级司法行政机关，然后由上级司法行政机关进行审核评议。以浙江省为例，规定社区矫正人员符合奖励条件的，司法所应当及时合议并报告县级司法行政机关，提交相关证据材料；县级司法行政机关接报后应当及时对相关材料集体评议审核，作出处理意见。

二、评为社区矫正积极分子

社区矫正积极分子是社区矫正机构依照一定的程序授予符合条件的社区服刑人员的一种荣誉称号，[②] 是对社区服刑人员认真遵守监督管理规定、完成教育学习与参与社区服务等积极自我改造行为

① 虽然其在给予表扬之前没有“应当”的文字，但是从其用语可知，对于符合相关条件的社区矫正服刑人员，必然会得到“表扬”的结果。

② 吴宗宪：《社区矫正导论》，中国人民大学出版社2011年版，第283页。

的肯定。

在适用的条件方面，当前的司法实践通常将其作为高于表扬的行政奖励形式，规定以获得表扬为前提条件。部分地区将其分为两种类型：可以评为社区矫正积极分子与应当评为社区矫正积极分子。例如，江苏省规定，社区服刑人员在1年内连续2次受到表扬的，可以评为矫正积极分子；在1年内连续3次受到表扬的，则应当评为矫正积极分子。同时还对社区矫正积极分子的名额作出了限制性规定：县（市、区）级矫正积极分子年评比比例不得超过15%，市级矫正积极分子年评比比例为5%。部分地区则只规定评为积极分子的条件。例如，广东省规定对于累积获得3次表扬的社区服刑人员，可以评为社区矫正积极分子。湖北省规定1年内获得3次以上表扬的社区服刑人员，具有被评为社区矫正积极分子的资格；连续2年评为县级社区矫正积极分子的，则有资格被推荐为省级社区矫正积极分子。

社区矫正积极分子的评定，一般由司法所依据对社区服刑人员的考核结果提出授予“社区矫正积极分子”称号的建议，经街道（乡镇）社区矫正工作领导小组审核后，报县（区）司法局批准。①

三、记功

对社区服刑人员的记功，是指社区矫正机构依照一定的程序对满足一定条件的服刑人员进行登记功绩的行政奖励方式。此外，也有部分地区将其表述为“立功表现”。对于记功这一奖励方式的定位，有些地方将其规定为高于社区矫正积极分子的奖励形式，如上海市；有些地区则将其定位为次于社区矫正积极分子但高于表扬的奖励形式，如江苏省；有些地方则仅规定了表扬与记功两种方式，并将记功作为高于表扬的奖励形式，如浙江省。

① 吴宗宪：《社区矫正导论》，中国人民大学出版社2011年版，第283页。

对于认定记功的标准，一般都有较为独立的规定，以区别于认定表扬或社区矫正积极分子的评定依据，并将其分为可以记功与应当记功两种类型。例如，浙江省的考核奖惩办法规定，可以记功的情况为：阻止他人实施违法犯罪活动的；检举、揭发他人违法犯罪活动，或者提供重要的破案线索，经查证属实的；协助司法机关抓捕其他犯罪嫌疑人（包括同案犯）的；在生产、科研中进行技术革新，成绩突出的；在抢险救灾或者排除重大事故中表现突出的；对国家和社会有其他贡献的。应当记为重大立功的情况为：阻止他人实施重大犯罪活动的；检举重大犯罪活动，经查证属实的；协助司法机关抓捕其他重大犯罪嫌疑人（包括同案犯）的；有发明创造或者重大技术革新的；在日常生产、生活中舍己救人的；在抗御自然灾害或者排除重大事故中，有特别突出表现的；对国家和社会有其他重大贡献的。

有的地区则既规定了较为独立的认定记功的标准，同时也将其与表扬相联系。例如，根据上海市的考核奖惩规定，可以予以记功的条件除检举揭发他人违法违纪行为、阻止他人违法犯罪行为等行为之外，连续 2 次获得表扬也可以予以记功。①

此外，还有部分地区规定了物质奖励或者减短矫正期两种奖励。对于物质奖励，有地区对其单独制定了适用条件，如北京市暂行办法规定可以给予物质奖励的条件为：遵守法律、法规与矫正制度，服从管理，接受教育，积极参见公益劳动，悔改表现突出的；在抢救国家财产、防止或消除灾害事故中作出一定贡献的；模范遵守公民道德规范，邻里和睦，热心帮助他人，受到社区群众普遍好评的；对国家、社会有其他贡献的。有的地区则将其规定为社区矫正积极分子的附随结果，并不对物质奖励设定独立的认定依据，如

① 上海市考核奖惩规定中可以予以记功的条件为：1. 连续 2 次获得表扬的；2. 主动检举、揭发他人违法、违纪行为或阻止违法、犯罪活动的；3. 在防止和消除灾害事故和突发事件中，见义勇为，作出一定贡献的；4. 服务社会，乐于助人，有突出事迹的；5. 克服困难，自食其力，成为社区服刑人员榜样的。

湖北省考核奖惩规定，对于被评为社区矫正积极分子的，由表彰单位给予精神或物质奖励。

对于减短矫正期的奖励形式，目前缺乏相关法律依据，有必要对其进行单独论述。社区矫正在本质上属于一种刑罚执行活动，根据我国《刑法》、《刑事诉讼法》的相关规定，依法实行社区矫正的人员包括被判处管制、宣告缓刑、裁定假释、决定暂予监外执行的犯罪分子，而社区矫正的期限即管制期限、缓刑考验期限、假释考验期限以及监外执行期限。根据最高人民法院《关于办理减刑、假释案件具体应用法律若干问题的规定》第 13 条的规定，判处拘役或者 3 年以下有期徒刑并宣告缓刑的罪犯，一般不适用减刑，但如果其在缓刑考验期限内有重大立功表现的，可以参照《刑法》第 78 条的规定予以减刑，同时应依法缩减其缓刑考验期限。此外，《刑法》第 76 条针对的是社区矫正与缓刑考验合格的规定，可知在缓刑考验期中进行的考核实质即社区矫正考核的内容，即犯罪人是否在相应期限内遵守法律、行政法规，服从监督，是否按照考察机关的规定报告自己的活动情况，是否遵守法律法规关于会客的规定，当犯罪人离开所居住的市、县或者迁居时候，是否报经考察机关批准等事实情况，都由社区矫正机构负责。这就意味着，对社区矫正期限的缩减，实质是对相应刑罚期限、考验期限或者监外执行期限的缩短，也即对刑罚执行期限的缩短。在法律规定只有减刑可以缩短缓刑考验期的情况下，对于这种可能直接涉及刑罚执行期限的奖励，由社区矫正机构直接决定是否符合法律规定，还有待商榷。

四、司法奖励——减刑

在《实施办法》中，仅仅作出了“社区矫正服刑人员符合减刑规定时可以减刑”的原则性规定，并未对哪一类社区服刑人员可以成为减刑的对象、在何种情况下可以获得减刑作出详细的规定。

根据《刑法》第78条的规定，被判处管制、拘役、有期徒刑、无期徒刑的犯罪分子，在执行期间，如果认真遵守监规，接受教育改造，确有悔改表现的，或者有立功表现的，可以减刑；有法定6种重大立功表现之一的，应当减刑。根据2012年1月17日最高人民法院《关于办理减刑、假释案件具体应用法律若干问题的规定》，对于判处管制、拘役的罪犯，以及判决生效后剩余刑期不满1年有期徒刑的罪犯，符合减刑条件的，可以酌情减刑，其实际执行的刑期不能少于原判刑期的1/2；对于判处拘役或者3年以下有期徒刑并宣告缓刑的罪犯，一般不适用减刑，当其在缓刑考验期限内有重大立功表现的，可以参照《刑法》第78条的规定，予以减刑，同时应依法缩短其缓刑考验期限，拘役的缓刑考验期限不能少于2个月，有期徒刑的缓刑考验期限不能少于1年。

从法律的规定来看，被判处管制、拘役或3年以下有期徒刑并宣告缓刑的犯罪分子具有获得减刑的资格，但宣告缓刑的犯罪分子获得减刑的条件较为苛刻，仅限于在缓刑考验期内具有重大立功表现的人员。对于假释的犯罪分子，则没有规定可以适用减刑。对于监外执行的犯罪分子，由于其适用条件为“有严重疾病需要保外就医、怀孕或者正在哺乳自己婴儿的妇女以及生活不能自理且不致危害社会”，故对于这3种类型的犯罪分子而言，显然也很难达到减刑的条件。

那么，对于具有减刑可能的社区服刑人员来说，其又具有多高的可能性获得减刑呢？[①] 对于被判处管制的犯罪分子，其刑期在3个月以上2年以下，根据《关于办理减刑、假释案件具体应用法律若干问题的规定》，被判处管制的犯罪分子实际执行的刑期不能少于原判刑期的1/2，即需要执行的刑期为1个半月至1年之间。

---

① 需要说明的是，对于立功和重大立功表现而言，社区矫正服刑人员是否有相关表现一般并无特定的时间限制，在此进行讨论的主要集中于具有特定时间限制的奖励措施（表扬、评为社区矫正积极分子）对于社区服刑人员获得减刑产生的影响。

拘役的缓刑考验期限则为2个月以上1年以下，其至少为2个月；有期徒刑的缓刑考验期限为1年以上5年以下，其至少为1年。

依据《上海市社区服刑人员考核管理办法（试行）》的规定，表扬、记功按季度组织实施，社区矫正积极分子按年度组织实施，其中表扬、记功是评为社区矫正积极分子的前提，社区矫正积极分子是提请司法奖励的条件之一。这就意味着社区矫正服刑人员的矫正期间至少应当在1年以上，才具有被评为社区矫正积极分子从而获得减刑的可能性。依据《湖北省社区矫正人员计分考核规定》，社区矫正服刑人员在社区矫正1年以上，获得2次以上表扬，符合法定条件的，可以呈报减刑。同样表明矫正期限在1年以上的，才具有获得减刑的可能性。① 虽然其同时规定被评为省级社区矫正积极分子，符合法定减刑条件的，可直接呈报减刑，但是只有连续2年评为县级社区矫正积极分子的，才有资格被推荐为省级社区矫正积极分子，其时间跨度更长。而根据《浙江省社区矫正人员考核奖惩办法（试行）》的规定，社区矫正服刑人员只有连续获得3次以上表扬、累计获得4次以上表扬且未受警告以上处罚的，才具有获得减刑的可能，而只有连续6个月月度考核结果均为合格的，才能由县级司法行政机关予以表扬1次，如果要达到其规定的条件，时间要求最短的情形为社区矫正服刑人员能够连续4次获得表扬，时间跨度为2年。②

如此来看，对于被判处拘役的犯罪分子，由于其缓刑考验期至多为1年，在其不具有重大立功表现的情况下，不具有获得减刑的可能性。对于被判处管制的犯罪分子，执行的刑期至少应当在1年

---

① 《江苏省社区矫正对象考核奖惩办法（试行）》也作出了相似规定，只有矫正对象接受社区矫正1年以上，并受到3次以上表扬或1次以上矫正积极分子奖励的，才具有获得减刑的可能。

② 浙江省还对不同类型的社区矫正服刑人员获得减刑的条件作出了不同的限定，上述条件仅适用于被判处管制、决定暂予监外执行的社区矫正服刑人员。对于被宣告缓刑的社区矫正服刑人员，必须有重大立功表现，才可以获得减刑。

以上，才具有获得减刑的可能性。对于被判处有期徒刑宣告缓刑的犯罪分子，其刑期时间相对较长，具有相对较高的减刑可能性，但是由于被宣告缓刑的犯罪分子本就不需要被执行刑罚，且其缓刑考验期不得少于1年，因此，对于缓刑考验期为1年的犯罪分子，即使获得减刑也无法缩短考验期，其获得减刑实际上也无法产生激励效果。

综上可见，对于社区矫正服刑人员来说，获得减刑的条件较为苛刻，获得减刑的可能性也不高。以杭州市为例，自2012年3月《实施办法》施行起至2014年12月底，该市累计接收矫正15745人，累计实施奖励2515人次，其中表扬2512人次，占奖励人数的99.89%；减刑仅3人次，占奖励人数的0.11%。[①] 根据司法部社区矫正管理局发布的《2014年全国社区矫正工作统计分析》，2013年依法实行社区矫正的犯罪分子为680965人，其中获得减刑的犯罪分子为74人，约占社区矫正服刑人员总数的0.011%；2014年依法实行社区矫正的犯罪分子为732202人，其中获得减刑的犯罪分子为105人，约占社区矫正服刑人员总数的0.014%。可见，在社区矫正期限中能够获得减刑的仅为极少数的社区服刑人员。苛刻的减刑条件、过少的减刑人数，都会使减刑的激励效果大打折扣。

五、社区矫正奖励措施体系

现行社区矫正奖惩制度重在惩罚，设置了由轻到重的一系列惩处措施，但奖励手段不足。[②]

在司法部印发的《司法行政机关社区矫正工作暂行办法》中，对于行政奖励措施规定得非常简单，仅规定对于表现良好的社区服刑人员给予表扬奖励。而《实施办法》也没有对行政奖励作出详

① 浙江省杭州市司法局调研组：《社区矫正奖惩机制运行现状及其完善——以杭州市的实践为样本》，载《中国司法》2015年第4期。

② 浙江省杭州市司法局调研组：《社区矫正奖惩机制运行现状及其完善——以杭州市的实践为样本》，载《中国司法》2015年第4期。

细的规定，同时也没有对《司法行政机关社区矫正工作暂行办法》中的表扬规定进行确认，而是仅规定司法所应当及时记录社区矫正人员接受监督管理、参加教育学习和社区服务等情况，定期对其接受矫正的表现进行考核，并根据考核结果，对社区矫正人员实施分类管理。因此，上文中所提出的除表扬以外的其他行政奖励措施，是各地根据自身的现实情况和实际需要作出的创设性规定。

就各地作出的具体奖励措施而言，表扬、评为社区矫正积极分子一般均表现为递进关系，大部分地区都以“社区服刑人员被表扬达到一定次数”作为评定社区矫正积极分子的基本条件。例如，根据《广东省司法厅关于社区矫正人员考核及分类管理的暂行规定》，累计获得3次表扬的社区服刑人员，可以评为社区矫正积极分子。《江苏省社区矫正对象考核奖惩办法》规定，连续2次受到表扬的，可以评为矫正积极分子。根据《湖北省社区矫正人员计分考核规定》，社区矫正服刑人员1年内获得3次以上表扬，有资格评为社区矫正积极分子。对于记功，如前文所述，大多数地区都为其设立了相对独立的认定标准，社区服刑人员是否获得表扬以及获得表扬的次数与是否可以或者应当记功之间不存在关联关系。但也有地区将获得一定数量的表扬规定为记功的认定标准之一，如《上海市社区服刑人员考核管理办法（试行）》即规定社区矫正服刑人员连续2次获得表扬的，可以予以记功。此外，上海市还将具有重大立功表现作为应当评为社区矫正积极分子的条件，在记功与社区矫正积极分子之间建立了对应关系。

关于行政奖励与司法奖励，各地区基本都对二者如何衔接作出了规定。例如，《上海市社区服刑人员考核管理办法（试行）》规定，社区服刑人员日常行为奖惩是提请司法奖惩的基础，其中表扬、记功是评为社区矫正积极分子的前提，社区矫正积极分子是提请司法奖励的条件之一。该规定构建起表扬、记功——社区矫正积极分子——减刑的递进式联系，将行政奖励与司法奖励相联系。根据《湖北省社区矫正人员计分考核规定》，社区矫正人员在社区矫正1年以上，获得2次以上表扬，符合法定条件的，可以呈报减刑；被评为省级社区矫正积极分子，符合法定减刑条件的，可直接呈报减刑；有重大立功表现的，应当予以减刑。该规定构建起表扬——社区矫正积极分子——减刑和重大立功——减刑的双层递进联系。《江苏省社区矫正对象考核奖惩办法（试行）》规定，矫正对象接受社区矫正1年以上，并受到3次以上表扬或1次以上矫正积极分子奖励的，可以予以减刑；受到记功奖励的，可以给予减刑；对于正在执行的矫正对象有重大立功表现的，应当给予减刑。该规定则构建了表扬——减刑、社区矫正积极分子——减刑和记功——减刑的三层递进关系。

总的来说，在一般情况下，各地区都将表扬作为最基本的行政奖励方式，将表扬累积到一定次数作为评为社区矫正积极分子的条件。同时，对于记功则规定不同于表扬的独立的认定条件。对于行政奖励与司法奖励的关系而言，各地的规定则更加多元化，既有仅将社区矫正积极分子作为减刑条件的规定，也有将社区矫正积极分子与记功共同作为减刑条件的规定，还有将表扬、社区矫正积极分子和记功共同作为减刑条件的规定。

六、社区矫正奖励措施的适当性考察

从上文的分析来看，社区矫正中奖励措施数量较少，行政奖励更多的是对社区矫正服刑人员思想表现和行为状况在精神层面的鼓励和肯定，本身并不具有强大的激励性。因此，各地都建立了相关行政奖励措施与司法奖励的衔接程序。但遗憾的是，并非所有类型的社区矫正服刑人员都具有减刑的资格，且具有资格的服刑人员通过获得行政奖励来实现减刑的可能性也不高，在行政奖励本身激励性较低、司法奖励获得可能性不高的情况下，社区矫正的激励措施无法发挥应有的促进服刑人员努力改造自己思想、向合格社会人转化的功能，反而可能因为矫正期限无法缩短而产生消极心理。

对此，有学者认为需要增加奖励措施的类型，如扩大对缩短矫

正期的适用，取消与减刑的挂钩，使其单独成为一项奖励措施。此外，具体增加不同等级的多层次奖励措施，如延长外出时间、扩大会见权和接受媒体采访权、扩大治疗疾病以外的社会活动范围、减少社区服务次数或时间、降低电话汇报及思想汇报的频率、有限推荐就业等。[①] 如前文所述，由于矫正期直接与管制刑期、缓刑和假释考验期以及监外执行期限相关联，是否可以由社区矫正工作小组等部门直接作出缩短矫正期的决定还有待进一步的研究，但是在表扬、记功、社区矫正积极分子以外增加能够为社区矫正服刑人员带来实质性利益的奖励措施，显然具有合理性。这可以在无法缩短矫正期长度的情况下，通过降低社区矫正的强度，来促使社区服刑人员努力进行自我改造。

此外，就当前各地区设定的奖励措施而言，相互之间的界定也并不明确，除记功一般规定独立的认定条件之外，大多数地区都没有对社区矫正积极分子规定独立的认定条件。从各地的考核标准中可知，社区矫正积极分子的评选，主要标准即服刑人员获得表扬的次数。如果仅仅以量的积累作为表扬和社区积极分子的界定标准，那么其意义将十分有限，甚至是徒增一个转换程序。因此，有些地区并未将社区矫正积极分子作为行政奖励措施，如浙江省就仅规定表扬和记功 2 种行政奖励措施，并直接以一定次数的表扬（连续获得 3 次以上表扬、累计获得 4 次以上表扬且未受警告以上处罚）作为减刑的条件。是否需要将社区矫正积极分子作为社区矫正中的一项奖励措施，其关键在于是否对二者设定性质不同的评定标准。从实践层面看，还要考虑社区矫正工作人员在实践中对二者是否能够进行明确的区分。除要设定明确的区分标准外，还需要进一步考虑社区矫正积极分子的评定程序是否便于操作。对于社区服刑人员日常表现的考核，通常采取“日记载、周小结、月评议”的考核

① 王平：《社区矫正制度研究》，中国政法大学出版社 2014 年版，第 332 ~ 334 页。

方式，或者“日记录、月小结、季评比、年总结”的考核方式。对社区矫正积极分子的评定时间而言，各地区一般都要求矫正期限在1年以上，并以年度作为其评定的时间要求，时间跨度较长，如果付出行为和获得奖励之间的反馈时间太过长久，就很难在行为和奖励之间建立紧密联系，削弱奖励措施的激励作用。因此，除需要对社区矫正积极分子与表扬作出质的区分外，还需要适当缩短服刑人员获得奖励的时间限制。①

概言之，不应当满足于当前的奖励措施体系，需要增设更多的奖励种类，在当前行政奖励无法直接与减刑相关联的情况下，加强奖励措施给服刑人员带来的实际有利影响，提高行政奖励本身的激励作用。同时，还应当对当前行政奖励措施作出不同的认定标准，改变行政奖励之间纯粹以量的累计为区别标准的现状，并适当缩短行政奖励的评定时间，特别是社区矫正积极分子的评定时间，使社区服刑人员的日常表现与最终的司法奖励——减刑之间的联系更加紧密，最终形成层级多、激励性强的社区矫正奖励体系。

第四节 惩罚制度

根据《社区矫正实施办法》第22条至27条的规定，社区矫正组织依据对矫正对象的考核，可以提出警告、提请治安处罚、撤销缓刑、假释和收监执行等。

社区矫正机构根据矫正对象在社区矫正期间的具体表现，对良

① 在对上海市徐汇区社区矫正中心进行调研时，工作人员表示，矫正期限在1至6个月的矫正对象所占的比例约在10%至20%之间，由于此部分对象矫正时间过短，受时间条件制约，所以通常在其矫正期限内始终采取“严管”措施，难以考察其实际的矫正效果。此外，矫正期限在1年半至2年之间的人员所占比例最高，约在50%以上。可见，矫正期限较短（2年以下）的人员所占比例几乎在60%至70%。由于相关奖励措施通常都要求满足较长的时间条件，所以对矫正对象的激励作用并不明显，转而采取从严管到宽管的方式来鼓励社区矫正对象积极接受改造。

好的表现依照法律规定进行奖励，对不良的表现依据法律规定进行惩罚，能够为矫正对象的改造提供强大的外在约束力。通过奖励来调动矫正对象改造自我的积极性，促使其从原本实施犯罪行为的不合格的社会人向具有自我约束力的合格社会人转化，同时通过惩罚来“剔除”其不良行为表现，使其严格遵守法律规定，树立社区矫正工作的权威性，维护矫正工作的正常秩序，进而保证矫正工作的顺利实施。

社区矫正中的惩罚制度可以分为行政惩罚与司法惩罚两个部分。根据《实施办法》的规定，当前针对社区矫正服刑人员适用的惩罚方式为警告、治安处罚、收监执行（包括撤销缓刑、撤销假释和决定对暂予监外执行人员收监执行）三种类型，并明确规定了三种惩处方式之间的关系：社区矫正服刑人员违反监督管理规定或者人民法院禁止令，依法应予治安管理处罚；如果情节轻微，则予以警告；如果受到司法行政机关三次警告仍不改正的，或者因违反监督管理规定受到治安管理处罚，仍不改正的，可以撤销缓刑或假释；如果受到司法行政机关两次警告仍不改正的，或者因违反监督管理规定受到治安管理处罚，仍不改正的，可以收监执行。其中，行政惩罚为警告和治安管理处罚，司法惩罚为收监执行。此外，部分地区对行政处罚的内容进行了扩充，增加了记过，与行政奖励中的记功相对应。

一、警告

所谓警告，是指社区矫正机构依照一定的程序对符合条件的社区服刑人员予以提醒、告诫的行政处罚方式。[①] 从惩罚的力度来看，在《实施办法》构建的警告—治安处罚—收监执行的处罚体系中，警告属于最轻的一种方式，其与奖励措施中的表扬地位相当，是针对社区矫正服刑人员日常表现没有达到一定标准而作出的

① 吴宗宪：《社区矫正导论》，中国人民大学出版社 2011 年版，第 284 页。

一种否定性评价。

对于予以警告的具体依据和标准，《实施办法》在第 23 条作出了较为明确的规定："社区矫正人员有下列情形之一的，县级司法行政机关应当给予警告，并出具书面决定：（一）未按规定时间报到的；（二）违反关于报告、会客、外出、居住地变更规定的；（三）不按规定参加教育学习、社区服务等活动，经教育仍不改正的；（四）保外就医的社区矫正人员无正当理由不按时提交病情复查情况，或者未经批准进行就医以外的社会活动且经教育仍不改正的；（五）违反人民法院禁止令，情节轻微的；（六）其他违反监督管理规定的。"

有的地区几乎直接在考核规定中引用了《实施办法》中的规定，仅仅对其作小部分的调整，如《浙江省社区矫正人员考核奖惩办法（试行）》增加了"一年内违反社区矫正机构信息化核查规定三次以上的"规定，将"未按规定时间报到的"调整为"无正当理由未按规定时间报到或者接受社区矫正期间脱离监管，不满十五天的"，其他规定则与《实施办法》相同。有的地区虽然作出了相对不同的规定，但依旧未脱离《实施办法》建立的基本框架，如《江苏省社区矫正对象考核奖惩办法（试行）》第 11 条规定："矫正对象有下列情形之一，应当予以警告：（一）对抗管理教育或故意逃避监督管理的；（二）不按时向司法所汇报情况，不参加社区矫正活动，又不请假的；（三）保外就医人员拒绝配合治疗的；（四）违反社会公德，侵害他人合法权益、公共利益的；（五）有其他严重违反社区矫正管理规定行为的。"

有的地区则在《实施办法》规定的基础上，对社区矫正服刑人员需要遵循的行为规范进行了细化，相较于《实施办法》中的规定更加具体，涉及面也更加宽广，如果社区矫正服刑人员存在违反规则的行为则会被扣除相应的分数，最终以服刑人员在考核周期内被扣除分数的多少作为是否对其予以警告的依据。例如，《广东省关于社区矫正人员考核及分类管理的暂行规定》设定了 24 种不同的违反行为规范的情况，增加了“未按规定上缴本人出入境证件的”、“散布、发表、出版有害国家、社会言论，情节轻微的”、“擅自接受采访、发表演说的”等情况，并对每一项违反规范的行为设定应当扣除的分数，规定社区矫正服刑人员在一个考核周期内累计被扣 12 分以上、18 分以下的，应当给予警告，实行重点管理。有的地区则额外规定了不同于《实施办法》中内容的情况为扣分事实，如果社区矫正服刑人员违反考核规定被扣分，同时又存在《实施办法》规定的应当予以警告的情形，则给予其警告处分，并赋予警告处分独立的扣分效果。例如，根据《湖北省社区矫正人员计分考核规定》，如果社区矫正服刑人员存在扣分条款之情形，同时又符合《实施办法》第 23 条情形的，应给予警告处分，给予警告处分的应当扣 20 分。

需要说明的是，警告虽然与表扬均为各自体系中力度最低的措施，但是不同于表扬在不同地区被进一步区分为可以表扬和应当表扬的情况，各地区对于警告一般都只作出了应当警告的规定。对于警告的程序，一般由负责管理的社区矫正工作人员建议，再经过司法所进行集体评议，最后报县级司法行政机关审批。① 或者是由司法所调查核实并提出惩处意见，经街道（乡镇）社区矫正工作领导小组审核后，报县（市、区）司法局批准。②

二、记过

从上文对社区矫正奖励措施的论述中可知，部分地区为了弥补《实施办法》规定的奖励措施过少、激励性不足的缺陷，而创设了记功的奖励制度。与之相对应，部分地区也在惩罚措施中创设了记过的制度。

所谓记过，是指社区矫正机构依照一定的程序对符合条件的社

① 参见《广东省关于社区矫正人员考核及分类管理的暂行规定》第 19 条。
② 参见《江苏省社区矫正对象考核奖惩办法（试行）》第 20 条。

区服刑人员予以登记过错的行政处罚形式。[1] 在《实施办法》中并无记过的规定，这是部分地方对行政处罚措施的创设性规定。有的地区对记过的标准作出了独立性的规定，如《江苏省社区矫正对象考核奖惩办法（试行）》第12条规定："矫正对象有下列情形之一，应当予以记过：（一）不请假私自外出的；（二）对抗管理教育，情节严重的；（三）违反社会公德，侵害他人合法权益、公共利益，造成严重后果的；（四）多次拒绝参加社区矫正活动，经教育不改正的；（五）保外就医人员故意延误治疗的；（六）其他严重违反社区矫正管理规定，造成较大影响的。"同时，就警告与记过的关联性作出了规定："受到两次警告的应当给予记过。"

由于记过也属于一种行政处罚，因此，在将记过作为处罚措施的地区，对其规定的适用条件与警告相同，同样是由司法所调查核实并提出惩处意见，经街道（乡镇）社区矫正工作领导小组审核后，报县（市、区）司法局批准。

三、治安管理处罚

根据《实施办法》第24条的规定，社区矫正服刑人员违反监督管理规定或者人民法院禁止令，依法应予治安管理处罚的，县级司法行政机关应当及时提请同级公安机关依法给予处罚，公安机关应当将处理结果通知县级司法行政机关。

其中，所谓"依法应予治安管理处罚"，是指依据《治安管理处罚法》的规定，应当对社区服刑人员予以行政处罚。因此，《实施办法》中的治安处罚，即指扰乱公共秩序，妨害公共安全，侵犯人身权利、财产权利，妨害社会管理，具有社会危害性，但是尚不够刑事处罚的，由公安机关给予的一种行政处罚措施。依据《治安管理处罚法》的规定，治安处罚措施包括警告、罚款、行政拘留和吊销公安机关发放的许可证四种。如果处罚对象为外国人，

① 吴宗宪：《社区矫正导论》，中国人民大学出版社2011年版，第285页。

则还可以附加适用限期出境或者驱逐出境。[①]

治安处罚的决定和执行主体为公安机关，依据《治安管理处罚法》的规定，治安管理处罚由县级以上人民政府公安机关决定；其中警告、五百元以下的罚款可以由公安派出所决定。需要特别说明的是，《治安管理处罚法》中规定的警告并不同于《实施办法》中规定的警告，二者的执行主体、适用条件都不相同。对社区矫正服刑人员予以治安处罚必须依据独立的法律规定，《实施办法》没有也无法对治安处罚的适用规定明确的条件，因此，部分地区没有将治安处罚规定到考核办法当中，作为与警告、记过并列的处罚措施。例如，《江苏省社区矫正对象考核奖惩办法（试行）》就仅仅规定了警告和记过两种行政处罚措施；《湖北省社区矫正人员计分考核规定》在设定详细的考核扣分内容之外，仅规定了警告处分措施。在将治安处罚规定到考核办法中的地区里，有的地区对适用的具体条件作出了规定，如《浙江省社区矫正人员考核奖惩办法（试行）》第 40 条规定："社区矫正人员有下列情形之一的，司法所合议后报县级司法行政机关并提交相关证据，由县级司法行政机关评议审核决定向同级公安机关提出治安管理处罚建议书并附相关证据：（一）违反人民法院禁止令的；（二）无正当理由未按规定时间报到或者接受社区矫正期间脱离监管，十五天以上、不满一个月的；（三）其他违反监督管理规定行为，情节较重的。"同时进一步规定，公安机关应当及时依法作出处理决定，并在处理结果作出后 3 日内书面通知县级司法行政机关和同级人民检察院。有的地区则基本照搬了《实施办法》中的规定，如《湖南省社区矫正实

① 所谓警告，是指公安机关对违反治安管理的行为人予以提醒、告诫的处罚形式；所谓罚款，是指公安机关强制违反治安管理的行为人向国家缴纳一定数额金钱的处罚形式；所谓行政拘留，是指公安机关短期剥夺违反治安管理行为人的人身自由的处罚形式；所谓吊销公安机关发放的许可证，是指公安机关收回并取消违反治安管理的行为人已经取得的、由其发放的有关行政许可事项的许可证的处罚形式。吴宗宪：《社区矫正导论》，中国人民大学出版社 2011 年版，第 286 页。

施细则》规定，社区矫正人员违反监督管理规定或者人民法院禁止令，依法应当给予治安管理处罚的，由司法所提出治安管理处罚建议，报县级司法行政机关审核后，提请同级公安机关依法给予治安管理处罚，公安机关应当及时将处理结果告知县级司法行政机关。《天津市社区矫正工作实施细则试行》规定，社区矫正人员违反监督管理规定或者人民法院禁止令，依法应予治安管理处罚的，区县司法行政机关应当及时向公安机关提出治安管理处罚建议书并附证明材料，公安机关应当在法定期限内作出决定，并将处理结果通知区县司法行政机关。有的地区则只是在考核办法中点明了此种行政处罚措施，但并未对其作出进一步的说明，如《广东省关于社区矫正人员考核及分类管理的暂行规定》规定，累计被扣 8 分以上，或一次性被扣 4 分以上，或被警告、治安管理处罚的，在下一个考核周期实行重点管理。

对于适用治安处罚的程序，由于其决定和执行主体并非司法行政机关，因此，当社区服刑人员出现违反《治安管理处罚法》而应当被予以治安处罚时，通常是由司法行政机关向公安机关提出对其予以治安管理处罚的建议，最终由公安机关决定是否对社区服刑人员予以治安处罚。就治安处罚与警告的关系而言，在一般情况下，治安处罚具有独立的适用条件，与警告的条件并不相同，二者之间也不存在所谓的递进关系，但是有的地区则创设了警告与治安处罚的递进关系，如《广东省关于社区矫正人员考核及分类管理的暂行规定》规定，社区矫正人员在重点管理期间，一个考核周期内累计被扣 18 分以上，或者受警告后下一个考核周期累计被扣 5 分以上的，应当给予建议治安管理处罚。也就是将警告和累计到一定数量的被扣分数，作为治安处罚的适用条件之一。

四、司法处罚——收监执行

司法处罚的决定和执行主体为人民法院，根据《实施办法》的规定，司法处罚包括撤销缓刑、撤销假释和撤销暂予监外执行三种形式，三者都是将原本监外执行的犯罪人重新收归监狱。

（一）撤销缓刑

根据我国《刑法》的规定，存在以下几种情形时，人民法院应当撤销缓刑：一是在缓刑考验期限内犯新罪或者发现判决宣告以前还有其他罪没有判决的；二是在缓刑考验期限内，违反法律、行政法规或者国务院有关部门关于缓刑的监督管理规定的；三是违反人民法院判决中的禁止令，情节严重的。

根据《实施办法》第25条的规定，如果社区矫正服刑人员有以下几种情况之一的，由居住地同级司法行政机关向原裁判人民法院提出撤销缓刑建议书："（一）违反人民法院禁止令，情节严重的；（二）未按规定时间报到或者接受社区矫正期间脱离监管，超过一个月的；（三）因违反监督管理规定受到治安管理处罚，仍不改正的；（四）受到司法行政机关三次警告仍不改正的；（五）其他违反有关法律、行政法规和监督管理规定，情节严重的。"在各地制定的考核奖惩办法中，有的地区基本引用了《实施办法》的规定，如广东省、安徽省等；有的地区则是在引用《实施办法》相关规定的同时对某些条款作出了具体的解释，如《浙江省社区矫正人员考核奖惩办法（试行）》在引用《实施办法》第25条的规定后，又进一步规定第（三）、（四）项中"仍不改正的"，系指社区矫正服刑人员受到治安管理处罚或三次警告后，再次出现可予以警告以上处罚的情形。

有的地区则在考核奖惩办法中作出了不同的规定，如《江苏省社区矫正对象考核奖惩办法（试行）》第15条规定："矫正对象受到两次记过，或具有下列情形之一的，应当撤销缓刑，执行原判刑罚或撤销假释、暂予监外执行，收监执行未执行完毕的刑罚：（一）重新犯罪的；（二）威胁、报复受害人、司法工作人员的；（三）发现余罪漏罪的；（四）其他应当撤销缓刑、假释、暂予监外执行的法定情形。"《湖南省社区矫正对象考核暂行办法》也作出了大致相同的规定，只是将"威胁、报复受害人、司法工作人员”变化为“威胁、侮辱、报复受害人、司法工作人员”。

有的地区则在具体化《实施办法》规定的同时，细化、增加了部分撤销缓刑的条件，如《北京市社区矫正实施细则》对“违反人民法院禁止令，情节严重”的条件作出了具体规定：指违反人民法院禁止令三次以上的，或者因违反禁止令被治安管理处罚后再次违反禁止令的，或者违反禁止令发生较为严重危害后果的情形。此外，还将被劳动教养、收容教育、收容教养以及被行政拘留、司法拘留、强制隔离戒毒规定为撤销缓刑的条件。

就撤销缓刑的程序而言，一般是由司法所调查核实并提出惩处意见，经街道（乡镇）社区矫正工作领导小组审核后，报县（市、区）司法局批准，由居住地同级司法行政机关评议审核决定，向原裁判人民法院提出撤销缓刑建议书。有的地区则规定县（市、区）司法局批准后，还应将书面意见和相关材料提交同级公安机关进行审核，由公安机关通报人民法院。也有的地区规定了较为严格的审批程序，如湖南省规定在司法所填写《社区矫正对象司法奖惩审核表》后，需要经县级、市级社区矫正工作机构逐级审查，之后还需要报省社区矫正工作机构审核并经其同意后，由县级社区矫正工作机构提交公安机关或监狱，由后者提请人民法院裁定撤销缓刑。

（二）撤销假释

根据我国《刑法》的规定，存在以下几种情形时，人民法院应当撤销假释：一是被假释的犯罪分子在假释考验期限内犯新罪的；二是在假释考验期限内，发现被假释的犯罪分子在判决宣告以前还有其他罪没有判决的；三是在假释考验期限内，有违反法律、行政法规或者国务院有关部门关于假释的监督管理规定的行为，尚未构成新的犯罪的。

根据《实施办法》，提出撤销假释与提出撤销缓刑的条件与程序相同，在各地区制定的考核奖惩办法中，也并没有对二者作出区分，均适用相同的条件和程序，因此，不再对撤销假释的具体规定进行赘述。

（三）撤销监外执行

根据我国《刑事诉讼法》的规定，存在以下几种情形时，人民法院应当撤销暂予监外执行：一是发现不符合暂予监外执行条件的；二是严重违反有关暂予监外执行监督管理规定的；三是暂予监外执行的情形消失后，罪犯刑期未满的。其中可以作为社区矫正处罚措施的，主要为前两条规定的情形。

根据《实施办法》第26条的规定，对暂予监外执行的社区矫正服刑人员，在出现以下行为时，服刑人员居住地的县级司法行政机关可以向批准、决定机关提出收监执行的建议书：“（一）发现不符合暂予监外执行条件的；（二）未经司法行政机关批准擅自离开居住的市、县（旗），经警告拒不改正，或者拒不报告行踪，脱离监管的；（三）因违反监督管理规定受到治安管理处罚，仍不改正的；（四）受到司法行政机关两次警告，仍不改正的；（五）保外就医期间不按规定提交病情复查情况，经警告拒不改正的；（六）暂予监外执行的情形消失后，刑期未满的；（七）保证人丧失保证条件或者因不履行义务被取消保证人资格，又不能在规定期限内提出新的保证人的；（八）其他违反有关法律、行政法规和监督管理规定，情节严重的。”

在各地区制定的考核奖惩办法中，有的地区直接引用了《实施办法》中的规定，如广东省、安徽省；有的地区则将其与撤销缓刑、假释规定了同样的条件，如湖南省、浙江省；有的地区在引用《实施办法》中相关规定的同时，也对其进行了部分修改，如在《北京市社区矫正实施细则》规定的收监执行的条件中，增加了被劳动教养、收容教育、收容教养与被行政拘留、司法拘留、强制隔离戒毒两类情形，并删除了《实施办法》中“因违反监督管理规定受到治安管理处罚，仍不改正”的规定。

从提出建议的程序上看，收监执行与撤销缓刑、假释并无不同，均是由司法所调查核实并提出惩处意见，经街道（乡镇）社区矫正工作领导小组审核后，报县（市、区）司法局批准，由居住地同级司法行政机关（即公安机关）评议审核。只是由于执行主体不同，有的地区规定司法行政机关审核后决定提出撤销暂予监外执行建议的，应当通报的对象为原来关押服刑人员的监狱。①

五、惩处措施的体系与存在的问题

通过上文的梳理可知，当前我国社区矫正执行机关能够采用的惩罚措施包括四种：警告、记过、治安处罚与收监执行，其中前三种属于行政处罚，后一种属于司法处罚。

就警告与记过的关系而言，二者通常表现为量的差异而非质的区别，即警告针对情节较轻的违反社区矫正规定的行为，记过则针对情节较重或者造成严重影响的违反社区矫正规定的行为。例如，根据《湖南省社区矫正对象考核暂行办法》的规定，对拒不参加社区矫正活动，经教育仍不服的社区矫正服刑人员应当给予警告；对拒不参加社区矫正活动，半年内达到 2 次的社区矫正服刑人员则应当给予记过。根据《江苏省社区矫正对象考核奖惩办法（试行)》的规定，对于违反社会公德，侵害他人合法权益、公共利益的社区矫正服刑人员应当给予警告；对于违反社会公德，侵害他人合法权益、公共利益，造成严重后果的社区矫正服刑人员则应当给予记过。此外，两个地区均作出了“受到两次警告的应当给予记过”的规定，更明显地表现出了警告与记过之间的递进关系。

记过（或者警告）与治安处罚之间的关系则存在一定的差异性：一方面，二者具有相对独立的适用条件，记过的依据为各地区制定的考核奖惩办法或者社区矫正实施细则，治安处罚的依据为《治安管理处罚法》；另一方面，二者之间也表现出一种“量的差

① 当然，在具体操作中，则需要考察是谁作出了暂予监外执行的决定，根据当前法律的规定，该决定主体包括三个：人民法院、省级以上监狱管理机关和市级以上公安机关。张建明：《社区矫正实务》（第二版），中国政法大学出版社 2013 年版，第 200 页。

异性”，如根据《浙江省社区矫正人员考核奖惩办法（试行）》的规定，社区矫正服刑人员无正当理由未按规定时间报到或者在接受社区矫正期间脱离监管，不满15天的，或者违反人民法院禁止令，情节轻微的，应当给予警告；对于无正当理由未按规定时间报到或者在接受社区矫正期间脱离监管，15天以上、不满1个月的，或者违反人民法院禁止令的社区矫正服刑人员，则应当向同级公安机关提出治安管理处罚建议书。

对于行政处罚与司法处罚，二者之间的关系则同样表现出两重性：一方面，《实施办法》对司法处罚作出了不同于行政处罚的适用条件的规定，另一方面，也规定在满足一定条件的情况下，行政处罚能够引发司法处罚。各地区制定的实施细则也均没有超出这两种模式。就第一种情形而言，司法处罚有自身独立的适用条件；就第二种情形而言，对社区矫正对象进行司法处罚，或者以受过行政处罚为前提，或者以受到一定次数的行政处罚为前提。例如，根据上文中所提到的《湖南省社区矫正对象考核暂行办法》，社区服刑人员受到2次记过时即应当被撤销缓刑，执行原判刑罚或撤销假释、暂予监外执行，收监执行未执行完毕的刑罚。

整体来看，警告、记过、治安处罚和司法处罚之间主要表现为一种量的积累关系：在服刑人员违反监督管理规定时，社区矫正工作人员可以给予警告处分；在其违反监督管理规定达到一定程度（如被给予2次警告或者多次拒绝参加社区矫正活动，经教育不改正的）时，则应当被处以记过处分；当服刑人员存在违反《治安管理处罚法》或禁止令，或者违反监督管理情节严重时，则面临治安处罚；如果社区服刑人员受到治安处罚或者受到3次警告处分后，又被处以治安处罚或者警告的，或者出现其他特别规定的情形，则将被撤销社区矫正，收监执行。

在当前社区矫正的惩罚体系中，从警告到收监执行，形成了从弱到强的处罚体系，但是也存在一些问题。

首先，在权责的对应关系方面，处罚决定权与管理监督权的主体不统一。从上文的梳理中可以发现，根据《实施办法》的规定，司法行政机关负责对社区矫正服刑人员的日常行为进行监督和管理，通过定期与其谈话、接受其汇报等方式对服刑人员的行为是否符合社区矫正的规定进行考察，并通过考察其日常表现判断矫正的具体效果。作为直接与服刑人员面对面交流、对矫正对象的具体情况最为熟悉和了解的工作人员，其所能决定的处罚措施非常有限，根据《实施办法》的规定，仅有警告一种。对于其他较为严重的违反监督管理规定的行为，则只能提请公安机关作出治安处罚，而不具有决定权。由于警告措施本身威慑力度较弱，在此基础上创设的记过也只是针对相对较轻的违反监管的行为，导致作为监督和管理主体的司法行政机关无法对社区矫正服刑人员较为严重的行为进行及时、有效的处理。执法主体与管理主体的分裂，时常导致社区矫正工作的混乱，不同主体之间权限不明、衔接不力，使得社区矫正工作的执行力度和效果大打折扣，难以表现出社区矫正工作作为刑罚执行活动的严肃性。① 对此，有学者建议借鉴国外成功经验，设立社区矫正官制度，将公安机关的社区矫正执法权赋予社区矫正官，由社区矫正官对矫正对象作出奖励和惩罚。②

其次，惩罚措施的作用力度呈现两极化，缺乏中间性的处罚方式。虽然当前的惩罚措施也表现出由轻到重的变化，但是在行政处罚和司法处罚之间仍然具有较大的差距。在行政处罚措施中，最为严厉的方式为治安处罚，治安处罚最重的只是行政拘留 15 日，而司法处罚为收监执行，服刑人员面临的是远远高于行政拘留的长期

① 郭建：《我国社区矫正机构论纲》，载《刑法论丛》2011 年第 4 期。在进行课题调研时，有基层工作人员提出，当前权责分离的模式也具有一定的优点，由于社区矫正工作人员的权力较小，可以有效防止工作人员利用职权进行违法犯罪行为，遏制腐败犯罪。不可否认，对权力进行限缩的确可以在一定程度上避免权力的腐败，但是在可以通过矫正职权的公开、公共监督力量的引入来解决腐败问题的情况下，以无法有效发挥制约作用为代价是否合适值得商榷。

② 陈和华、叶利芳：《我国社区矫正操作规程研究》，载《犯罪研究》2007 年第 4 期。

监禁，二者之间的过渡较为生硬。在实践中，有些社区矫正服刑人员多次违反监督管理规定，但是与收监执行又存在一定的距离，并未达到需要撤销缓刑或者假释的程度，但若放任不管则又会损及社区矫正工作的正常运转。对此，有基层工作人员建议确立社区矫正效果评估机制，将那些屡次违反社区矫正规定的社区矫正服刑人员认定为无法实现矫正效果，从而对其撤销社区矫正，收监执行。但是客观来看，此类人员毕竟尚未满足法定收监执行的条件，撤销社区矫正将其推向监狱，可能过犹不及。对此，有学者认为，应当建立相应的中间制裁机构和设施，如中途所、日报告中心、军训式矫正中心等，将严重违反社区矫正规定的罪犯集中关押其中，限制自由、严格管束、强制劳动。① 只是此类约束措施由于直接限制社区矫正服刑人员的人身自由，不适宜将其决定权赋予司法行政机关，而是由法官判处较为适宜。

再次，惩罚措施类型过少。除整体上的处罚体系缺乏中间措施以外，就当前的处罚手段本身而言，其类型依然偏少。不可否认，社区矫正担负着对社区服刑人员监管、教育和帮扶的三大任务，各有侧重、相互渗透、相互促进、相辅相成，共同实现社区矫正的整体目标。② 教育矫正虽然是社区矫正的重心，但其建立在对矫正对象进行有效监督管理的基础上，社区矫正毕竟属于一种非监禁刑的刑罚执行活动，如果相关强制措施不能有效约束服刑人员，教育矫正也就难以实现。警告与记过作为行政处罚方式，本身不具有强制效力，除能够影响管理级别外，只是在累积到一定程度的情况下，才能触发治安处罚或者司法处罚，由后者真正实现对社区服刑人员的强制约束。受制于时间条件的限制，二者的惩罚效果也具有一定的滞后性，反馈过程时间较长，因而难以及时有效地发挥使服刑人

① 许疏影：《社区矫正人员重新犯罪调查报告》，载《青少年问题研究》2015年第1期。

② 司法部预防犯罪研究所课题组：《我国社区服刑人员教育矫正的探索与实践》，载《中国司法》2016年第4期。

员接受监督管理的作用。因此，有必要增加其他的处罚措施，如针对禁止令附加罚款和暂扣许可证等处罚种类，其能够及时使服刑人员感受到“处罚”的存在，从而自觉地约束自身的行为，接受社区矫正工作人员的监督管理。

最后，行政处罚救济机制不完善。对于社区服刑人员的权利保障，《实施办法》只是作出了原则性的规定，[①] 并未进一步规定详细的程序。就治安处罚与撤销缓刑、假释或者暂予监外执行而言，虽然在救济方式的有效性方面也存在一定的问题，[②] 但至少规定了相应的救济途径。然而对于警告这一行政处罚措施而言，《实施办法》并未规定相应的救济程序，许多地区也并未规定针对警告的救济程序。有地区虽然规定了警告救济程序，但内容也比较简单。例如，《江苏省社区矫正对象考核奖惩办法（试行）》仅仅规定，“矫正对象对行政处分决定不服的，可以向作出决定的机关申请复议，作出处分决定的机构应当在十五日内给予答复”。《福建省社区矫正实施细则（试行）》第 123 条规定：“社区矫正人员对警告决定不服的，可以书面向县级司法行政机关申请复议，也可以向人民检察院申诉，司法行政机关收到社区矫正服刑人员复议申请后应当在三个工作日内做出书面答复。”一旦得到的答复是肯定行政处罚，那么被告人也就无法再进一步进行申诉。虽然警告仅属于一种行政处罚，针对较轻的违反监督管理规定的行为，但是在《实施办法》明确将其与司法处罚相连的情况下，不规定相应的救济权可能会使社区服刑人员的合法权利面临严重的威胁。因此，应当对

① 《实施办法》第 36 条规定：“社区矫正人员的人身安全、合法财产和辩护、申诉、控告、检举以及其他未被依法剥夺或限制的权利不受侵犯。社区矫正人员在就学、就业和享受社会保障等方面，不受歧视。”

② 以撤销缓刑为例，由于当前书面审查是最为常见的缓刑撤销审理模式，被告人无法在书面审理中进行有效辩护，撤销缓刑依据的事实与证据也难以进行质证，造成被告人救济权利受到严重影响。朱恺、俞敏：《缓刑撤销程序的解读及完善》，载《上海政法学院学报》2014 年第 4 期。

行政处罚“设置程序合理、操作性强的社区服刑人员投诉机制，保证社区服刑人员能有效、便捷地提出自己认为受到的不恰当的对待和处理的投诉请求，保证社区矫正机构可以公平、公正、及时地处理投诉请求”。[①] 此外，还可以如部分地区在具体考核办法中规定的一样，在对社区服刑人员进行行政处罚、司法处罚时引入听证程序，增强处罚的透明度，保证处罚的公正性。

① 刘丽敏:《破解社区矫正的实践困境——国外经验借鉴及中国的体制机制构建》，载《河北学刊》2014 年第 2 期，

第八章　特殊社区服刑人员的矫正

第一节　未成年人社区服刑人员的矫正

我国《民法通则》第 11 条规定年满 18 周岁的公民是成年人，我国《未成年人保护法》第 2 条规定未成年人是指未满 18 周岁的公民，结合我国《刑法》第 17 条对我国公民承担刑事责任的规定，可以确定未成年犯罪人是指年满 14 周岁且未满 18 周岁的犯罪人。因此，所谓未成年人社区服刑人员，即指年满 14 周岁、未满 18 周岁，依法被执行社区矫正的犯罪人。

统计数据显示，我国当前青少年犯罪率呈现出持续下降的趋势。根据《全国法院司法统计公报》，2008 年不满 18 岁的犯罪人数量为 88891 人，18 岁至 25 岁的犯罪人数量为 233170 人；2009 年不满 18 岁的犯罪人数量为 88891 人，18 岁至 25 岁的犯罪人数量为 233170 人；2010 年不满 18 岁的犯罪人数量为 68193 人，18 岁至 25 岁的犯罪人数量为 219785 人；2014 年不满 18 岁的犯罪人数量为 50415 人，18 岁至 25 岁的犯罪人数量为 199161 人；2015 年不满 18 岁的犯罪人数量为 43839 人，未统计 18 岁至 25 岁犯罪人数量。司法部网站中全国法院审理青少年犯罪情况统计表 2011 年、2012 年和 2013 年数据失效，无法查明，但是从整体来看，未成年犯罪人数量呈现出逐年下降的趋势。①

虽然整体上未成年犯罪人的数量一直表现为持续下降，② 未成年社区服刑人员占社区矫正服刑人员总数的比例也不高，③ 但是鉴于未成年人处于人生发展的特殊阶段，“处置不当很容易导致其继续犯罪并成为惯犯、累犯的后备队伍”。④ 因此，应当特别重视未成年社区服刑人员的矫正工作。

一、未成年人社区矫正的一般规定

依据《联合国少年司法最低限度标准规则》（《北京规则》）、《联合国预防少年犯罪规则》（《利雅德规则》）和《联合国保护被剥夺自由少年规则》等联合国有关少年司法的相关规定，对未成年犯罪人进行特殊保护已成为国际通行的准则。⑤

就我国情况来看，1991 年颁布实施的《未成年人保护法》规定保护未成年人的工作应当遵循“教育与保护相结合”的原则，

---

① 未成年犯罪人在全国刑事罪犯所占的比例从 2009 年至 2013 年依次为 7. 79%、6. 78%、6. 4%、5. 44% 和 4. 82%，也呈现出逐年下降的趋势。参见路琦、牛凯、刘慧娟、王志超：《2014 年我国未成年人犯罪研究报告——基于行为规范量表的分析》，载《中国青年社会科学》2015 年第 3 期。因此，可以认为在 2008 年至 2015 年间，我国未成年人犯罪表现出逐年下降的趋势。

② 也有论者在对 1997 年至 2013 年间未成年人犯罪数量进行分析后指出，1997 年至 2013 年间未成年人犯罪数量在犯罪总数中所占的比例呈现先增加后减少的趋势，但考虑到受计划生育政策的影响，我国未成年人数量占总人口的比例也在不断降低，因而 2013 年的未成年人犯罪形势实际上比 1997 年更加严重。参见邵超、卓一丹：《未成年人社区矫正的问题及对策》，载《河南司法警官职业学院学报》2015 年第 4 期。

③ 根据司法部 2011 年 3 月底的统计，在全部社区服刑人员中，18 周岁以下的未成年社区服刑人员为 8626 人，占社区服刑人员总数的 2. 8%。参见司法部社区矫正管理局：《社区矫正工作简报》2011 年第 11 期。转引自吴宗宪：《社区矫正导论》，中国人民大学出版社 2011 年版，第 258 页。

④ 张远煌：《从未成年人犯罪的特点看现行刑罚制度的缺陷》，载《法学论坛》2008 年第 1 期。

⑤ 刘晓梅、许福生：《海峡两岸未成年人社区矫正比较研究》，载《预防青少年犯罪研究》2016 年第 1 期。

在宏观层面确立了对未成年人的保护工作原则。而1999年颁布实施的《预防未成年人犯罪法》则针对追究未成年犯罪人刑事责任应当遵循的基本原则作出了规定，实行教育、感化、挽救的方针，坚持教育为主、惩罚为辅的原则。[①]

在社区矫正领域，2004年5月9日司法部印发的《司法行政机关社区矫正工作暂行办法》仅仅针对社区矫正适用对象的基本范围作了相对简单的规定，将其限定为5类具体人员，并未对未成年人作单独规定。2003年最高人民法院、最高人民检察院、公安部、司法部《关于开展社区矫正试点工作的通知》明确将罪行轻微、主观恶性不大的未成年犯作为适用社区矫正的重点对象。[②] 2010年，中央综治委预防青少年违法犯罪工作领导小组、最高人民法院、最高人民检察院、公安部、司法部、共青团中央《关于进一步建立和完善办理未成年人刑事案件配套工作体系的若干意见》（综治委预青领联字〔2010〕1号）进一步规定，对未成年社区服刑人员应坚持教育矫正为主，并与成年人分开进行。因此，整体来看，对未成年社区服刑人员的矫正应当遵循以下原则：一是以教育、感化和挽救为基本方针，二是以教育矫正为主、惩罚矫正为辅，三是坚持未成年社区服刑人员与成年社区服刑人员分开矫正。

2012年出台的《实施办法》，对未成年社区服刑人员的矫正作出了较为明确的规定：在社区矫正工作人员方面，要求矫正小组当中应当有熟悉青少年成长特点的人员；在对矫正对象的保护方面，要求将其与成年人分开进行矫正，并给予特殊身份保护——未成年人的矫正宣告不公开进行、矫正档案应当保密；在矫正的监督管理

---

① 同时规定，对被拘留、逮捕和执行刑罚的未成年人与成年人应当分别关押、分别管理、分别教育。

② 2009年最高人民法院、最高人民检察院、公安部、司法部《关于在全国试行社区矫正工作的意见》也出现了对未成年人社区矫正适用的规定，但其与2003年最高人民法院、最高人民检察院、公安部、司法部《关于开展社区矫正试点工作的通知》中的规定完全一致。

方面，要求针对未成年人的年龄、心理特点和身心发育需要等特殊情况，采取有益于其身心健康发展的监督管理措施；在矫正手段方面，要求采用易为未成年人接受的方式来开展思想、法制、道德教育和心理辅导。此外，还要求为未成年社区服刑人员提供就学、就业帮助，督促其监护人履行监护职责、承担抚养和管教义务。

另外，需要说明的是，《实施办法》对未成年社区服刑人员作出了扩充性的规定，将犯罪的时候不满 18 周岁被判处 5 年有期徒刑以下刑罚的社区服刑人员，也纳入到适用未成年人社区矫正措施的范围之内。因此，在社区矫正中，所谓未成年人社区矫正对象，主要包括两类人员：一是在矫正期间年龄始终未满 18 周岁的社区服刑人员；二是被判处刑罚在 5 年有期徒刑以下，被适用社区矫正时未满 18 周岁但在矫正期间可能达到法定成年年龄的社区服刑人员。

二、对社区矫正工作者的特殊要求

“未成年时期”是个人成长过程中的一个重要时期，未成年意味着个人在生理层面和心理层面“不成熟”，由于生理和心理的不成熟，导致未成年人自身控制力较低，其行为容易受到外界的影响，做事较为冲动，对家庭、学校的管束容易产生“逆反心理”。同时其人生观和价值观并未定型，也意味着其可塑性较强，具有被矫正的可能性。因此，未成年社区服刑人员在被矫正时需要得到更多的关注和照顾，这也对矫正工作人员的矫正能力提出了更高的要求。

当前，在刑事司法方面，我国已经建立了一套针对未成年人适用的制度体系。检察机关基本上都建立了专门的未成年人案件检察部门，针对未成年人犯罪构建专门的办案机制，大多数法院成立了专门审理未成年人犯罪案件的少年法庭，公安机关也初步探索了针对未成年嫌疑犯的专门预审机制。[①] 在刑罚执行方面，根据我国《监狱法》的规定，监狱对成年男犯、女犯和未成年犯实行分开关押和管理，未成年犯应当在未成年犯管教所执行刑罚，且刑罚执行以教育改造为主。

与之相对应，社区矫正作为一项非监禁刑的刑罚执行活动，其同样应当针对未成年人的矫正作出单独规定。许多西方国家已采取了专门适用于未成年人的社区矫正管理制度和模式，主要表现为设立专门的管理机构、增加专业化的管理人员。[②] 在我国，《实施办法》主要在两个大方面（工作人员的基本素质、监督管理与教育矫正方式）对矫正未成年人的工作人员提出了要求：在工作人员本身应当具备的基本素质方面，要求在针对未成年社区服刑人员组成的社区矫正小组之中，必须有熟悉青少年成长特点的人员参与；在工作人员在矫正工作中使用的方式和手段方面，要求监督管理和教育辅导都需要契合未成年人的心理特点和身心发育特点，易于被未成年人所接受。其中，前者是对社区矫正工作者的知识背景的要求，后者则是对社区矫正工作者具体工作方法的要求。

整体来看，《实施办法》对负责未成年社区服刑人员的工作者的要求仍然停留在宏观层面，不够精细。未成年社区服刑人员作为不同于一般成年社区服刑人员的特殊群体，在其作为整体与成年犯罪人进行比较时，有一定的群体性特征，但是具体到不同的未成年犯罪人，在犯罪原因方面则可能存在较大的差异，不能仅仅依靠对青少年这一群体的整体性了解来开展具体的社区矫正工作，还应当要求工作人员能够根据未成年社区服刑人员的不同生活背景、不同性格特征、不同行为习惯来制定不同的教育矫正措施。根据《联合国少年司法最低限度标准规则》的规定，所有处理少年案件的

① 廖明：《未成年人犯罪案件侦查主体之专门化研究》，载《青少年犯罪问题》2009 年第 3 期。

② 骆群：《未成年人社区矫正的难点分析》，载《青少年犯罪问题》2012 年第 1 期。

人员都应当具备并保持必要的专业能力，应当具有最低限度的法学、社会学、心理学、犯罪学和行为科学的知识。

社区矫正作为一项刑罚执行工作，专业化程度高、法律性强，国外相关部门通常都对社区矫正工作人员提出了较高的业务和素质要求。在美国，大多数地区警察的入门要求仅仅为高中学历，但对社区矫正工作者则一般要求为本科学历，有的州还要求必须为研究生学历；专业方面一般要求其所学专业为刑事司法执法、犯罪学、社会学、心理学等。加拿大的社区矫正工作人员一般要求具有本科学历，并且还要有犯罪学、刑事执法、心理学、社会学等专业的教育背景。在英国，社区矫正工作人员被称为矫正官，属国家公务员系列，由内政大臣任命，一般的学历要求为本科，专业为法学、心理学、刑事法学等，并且需要经过专门机构的培训。在日本，社区矫正属于更生保护局及其所管辖的机构负责，专职的保护观察人员须具有一定程度的心理学、医学、教育学、及其他与更生保护相关的专门知识。① 总体来看，我国对负责未成年人社区矫正工作人员业务能力与知识水平的要求，与上述国外对一般社区矫正工作人员的学历水平和业务能力相比，尚存在较大的距离。因此，有必要在知识背景、基本素质和心理素质方面对社区矫正工作人员提出一定的要求，如在学历水平上应获得学士学位，所学专业应为法学、教育学、心理学等；在基本素质方面，要求工作人员应当从事过与未成年人相关的工作，能够与之平等相处，与未成年人进行良好的沟通，并能够保持对矫正工作的热情；在心理素质方面，要求工作人员具有与未成年人交流的耐心，并能够妥善应对和处理未成年人的

① 李明：《国外主要社区矫正模式考察及其借鉴》，载《中国司法》2008 年第 1 期。

不良情绪和行为。[1] 对于当前正在负责未成年人社区矫正的工作人员，国家应当通过专业教育、在职培训、进修课程以及其他各种适宜的授课方式，使其具有相应的业务能力。

此外，除社区矫正工作人员本身应当具备一定的专业能力之外，许多国家也制定了针对专门针对未成年人的矫正措施。在美国，适用于犯罪青少年的社区矫正措施主要包括对犯罪青少年的释放安置和居中制裁，后者具体包括以下项目：赔偿和社会服务、家中监禁与电子监控和转换项目，其中转换项目又包括离家出走项目、养育家庭、日矫正项目、小组之家、争取生存项目等具体内容。[2] 南非社区少年犯罪预防和矫正项目实例包括发展孩子生活技能、同伴或青年指导项目、野外探险训练、培养孩子企业家精神项目和回归司法项目。[3] 而在我国，《实施办法》只是规定了在监督管理和教育矫正方面要在方式上使未成年人易于接受，并未涉及具体矫正项目。从实践来看，在应当遵循的监督管理标准以及教育学习的具体内容方面，未成年社区服刑人员与成年社区服刑人员也并无明显区别，都表现为公益劳动、思想教育、法制教育、社会公德教育、技能培训、心理矫正以及就业指导和生活指导等，[4] 制定的

---

① 从实际情况来看，社区矫正工作人员专业化程度低的原因较多。一方面，基层司法所本身人员难以到位，且司法所工作人员的工作职责较多，难以将精力完全投入到社区矫正当中。（刘强、戴海琼、林宇虹：《我国应建立适合未成年人特点的社区矫正管理制度》，载《青少年犯罪问题》2004 年第 6 期。）另一方面，社区矫正工作工资待遇较低，难以吸引专业化、高学历的人才。

② 刘乐：《美国对犯罪青少年的社区矫正项目》，载《北京大学学报》2003 年第 1 期。

③ 其中，同伴或青年指导项目通过联谊会，使孩子结交良师益友，从而得到指导；野外探险训练项目则是为了满足孩子们寻求刺激的心理。席小华：《国外社区预防和矫正少年犯罪的实践与启迪》，载《中国青年研究》2004 年第 1 期。

④ 《实施办法》第 15 条至第 18 条对教育学习、社区服务、个别教育和心理辅导、职业培训和就业指导作了统一规定，并未对矫正对象的年龄进行区分。

“矫正项目普遍不能切合未成年人的特点，没有针对性”，[①] 针对未成年社区服刑人员，如果缺乏科学有效的矫正方案或者适合该类未成年人的具体实施方案，那么对未成年社区服刑人员的矫正工作必然流于形式，难以产生实际的效果。有必要借鉴国外的先进经验，设立真正符合未成年人心理、生理特点的矫正项目，使矫正措施真正发挥作用，将未成年社区服刑人员重新引导到正常的轨道上，使其远离犯罪。

三、身份保护与义务教育

在刑法学中，所谓身份，是法律明文规定的对定罪量刑具有一定影响的主体资格、地位等要素。[②] 简言之，身份表明某一个人为何人、具有何种社会地位，而身份信息，即是表明一个人主体性和社会地位的信息，通过身份信息，人们可以方便快速地相互进行区分和识别。

《预防未成年人犯罪法》规定，对未成年人犯罪案件，新闻报道、影视节目、公开出版物不得披露该未成年人的姓名、住所、照片及可能推断出该未成年人的资料。《实施办法》也明确规定对未成年社区矫正人员应当给予身份保护，并主要规定了两种保护措施：一是不能对未成年社区服刑人员进行公开的矫正宣告，二是不能公开有关未成年社区服刑人员的矫正档案。其实质上即是对标签化的否定：通过不公开对未成年社区服刑人员的矫正宣告和将其档案进行密存，使得在社区中生活的人们无法明确知晓谁是“未成年犯罪人”，从而防止社区服刑人员被贴上未成年犯罪人的标签，而受到社区居民的敌视和排斥。

犯罪人作为一种标签，是“社会对犯罪人刻意区别（与正常

---

① 涂龙科：《未成年人社区矫正若干立法问题研究》，载《青少年犯罪问题》2008年第4期。

② 周光权：《论身份犯的竞合》，载《政法论坛》2012年第5期。

的社会人）导致犯罪人角色的定型”，[①] 通过对其施以刑罚处罚，表明刑法对其行为的否定态度，并使行为人在一定时期内负担犯罪人的社会角色。如果承认实施犯罪的行为人具有被改造的可能性，通过刑罚处罚可以使其重新变成合格的社会人，那么当刑罚执行完毕之后，该犯罪人的标签也应当随之祛除，除非其再次犯罪，否则该标签不能再被附加于行为人之上。不同人实施犯罪的动机可能多种多样、犯罪行为的严重程度也高低不一、犯罪后的态度也可能千差万别，因而不同的犯罪人值得宽宥的程度也各不相同。但是犯罪人的标签并不会因为各个行为人具有不同情况而存在分别，标签化容易使公众将某个人的偶然行为认定为其会普遍实施的行为，而且公众作为局外人，通常难以、同时也不愿意和犯罪人进行深入接触，“往往远距离地、想象性地对事件本身及其当事人进行评价，因而存在信息加工或者歪曲的可能”，[②] 导致评价结果与真实情况普遍存在偏差。如果犯罪标签如影随形，则社会可能因为行为人曾经实施过犯罪行为而视其为“异类”，不承认其合格的社会人地位，造成行为人陷入孤立的境地，从而再次走向对抗社会的道路，重新滑入犯罪的深渊。

相对于成年人而言，未成年人在心理和生理层面都不成熟，其对自己行为的控制力不足、对外部世界的理解力较低，因而更可能出现越轨或者犯罪行为，同时也意味着其实施犯罪的偶然性较高。被依法社区矫正的未成年犯罪人，其罪行比较轻微、主观恶性不大，对未成年社区服刑人员的身份保护，目的即在于避免标签化对未成年人造成不利影响。另外，对未成年犯罪人进行身份保护涉及多项具体的司法制度，社区矫正中的身份保护规定也是对未成年犯罪人身份信息保护在刑罚执行方面的合理拓展。

---

① 刘朝阳：《从犯罪标签理论的角度看刑法第100条的规定》，载《山东公安专科学校学报》2004年第3期。

② 王建民：《“逆向标签化”背后的社会心态》，载《北京工业大学学报（社会科学版）》2012年第4期。

在义务教育方面，根据我国《监狱法》的规定，对于被监禁的未成年犯罪人，监狱应当配合国家、社会、学校等教育机构，为未成年犯接受义务教育提供必要的条件。根据我国《预防未成年人犯罪法》的规定，对于依法免予刑事处罚、判处非监禁刑罚、判处刑罚宣告缓刑、假释或者刑罚执行完毕的未成年人，在复学、升学、就业等方面与其他未成年人享有同等权利，任何单位和个人不得歧视。可见，作为一项宪法权利，未成年人接受教育的权利不能被剥夺，因此，《实施办法》规定，社区矫正工作人员应当协调有关部门为未成年社区矫正人员就学、就业等提供帮助。当然，此一规定只是对未成年社区服刑人员受教育权的原则性规定，还需要进一步进行具体的设计和雕琢，使其落到实处。

第二节　特殊身份人员的社区矫正

所谓特殊身份的社区服刑人员，是指以下几类社区矫正服刑人员：流动社区服刑人员、外国籍人与无国籍人社区服刑人员、老年社区服刑人员、女性社区服刑人员和少数民族社区服刑人员。

一、流动社区服刑人员的社区矫正

根据国家卫计委发布的《中国流动人口发展报告（2015）》显示，“十二五”时期我国流动人口年均增长约800万人，2014年年末已经达到2.53亿人，同时城镇化、工业化进程和城乡人口（含预测期在城镇落户的人口）将逐步增加到2.91亿，年均增长600万人左右，其中农业转移人口约2.2亿人，城市之间流动人口约7000万。[①] 流动人口的产生缘于我国城乡发展和地区发展的不平衡，因此，流动方向突出表现为从农业大省流入经济发达的东部沿

① 以北京市为例，2015年年末常住人口为2170.5万人，其中常住外来人口为822.6万人。

海等省份，且流动人口在流入省份的犯罪率较高，“特别是在流动人口积聚的东南沿海省份及大中城市，流动人口的犯罪问题更加严重”。[①] 在北京市，自1996年至2005年的10年间，流动人口在已被抓获的犯罪嫌疑人中所占的比例逐年上升，其中1996年为56%、2000年为58%、2005年为61%，10年间平均每年增长0.5%。[②] 在厦门市，流动人口犯罪同样呈现出持续高发的状态。2008年，厦门市公安机关共抓获犯罪嫌疑人8478人，其中流动人口数量为6802人，所占比例为80.23%；2009年，共抓获犯罪嫌疑人8463人，其中流动人口数量为6297人，所占比例为74.41%；2010年上半年，共抓获犯罪嫌疑人4975人，其中流动人口数量为4309人，所占比例为86.6%。[③] 在天津市，流动人口入狱人数占当年入狱罪犯的比重也呈现出持续上升的趋势，2002年为26.7%、2003年为33.1%、2004年为39.4%、2005年为42.5%。[④]

（一）流动型社区服刑人员的概念

社区矫正中的流动型社区服刑人员，是指流动人口中实施犯罪被依法社区矫正的服刑人员，即正在接受社区矫正的流动人员。[⑤] 由于当前我国流动人口通常是指在省际流动的人口，因此，社区矫正中的流动人口，也主要是指外省籍的流动人口。从上述数据可知，当前我国流动人口持续增加，流动人口在流入省份的犯罪率也比较高。从流动人口犯罪特点来看，厦门市流动人口犯罪嫌疑人主

① 史晋川、吴兴杰：《我国地区收入差距、流动人口与刑事犯罪率的实证研究》，载《浙江大学学报（人文社会科学版）》2010年第1期。

② 王大中、柴艳茹、张晓东、郭冰：《北京市流动人口犯罪问题调查报告》，载《中国人民公安大学学报（社会科学版）》2007年第2期。

③ 福建省厦门市公安局课题组：《流动人口犯罪及其防治对策探析》，载《公安研究》2011年第2期。

④ 王志强：《对近年来流动人口犯罪问题的实证分析》，载《中国人民公安大学学报（社会科学版）》2006年第2期。该文所说的流动人口主要是指省际的流动人口。

⑤ 霍俊阁：《流动型社区服刑人员管理机制研究》，载《湖北警官学院学报》2015年第11期。

要涉嫌的犯罪类型为侵犯财产罪，北京市流动人口在涉案类别方面也突出表现为盗窃案件，且初犯比重大、惯犯和流窜犯比重小。①侵财类犯罪较多、初犯所占比例较大表明流动人口犯罪的社会危害性相对较小，依据社区矫正的适用标准，占犯罪嫌疑人数量较大比重的流动人口，也应当在社区矫正当中占据较大比例。但是，现实情况却并非如此。②

（二）流动人口适用社区矫正的现状

根据司法部预防犯罪研究所课题组的调研报告，目前在试行社区矫正的地区，对外省籍罪犯适用社区矫正的数量普遍较低，以浙江省为例，截至 2010 年 7 月底，在册社区服刑人员 34398 人，而其中外省籍社区服刑人员仅为 602 人，占总数的 1.75%，主要来自安徽、四川、福建、河南等地；上海市截至 2010 年 8 月底，社区矫正在册人数为 6163 人，其中外省籍 291 人，占全部社区矫正人数的 4.72%。此外，有的地方甚至根本没有对外省籍罪犯适用社区矫正刑罚及执行措施。例如，深圳市有关机构不同意对外省籍的罪犯适用非监禁刑罚及其措施，而深圳市的犯罪绝大多数是外省籍人员所为，据统计其比例达 90% 以上；外省籍犯罪人居多的情况也存在于广东的其他一些地区以及浙江省、江苏省、上海市等东部发达地区。③总体来看，当前我国对外省籍罪犯适用社区矫正率低是一种普遍现象。

当前，流动人口犯罪率及其占犯罪人数量比例较高，同时犯罪的社会危害性相对较小，但是其被适用社区矫正比例低的现实，意味着面对同样的犯罪事实，如果犯罪人为本地人则适用社区矫正的

---

① 福建省厦门市公安局课题组：《流动人口犯罪及其防治对策探析》，载《公安研究》2011 年第 2 期。

② 王大中、柴艳茹、张晓东、郭冰：《北京市流动人口犯罪问题调查报告》，载《中国人民公安大学学报（社会科学版）》2007 年第 2 期。

③ 司法部预防犯罪研究所课题组：《关于对外省籍罪犯实施社区矫正的调研报告》，载《中国司法》2011 年第 1 期。

可能性很高，若为外省人则适用社区矫正的比例很低，因为犯罪人主体身份的不同，在刑罚适用方面也存在显著差异。作为一种非监禁刑的刑罚执行活动，社区矫正适用的不平等也就意味着“法律面前并未人人平等”。此外，轻刑化是世界范围内刑罚发展的主要趋势，我国也提出了“宽严相济”的基本原则，但是其可能并未在流动人口社区矫正范围内发生积极的作用。

（三）流动人口社区矫正适用率低的原因与对策

究其原因，主要为三个方面：对流动人口监管难、帮教难和各地区社区矫正工作衔接不力。

第一，在监管方面，流动人口并未处于一种固定状态。首先是流动人员工作地点不固定，由于流动人口大多由农业省份流出，整体来看知识水平较低，承担的工作多为对技能要求较低的劳务工作，工作单位本身的组织性较弱；其次是其居住地点不固定，实施犯罪的流动人口普遍文化素质低，收入不高且不稳定，同时受制于各地区具体政策，其大多既无能力也无资格购买住房，因此，流动人口的居住方式多以租赁为主，居住地点不固定；最后，特定时期人员流动性强，受我国传统文化影响，重大节假日（国庆）或者传统节假日（中秋节、春节）等时期，省际人员流动规模很大。总体来说，在城市资源有限性的约束下，户籍制度使外来人员无法享受市民待遇，一方面可以将其阻挡在保障体系之外，另一方面也增加了对其控制或监管的难度。

第二，在帮教方面，社区矫正虽然属于一种刑罚执行活动，但是根据《实施办法》的规定，其主要目的在于“将社区矫正人员改造成为守法公民”，而大多数犯罪人实施犯罪除了自身原因，还往往受到社会、家庭不利情况的影响。因此，针对社区服刑人员的帮扶工作是社区矫正工作中的一项重要内容。对社区服刑人员进行帮扶，主要表现在为其提供职业培训和就业指导，并帮助其落实医疗、教育等方面的社会保障措施。但是在我国城乡二元制结构的约束下，就业、教育和医疗等社会福利均与户籍制度挂钩，相关社会福利也就无法延伸至外省籍社区服刑人员身上，如果无法对其进行有效的帮扶，不能解决其实际生活中存在的困难，那么对其进行社区矫正工作的效果也会大打折扣。

第三，矫正工作衔接不力突出表现为居住地认定标准不统一，在2004年司法部印发的《司法行政机关社区矫正工作暂行办法》中，规定社区服刑人员由其居住地司法所接收，户籍所在地与居住地不一致的，户籍所在地司法所应当协助、配合居住地司法所开展矫正工作。从而规定了社区矫正以居住地为主的管辖原则。《实施办法》同样采取以居住地为主的管辖原则，但并未对何谓居住地作出明确规定，[①] 这也导致各地区对居住地的规定存在差异，[②] 当人员流入地与流出地对居住地的规定不一致时，就有可能发生管辖冲突问题。此外，居住地规定还与稳定住所与经济来源的要求相冲

① 根据司法部作出的《〈社区矫正实施办法〉解读（二）》，《实施办法》所称居住地一般是指社区矫正人员能够连续居住6个月以上的居所所在的县（市、区、旗）。居住地应当同时具备以下条件：1. 社区矫正人员应当有固定居所，由其本人或者与亲友共有、承租，或者其他人、单位愿意为社区矫正人员提供，社区矫正人员能够在此居所连续居住6个月以上。2. 社区矫正人员在居住地有固定的生活来源，或者有亲友、其他人、有关单位为其提供生活保障。不能确定居住地的，在户籍所在地接受社区矫正。

② 《北京市社区矫正实施细则》规定，“居住地”特指社区矫正人员的固定住所地，包括下列5种情形：1. 产权由社区矫正人员所有且未被租借、赠与、他用的住所地；2. 由社区矫正人员合法租赁且剩余租期在6个月以上的住所地；3. 产权由社区矫正人员亲友所有或与社区矫正人员共有，未被租借、赠与、他用，且亲友书面同意接纳其在此居住的住所地；4. 由社区矫正人员亲友合法租赁，剩余租期在6个月以上，并且其亲友书面同意接纳其在此居住的住所地；5. 被判刑前在原工作单位提供的住处居住，被判刑后或出监所后其原工作单位书面同意其在该住处继续居住的住所地。《陕西省社区矫正实施细则》规定，被告人、罪犯的居住地是指被告人、罪犯在适用社区矫正期间固定、合法的住所所在地。以下住所所在地可以认定为居住地：1. 拥有自主产权的住房所在地；2. 能提供房屋租赁合同，由社区服刑人员合法租赁且剩余租期不少于6个月的住所地；3. 监护人提供居住的住所地；4. 亲属或保证人书面同意接纳并提供居住的住所地。二者规定的居住地认定标准明显不同。

突，导致社区矫正机关往往只愿意接受住在本地且是本地户籍的人。①

除却上述因素影响外，社区矫正工作区域发展并不平衡也在一定程度上阻碍了对流动人口的社区矫正，人口流入地区社区矫正工作推进较快，人口流出地区社区矫正工作则发展较为缓慢。例如，诸多省份都在2012年《实施办法》制定发布后即出台了《实施细则》，但是河南省在2015年11月还在召开会议，要求公、检、法、司共同研究制定《河南省社区矫正工作实施细则》，可见各地区之间社区矫正工作发展差距较大。区域发展水平落差较大也导致了部分地区的流动人口在审判后不愿意回乡服刑，且户籍地行政机关也不愿意接收管理的情况。②

推动流动人口的社区矫正工作，提高流动人口社区矫正的适用率，就需要着力解决上文提出的监管难、帮教难和工作衔接难的问题。解决前两个问题的关键，即要切实推动流动人口积极融入本地社区，随着我国经济社会的发展，人户分离的情况会更加普遍，应当改革传统以户籍为主要控制手段的社会管理模式，向依照居住地为标准实施社会管理的新型管理模式转变，努力实现公共服务与人口居住地的对接。③ 实质上就是打破社会保障依附于户籍的限制，将公共服务均等地提供给居住于某一城市的人员，但是户籍制度的

① 俞国女：《外省籍犯适用社区矫正的困境及其出路》，载《法治研究》2011年第1期。

② 司法部预防犯罪研究所课题组：《关于对外省籍罪犯实施社区矫正的调研报告》，载《中国司法》2011年第1期。

③ 流动人口历来被强调其“流动性”，人们习惯性地认为流动人口居无定所，流动人口中确实存在频繁流动的情况，但是这仅仅是少数，无论是流动人口整体还是近年才进入劳动力市场的新生代流动人口，他们中绝大多数人的居住都比较稳定。在1995年业已外出流动的7073万流动人口中，到2010年仍处于“流动”状态者占15.5%；在2000年业已外出流动的1.02亿流动人口中，到2010年仍在外流动者占33.3%。（段成荣、吕利丹、邹湘江：《当前我国流动人口面临的主要问题和对策》，载《人口研究》2013年第2期。）可见，流动人口已经逐渐固定，也使以居住地为中心进行社会控制具有了可能。

打破、城市公共资源的共享直接关系到城市本地市民的利益，其实现的难度很大，改革的路程较比较长，在此之前，可以考虑依据社区服刑人员具体情况作出适合其矫正的个别化的安排，而非完全依照统一的居住地标准来确定社区矫正的管辖地。[①] 对于社区矫正工作衔接难的问题，则应当尽早建立全国范围内的社区矫正服刑人员信息共享系统，在保证社区服刑人员信息能够有效对接的基础上，建立居住地认定的统一标准，实现各地区在人员接收方面的无缝对接。针对特定时期人员流动较强的情况，构建社区矫正服刑人员异地托管制度，实现对社区服刑人员短期内长途流动的有效监管。[②]

二、老年社区服刑人员的社区矫正

自古以来，我国就有矜恤孤寡的传统，[③] 尊老敬老思想具有深厚的社会基础，并形成了源远流长的“老小废疾”法律制度。对老年人犯罪从宽处罚的规定，既是我国传统尊老敬老的美德使然，也是因为老年人在生理、心理、智力等方面都有所衰退，人们对其实施的犯罪表现的宽容程度比其他成年人实施犯罪的宽容程度更高所导致的。[④]

（一）我国老年人从宽处罚的依据

我国《刑法修正案（八）》明确规定，对于75周岁以上的老

---

① 如有论者认为，可以根据社区矫正服刑人员的不同情况，建立回乡模式、回家模式、回居模式、回工模式和回留模式，实现对外省籍犯罪人的社区矫正。俞国女：《外省籍犯适用社区矫正的困境及其出路》，载《法治研究》2011年第1期。

② 在县级社区矫正机构内部建立专门的异地托管管理办公室，综合处理异地托管事宜。霍俊阁：《流动型社区服刑人员管理机制研究》，载《湖北警官学院学报》2015年第11期。

③ 《法经》中即有“年六十以上，小罪情减，大罪理减”的规定；《唐律疏议》中也规定：“诸年七十以上、十五以下及废疾，犯流罪以下，收赎。八十以上，十岁以下，及笃疾，犯反、逆、杀人应死者，上请；盗及伤人者，亦收赎。余皆勿论。”针对不同年龄、不同犯罪类型作出了不同的从宽规定。

④ 孙光宁、李莉：《老年人犯罪从宽处理制度研究——以〈刑法修正案（八）〉为背景》，载《湖北社会科学》2012年第5期。

年人应当从宽处理。其主要理由在于三个方面：一是就辨认和控制自己行为的能力而言，进入老年阶段后，个人责任能力进入不断减弱乃至衰竭的过程；二是从刑罚的目的角度来看，非累犯和惯犯的老年人犯罪其社会危害性较小，对其适用严厉的刑罚产生的一般预防效果并不理想；三是老年人年事已高、行为能力弱，其再次实施犯罪的可能性较低，人身危险性明显小于青少年和成年人。[①] 但是，根据我国 1996 年通过的《老年人权益保障法》第 2 条的规定，老年人是指 60 岁以上的公民。《刑法修正案（八）》规定的从宽处罚的对象，将其年龄拔高了 15 岁。根据《国务院关于印发卫生事业发展“十二五”规划的通知》，2010 年我国人均预期寿命提高到 74.83 岁，[②] 至 2015 年人均预期寿命在 2010 年的基础上提高 1 岁，达到 75.83 岁。从国际上看，在人均寿命较长的发达国家规定的老年期起点年龄，也仅为 65 周岁。[③] 在当前我国人均寿命可能还未达到 75 岁的现实情境下，将 75 岁规定为从宽处理的老年起点年龄，更多的是表现刑法对于老年人犯罪从轻处罚的精神。[④]

（二）老年社区服刑人员的认定与群体现状

在社区矫正语境下的老年犯罪人，主要包括两种类型：一是被法院定罪判刑的老年人，特别是被判处属于社区矫正范围的非监禁刑或者被适用属于社区矫正的其他刑罚执行方法的老年人；[⑤] 二是在老年期来临前实施犯罪，由于服刑期限较长，在服刑过程中进入

① 黄太云：《〈刑法修正案（八）〉解读（一）》，载《人民检察》2011 年第 6 期。

② 根据国务院第六次全国人口普查领导小组办公室发布的《全国人口普查公报》，2010 年男性平均预期年龄为 72.38 岁，女性为 77.37 岁。

③ 吴宗宪、曹健：《老年犯罪》，中国社会出版社 2010 年版，第 6 页。

④ 《〈刑法修正案（八）〉解读（一）》在谈到对老年人限制适用死刑时，有如下表述：“全国每年满七十五周岁以上的人犯罪少之又少，该判处死刑的就更少了。全国法院近几年只判处过一起年满七十岁以上的老年人死刑案件，罪犯也还不到七十五岁。”可见我国犯罪时满 75 周岁的人数量之少。

⑤ 吴宗宪：《老年犯罪人社区矫正论》，载《中国司法》2011 年第 8 期。

老年期的犯罪人。[①] 总体来说，一类是进入老年期后因犯罪而被适用社区矫正的人，另一类是在进入老年期之前犯罪，在进入老年期后被适用社区矫正的人。此外，社区矫正意义上的老年人，以我国《老年人权益保障法》中规定的年龄界限——即年满 60 周岁——为标准较为适宜。因此，老年社区服刑人员就是指被依法社区矫正时年满 60 周岁的社区服刑人员。根据全国老龄工作委员会办公室 2012 年发布的《2011 年度中国老龄事业发展统计公报》显示，2011 年老年人犯罪人数为 2752 人。再结合我国司法部社区矫正管理局发布的《社区矫正工作简报》，截至 2011 年 3 月底，61 周岁以上的老年社区服刑人员为 9986 人，占社区服刑人员总数的 3.3%。整体来看，我国老年人违法犯罪的人数并不多，在犯罪人总数中所占的比例并不高，因此，社区矫正中的老年人也属于少数，但是老年社区服刑人员在数量上呈现不断升高的趋势。[②]

（三）老年人犯罪的主要原因及具体特点

但是，由于老年人在身体条件、生活环境方面有其自身特点，因而其实施犯罪的原因也有明显的群体性特征，所以有必要对老年社区服刑人员作重点关注。首先，在身心条件方面老年人体质相对羸弱，在行动力方面不及其他成年犯罪人，身体机能的下降也使其易患疾病，且随着年龄的增长，其社会地位以及在家庭生活中的作

① 王震：《老年犯罪人监禁处遇问题研究》，载《学术论坛》2011 年第 8 期。

② 根据司法部社区矫正管理局发布的《社区矫正工作简报》，截至 2007 年年底，61 周岁以上的老年社区服刑人员数量为 2572 人，占社区服刑人员总数的 2.5%。吴宗宪：《社区矫正工作导论》，中国人民大学出版社 2011 年版，第 264 页。根据对安徽省淮南市潘集区老年人犯罪情况的调查，从 2003 年至 2015 年，潘集区老年人犯罪整体上呈上升趋势。李媛媛：《老年人犯罪分析》，载安徽省淮南市人民检察院网站，http://www.huainan.jcy.gov.cn/swyj/201601/t20160121_1746112.shtml，2016 年 11 月 20 日访问。当然，需要说明的是，其统计的为老年犯罪人员人数，并不等于老年社区矫正服刑人员人数，但是老年犯罪人员是老年社区服刑人员的重要构成部分，在当前我国倾向于对老年犯罪人员从宽处罚的大趋势下，老年犯罪人员的增多也意味着以后老年社区服刑人员数量的增加。

用也逐步下降，社会生活、身体条件的前后落差会导致其安全感下降，容易产生自卑心理；另一方面，相较于青少年，老年人的社会经历十分丰富，且人生观、价值观已经固定，难以改变，在性情上十分固执。其次，随着我国老龄化程度的加剧，空巢家庭大量增加。根据全国老龄工作委员会办公室发布的数据，2009 年我国城市空巢家庭已达到49.7%，农村空巢和类空巢家庭也达到48.9%，已经接近我国家庭总数的一半。社会养老保障、养老服务资源的缺乏，[①] 导致老年人容易产生强烈的孤独感。最后，大部分老年犯罪人文化素质较低，并没有接受过系统的法制教育，“文化生活匮乏、精神空虚、法律意识淡薄”，[②] 难以形成有效的自我约束。从我国老年人犯罪特点来看，主要表现为以下几个方面：一是犯罪类型多样化，相比于以前老年人犯罪多集中于性侵害与财产侵害，近年来老年人犯罪类型更加多样化。例如，根据淮南市潘集区老年人犯罪的数据，截至2015 年10 月，在办理的老年犯罪案件中涉嫌故意伤害、杀人等暴力性犯罪的有 12 人，占比 16.44%；涉嫌贪污、贿赂犯罪的有 9 人，占比 12.33%；涉嫌盗窃、诈骗和敲诈勒索的有 8 人，占比 10.91%；涉嫌性犯罪（包括强奸、猥亵等罪名）和故意毁坏财物犯罪的各有 5 人，分别占比 6.85%；涉嫌职务侵占的有 3 人，占比 4.11%；涉嫌其他罪名的有 5 人，占比 6.85%。[③]

---

① 值得注意的是，目前在我国监狱布局调整过程中，监狱的硬件设施得到了很大的改善，罪犯的生活水平也得到了很好的保障，有部分老年犯觉得监狱的生活条件比自己服刑前的生活条件还要好，再加上监狱在医疗上有保障，生活也有人照顾，个别老年犯甚至愿意留在监狱，极个别老年犯甚至打算刑满释放后到经济发达地区再次犯罪，以达到其“在监狱里养老”的目的。杨木高：《关于加强老年犯罪与矫正理论研究的几点思考》，载《老龄科学研究》2014 年第5 期。

② 刘芷君：《老年人违法犯罪现状及社会服务管理对策研究》，载《湖北警官学院学报》2014 年第3 期。

③ 李媛媛：《老年人犯罪分析》，载安徽省淮南市人民检察院网站，http：//www. huainan. jcy. gov. cn/swyj/201601/t20160121_ 1746112. shtml，2016 年 11 月 20 日访问。

在延边地区，2009 年至 2013 年该地区老年人犯罪案件涉及罪名多达 43 个，主要罪名为贪污罪、诈骗罪、危险驾驶罪、盗窃罪、交通肇事罪、强奸罪、滥伐林木罪、故意伤害罪和组织、利用会道门、邪教组织、利用迷信破坏法律实施罪。[①] 二是多为智力型非暴力犯罪，犯罪手段间接性、隐蔽性较强。一方面，表现为老年人往往不亲自实施犯罪，而是通过教唆、指挥或者诱骗等行为，借助于其他人去实施犯罪行为，或者为其他人实施犯罪提供帮助；另一方面，虽然老年人自身身体条件和身体机能逐步下降，但是其社会生活阅历非常丰富，所以在侵犯财产时，其较多采取诈骗的方式而非抢劫、杀人等暴力方式。[②] 三是其犯罪对象多为弱势群体。由于老年人本身行动力较弱，因此，当其实施犯罪行为时，一般都会选择相对自己处于更加弱势地位的被害人，如在智力层面弱于自己的未成年人或者精神病人、在身体活动力层面弱于自己的女性或者身体存在残疾的人员。同时，老年人作为弱势群体，也可能成为其他老年人的犯罪对象。四是在犯罪主体方面，如前所述，老年犯罪人文化程度普遍偏低，多为男性，且农村地区老年人犯罪比较突出。例如，根据厦门市公安部门的统计，在 18 名老年性犯罪人中，高中、中专以下文化程度（不含高中、中专文化程度）者有 16 人，所占比例高达 88.9% 。[③] 根据四川省自贡市富顺县人民法院所作的《老年人犯罪特点分析及对策建议》，该地区在 2011 至 2013 年，审理老年人犯罪人共计 51 人，其中男性被告人占 80.4%，农民占比高

① 崔慧珠：《延边地区老年人犯罪现状及对策》，延边大学 2015 年硕士学位论文。

② 董纯朴：《世界老年犯罪研究综述》，载《公安研究》2014 年第 3 期。

③ 刘芷君：《老年人违法犯罪现状及社会服务管理对策研究》，载《湖北警官学院学报》2014 年第 3 期。

达92.2%，具有初中以上文化程度的仅有7人。[1]

（四）当前对老年人进行社区矫正存在的问题及对策

当前对老年犯罪人进行社区矫正方面存在的主要问题，即并未在矫正对象中将具有一定特殊性的老年人与其他成年人作出明确区分，老年人作为理应重点关注的特殊群体，在当前我国社区矫正中无法得到应有的重视，“矜老悯幼”的传统仅仅实现了一半。《实施办法》对未成年人社区服刑人员设置了专条，规定了在对未成年人进行社区矫正时，应当在矫正小组人员构成、矫正地点、矫正的方式和措施以及帮教内容等方面遵循的基本原则，但是却并未规定对待老年社区服刑人员是否需要与其他成年社区服刑人员进行区分。

法律规定层面的缺漏，一方面导致未能构建了解老年人心理的专业矫正队伍。如前所述，当前我国社区矫正工作人员数量匮乏已经成为普遍性的问题，大部分地区司法所仅有1至2名工作人员，且通常不具有专业的心理学知识，难以同老年社区服刑人员畅快地沟通，且少量的工作人员在负责辖区内多名社区服刑人员矫正工作的同时，还需要承担较多额外的职能，也就无暇专门照顾所占比例较低的老年社区服刑人员。另一方面，没有设置有针对性的矫正项目，矫正效果并不明显。对于老年人而言，其已经处于人生的末端，生活阅历丰富，价值观、人生观早已定型，多样化的犯罪类型表明了多样化的犯罪原因，如果不对老年人的生活情况、犯罪原因进行具体分析，设定有针对性的矫正项目，就难以完成矫正其不良心理、使其重新回归社会的任务。

要实现对老年社区服刑人员教育、矫正的基本任务，就要做好

---

① 四川省自贡市富顺县人民法院：《老年人犯罪特点分析及对策建议》，载中国法院网，http://www.chinacourt.org/article/detail/2013/11/id/1117081.shtml，2016年11月21日访问。根据该法院的统计，在该地区老年人性犯罪案件中，侵犯的对象多为儿童及精神病人等特殊群体。其中，强奸罪的犯罪对象全部为儿童、精神病人等特殊群体。

以下几方面的工作。首先，要建立具有熟悉老年人这一特殊群体心理特点、生活特点等社会工作专业知识的社区矫正工作队伍，保障与老年社区服刑人员的有效沟通。既可以招收具有心理学、教育学和社会学等相关专业背景的工作人员，也可以积极吸收愿意承担一定社区矫正工作的老年人志愿者，丰富社区矫正的人员构成。此外，这些专业的工作人员也需要努力与社区内居民进行沟通，使他们能够真正了解老年社区服刑人员，消除可能存在的抵触情绪。其次，要建立科学的老年人犯罪调查和分类制度。由专门机构的专业工作人员借助医学、心理学、教育学、社会学及其他专门知识和技术，对老年犯罪人进行诊断观察和检查，主要内容包括性格、身心状况、身体状况、就业史、生育史、教育史、犯罪特征、犯罪经历、家庭状况、社会背景、宗教信仰、娱乐爱好、志向特征、新生意欲程度即将来的生活计划、职业训练可能性的大小、矫正可能性的有无等方面。[①] 依据个人身体状况、犯罪的原因和主要特点、所处的生活环境等具体标准，划分为不同的管理等级，对不同情况的老年社区服刑人员采取不同的管理模式和管理强度。再次，要依据科学的调查结论，有针对性地矫正其不良心理，设定个别化的矫正项目。例如，有些老年社区服刑人员虽然进入高龄阶段，但是身体硬朗、思维敏捷，行动力较强；有些虽然刚刚迈入老年阶段，却已百病缠身、思维迟钝，缺乏行动能力。又如，一些老年社区服刑人员有很强的道德感，对于自己的犯罪行为深感懊悔；相反，另一些老年社区服刑人员可能缺乏道德感，对于自己的犯罪行为没有什么懊悔，反而感到自己受到了种种委屈。[②] 因此，需要根据各个老年社区服刑人员身体、心理的不同特点，采用不同的沟通方式，设置不同的矫正项目，积极开展法制教育，使其认识到自己实施行为的违法性，强化法制观念。此外，还应当审慎地组织老年人进行公益

① 郭晓红：《试论老年犯处遇制度的改革》，载《河北法学》2011 年第 7 期。

② 吴宗宪：《老年犯罪人社区矫正论》，载《中国司法》2011 年第 8 期。

劳动，即使对于有劳动能力的老年社区服刑人员，也应当尽量令其参与较为轻微的劳动，因为老年人身体状况参差不齐，一方面参加劳动创造的效益较低，另一方面劳动还可能为其身体健康带来一定风险。最后，要开展能够切实解决老年人生活需求的帮扶工作。社区矫正工作人员应当了解老年社区服刑人员实施犯罪的原因，以及他们在生活方面的具体需求，具体问题具体分析，提出有针对性的解决措施。例如，部分实施性犯罪的老年社区服刑人员，是缘于丧偶或者离异，同时子女对自己的婚姻问题不管不问，长期精神空虚、性压力无法排减。对其就应当尽力使其融入社区，提供形式多样的活动，从而降低其孤独感和失落感，充实他们的精神生活。

社区矫正的目的在于使社区服刑人员顺利回归社会，如果社会环境不够完善，单纯依靠矫正行为虽然能够暂时“回归社会”，但是服刑人员终究会因为旧有的问题未能解决而重新回到犯罪的老路。“仓廪实而知礼节，衣食足而知荣辱”，“研究表明，一些老年人走上犯罪道路是因贫病所迫。随着年龄增加，体力下降，子女成家另居，对老人过问较少，有的老年人甚至无经济来源；特别是孤寡老人，无儿无女，无依无靠，有困难得不到帮助，感情脆弱极易产生犯罪冲动”。[①] 更有甚者，还有老年人为了养老而专门实施犯罪期望被重判入狱。[②] 因此，在社区矫正工作之外，还需要进一步建立覆盖老年人的有效的社会保障体系，使其晚年的生活能够得到保障，如国外就有将敬老院与幼儿园合并的做法，通过让老年人接触儿童来充实他们的生活。

---

① 杜鹏：《老年人犯罪问题研究》，载《北京人民警察学院学报》2012 年第 1 期。

② 湖南农村老人付达信四年前为养老故意去抢劫，在法官审判时老汉恳求重判，入狱前付达信两年没有吃上肉，而在监狱一日三餐都可以按时吃饭，不仅馒头管够，午饭还会有海带炖排骨等。一年半后，付达信提前出狱，住进一家敬老院。如今付达信却称“这里的生活赶不上监狱”。董纯朴：《老年人犯罪预防研究——以和谐社会为视域》，载《公安研究》2013 年第 4 期。

三、女性社区服刑人员的社区矫正

与未成年社区服刑人员、老年社区服刑人员相同，女性社区服刑人员也属于一种特殊群体。但是，目前我国现行的矫正机制、工作人员选聘和培训、风险评估机制、矫正项目几乎都是依照矫正对象中占主体地位的男犯制定和设计出来的，较少考虑社区矫正中女犯特殊的生理、心理特点和需求，她们俨然成为一个“被忽视的群体”。[①] 在《实施办法》中，也只是简单要求“社区矫正人员为女性的，矫正小组应当有女性成员”。

（一）女性犯罪与社区矫正的现状

与老年犯罪人在整体犯罪人数量中所占比例较低相同，女性犯罪人在整体犯罪人数量中所占的比例也较低。

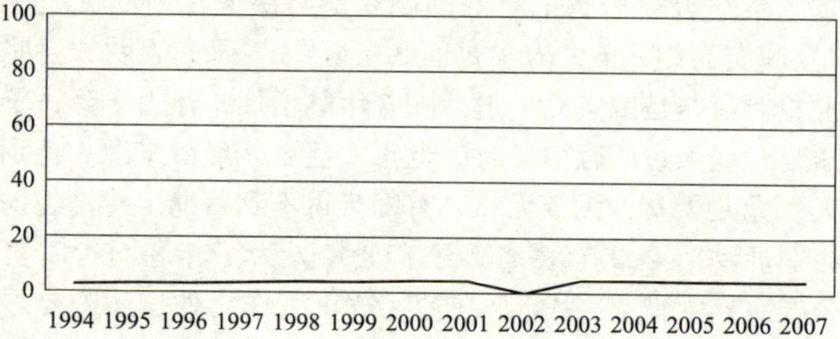

图 1　1994 年至 2007 年女性犯罪人在各年度犯罪人总数中所占的比例

如图 1 所示（纵坐标表示女性犯罪人在当年犯罪人总数中所占的比例，其中 2002 年的数据缺失，所以出现 V 型的下降，并非女性犯罪人比例发生变化），1994 年女性犯罪人占当年犯罪人总数

---

① 杨楠：《我国女犯社区矫正指导原则探析》，载《辽宁公安司法管理干部学院学报》2012 年第 4 期。

的 2.79%，至 2007 年该比例上升为 4.34%。[①] 根据国家统计局资料显示，从 2010 年至 2013 年，各级人民法院所判处的犯罪人数中女性所占的比例为 5.3% 至 6.05%。[②] 除了全国数据，地方数据也表现出了同样的趋势。例如，绵阳市涪城区自 2005 年正式启动社区矫正工作，截至 2012 年 7 月，累积接收社区服刑人员 948 人，其中女性 123 人，所占比例为 12.97%。2012 年以后，女性社区服刑人员数量逐年上升：2013 年为 28 人，占社区服刑人员总数的 10.26%，2014 年为 42 人，所占比例为 13.5%；2015 年为 47 人，所占比例为 16.67%。[③] 另外，重庆市某区 2007 年至 2011 年女性犯罪人数量及其在当年犯罪人总数中所占的比例也呈现出逐年上升的趋势，依次为 504 人（8.69%）、551 人（8.85%）、891 人（8.96%）、637 人（9.12%）、629 人（9.28%）。[④]

综上可知，近年来我国女性犯罪人在犯罪人总数中所占的比例始终徘徊在较低水平，但是无论其数量还是所占比例均呈现出上升趋势。

（二）女性及其犯罪的特殊性

随着教育的普及与教育水平的提高，女性在社会生活中的地位也不断得到提升，女性问题越来越受到人们的关注，女性犯罪也越发引人注目。相较于男性，女性在生理和心理层面都有其特殊性。

---

① 从 1994 年至 2007 年女性犯罪人所占当年犯罪人总数的比例依次为：2.79%、3.07%、3.15%、3.49%、3.86%、3.81%、4.25%、4.25%、×（2002 年缺失）、4.66%、4.72%、4.51%、4.39%、4.34%。该部分数据来源于《中国法律年鉴》。林毓敏：《现代化背景下女性犯罪问题及其应对——女性犯罪与女性社会角色转变》，载《福建警察学院学报》2012 年第 6 期。

② 国家统计局社会科技和文化统计司：《2014 中国妇女儿童状况统计资料》，中国统计出版社 2014 年版，第 101 页。

③ 禹红梅：《关于女性社区服刑人员社区矫正现状的调查与研究》，载《中共乐山市委党校学报》2016 年第 2 期。

④ 李琦：《重庆市 XX 地区 2007 ~2011 年女性犯罪情况的调查报告》，西南政法大学 2013 年硕士学位论文。

在生理层面，女性具有以下特点：一是体力较弱，相对于男性而言，女性在身体条件方面处于弱势地位，通常无法实施对体力要求较高的暴力犯罪行为（如抢劫），即使在其实施侵害他人健康权或者生命权的行为时，一般也不会采取暴力方式。二是存在明显的生理周期，女性的高级神经兴奋程度较强，抑制较弱，所以女性感情丰富、情绪容易产生波动，当女性处于某种生理周期时，很容易因为琐事而心烦发怒、情绪失控。例如，月经现象即会对女性的心理产生明显的消极影响，女性进行的许多犯罪都与月经的过程有密切联系。①

在心理层面，一是受制于身体条件，女性表现出的攻击性也相对较弱。二是感情细腻也导致女性大多比较敏感脆弱，自尊心、虚荣心较强，而心理承受能力、抗挫折能力较差，因而其心理异常的比例比男性高。② 三是主动性较弱、耐受力较强，女性在面对外在侵害时的忍受力比较高，但是由于“妇女比其他家庭成员更有可能受到严重和过度的伤害”，③ 其面对侵害的忍气吞声很难换来对方的退让和谅解，反而可能使得侵害行为变本加厉，当受挫折感增强、内心的郁结不断扩大，且侵害难以躲避时，“女性就可能会采取以暴抗暴的违法行为，进而酿成血案，从受害者变成犯罪者”。④ 四是女性心理容易受到外界因素的影响。女性犯罪人内心坚定度不高，其实施的相关犯罪行为往往是外界多种因素相互作用的结果，如他人的刺激或者暗示、物质的诱惑等，都可能使女性陷入一时的冲动而实施犯罪行为。

---

① 刘建清：《论女性犯罪及其心理特征》，载《中华女子学院学报》1997 年第 3 期。

② 禹红梅：《关于女性社区服刑人员社区矫正现状的调查与研究》，载《中共乐山市委党校学报》2016 年第 2 期。

③ 史莉莉：《关于妇女——家庭暴力的立法现状与不足》，载《人大研究》2003 年第 7 期。

④ 莫瑞丽、袁泽民：《从和谐的视野看亲密关系的冲突——家庭暴力与女性犯罪研究》，载《河南大学学报（社会科学版）》2008 年第 2 期。

由于女性在生理、心理层面都具有特殊性，其实施的犯罪也具有明显的性别特征。

首先，在犯罪类型方面，虽然女性犯罪人实施的犯罪类型比较多样，但是涉及的罪名比较集中。绵阳地区2005年至2012年女性犯罪案件涉及十多项罪名，不过大部分女性犯罪人实施的犯罪属于非暴力犯罪、财产性犯罪或者经济性犯罪。① 北京市X区2003至2015年女性社区服刑人员涉及的罪名集中在情节较轻的侵犯财产罪、妨害社会管理秩序罪和破坏社会主义市场经济秩序罪，所占比例分别为33.3%、21.9%和19.7%。② 但是，部分地区的数据表明女性暴力犯罪所占比重开始出现抬升趋势，以河南省襄城县人民法院2009年至2011年一审刑事案件统计为例，女性犯罪类型整体呈现“二高”趋势：一是女性故意伤害案件数量比较高，占女性暴力犯罪的70%；二是侵财型犯罪案件数量比例高，仅盗窃类案件便已占女性犯罪总数的1/4左右。③ 贵州省某市A区2005年至2010年女性犯罪案件涉及的主要罪名为毒品犯罪（所占案件比例为17.2%）、盗窃罪（14.4%）、故意伤害罪（13.7%）、诈骗罪（12%）、职务犯罪（10%）、抢劫罪（6.8%）和拐卖妇女儿童罪（4.3%），其中暴力犯罪（故意伤害罪和抢劫罪）所占比例最高，为20.5%。④ 女性暴力犯罪多发生在家庭、邻里之间。在家庭方

---

① 禹红梅：《关于女性社区服刑人员社区矫正现状的调查与研究》，载《中共乐山市委党校学报》2016年第2期。

② 邢红枚：《北京市X区女犯社区矫正工作调查分析——以性别为视角》，载《中华女子学院学报》2016年第2期。

③ 海淑娟、王洪亮：《浅谈当前女性犯罪之特点、成因及对策》，载中国法院网，http://www.chinacourt.org/article/detail/2011/12/id/470406.shtml，2016年11月22日访问。

④ 田子飞：《贵州省A区女性犯罪的调研报告——以A区2005年至2010年犯罪数据为根据》，辽宁大学2011年硕士学位论文。

面，实施暴力犯罪的女性犯罪人大多具有“恶逆变”[①] 的倾向；在邻里之间发生的暴力犯罪通常是因为琐事引起，主观恶性较小。

其次，女性犯罪手段隐蔽性、欺骗性较强。某些女性犯罪人在经济方面独立性较差，往往没有一技之长，在受到外在的物质诱惑时，容易实施侵犯财产类犯罪行为。与老年人相似，女性犯罪人在体力方面弱于男性犯罪人，通常其不会选择抢劫、抢夺等暴力手段明目张胆地夺取他人财物，而是选择盗窃、诈骗等相对温和的手段窃取、骗取他人财物。女性温柔、文静，天生柔弱，是受社会保护的对象，一般人对女性的戒备心理要低于男性，这种对女性约定俗成的认识给女性实施盗窃犯罪提供了可趁之机。[②] 另外，部分女性还利用自身的美色麻痹对方，使其放松警惕而骗取对方钱财，[③] 或者利用自身文弱的特征实施毒品类犯罪。女性在体力方面处于弱势地位，而诸多女性犯罪人也善于利用这种“弱势地位”来实施犯罪。

再次，女性犯罪趋于男性化。由于女性相比男性存在体力上的不足，容易受到外界影响，所以其依附性较强，往往倾向于与男性犯罪人分工合作，属于从犯，在犯罪活动中通常起辅助作用。例如，根据贵州省某市 A 区女性犯罪的统计情况，在实施抢劫罪的女性犯罪人中，32% 的女性年龄在 28 岁至 41 岁之间，其大多与男性犯罪人形成犯罪团伙一起实施抢劫行为。[④] 在女性与男性共同实施犯罪的情况下，由于有了男性的加入，女性在犯罪对象和犯罪行

① 该词是指从被害人向犯罪人转变。林少菊：《浅析女性犯罪人由被害到犯罪的“恶逆变”》，载《公安大学学报》2002 年第 1 期。

② 张弦、高长富：《女性犯罪的现状、成因与对策》，载《湖北警官学院学报》2013 年第 9 期。

③ 2013 年 10 月，湖北崇阳年轻貌美的女性闫某以招嫖为名色诱男子开房，后劝对方先洗澡，趁机窃取对方衣裤中的财物后迅速逃离，屡屡得逞。王茜：《社区女性服刑人员的矫正方法》，载《天津市经理学院学报》2014 年第 3 期。

④ 田子飞：《贵州省 A 区女性犯罪的调研报告——以 A 区 2005 年至 2010 年犯罪数据为根据》，辽宁大学 2011 年硕士学位论文。

为方式的选择上，就会超出单独实施犯罪时的选择范围，从而表现出男性化的特征。

最后，女性犯罪主体文化素质普遍偏低。在女性犯罪中，行为主体的文化素质水平普遍较低，法制意识淡薄。例如，根据绵阳市涪城区的数据，女性社区服刑人员文化程度在大专以上的仅有4人，仅占女性犯罪人总数的8.51%，初中及以下文化程度的女性犯罪人占女性犯罪人总数的比例则达到了68.09%。[①] 这在女性暴力犯罪案件中表现地更为明显。有学者对2011年江西省涉嫌杀人、伤害、抢劫的68起女性暴力犯罪进行了抽样调查，其中犯罪嫌疑人文化程度系文盲的有16人，占23.5%；小学毕业的有22人，占32.3%；初中毕业有的18人，占26.5%；高中专毕业7人，占10.3%；大专以上文化程度的有5人，占7.4%。初中以下文化程度人数占总人数的82.3%。[②]

（三）对女性社区服刑人员进行矫正存在的问题及对策

梳理女性心理及其犯罪的特点，目的在于考察当前我国针对女性的社区矫正工作存在的问题，并思考应对之策。

我国女性社区矫正工作主要存在以下几方面的问题：

一是没有构建专门的针对女性社区服刑人员的矫正工作队伍。女性犯罪表现出的具体特点，主要是缘于女性不同于男性的特殊的生理和心理特征，在当前我国社区矫正工作队伍中，主要由基层司法所的工作人员承担社区服刑人员的矫正工作，整体来看，在人员知识背景构成方面比较单一，学历水平不高，同时也缺乏必要、专门的培训。另外，社区工作人员日常工作也比较繁重，司法所承担的职能较多，并不能组建专门针对女性社区服刑人员的矫正队伍。此外，也并未大量引入社工或者志愿者等社会力量，已经引入的社

① 禹红梅：《关于女性社区服刑人员社区矫正现状的调查与研究》，载《中共乐山市委党校学报》2016年第2期。

② 揭萍、巫勇群：《女性暴力犯罪现状调查与原因分析——以江西省为例》，载《萍乡高等专科学校学报》2013年第4期。

会力量也较为单薄，如有地区使用社区居委会承担日常监督工作，但是居委会仍是以年龄较大的人员为主，缺乏年轻人的加入。社区矫正是一项具有较强专业性的刑罚执行活动，要求相关工作人员应当具有法学、社会学、教育学、心理学等相关的专业性知识，但是目前来看，无论是司法所工作人员，还是社工或志愿者等社会力量，都普遍缺乏相应的专业知识或者资质。由于工作人员和社会志愿力量欠缺实践经验，导致针对女性社区服刑人员的矫正工作无法发挥应有的效果，矫正工作不够专业化和高效化。

二是没有设置针对符合女性社区服刑人员特点的矫正项目。当前女性社区服刑人员的矫正项目与男性区别不大，而且社区工作人员将较多的精力用在通过手机定位、电子监控等方式对其进行全方位的监督管理方面，将自身任务定位于防止社区服刑人员脱管、漏管，而在矫正方面投入较少。然而监督管理并不是社区矫正的目的，只是保证目的实现的条件，社区矫正工作的重心和目的出现了偏差。检察院作为法律监督主体，其监督的主要内容也还是社区矫正机构对服刑人员的监管情况，对更具有重要性的矫正质量缺乏监督。[①] 和男性相比，女性感情更加细腻、容易产生波动，在特殊时期自身生理变化对其产生的负面影响更大。在具体矫正项目的设计上，现有的适用于社区服刑人员的社会公益服务项目多为社区保洁、绿化、巡逻、站岗，另外还有一些便民维修、维护交通安全的项目，这些项目都不适合女性矫正对象。[②] 总体来看，当前社区矫正中的个案矫正和分类管理工作还处于探索阶段，远未达到个别化的要求，矫正项目单一，且矫正工作偏向监管，使本应属于开放式管理的刑罚执行活动倾向于对人的约束和控制，使得社区矫正本身的开放性打了折扣。

---

① 杨红霞：《女性以暴抗暴犯罪适用社区矫正的可行性分析》，载《政法学刊》2013 年第 6 期。

② 邢红枚、刘一珂：《社会力量在女犯社区矫正机制建设中的作用》，载《净月学刊》2016 年第 3 期。

三是对女性社区服刑人员的帮扶工作不到位。对社区服刑人员进行监管管理和教育矫正，是为了使其能够成为一个合格的社会人，帮扶工作之目的在于让矫正合格的服刑人员重新融入社会。但是，当前社区矫正中的帮扶工作并不能真正有效解决女性社区服刑人员在就业、生活等方面的问题。例如，针对女性社区服刑人员的技能培训项目多为美容、美发、插花、串珠、烹饪等，种类较少、就业机会较少、技能含金量较低，很难实现稳定的就业，在高学历女性社区服刑人员逐渐增多的情况下，简单的技能培训很难满足她们的工作需求。[①] 另外，家庭因素对女性社区服刑人员的负面影响未得到足够的重视，对于女性暴力犯罪人，其犯罪行为大多是由家庭矛盾引起的，部分女性犯罪人还存在由被害人转向加害人的变化过程，如果其得不到家庭的谅解，会一直承受很重的心理负担，进而严重影响其顺利回归社会。但是由于缺乏足够数量与专业的工作人员，社区矫正的工作难以延伸到对女性社区服刑人员家庭生活关系的修补上，致使矫正效果受到影响。

因此，就需要针对上述三个方面的问题来完善我国的社区矫正工作。

首先，要充实社区矫正工作队伍。一是需要扩充社区矫正工作人员的编制，增加工作人员的数量，特别要增加女性社区工作人员的数量，来减轻社区工作人员过大的工作压力和负担，保证社区矫正工作能够顺畅地运行；二是提高工作人员的质量，招收具有法学、社会学、心理学等相关知识，能够充分了解女性的心理和生理特点的专业人才，依据其成长经历、家庭环境、犯罪原因以及文化程度等具体情况，对女性社区服刑人员作出科学、合理的评估，确定其存在的问题以及人身危险程度。从前文对女性社区矫正工作问题的梳理中可以发现，不了解矫正工作指向对象本身的特点是其存

① 邢红枚、刘一珂：《社会力量在女犯社区矫正机制建设中的作用》，载《净月学刊》2016年第3期。

在的重大缺陷，这不仅仅体现在女性这一特殊群体方面，同时也是未成年人、老年人两类特殊群体社区矫正工作中存在的共同性的问题。如果不能准确了解矫正对象的基本特点，必然无法制定有针对性的矫正方案，帮扶工作也不可能真正发挥效用，社区矫正就可能流于形式。因此，必须做好准确的评估，使教育矫正与帮扶工作有的放矢。

其次，要丰富矫正项目和矫正手段，要设置符合女性心理特征的矫正措施，增强矫正的针对性和有效性。女性社区服刑人员的人数比较少，在社区服刑人员中所占的比例也并不高，但是女性犯罪却越来越严重，而且女性在心理层面与男性差异很大，如果不考虑其特殊性，那么矫正工作就不可能使其顺利回归。对女性社区服刑人员来说，要重视心理矫正，通过了解不同社区服刑人员的心理特点，制定不同的矫正方案，来帮助其克服不良心理。① 要重视家庭环境的作用，对于因家庭矛盾而实施犯罪的女性社区服刑人员，要积极深入了解家庭情况，帮助修复她们与家庭成员的关系，尽力使其获得家人的谅解，并促使家庭成员积极参与对犯罪人的矫正工作。

最后，根据不同的犯罪原因，落实相应的帮扶工作。对于缺乏就业技能的女性社区服刑人员，为其提供基本的就业指导项目；对于学历水平较高的女性社区服刑人员，为其提供与其自身文化程度相称的就业指导项目。此外，针对当前社区矫正教育场所和教育设施缺乏、集中教育难的情况，还需要建设固定的教育场所、社区服

① 对于性格软弱、感情脆弱的女性社区服刑人员，主要对其进行意志力教育；对于比较敏感、容易猜忌的女性社区服刑人员，主要引导使其消除多疑，放下戒备心；对于文化水平低、缺乏自信的女性社区服刑人员，主要利用讲座、课堂教学等活动形式重新树立其自信心；对于依附心理强、缺乏主见的女性社区服刑人员，主要通过矫正措施增强女性罪犯独立自主的能力；对于性格偏执的女性社区服刑人员，主要通过矫正措施帮助女性罪犯正确看待别人和自己，培养女性罪犯养成良好的思想品德。李萍：《如何开展对女性罪犯的社区矫正工作》，载《人民调解》2006 年第 2 期。

务中心，实现对女性社区服刑人员的独立矫正。整体来说，对女性社区服刑人员应当重视教育矫正和帮扶工作，通过上述多个方面的改善措施，尽力祛除其不良的行为习惯，充分提高女性社区服刑人员的基本生活能力、社会适应能力、家庭生活能力，使其能够顺利地回归社会。目前社区矫正整体上处于探索开拓阶段，但是传统的女性罪犯改造模式则较为成熟，具有一整套管理规范、效果良好的改造制度，如职业技能教育、心理健康教育、劳动改造等，同时也拥有一批经验丰富的基层工作队伍。① 可以考虑从传统女性罪犯改造模式中汲取成熟的经验，弥补当前女性社区矫正工作中存在的缺陷，扬长避短，更好地实现社区矫正的任务。

需要说明的是，前述的未成年人与老年人均是从年龄层面对社区服刑人员的划分，而女性社区服刑人员则是从性别方面对社区服刑人员的区分，二者分属两类标准，并不冲突。因此，所谓女性社区服刑人员既包括未成年女性社区服刑人员，也包括老年女性社区服刑人员。如果与上述人员属性出现了交叉，则在对其进行社区矫正时需要同时遵循两类对象的适用标准。

第四节　其他特殊群体的社区矫正

所谓其他特殊群体，主要包括两大类：一类是地域归属具有特殊性的群体，为外国籍人或者无国籍人和少数民族群体；一类是身体状态存在特殊性的群体，为染病、吸毒和醉酒的群体。对上述这两类特殊群体，在适用社区矫正方面也应当与一般社区服刑人员有所区别。

一、外国国籍与无国籍人员的社区矫正

随着交通运输的愈发便利，地区之间、国家之间的经济联系越

① 纪得军：《女性罪犯社区矫正模式论》，载《中华女子学院学报》2009 年第 6 期。

来越紧密，相互之间的人员交往成本也越来越低，地球逐渐成为一个“村落”，随之而来结果是，犯罪也逐渐超越国家界限，表现出国际流动的趋势。所谓外国人，是指在我国领域内的非中国国籍和无国籍的人员，

在我国，外国人集中聚居于北京、上海、广州等地区，根据2010年全国人口普查数据，上述地区外国人占全部外国籍人口的3/5。① 随着外籍人员的大量流入，我国外国人犯罪形势也不容乐观，“2000年以来，在我国监狱中服刑的外国籍罪犯数量正在以每年20%—30%的数量急速增长；截至2006年年底，所涉及的国家数量也已经突破60，占目前与我国有外交关系国家总数的三分之一强”。② 以北京市为例，北京市司法机关追究刑事责任的外国犯罪人案件从2001年至2010年呈日益增加的趋势，其中2001至2003年年均案件仅10件左右、2004年有17件共24人、2005年有16件共25人、2006年有19件共27人、2007年有76件共95人、2008年有87件共107人、2009年有101件共121人、2010年有70件共80人。③

目前，我国外国人犯罪态势呈逐渐上升的趋势，外国服刑人员数量不断增加，但是整体来看，外国人犯罪的案件数量仍然比较小，被追究刑事责任的情况不多，因而服刑人员数量较低。但是，

---

① 其中，包括港澳台地区居民与外籍人员，是指在中国大陆地区居住3个月以上或者能够确定将居住3个月以上的外籍人员。李怀胜：《在华外国人犯罪的实证分析与刑事政策应对》，载《犯罪研究》2014年第2期。

② 田林：《我国外国籍罪犯管理方针与政策探讨》，载《中国司法》2010年第7期。

③ 进入刑事审判程序被追究刑事责任的外国人数量不多，原因主要在两个方面：一是外国人在华停留时间短、流动性大，案件的侦破率比较低。有些案件在侦破后，因证据不足、刑事政策等原因也没有进入刑事诉讼程序。二是这一数字仅指已进入中国境内的外国人在京犯罪的数量，不包括在首都机场等北京出入境口岸被发现的外国人偷渡案件的数量。于志刚：《在华外国人犯罪的刑事法律应对》，载《中国社会科学》2012年第6期。

不能仅凭外国犯罪人数量少而忽视其犯罪的严重性。目前，我国外国人犯罪具有以下几个特点：一是犯罪涉及的罪名多样化，同时具有一定的集中性；二是主要为贪利性犯罪，毒品犯罪比重大；在犯罪人来源地域分布上，以亚洲邻国和非洲国家公民为主。[①] 在对涉嫌犯罪的外国人追究刑事责任方面，则存在明显的轻缓化问题，一方面缘于改革开放后需要大量引进外国的资金和技术，对其有所求，另一方面也是受到“涉外无小事”观念的影响，导致我国刑事司法机关在面对外国犯罪嫌疑人时都特别谨慎，“一些地区的司法机关担心案件处理不当可能产生的不利影响而宁愿采取轻判缓判的态度”。[②] 很多外国人犯罪案件在适用刑罚时存在畸轻问题，而检察机关也很少提起抗诉，甚至在是否构成犯罪的标准上也内外有别。[③] 但是，在缓刑、假释、监外执行等方面，则对外国人采取比本国人更为严格的标准。根据我国《刑法》的规定，适用缓刑要

---

① 于志刚：《在华外国人犯罪的刑事法律应对》，载《中国社会科学》2012 年第 6 期。李怀胜：《在华外国人犯罪的实证分析与刑事政策应对》，载《犯罪研究》2014 年第 2 期。蒋星伟、彭慧、陈运红：《外国人在华刑事犯罪综合调查分析》，载《山西省政法管理干部学院学报》2013 年第 3 期。

② 李怀胜：《在华外国人犯罪的实证分析与刑事政策应对》，载《犯罪研究》2014 年第 2 期。

③ 上海市《关于本市公安机关办理刑侦部门管辖外国人轻微犯罪案件的若干规定》（沪公发〔2010〕234 号）第 5 条规定，涉嫌轻微犯罪的外国籍犯罪嫌疑人，犯罪情节轻微，危害不大，并具有下列情节之一的，可不追究其刑事责任。于志刚：《在华外国人犯罪的刑事法律应对》，载《中国社会科学》2012 年第 6 期。不过有实务部门工作人员表示了不同意见，认为上述规定表面上似乎给予了外国人超国民待遇，但在司法实践中则有其必要性：一是本国人涉嫌轻微犯罪多无逮捕必要性，但外国人涉嫌轻微犯罪时，考虑到住所、收入、签证等条件的制约，采取取保候审等非羁押措施的难度更大，不利于人权保障；二是刑罚的目的在于犯罪预防，对外国人而言，如果其仅涉嫌轻微犯罪，通过驱逐出境的方式即可达到特殊预防的目的，而如果对其采取逮捕措施，并进一步追究刑事责任，则会相应增加我国的司法成本。吕颢、王建平：《审查逮捕外国人案件中应注意的若干问题》，载上海市人民检察院第二分院网站，http://www.efshanghai.jcy.gov.cn/jcywefy/jcdy/201512/t20151222_98252.html，2016 年 11 月 24 日访问。

求犯罪人有相对固定的居住地，对于那些没有固定居住地点的外国犯罪人，考虑到后续监督管理的困难，当其被判处有期徒刑时很少对其适用缓刑。① 在假释和监外执行方面，“对涉外罪犯的刑罚执行工作更是千差万别，例如在北京地区监狱外籍犯不能暂予监外执行，而在有些省份却是可以的”。② 综合来看，对于外国人犯罪，当其犯罪情节较轻时，往往采取从宽处理的做法，不追究其刑事责任；当其被判处三年以下有期徒刑时，司法实践中又很少对其适用缓刑；当其被判刑并入狱服刑后，对其假释、监外执行的标准又不统一。

根据我国《刑法》、《刑事诉讼法》的规定，社区矫正的对象为被判处管制、宣告缓刑、裁定假释、暂予监外执行或者被剥夺政治权利的罪犯，③ 然而在犯罪情节较轻的情况下，可能不追究其刑事责任，在入狱服刑的情况下，则可能很难对其假释或暂予监外执行，因此，对外国人较多适用驱逐出境，能够进入社区矫正中的外国人数量很少。

目前，对外国人社区矫正的司法实践较少，④ 但是如此少量的

---

① 该论者主张，凡符合缓刑适用条件且在我国境内有固定居住地及稳定职业、收入的，应当适用缓刑；在我国境内无固定居住地及稳定职业、收入的，则不宜适用缓刑。参见张鹏：《外国籍罪犯的缓刑适用》，载《人民司法》2010年第10期。

② 王春海、郭庆军：《关于涉外罪犯刑罚执行模式的思考》，载《中国司法》2007年4期。

③ 2016年12月《社区矫正法（征求意见稿）》从矫正对象中删除了被剥夺政治权利的犯罪分子。

④ 2013年1月18日，金花司法所依法宣告接收外籍人员穆罕默德为社区矫正人员，是广州荔湾首个外籍社区矫正人员。《广州荔湾首个外籍社区矫正人员宣告解除矫正》，载《南方法制报》2013年3月6日第5版。2014年6月，托马斯来到历下区司法局接受社区矫正，是济南市首例接受社区矫正的外国人。侯月：《全市首例外籍社区矫正人员解除矫正》，载《济南日报》2015年7月8日第1版。2013年年初，奉贤区和嘉定区分别迎来各自辖区内的首位外籍社区矫正人员。《酒驾“老外”参加社区矫正》，载新浪网，http://news.sina.com.cn/o/2013-08-23/151428030125.shtml，2016年11月25日访问。

矫正实践也可以看出其背后存在的问题。首先，语言、文化不通，难以同外籍犯罪人进行有效的沟通和交流。外国籍犯罪人涉及的国家较多，而我国既精通小语种、又精通法律的翻译人员比较匮乏，一旦犯罪人无法使用英语、法语等通用的国际语言时，工作人员很难与其进行畅通的交流。当其进入到社区时，所面对的是对外语知之甚少的普通民众，更难与其进行准确的交流，而“本国国民往往对外国人犯罪具有较低容忍度和更加敏感的心理，外国人犯罪事件较之本国人犯罪对民众心理和社会秩序的冲击更大”，① 双方很容易因为语言隔阂发生不必要的冲突，破坏社区的稳定性。其次，外国人居住地流动性较大。一旦其没有固定的居住地，则很难对其实现有效的监督和管理，目前我国也没有针对外籍犯罪人暂扣护照的规定，相关约束措施的缺乏直接导致了较低的缓刑适用率。

因此，要加强对外籍犯罪人的社区矫正，首先需要解决语言沟通的问题。当然，在司法行政机关自身人员配备比较紧张的情况下，寄希望于司法行政机关提供翻译人员并不现实，需要在国家层面大力培养精通相关语种和我国刑事法律的专业人才，或者充分利用本地高校中的外语专业人才。例如，广州市公安局为了加强广州市基层民警的涉外执法能力，解决基层外语人才不足的问题，就与华南师范大学签订了联合共建“大学生社会实践基地”的协议，由华南师范大学外语系选派学生到广州基层尤其是外管任务重的派出所担任翻译志愿者。② 为了有的放矢，可以通过统计分析，确定本地区外籍犯罪人的地域分布情况，有针对性地培养相关的外语人才。其次，在外籍犯罪人没有较为固定的居住地的情况下，尝试在一定期限内为其提供固定的居所，如此一来，进行社区矫正的外籍人员也能够相对集中，避免分散管理造成的高成本，同时可以增设

① 李怀胜：《在华外国人犯罪的实证分析与刑事政策应对》，载《犯罪研究》2014 年第 2 期。

② 李怀胜：《在华外国人犯罪的实证分析与刑事政策应对》，载《犯罪研究》2014 年第 2 期。

在一定时期内扣留其护照的规定，防止其在社区矫正期限内私自离境导致刑罚难以执行。最后，针对部分因为国家间法律规定或者文化背景存在差异而犯罪的外籍人员，要对其进行法制教育和中国文化教育，使其了解我国的法律规定与中国人的风俗习惯，有效预防其再次实施犯罪。

二、少数民族人员的社区矫正

我国是一个多民族的国家，共有56个民族，从地域分布情况来看，“大杂居、小聚居、交错杂居”是我国不同民族人员居住情况的基本格局。少数民族在我国政治、经济、文化方面都发挥着十分重要的作用。

作为一个社会人，其实施的犯罪行为也属于社会行为的一种，这种社会行为必然受到其自身所处的社会环境的影响，正如针对不同的犯罪行为要采取不同的应对方式，对于具有群体性文化特色的犯罪人员，也应当采取个别化的矫正方式。少数民族与汉族在历史传统、宗教信仰、语言系统等文化层面存在较大差异，[①] 而是否了解这种存在于少数民族人员身上的文化特质，会直接决定针对此类特殊群体的社区矫正工作能否真正实现“将社区服刑人员改造成为守法公民”的根本目的。

所谓少数民族人员的社区矫正，只是对犯罪主体民族身份的界定，由于社区矫正必须要落脚于具体的地域空间，而地域方面也同样具有“少数民族”属性，因此，与少数民族犯罪“既是一个民族身份的分类问题，也是一个犯罪地理区位分析的问题”[②] 相同，

① “民族”（ethnic）的区别总体来说是文化上的差异，民族是人们在社会复杂作用下通过历史渊源或现实利益等多元认同而形成的有特定的族称和相应的文化模式的自组织系统。龚永辉：《论和谐而有中国特色的民族概念》，载《广西民族研究》2005年第3期。

② 吴大华：《中国少数民族犯罪问题及对策研究论纲》，载《贵州民族学院学报（哲学社会科学版）》2004年第3期。

对少数民族犯罪人的社区矫正也包含身份和地域两个维度：一是既包含身份属性也包含地域属性，指在少数民族聚居区对少数民族犯罪人的社区矫正；二是仅包含身份属性，指在非少数民族聚居区对少数民族犯罪人的社区矫正。

（一）少数民族聚居区的社区矫正

如前文所述，就主体而言，民族属于一种具有独特文化色彩的自组织系统，少数民族与汉族的差异性，也就主要表现为文化层面的差异性。例如，宗教信仰、风俗习惯等文化心理不易受地域环境的影响，即使少数民族人员从聚居区迁往其他地区，上述特质也很可能得到完整的保留。不过如果将民族性在地域方面进行扩展，则差异性的表现也会随之增加。因此，在少数民族聚居区，这一差异性还表现为生活结构和习惯法的差异。此外，语言系统的差异性也会因为对外交流的稀少而更加明显。

要做好少数民族聚居区的社区矫正工作，前提是了解当地少数民族的基本生活特点和文化特点，明确少数民族地区的特殊性。在我国，绝大多数少数民族都生活在相对固定的地理区域范围内，民族自治地方占我国国土面积的64%。[①] 在少数民族地区，少数民族与汉族特别是内陆地区居民相比，存在以下几个比较明显的特点：一是少数民族通常都有宗教信仰，甚至有许多少数民族是全民族信教。与汉族相比，信仰宗教是少数民族的突出特点，宗教对许多少数民族具有特别的重要性：首先，少数民族信仰宗教的种类和层次比汉族繁多齐全；其次，少数民族信仰宗教的人口比重比汉族大得多，宗教观念比较专一和虔诚；最后，由于历史的原因，少数民族宗教的民族性比汉族强烈，宗教对民族生活的影响比汉族大得多。[②] 宗教也是一种社会控制手段，即可通过教义来告知信教者何

① 吴宗金、张晓辉：《中国民族法学》，法律出版社2004年版，第9页。

② 刘希：《论我国少数民族地区犯罪的社会控制——基于法律人类学视角》，载《犯罪研究》2006年第3期。

者当为、何者不当为，从而树立一套独特的行为规范，构建基本的规则体系。[1] 二是少数民族具有一定的自治组织，以血缘为纽带的宗族结构相对稳定。例如，四川凉山地区的彝族就具有独特的家支文化，作为一种以父系血缘为纽带的家族联合体，在对内协调互助、对外防御扩张方面发挥着重要的社会功能；家支各成员团结友爱，关系密切，具有较强的群体认同感，而这种强烈的群体意识让家支个体成员的利益与家支利益结合为一体，家支力量对个体成员行为的影响与干预往往强于外界力量的介入。[2] 由于少数民族人员的居住场所较为固定，这种宗族性的控制力量往往能发挥强大的约束效力。三是少数民族地区通常有自己的习惯法或者民间法。所谓习惯法或者民间法，是指独立于国家制定法以外，依据特定社会组织和权威，以习惯权利和习惯义务为内容的，具有一定强制性、惩罚性的行为规范的总称。[3] 作为与国家法并列的社会控制方式，其目的同样在于规范群体内部成员的行为，防止成员之间相互侵害，并对破坏群体安定生活的成员进行惩罚。从发挥的效果来看，其既可能与国家法发挥同向制约的作用，也可能与国家法产生方向性的冲突。

了解了在民族聚居地区生活的少数民族的诸项特点，对少数民族犯罪人进行社区矫正时就能够有的放矢。首先，在社区矫正中要重视民族宗教发挥的作用。这种作用类似于教育矫正中的心理矫治，宗教信仰能够在精神层面对少数民族人员产生约束作用。当犯

---

① 当然，宗教信仰并非理性的，因此，也有可能导致与世俗法律相冲突的行为。例如，傣族中流传着“枇杷鬼”的说法，认为“枇杷鬼”会使人畜生病甚至死亡，谁被认为是“枇杷鬼”，全村人就聚集在其家门前，荷枪持刀地“兴师问罪”，往往将其房屋放火烧毁，强迫驱逐出寨；有的被逼而死，甚至被杀，家人亦遭歧视和迫害。吴大华：《论少数民族犯罪的司法控制》，载《云南大学学报（法学版）》2005 年第 1 期。

② 唐文娟：《彝族聚居区传统矫正模式与社区矫正的融合思考》，载《西南民族大学学报（人文社会科学版）》2013 年第 5 期。

③ 吴宗金、张晓辉：《中国民族法学》（第二版），法律出版社 2004 年版，第 66 页。

罪人本身文化素质水平较低时，其可能很难准确地理解我国的法律规定，这就有必要借助宗教力量来矫正犯罪人的心理，使其认识到犯罪行为的有害性。其次，重视少数民族地区的自治组织，在社区矫正中积极引入，以群体力量实现对犯罪人的外部约束。一般而言，我国各个少数民族均有一套有自己特色的社会组织或社会仪式，它们在运行的过程中为该社区带来秩序，可以说，少数民族社区秩序的形成在很大程度上依赖于这些本土性的社区资源。[①] 前者如彝族地区的家支力量，后者如广西壮族自治区瑶族的“做社”活动，都是依靠群体力量为规范犯罪人的行为提供强大的外部约束力。[②] 最后，积极吸取习惯法中与国家法具有同向价值指向的规则。习惯法是一个民族在其长久的生活中逐渐积累和固定下来的社会规则，目的在于保证群体生活的安全性和稳定性，习惯法中蕴含着一个民族的道德观和是非观，充分利用少数民族地区的习惯法，在法制宣传方面能够产生事半功倍的效果。此外，还需要注意的是，即使是在少数民族聚居区，也要注意到如果是在多民族杂居的市区，仍然需要加大不同民族人员之间的相互了解，特别是少数民族犯罪人与当地社区居民之间的了解，化解隔阂、消除顾虑，使其能够真正接纳犯罪人，避免因为矫正工作发生矛盾。

（二）非少数民族聚居区的社区矫正

改革开放以来，我国经济持续快速发展，愈发便利的交通条件，财富急剧、不平衡地增长，促使各地区之间发生频繁的交流、人员流动性也不断增强。反映到民族方面，即原本由地理位置造成的各民族之间的隔绝状态逐渐解冻，少数民族逐渐向非聚居区

---

① 刘希、周明明：《论我国少数民族地区的犯罪矫正》，载《贵州警官职业学院学报》2008 年第 4 期。

② 当然，并非任何少数民族地区都存在活动领域相对集中和固定的组织。例如，内蒙古地区地域辽阔、人口稀少，牧民多为分散型的生活方式，当地司法行政机关就采取了不同的管理模式。内蒙古自治区司法厅：《构建具有民族特色的社区矫正教育管理机制》，载《人民司法》2015 年第 9 期。

流动。

在非少数民族聚居区，如果采用预防和控制汉族犯罪的做法处理少数民族犯罪不仅无法达到预期的效果，而且更主要的是这种方法的效力将大打折扣、流于形式，为少数民族犯罪问题的解决埋下隐患。① 在针对少数民族犯罪人的社区矫正方面同样如此，非少数民族聚居区的少数民族人员具有的特殊性与聚居区大致相当，其主要特征前文已述，不再赘述。在此仅简述本地域范围内针对少数民族犯罪人进行社区矫正需要注意的问题。针对特殊群体，需要在矫正方式、矫正方案以及帮扶工作方面照顾到其特殊性。首先，与聚居区社区矫正工作相同，都要注重少数民族宗教的重要作用。宗教作为塑造人心灵的精神力量，并不会因为一个人所处的地域空间的改变而改变，而且，当一个人初入陌生的生活环境而感觉不适应时，宗教信仰往往成为其保证心灵安稳的重要依托。"少数民族中的宗教神职人员或宗教理论造诣较深的学者，他们仍然是少数民族中有代表性的人物。"② 注重在社区矫正中发挥宗教的力量，能够使心理矫正充分发挥效果。其次，要注重少数民族的自治组织。即使是在流入非聚居区后，少数民族也通常不会分散居住，而是倾向于在小范围内保持聚居状态，如城市中会出现少数民族区、乡村中会出现少数民族村镇。在已经形成固定小规模聚居状态并出现内部自治组织的地区，要充分利用该自治组织对少数民族社区服刑人员的行为进行规制，在少数民族人员较为分散的地区，则可以积极吸收少数民族人员组成相应的自治组织，实现对少数民族社区服刑人员的外部控制。再次，要充分吸收少数民族工作人员进入社区矫正队伍。在我国，人们通常都对与自己具有相同文化背景、生活地域

① 阿地力江·阿布来提：《少数民族流动人口犯罪问题透析》，载《河南司法警官职业学院学报》2008 年第 4 期。

② 阿地力江·阿布来提：《少数民族流动人口犯罪问题透析》，载《河南司法警官职业学院学报》2008 年第 4 期。

的人具有天然的亲切感，[①] 少数民族具有较强的族群认同感，对于自己民族的人同样具有远高于外人的亲近感。另外，还有一个造成少数民族人员之间更为亲近的重要原因，就是语言问题。我国地区广袤，不同地区之间往往具有特点各异的方言，而少数民族往往也有自己的语言系统，其在书写、发音等方面与汉字汉语完全不同，对于本民族的人员，相互之间不会存在交流的障碍，与其他民族的人员，则可能存在语言上的隔阂。因此，需要积极引入少数民族社区工作人员。最后，要尊重少数民族的宗教信仰、风俗习惯。有论者指出，城市少数民族流动人口违法犯罪问题发生的一个重要原因就是少数民族流动人口的风俗习惯、民族文化得不到城市人的尊重，少数民族流动人口在城市中经常遇到的一个问题就是来自城市社会的偏见与歧视，这容易成为引发事端、纠纷的因素。[②] 如果忽视对少数民族文化特质的尊重，不仅矫正工作的目的难以实现，甚至可能引发新的矛盾冲突，在文明日益多元化的时代，保持对不同文化的尊重，是维护社会秩序的重要条件。

三、特殊身体状态人员的社区矫正

身体状态存在特殊性的群体有三类：患有艾滋病的社区服刑人员、[③] 吸毒的社区服刑人员和醉酒的社区服刑人员。在三类特殊身体状态中，醉酒状态是暂时性、可恢复性的，而其余两者则是常态性的、不易恢复的，因此，在此论述的特殊身体状态群体主要以这两者为主。在国外社区矫正中，有一些所谓的“特殊需要犯罪

---

① 如同学关系、同乡关系等，对于后者，还有传播广泛的句子：“老乡见老乡，两眼泪汪汪。”

② 汤夺先：《城市少数民族流动人口违法犯罪防控问题研究》，载《公安研究》2009 年第 9 期。

③ 患有艾滋病的社区服刑人员是指患有艾滋病的社区服刑人员与携带艾滋病病毒的社区服刑人员，为了表述方便，不再将两者分开表述，而是统一称为患有艾滋病的社区服刑人员。

人”，吸毒犯罪人、患艾滋病犯罪人是其中的典型代表，由于这类犯人具有特殊需要，一些国家和地区将其纳入社区矫正领域，通过管理和治疗促使其正常回归。①

（一）患艾滋病犯罪人的社区矫正

对于患有艾滋病的社区服刑人员，其特殊性主要表现为艾滋病病毒所具有的强感染性、难治疗性与致死性。根据我国《监狱法》、《看守所条例》的相关规定，对于患有急性传染病的犯罪人可以不予收监或者不予收押，导致对本类特殊群体无法集中关押，而将其放置于社区中进行矫正，同样处于难以实施的尴尬境地。因为缺乏管束的措施，有的患艾滋病犯罪人被判处刑罚后因不能收押执行而在社会上四处流窜，肆意传播病毒，有的甚至卖淫嫖娼，将传染病向普通人群扩散。②

目前来看，针对患艾滋病犯罪人的社区矫正存在以下几个问题：

一是缺乏有效的惩罚手段。在社区矫正中，如果社区服刑人员严重违反监督管理规定，或者实施违法犯罪活动，最严重的处罚方式便是撤销社区矫正，由原本的非监禁刑转变为监禁刑。但是对于患艾滋病犯罪人，其本身就是不符合收监条件而必须予以监外执行的犯罪人，对于其他社区服刑人员颇具威慑力的惩罚手段在他们身上根本不能发挥效力。例如，胡某被四川省 M 市 Y 区人民法院以故意伤害罪判处有期徒刑 3 年，由于胡某患有艾滋病，于同年 10 月 8 日被决定暂予监外执行并进行社区矫正。后胡某又被四川省 M 市 Y 区人民法院以贩卖毒品罪、容留他人吸毒罪判处有期徒刑，数罪并罚后，决定执行有期徒刑 3 年，并处罚金人民币 2000 元，

---

① 唐文娟：《彝族聚居区推行社区矫正的困境与出路——基于凉山彝族社区矫正的试点分析》，载《贵州民族研究》2014 年第 1 期。

② 李向华：《惩治传染病疑犯遇“三难”专家建议开设特殊羁押场所》，载《河南法制报》2009 年 10 月 15 日第 3 版。2010 年 5 月 25 日，《河南法制报》刊发文章《警惕传染病嫌犯“有恃无恐”》，再次评论艾滋病人犯罪难以监管的问题。

但是因为其患有艾滋病，再次决定暂予监外执行。从公安机关移交社区矫正档案之后，司法所一直未见过胡某本人，后来司法所向M市Y区人民法院提请收监执行，但由于对这病特殊群体存在收监难的客观原因，法院迟迟未予答复。[①] 社区矫正首先是一种刑罚执行活动，是将犯罪人置于开放社区之中，其始终具有管制约束的属性，但是对该类特殊群体而言，其强制手段却处于闲置状态，警告、记过等宣示性的处罚手段一旦与治安处罚、收监执行产生断裂，就难以产生强制效力，在缺乏对相关人员有效管束的条件下，矫正与帮扶都不可能实现。

二是目前社区矫正机构尚不具有对患艾滋病社区服刑人员完善的监管条件。不将艾滋病犯罪人纳入集中监管的看守所或者监狱，而将其放置于开放性的社区之中，并不是因为后者的各项条件更好，而是迫于无奈，因为将此类病人投放在看守所或者监狱之内，地方财政无力负担相关服刑人员的治疗费用。而如果在普通监狱内部开设一个针对特殊人群的单独关押区，不仅需要负担相应的治疗、看护等医疗负担，还要对原有房屋建筑加以改造，加装单独配套的排污设施及增加相应的生活医疗设施，增加司法干警和医护人员，同样是一笔庞大的开支。[②] 因此，监狱人员配备不足、财力难以支持，是其不愿意集中监禁和管理患艾滋病犯罪人的主要原因。监狱和看守所作为当前国家和地方财政充分保障的管理机构，尚且不具备针对患艾滋病犯罪人的监督管理条件，作为试点工作展开、诸多方面还处于探索阶段的社区矫正，在监督管理普通社区服刑人员群体还显捉襟见肘的情况下，更是无力实现对患艾滋病社区服刑人员的专门监管。

三是对社区工作人员的保护措施不完善，工作人员的管理积极

---

① 廖天虎：《艾滋病群体社区矫正的困境与完善对策》，载《宜宾学院学报》2016年第1期。

② 包涵、颜增：《涉毒特殊人群收治管理的现状及对策研究》，载《中国人民公安大学学报（社会科学版）》2012年第6期。

性不高。当前，由于社区矫正中患艾滋病服刑人员的数量非常少，所占比例很低，所以没有普遍地对司法所工作人员进行预防艾滋病等传染病相关知识的培训，在缺乏相关知识、防护技能培训的情况下，社区工作人员对艾滋病也存在畏惧心理，导致在司法实践中存在对患艾滋病社区服刑人员“不敢管、懒得管、没法管”的现象。[①] 此外，当前对此类特殊人群的监管依赖不具有相关医学知识工作人员，却又普遍缺乏对社区工作人员的安全保护措施，一旦工作人员认为自身的安全受到影响，不可能期待他们能够积极地投入到对患艾滋病服刑人员的监管活动中。

最后，普通公众更是对艾滋病知之甚少，过少的了解容易形成隔膜，而隔膜则可能引发人们内心对“未知”的恐惧，形成对艾滋病人进入社区的强大的抵触心理。有论者对公众认为的艾滋病传播途径进行调研后发现，在回答了设定的5道有关艾滋病传播常识题的人员中，能答对4题以上的仅占全部答题人员的43.2%，尤其对于蚊虫叮咬艾滋病人后是否会传播艾滋病这一问题（正确答案是不会传播），有超过69.5%的受访者对此表示担忧。[②] 而公众对服刑人员的态度也直接影响着社区矫正工作能否持续、稳定、有效地进行，当社区的居民对患艾滋病社区服刑人员进入其社区持反对态度时，很难期望此开放性刑罚执行方式能够取得预想的效果。

对此，需要在上述几个方面采取措施，来尽力改善我国针对患艾滋病社区服刑人员的矫正工作。第一，在立法层面，明确规定针对患艾滋病社区服刑人员的权利和义务。我国《监狱法》和《看守所条例》都规定对患有急性传染病的人员不予收押或收监，但是社区矫正却必须接纳此类犯罪人并对其进行矫正，因此，需要有法律来专门规定如何监督管理此类感染高度危险的传染性疾病的人

① 缪刚和、贡太雷：《艾滋病社区矫正对象管理的调查研究》，载《管理观察》2016年第7期。

② 缪刚和、贡太雷：《艾滋病社区矫正对象管理的调查研究》，载《管理观察》2016年第7期。

员，明确工作人员能够采用何种方式对其进行矫正，特别是需要增加相应的约束性措施，在收监执行无法实现的情况下，发挥对此类社区服刑人员的威慑效力。第二，要培训专业的监管人员，建立针对艾滋病的专业矫正队伍。艾滋病确实属于传染性强的致命病毒，但是其传播也必须依靠一定的途径，如果能够有效切断其传播路径，就能够保证工作人员的人身安全。社区工作人员需要和患艾滋病服刑人员直接接触，当其充分了解艾滋病的防护知识、具有自我保护的能力后，才能安心地进行矫正工作。不过，考虑到目前司法所负担的工作压力，以及在财政和人员编制方面的窘迫境地，可以尝试与专业的医疗机构进行合作，由医疗机构提供专业医护人员参与到具体的社区矫正工作中。第三，要积极为患艾滋病社区服刑人员提供基本的医疗措施，并向其普及艾滋病的防护和治疗知识。可以说，为其提供一定的医疗保障，是对患艾滋病社区服刑人员帮扶工作的重要内容。而且对其提供必要的定期治疗，就需要为其建立信息档案，也有助于全面和及时地掌握患艾滋病社区服刑人员的健康信息。此外，还需要向其提供必要的心理辅导，打消其“破罐破摔”的念头，使其正确认识自己实施行为的有害性，同时客观地看待自己的病症，保持生活的动力。第四，要积极向普通公众宣传艾滋病防护知识，调动其参与社区矫正的积极性。矫正工作最终仍然需要落实到具体的社区之中，社区服刑人员最终还是要进入到一定的公众群体之内，这就需要努力宣传艾滋病的防治知识，让社会大众正视艾滋病，消除歧视，客观看待患艾滋病社区服刑人员，参与到对相关人员的矫正工作之中。

（二）吸毒人员的社区矫正

吸毒本身属于违法行为，但是吸毒行为却可能诱发多种犯罪行为或者其他违法行为，给社会的安定和谐带来巨大的冲击。例如，许多吸毒者为筹集昂贵的毒资，不惜以贩养吸，由受害者变成犯罪人。同时，吸毒还诱发了大量的其他刑事案件，如盗窃、诈骗、抢劫、敲诈勒索以及卖淫等，甚至加剧黑社会性质组织和暴力团伙的形成，刺激跨国犯罪的膨胀。[①] 此外，吸毒人群（特别是注射吸毒者）艾滋病病毒感染率最高，[②] 吸毒也成为我国艾滋病病毒最主要的传播途径。在少数民族地区，因为吸毒而实施毒品犯罪行为以及感染艾滋病的比例也很高，如彝族地区患艾滋病犯罪人员大多数也是吸毒犯罪人，在艾滋病病毒携带者中，90% 以上是因吸毒犯罪而传染的。[③] 鉴于吸毒人员具有较强的潜在危险性及一定的特殊性，有必要在社区矫正中对其重点关注。

根据《实施办法》的规定，社区矫正的对象为犯罪人，因此，一般而言，所谓吸毒社区服刑人员，是指被依法适用社区矫正的具有瘾癖性的吸毒犯罪人。然而根据我国《禁毒法》的规定，"对吸毒成瘾人员，公安机关可以责令其接受社区戒毒"，而社区戒毒也属于社区矫正工作的一部分，也即对于那些没有实施犯罪行为，仅仅吸食毒品的具有瘾癖性的人，也需要被纳入社区矫正之中。两者的规定出现了矛盾：《禁毒法》一方面将吸毒行为定性为违法行为，另一方面又将纯粹的吸毒人员纳入到社区矫正的范围内。对此，有地区将毒品滥用群体纳入社区矫正，从而拓宽了社区矫正的概念。[④] 为了解决这一矛盾，有必要从更为宽广的层面理解"吸毒社区服刑人员"：一是被依法适用社区矫正的吸毒犯罪人，二是未实施犯罪而单纯因为吸毒成瘾被实际纳入社区矫正的吸毒人员。

对于吸毒人员这类特殊群体，在将其纳入社区矫正，使其受到管制和约束的同时，还需要注意祛除毒瘾的要求，在矫正过程中使其接受戒毒治疗。毒品能够提供精神上的刺激，但是同时又会对身

---

① 汤夺先：《试论城市少数民族流动人口违法犯罪的特点》，载《公安研究》2007 年第 12 期。

② 中华人民共和国卫生部、联合国艾滋病规划署、世界卫生组织：《2011 年中国艾滋病疫情估计》，载《中国艾滋病性病》2011 年第 1 期。

③ 唐文娟：《彝族聚居区推行社区矫正的困境与出路——基于凉山彝族社区矫正的试点分析》，载《贵州民族研究》2014 年第 1 期。

④ 阮惠风、李阳辉、杨光：《吸毒人员社区戒毒矫正的理论与实践探索——以昆明市五华区为例》，载《云南警官学院学报》2009 年第 2 期。

体造成严重的伤害，因此，对于吸毒社区服刑人员而言，矫正工作面临三个任务：行为矫正、心理矫正、戒毒治疗与健康恢复。目前来看，社区戒毒的人员数量较少，我国针对此类特殊群体的社区矫正工作存在以下不足之处。

一是针对吸毒服刑人员社区矫正的专业人才和配套设施比较缺乏。当前社区工作人员主要为公安机关以及司法行政工作人员，其往往没有接受过系统的毒品知识，不了解毒品的致瘾性以及吸毒人对毒品的强大依赖性，更谈不上了解吸毒人员的具体心理特点。从目前的戒毒模式来看，主要有强制性戒毒与自愿戒毒两种模式，即根据吸毒成瘾者的具体情况，对毒瘾较深的送戒毒所强制戒毒，对于自愿戒毒的，由吸毒者自行到戒毒医疗机构接受戒毒治疗或由公安机关责令其接受社区戒毒。① 但是，社区通常没有为吸毒人员提供矫正治疗的配套设备，社区矫正与社区戒毒并未有机结合。二是缺乏个性化的矫正项目和有效的矫正措施。在对吸毒人员生理特点、心理特点知之甚少的情况下，就不可能制定有效的矫正方案，更不可能设计出具有个性化的矫正模式，导致吸毒人员在矫正结束之后容易复吸，进而再次实施犯罪。对于吸毒人员，既要对其进行生理方面的治疗，也要对其进行心理层面的治疗，其中特别要注重心理层面的治疗。相对于生理上对毒品的依赖性，心理上的依赖性更难根除。但是，目前来看，社区矫正中并未将吸毒人员作为与未成年人重要性相当的少数群体，也没有专门针对该类人员规定独立的矫正措施。三是社会公众对吸毒人员普遍存在偏见。从历史上看，毒品曾经使中国的政治、经济生活遭到严重破坏，是近代中国积贫积弱、驱使中国人民走入苦难深渊的重要因素，几乎成为一切罪恶的渊源。② 长久以来的负面宣传部分夸大了毒品的致瘾性效

① 唐文娟：《彝族聚居区推行社区矫正的困境与出路——基于凉山彝族社区矫正的试点分析》，载《贵州民族研究》2014 年第 1 期。

② 刘志民：《中国毒品问题的历史回顾及其对当代禁毒的启示》，载《中国药物依赖性杂志》2016 年第 5 期。

力，使沾染毒品的人成为过街之鼠，人们避之不及。从现实来看，吸毒衍生了诸多犯罪行为，同时吸毒人群中感染各类急性传染病的可能性、[①]比例以及人员数量均比较高，出于对相关传染病的恐惧，公众通常也不愿意接触和了解吸毒人员。

对此，需要对当前的社区矫正工作进行调整。首先，需要引入具有医学、法学、心理学等专业知识的工作人员，建立面向吸毒社区服刑人员的专门的矫正队伍。人员缺乏是社区矫正中的突出问题，短时期内难以解决，因此，单纯依靠司法行政力量来建立专业人才队伍并不现实。不过，虽然司法行政机关的专业细化还处于探索阶段，但是社会中不同专业的分工早已十分成熟，可以积极引入社会力量，借助相关专业戒毒机构的工作经验，充实社区矫正的队伍。例如，借鉴戴托普等一些专门戒毒机构的做法和经验，邀请研究药物依赖的专家，举办吸毒人员社区矫助点骨干培训班，对社区矫正工作人员就吸毒人员戒毒期间的心理特征进行培训，使工作人员能够基本了解吸毒服刑人员心理层面的特殊性，为准确开展矫正工作打下基础。[②]其次，要制定有针对性的社区矫正措施，注重对吸毒人员心理层面的治疗和矫正。吸毒人员本身是一种特殊群体，其内部仍然可以根据毒瘾的强弱程度而区分出不同的类别，要针对不同的类别采取不同约束强度的处理方式。针对新型毒品造成严重损害，特别是因为滥用对自己心理能力造成伤害而成为精神病患者的吸毒人员，不仅要坚持戒毒，还需要长期的、良好的心理支持和治疗。[③]再次，要重视对吸毒人员的帮扶工作，切实解决其生活中

---

① 其中，吸毒人群 HIV（艾滋病病毒）感染率比正常人群高 65 倍，HCV（乙型肝炎病毒）感染率高近 15 倍，HBV（丙型肝炎病毒）感染率高 1.5 倍，说明吸毒人群是 HIV 和 HCV 感染的高危人群。王昊鹏：《中国大陆吸毒人群 HIV、HBV、HCV 感染状况及其相关因素的 Meta 分析》，载《中华疾病控制杂志》2010 年第 4 期。

② 冷宁、阮惠风：《社区戒毒中社区矫正理论的运用与实践》，载《中国药物滥用防治杂志》2009 年第 3 期。

③ 辅海平、杨利群、赵峥、王国华、沈盾、吕蓓：《桐乡市社区矫正吸毒人群艾滋病相关疾病感染状况及影响因素调查》，载《中国卫生检验杂志》2016 年第 1 期。

的困难。对于那些经济实力较弱，无力负担自愿戒毒费用的社区服刑人员，可以考虑为其提供一定的治疗资金，或者为其提供一定的治疗设备，促使其坚持戒毒，避免他们将违法犯罪活动作为自己的生计。在保证其能够持续戒毒的前提下，为吸毒社区服刑人员提供一定的技能培训以及就业指导，授之以渔，使他们具有在当前社会中安身立命的本钱。最后，还要积极向公众普及毒品的基本知识，使人们认识到吸毒人员难以摆脱毒瘾，并不仅仅因为生理上对毒品的依赖性，更大程度上在于精神上因为得不到关爱而产生的空虚。要引导人们理性地看待吸毒人员，尝试接纳和平等对待他们，使之感受到社会环境释放的善意，尽量减少社区居民对吸毒人员的排斥，降低吸毒社区服刑人员再社会化的难度，实现通过社区矫正将其改造为守法公民的目标。

第九章 社区矫正的保障与促进

第一节 机构与设施保障

社区矫正的机构主要包括社区矫正的决定机构、社区矫正的执行机构和社区矫正的监督机构，其中相应的设施包括矫正宣告室、报到谈话室、定位监控室、教育培训室、心理矫治室等。社区矫正的机构和设施是开展社区矫正工作的物质基础，只有社区矫正的机构和设施得到充分保证，社区矫正工作才能顺利进行和长远发展。

一、社区矫正的决定机构

社区矫正的适用以有权机关的判决、裁定或决定为前提。社区矫正的决定机构根据犯罪人罪行的轻重、人身危险性的大小以及犯罪人自身的特定情况，决定对其是否在社区中执行刑罚。作为一种刑罚执行方式，社区矫正的决定机构所作出的对犯罪人适用社区矫正的决定，是社区矫正实施的前提。

根据我国现行《刑法》、《刑事诉讼法》和《监狱法》的规定，判处管制、剥夺政治权利和宣告缓刑、裁定假释的权力由人民法院行使，批准监外执行的权力由人民法院和监狱管理机关行使。作为刑罚种类的管制、剥夺政治权利以及作为刑罚裁量制度的缓刑，涉及国家量刑权的行使，与审判程序不可分割，故将其决定权归属于人民法院。所以，人民法院扮演着社区矫正决定机构的角色。对社区矫正决定机构的保障核心在于保障人民法院行使假释权和监外执行决定权。

（一）人民法院依法行使假释权

目前在我国，假释权归于人民法院，假释的决定和撤销均由人民法院决定。理论界对此有颇多批判，认为假释的性质是刑罚的执行制度，它是行刑权对量刑权的调控，是对犯罪人处遇方式的改变，而非对量刑内容的变更（无期徒刑直接假释者极少），因此，假释是行刑权的必然组成部分，而行刑机关是行刑权的当然主体。因此，应修改假释机关和裁定程序的法律规定，将假释裁定权归由刑罚执行机关行使，在刑罚执行机关设置假释委员会，[①] 由假释委员会行使假释决定权。

笔者认为，上述意见是不妥的，假释权仍应归属于人民法院，认为假释仅仅涉及“刑罚执行”而不涉及审判权的观点是不能成立的。法院的判决显然包括对犯罪人适用的刑罚，而刑罚不仅包括刑罚种类，还包括刑罚执行方式。假释是将服刑人提前从监狱中释放，而置于社会中继续执行刑罚，这涉及公民自由的剥夺和恢复。在法治社会，只有司法机关才有权决定公民自由权利的剥夺和恢复，将这种权力交于行政机关行使，基于行政权力固有的扩张性与主动性，存在权力滥用的可能，很难保证其适用的公正。

不可否认，假释的前提是监狱行刑机关对受刑人服刑表现的考察，假释并没有消除刑罚，而只是改变了刑罚执行的地点，因此假释权的确带有行政权力的某些特征。正因为如此，我国目前假释的体制是由监狱行刑机关提出书面假释意见，人民法院组成合议庭最终对是否假释作出裁定。监狱机关是行刑机关，对服刑人的情况比较清楚，而人民法院的审查主要是合法性审查，起到一个监督作用。罪犯假释提请权与假释决定权的分离可以保证假释权公正而有效地行使。

---

① 汪建成、余诤：《海峡两岸假释制度比较研究》，载《法学论坛》2001 年第 3 期。

（二）人民法院依法行使监外执行决定权

按照法律的规定，我国的监外执行机关主要包括：人民法院、监狱管理机关以及公安机关。我国现行的关于监外执行的决定机关的规定是我国经过长期的司法实践总结出来的，我国法学界也认同这一观点。但是，近年来法学界逐渐认识到现有法律制度存在的弊端，进而对于这一规定提出了质疑。例如，有的学者认为，监外执行的决定机构有三个机关，法律对于这三个机关之间的相互配合和协调没有明确的规定，常常会因为对于是否适用监外执行的标准认识不一致，导致将罪犯退回交付执行的人民法院；或者出现三个机关之间相互推诿、扯皮的情况，影响了国家刑罚执行的严肃性。① 有人提出，监外执行的决定权应当归人民法院。② 笔者赞同这种观点，认为监外执行应当由罪犯所在监狱、看守所等执行机构提起，由罪犯服刑地中级人民法院裁定、决定。

保障人民法院行使监外执行的决定权，可以完善监外执行的程序，强化人民法院、人民检察院，监狱管理机关三者关系的制约与平衡，从而既有效保障罪犯的人身权利，又可避免在监外执行的适用过程中出现职务犯罪行为。

笔者认为，由人民法院统一作为社区矫正的决定机构，对罪犯决定社区矫正的适用和撤销，符合现代法治社会的理念，不仅有利于人民法院、社区矫正执行机构、人民检察院之间的权力制约与平衡，防止权力滥用，还有利于加强对社区矫正的执行过程进行监督，将社区矫正的决定阶段置于制度性的有效监督之下，从而保障社区矫正工作健康有效的开展。随着社区矫正适用范围的扩大、适用对象的增加，人民法院判决或决定社区矫正适用的工作量也必然会增大。笔者认为，可以考虑在法院内部专门设置一个决定监外执行和假释的部门，使社区矫正决定机构的活动更加专业化，效率更

① 郭建安、郑霞泽：《社区矫正通论》，法律出版社 2004 年版，第 423 页。

② 金干林：《监外执行应由人民法院裁定》，载《人民检察》1999 年第 10 期。

高、质量更好。这种社区矫正决定机构的设置更能够体现出其优势，能更好地为后面的社区矫正工作的顺利展开提供坚实的基础。

二、社区矫正的执行机构

社区矫正的执行机构是根据法律规定负责对在社区中服刑的罪犯执行刑罚、进行教育改造和帮助的专门机构。对社区矫正执行机构的保障涉及对犯罪人监督、教育及帮助等多项内容，承载着惩罚犯罪人、保护公众、促进犯罪人重新融入社会等多元的价值目标。

（一）司法行政机关依法行使社区矫正执行权

在我国开展社区矫正试点工作之前以及目前尚未开展试点工作的地区，对缓刑、假释、管制、监外执行和剥夺政治权利人员进行监督考察的执行机构是公安机关，其他组织和单位只是配合与协助。然而，现行立法将上述非监禁性刑罚执行活动的管理权赋予了公安机关，不仅在理论上缺乏科学性，而且在实际运作中也存在明显的弊端。首先，公安机关作为刑罚执行机关不符合刑事司法活动的基本原则。其次，公安机关所担负的职责决定了其难以有更多的精力从事社区矫正工作。最后，公安机关的性质决定了其无法胜任刑罚执行工作。当今世界绝大多数的国家，都把警察机关的治安管理与对罪犯的刑事执行加以区别，并设立专门的机关负责管理。①

由于公安机关作为刑罚执行机构具有上述显而易见的缺陷和弊端，2003 年 7 月，“两高两部”的在《通知》中对我国社区矫正（非监禁刑）的执行机构作出了重大调整，即由以公安机关为主转为以司法行政机关为主的格局。为了保证社区矫正的规范运行、健康发展，应当由司法行政部门作为专门的社区矫正管理机构，全面主持和协调社区矫正工作。

① 杨兴培：《刑事执行制度一体化的构想》，载《华东政法学院学报》2003 年第 4 期。

（二）社区矫正执行机构的设置

为了保障社区矫正工作的有效组织和落实，从中央到地方均应设立专门的社区矫正执行机构。

1. 社区矫正的最高执行机构。

应当由司法行政部门负责社区矫正工作，在司法部内设置国家刑罚执行总局，在总局之下设置与监狱管理局相并列的社区矫正管理机构，统一管理全国的社区矫正工作。

2. 社区矫正的地方执行机构。

在地方社区矫正管理机构的设置方面，应在省（市）一级的司法部门设立社区矫正的管理机构，在县（县级市、区）设立作为实体工作机构的工作站，社区矫正工作者由省（市）级机构直接派出，驻站从事相关辖区的社区矫正工作。[①] 在这种模式下，管理机构和中间环节少，对矫正工作的干扰也少，有利于提高工作效率。所以，作为社区矫正的地方管理机构，应当在省（直辖市、自治区）设立刑罚执行局，下设社区矫正管理局；在地（地级市、自治州）和县（县级市、区）级则分别设立社区矫正处和社区矫正科，然后在县之下根据需要设置社区矫正工作站。笔者认为，没有必要在乡镇（街道）一级普遍设置社区矫正管理机构，而应根据需要在县、区之下设置若干个社区矫正工作站作为社区矫正的执行机构。

3. 社区矫正执行机构的领导体制。

为完善和促进社区矫正执行机构的领导体制，当前的社区矫正应当坚持以垂直领导为主、以平行领导为辅的双重领导体制。

一方面，社区矫正是一项专业性很强的刑事执法活动，随着社区矫正范围的扩大，越来越多的服刑人员将进入社区，出现的问题也会越来越多，垂直领导有利于上级机关加强对社区矫正工作的直

① 刘强：《我国社区矫正试点中的管理体制弊大于利》，载《法学》2005 年第 9 期。

接业务指导和专业培训，根据需要不断调整和充实力量，有利于统一进行工作效果的评估和奖励。另外，由于我国封建因素的影响较深，垂直领导可以相对减少人际关系影响的负面因素，[①] 保证社区矫正工作的实效。

另一方面，社区矫正是一项复杂的系统工作，为了实现对社区矫正对象的教育矫正效果，不能单靠司法行政机关。社区矫正工作的顺利开展，需要公安机关、民政部门、劳动和社会保障机关等相关机构的支持与配合，需要党委和政府的领导，只有相关机关相互协作，形成和发挥系统优势，才能达到矫正和教育犯罪人的目的。

三、社区矫正的法律监督机构

我国《宪法》规定，人民检察院是国家的法律监督机关。《刑事诉讼法》规定，人民检察院对执行刑罚的活动是否合法实行监督。目前，在检察系统内部，从上到下都设有专门的监所检察机构，负责对监狱和看守所的刑事执行活动进行监督。但是，却没有专门的社区矫正检察机构，非监禁刑的执行和监禁刑的替代执行方式显然难以被置于检察院监督之下，无法被纳入刑罚执行监督体系。

根据我国“精简、统一、效能”的机构设置原则，健全社区矫正法律监督机构现实可行的方法，就是检察机关内部的监所检察机构在原来的职权基础上升格为统一的刑罚执行检察机构，负责对包括社区矫正在内的全部刑罚执行进行监督。在借鉴目前监所检察的基础上，要积极探索社区矫正的监督方式。按照党的十六大提出的“从决策和执行等环节加强对权力的监督”的要求，新的刑罚

① 刘强：《我国社区矫正试点中的管理体制弊大于利》，载《法学》2005 年第 9 期。

执行检察机构应创新监督程序，可在社区所在地派驻检察员，发现社区矫正决定和执行工作中不符合法律、政策规定的问题，及时提出检察建议，防止社区矫正工作者对矫正对象自由裁量权的滥用或行政不作为。尤其要加强对人民法院适用社区矫正决定的监督，对社区矫正的“入口”严格把关。同时要注意维护矫正对象的合法权利不受剥夺和限制，要认真受理和审查矫正对象的申诉、控告和检举。

四、社区矫正的设施保障

新《刑事诉讼法》生效后，司法行政机关成为社区矫正工作的法定主体，这一举措给社区矫正带来了巨大的发展机遇，同时也使得社区矫正面临着更多的挑战。队伍、经费和基础设施是开展社区矫正工作的重要保障，缺一不可。社区矫正设施的完善、规范和科学，是保障社区矫正工作正常开展的重要支撑。社区矫正对司法行政机关来说是一项全新的工作，各项工作保障正在逐步到位。现阶段的工作场所和设施在很大程度上还不能适应工作需要，存在工作设施陈旧，工作场所布局设置欠科学、规范，经费不足等问题。为确保社区矫正工作的顺利开展，必须加强社区矫正场所设施建设和保障，为社区矫正工作筑牢坚强堡垒和前沿阵地。

（一）社区矫正场所设施建设与保障需遵循的基本原则

社区矫正场所设施建设应从社区矫正工作的实际出发，在布局设置和工作设施的配备上都应以有利于社区矫正工作为出发点，遵循以下原则：

1. 集中与分散使用相结合的原则。按照社区矫正工作流程，根据工作实际需要设置相应的功能室，确保各个环节有序衔接。在确保各部分功能独立的基础上，不断完善内部管理制度与运行机制，提高集中使用的效率。

2. 标准化、规范化、科学化相结合的原则。要制定并推行统一的场所设施建设规范化标准，在规划上要讲究合理布局、统筹兼顾，杜绝铺张浪费。

3. 体现惩罚性和恢复性相结合的原则。社区矫正是一项严肃的刑罚执行活动，是一种刑事制裁措施，通过对社区服刑人员严格落实具体的监督和管理措施，确保刑罚的顺利实施，这体现了刑罚的惩罚性。同时，通过人性化的教育和帮扶，矫正其不良心理和行为，使他们悔过自新、弃恶从善，成为守法公民，并帮助其解决在就业、生活、法律、心理等方面遇到的困难和问题，以使他们顺利适应社会生活，这体现了社区矫正的恢复性。因此，社区矫正场所设施建设，既要实现基础设施的保障功能，也要实现其人性化矫正的理念。

（二）社区矫正设施建设与保障的具体内容

社区矫正机构设施建设与保障应遵循统一标准并分为两部分，一是县级司法行政机关社区矫正机构场所设施建设，二是司法所场所设施建设。

1. 县级司法行政机关社区矫正机构场所设施。县级司法行政机关社区矫正机构应当保障设置日常工作区和执法工作区，包括执法工作区设报到室、指纹影像采集室、档案室等。

2. 司法所场所设施。司法所是社区矫正的日常工作的承担者，对社区矫正人员的管理、教育以司法所的场所设施为基础开展。司法所承担社区矫正的日常工作，按照相应工作职责，应保障设置宣告室、报到谈话室、教育学习及劳动室、心理咨询室、电子监控及档案室、训诫室以及其他办公区域。

此外，场所设施软硬件建设应相互支撑、不可偏废。软件建设主要包括场所设施的管理、经费投入等。社区矫正场所设施要制定统一的建设标准、管理制度，安排专人管理、维护。在经费上要积极争取当地政府、街道办事处的支持，落实专项建设经费和项目立项，为场所设施硬件建设提供制度保障、经费支持。

第二节 社区矫正经费

在各个社区矫正试点地方，社区矫正的经费来源和经费保障体系都不一样。有学者做过调查，实践中的做法包括：有的地方由省级财政部门和县级财政部门一次性地划拨一批专项经费，作为开展社区矫正试点工作的开办经费，但是，没有后续的正常经费。有的地方省级财政部门没有拨款，试点工作的经费由省级司法行政部门从业务经费中挤出一部分，而司法行政部门的日常经费本来就是很少的，因此，可用于社区矫正工作的经费数量极其有限，社区矫正工作中经费短缺问题十分突出。有的地方省级财政部门没有拨款，社区矫正经费由市、县两级财政共同负担，而部分市、县的财政收入有限，能够用于社区矫正工作的经费不多。只有在极少数地方，省级财政部门才正常地划拨经费。[①] 从以上情况可以看出，有关社区矫正的经费保障，存在两个问题：其一，在体制上，社区矫正的经费保障体制没有完善建立；其二，社区矫正工作存在经费短缺，极大地限制了社区矫正工作更加有效的开展。

有鉴于此，在今后的《社区矫正法》以及相关的立法中，应当建立合理的经费保障体制，以保证社区矫正的顺利、高效开展。社区矫正工作从本质上看是国家的行政行为，社区矫正的主要资金或者绝大部分资金，应当来源于政府划拨的财政资金。从国外的经验来看，社区矫正比较成熟的西方国家的社区矫正经费，主要都来自于政府的财政投入。例如，从德国各类缓刑帮助制度的经费保障渠道看，主要是国家财政保障，仅有少部分属于民间筹款。无论是划拨给法院，还是划拨给州司法部，成人和青少年缓刑帮助人员的工资福利和办公经费等，都一律纳入各州的财政预算。即使州的行

---

① 吴宗宪：《社区矫正的问题与前景》，载《法治论丛（上海政法学院学报）》2007 年第 1 期。

政经费紧张，行刑经费也都能够被优先确保。[1] 结合国外的经验和我国的实际，笔者认为，从总体上来看，应当确立“政府投入为主、社会捐助为辅”的社区矫正资金保障体制。

一、我国司法行政机关的经费保障体系

2012 年 11 月，财政部、司法部联合制定了《财政部、司法部关于进一步加强社区矫正经费保障工作的意见》（财行〔2012〕402 号），主要明确了以下几项内容：一是明确了社区矫正经费开支范围，包括司法行政机关社区矫正工作指导管理费、社区矫正工作经费和社区矫正设备费，并详细列明了每项经费的具体开支项目。二是明确要求各地将社区矫正经费列入同级财政预算予以保障，通过加大投入提高社区矫正经费保障水平。三是强调统筹社区矫正和司法行政其他基层业务装备需求，保障好社区矫正工作所需装备配备。四是要求各地积极完善社区矫正经费保障制度，有条件的地区，可以积极探索建立按照社区矫正人员数量核定社区矫正经费的制度。五是对进一步加强社区矫正经费管理提出要求。

（一）我国社区矫正的经费来源

在我国，司法行政机关的经费来源于财政拨款的支持。按照分税制财政管理体制的要求，自 1994 年以来，我国政法机关一直实行“分级管理、分级负担”的经费保障方式，[2] 即各级政法机关的经费主要靠同级财政保障，中央财政对贫困地区政法机关装备、办案和基础设施维修等项目经费给予适当的补助。

按照这一体制的要求，在中央和地方各级财政部门的共同努力下，各级政法机关经费保障水平逐年提高。在我国，社区矫正经费最主要的经费来源是财政拨款。

---

① 姜爱东、鲁兰等：《德国的社区矫正概览》，载《中国司法》2005 年第 6 期。

② 贾康、阎坤：《转轨中的财政体制改革》，上海远东出版社 1999 年版，第 3 页。

（二）社区矫正经费开支范围

根据司法部、财政部修订的《司法业务费开支范围的规定》［（85）司发计字第384号］和社区矫正发展的需要，社区矫正经费开支范围包括：司法行政机关社区矫正工作指导管理费、社区矫正工作经费、社区矫正设备费。

1. 司法行政机关社区矫正工作指导管理费包括：社区矫正工作宣传经费、培训经费、表彰奖励费等。

2. 社区矫正工作经费包括：适用社区矫正调查评估费，社区矫正执行变更案件办理费，档案文书费，对社区矫正人员的监督管理、风险评估、突发事件处置费，组织集中教育、心理矫正、社区服务等活动所发生的资料费、场地费等。

3. 社区矫正设备费包括：社区矫正人员定位管理设备购置费，社区矫正信息管理系统购置费，音像设备、通信网络设备购置费，档案管理设备费，其他业务装备购置费。

二、我国社区矫正工作经费保障情况

资金保障直接决定了社区矫正的运行质量，为保障社区矫正工作的顺利进行，体现社区矫正工作的权威性和严肃性，社区矫正工作应该有完善的经费保障机制和稳定的经济保障来源。

（一）我国部分省市社区矫正经费保障运行情况

1. 浙江省社区矫正经费保障情况。

浙江省于2004年起进行社区矫正试点，并于2006年建立浙江省社区矫正财政保障机制。对社区矫正专项工作经费的保障范围、保障标准、省财政补助额度大小及其管理和使用等诸多问题都相应作出了明确规定，对浙江省的社区矫正工作起到了积极的推动作用。为保证社区矫正工作的顺利开展，浙江省财政按照社区矫正对象每人每年2000元标准的70%和30%，分别给予经济欠发达县

(地级市、区）和其他地区社区矫正工作经费补助。[①] 同时，各地根据当地社区矫正人员的人数予以相应经费保障并列入各级财政年度预算。

2. 广州市社区矫正经费保障情况。

广州市社区矫正办公室给每个试点区司法局每年下拨 10 万元专项补贴，缓解试点区社区矫正工作经费匮乏的窘境，这一行动极大地调动了基层人员的工作热情和积极性。另一方面，同时出台《社区矫正经费保障办法》，结合地方财政明确保障社区服刑人员每人每年的工作经费标准，建议广州市、区（县级市）按每名社区服刑人员每人每年 2500 元的标准纳入同级财政预算。[②]

3. 承德市社区矫正经费保障情况。

承德市司法局、财政局联合制定下发了《关于落实社区矫正业务经费保障的意见》，该意见明确规定：市级社区矫正业务经费由市级财政解决，县（区）和乡镇（街道）社区矫正业务经费由县（区）财政解决。承德市根据近年来社区矫正业务经费的实际需要和综合测算，规定县（区）和乡镇（街道）社区矫正业务经费统一按照每个社区服刑人员每年 2000 元的标准，纳入当地年度财政预算。[③] 同时，补充指出各地要根据当地社区服刑人员的人数、实际的经费开支和财力状况，每年对社区矫正业务经费的标准适当进行上调。

4. 南京市社区矫正经费保障情况。

南京市政府规定其社区矫正的资金由地方财政支持，社区矫正

---

① 《浙江率先建立社区矫正经费财政全额保障机制 矫正对象重新犯罪率全国最低》，载搜狐网，http://news.sohu.com/20080829/n259264089.shtml，2016 年 9 月 18 日访问。

② 李沃生、林春媚：《广州市社区矫正试点工作的主要经验》，载《法治论坛》2008 年第 4 期。

③ 富忱：《河北将承德市制定标准落实社区矫正业务经费》，载《信息之窗》2010 年第 6 期。

工作经费纳入年度财政预算，同时实行专款专用。据了解，目前按照一个矫正对象1年1500元的经费标准落实。①

三、我国社区矫正经费保障体制的完善措施

（一）建立以政府财政投入为主的社区矫正经费保障制度

以政府财政投入为主的社区矫正经费保障制度包括两层含义：第一层含义是在社区矫正的资金投入上，政府应当是主要的投入者，由政府承担主要的经费支出。第二层含义是在政府投入上，还应当确立财务分担体制。在社区矫正经费保障体制的建立上，可以参照监狱经费保障体制。从监狱系统的经费保障体制来看，主要由省级财政划拨日常经费；少数一些省辖市成立监狱来负责监狱经费的相关情况，属于特殊情况。监狱的主要资金来源是省级财政。相同的，社区矫正也可以考虑确立"省（自治区、直辖市）和县（区）两级政府分担，省级财政为主，县级财政为辅"的经费保障体制。

首先，应当建立社区矫正经费的法律保障制度。在将来的社区矫正立法中，应当在国家立法的层面，明确社区矫正经费的来源。通过国家立法的形式，为社区矫正经费提供法律保障。在立法的具体内容中，就经费的来源、分担、使用等作出安排。

其次，在具体的制度安排上，要在省级财政中列入社区矫正的资金开支项目，由省级财政承担社区矫正的主要支出。一般来说，省级政府的财政收入都要远多于县（区）级政府的财政收入，省级政府的经费保障能力大，更有可能保障社区矫正工作所需要的经费。因此，由省级财政承担主要的支出是比较现实可行的。

最后，要考虑到各个地方经济发展情况的不同，以及社区矫正在各个地方进展情况的不同。此外，社区矫正也是各级政府在维护

① 葛立刚：《论我国社区矫正制度的理性构建——基于对南京盘城街道社区的调研》，载《安徽警官职业学院学报》2010年第5期。

社会治安方面的共同责任。因此，在社区矫正中需要花费的刑事执法资金应当由各级政府合理分摊，县级财政也应当负担社区矫正的部分经费，与省级财政资金配套使用。

（二）多渠道筹集社会资金

在开展社区矫正工作的过程中，应当鼓励有条件的社区矫正管理机构多方筹集社会资金，利用社会资金为社区矫正工作服务。一方面，社区矫正管理机构要研究现有的相关法律制度，在法律规定的制度框架内开展社会募捐活动；另一方面，社区矫正工作的高层管理机构和社区矫正官员要积极与有关部门协商，争取有利于开展社会募捐的法律和政策支持。例如，对一些捐助社区矫正的企业或个人，可以考虑给予一定的社会荣誉、适当减轻特定名目的税收等方面的优惠措施。

应当注意的是，争取社会资金仅仅是一种努力和尝试的方向，而不能作为一项任务要求必须完成。保证社区矫正工作正常开展的资金，必须由政府财政予以保障。决不能进行给社区矫正机构下达争取社会资金的指标等方面的活动，不能给社区矫正工作者增加这样的负担，他们的本职工作是进行社区矫正，而不是筹集资金。

（三）努力将社区矫正人员纳入社会保障体系

随着大量的社区矫正人员回归社区，他们的工作和生活困难便成为必须关注的一个问题。对于有工作能力的社区矫正人员，可以通过培训，帮助他们实现自力更生再就业。但对于有疾病、没有工作能力的社区矫正人员，应当保障他们的最低生活水平，减少社会不稳定因素。

社区矫正人员作为一个社会人，仍然有享受社会保障体系的权利。按照目前趋势的发展，社区矫正人员数量会不断飙升，这部分群体的社会保障不是单靠某个人或组织的力量就能够解决的。要想从根本上解决后顾之忧，必须将其纳入社会保障体系。通过财政，使这样一个特殊群体能够保障他们的最低生活和医疗卫生。

（四）建立经费监督评审体制

社区矫正工作经费必须专款专用，任何部门、单位、个人不得截留、挤占、挪用和私分。在财政部门和司法行政部门之外，引入第三方，利用社会财务审计的专业力量进行评审，做到专项资金的财务公开。

第一，对社区矫正经费的财政拨付和使用情况进行评审和监督。对社区矫正工作的经费拨付进度进行监督；对社区矫正工作经费的流向进行评审，支出必须严格按照支出范围，建立明晰账，单独核算。聘请会计事务所的专业技术人员对司法行政系统年政法转移支付资金进行专项检查。主要检查专项资金是否足额到位、同级财政保障力度以及资金使用是否符合规定等。

第二，对由普通社会公众、社会团体、公益组织和企业通过多种形式捐赠、赞助汇集而成的资金，专门建立社区矫正基金账户，依据社区矫正工作需要统一安排支配。

第三节　政府工作的考核

政府工作的考核是指地方各级人民政府将本地区的社区矫正工作纳入政府及相关部门的工作考核范围。将社区矫正工作纳入政府工作的绩效考核范畴有助于增强政府在社区矫正工作中的领导责任感，有利于为社区矫正工作的开展提供有效的保障。

政府在社区矫正中扮演着领导者和协调者的角色，政府主导社区矫正管理工作的有效推进，需要公、检、法、司四大政法机关的共同协作和配合。公安部门配合司法行政机关依法加强对社区矫正对象的监督考察，依法履行相关法律程序，对违反监督、考察规定、不服从管理的社区矫正对象，根据具体情况依法予以治安处罚，建议撤销缓刑、假释并实施收监执行，对重新犯罪的社区矫正对象，及时依法处理。人民检察院对监外罪犯的刑罚执行情况实施法律监督，发现法律文书及有关手续不全、罪犯不符合在监外执行的法定条件、应收监而未收监等问题应提出纠正。发现监督考察组织不健全，措施不落实，脱管、漏管等问题应提出建议，发现执行中的违法情况应提出纠正。人民法院严格准确地适用刑事法律和刑事司法解释，依法充分使用非监禁刑刑罚措施和减刑、假释等鼓励罪犯改过自新的刑罚执行措施。在判处非监禁刑、减刑、假释时，可以征求社区矫正组织的意见，并在宣判、宣告后，将判决书、裁定书抄送有关社区矫正组织。司法局要成立相应的组织机构，牵头组织有关单位和社区组织开展社区矫正工作，会同公安机关做好对社区矫正对象的监督考察，组织协调对社区矫正对象的教育改造和帮助工作。街道司法所要设定专职工作人员具体承担社区矫正的日常管理工作。监狱管理机关应依法准确适用暂予监外执行措施，对符合假释条件的人员及时报请人民法院裁定，并积极协助社区矫正组织的工作。

然而，社区矫正工作顺利并富有成效的进行不仅需要公、检、法、司四机关的齐心协力，还需要地方政府及人力资源与社会保障、教育、卫生等诸多部门的大力配合。为监督和促进人力、财政、社保、教育等诸多政府部门在社区矫正中的工作，有必要对政府工作进行考核。

一、政府工作考核的意义

为保证社区矫正工作运行通畅，发挥社区矫正的实际效用，各级政府将社区矫正工作纳入政府绩效考核体系具有十分重要的意义。

（一）有利于各级政府自身重视机关事务工作

各级政府开展绩效考核工作以来，一般以考核经济类指标、民生项目和社会稳定等方面的内容为主。随着全球一体化发展的大趋势，服务型政府、法治型政府等理念相继提出，政府绩效考核也逐步被引入了环境保护、法治建设等综合类考核指标。政府绩效考核的范围总是随着社会、经济、法治的发展而变化。社区矫正工作正在全国如火如荼地开展，社区矫正管理协调等工作也被列为机关事务的工作职能范畴，此时各级政府更要考虑一下，在绩效考核评价体系中是不是要适当引入能反映社区矫正工作成效的相应元素。近些年提出的法治型机关建设，出发点与落脚点都是为了建设法治型政府，但是鲜有相关的考核指标的提出。可见，很多地方政府只是重视口号的呐喊，而轻视过程的落实。过程的落实是漫长的，须朝夕之间皆用功方可实现。但是伴随着社会的进步、人民素质的提升、世界发展的日益趋同，更具科学性的政府绩效考核评价指标会逐步完善起来。作为法治体系一部分的社区矫正，政府的领导工作情况、各政府协调合作的情况，都与建设法治型政府息息相关。如果一个地方政府能把社区矫正领导、协调、配合等机关事务工作内容纳入绩效考核评价指标体系，那么至少可以向外界传递两个信号：一是地方政府确实重视社区矫正建设；二是地方政府敢于从自身开刀，从自我抓起。

（二）有利于推动社区矫正工作良性运行

如果将社区矫正工作纳入各级政府绩效考核评价指标体系，无疑会引起各级政府部门对社区矫正工作的高度重视。直接作用就是促进街道社区、民政部门、劳动和社会保障部门、财政部门、工会、共青团、妇联等各部门在社区矫正工作中的协作和配合，减少孤军奋战，加强合作交流，改变滞后懒散的工作态度，恪尽职守积极履行职能。各级政府部门的高度重视与身体力行，是社区矫正工作良性运行的重要保障，能引起各级政府部门的关注，并愿意长此以往、一以贯之的抓好此项工作。

二、政府工作考核的内容

参与政府工作考核的社区矫正相关部门包括：街道社区、民政部门、劳动和社会保障部门、财政部门、工会、共青团、妇联等。这些以政府为主导、配合到社区矫正工作中的部门的具体工作内容是政府工作考核的主要内容。

街道社区将社区矫正工作作为社会治安综合治理和平安建设的重要内容，依托街道社区基层组织和广大群众，对社区服刑人员进行思想教育、法治教育和社会公德教育，促进社区矫正各项任务和措施的落实。

民政部门将社区矫正工作纳入社区建设和社区管理，指导基层组织参与矫正工作。将符合低保条件的矫正对象纳入低保范围。

劳动和社会保障部门积极为生活困难或有就业需要的矫正对象提供职业培训和就业机会。人事、编制部门根据社区矫正工作的需要，加强社区矫正工作机构建设，充实基层特别是司法所的人员力量。

财政部门为社区矫正工作提供必要的经费保障，视财力情况逐步将社区矫正工作经费列入同级财政预算。

工会、共青团、妇联要发挥职能优势，协助社区矫正机构对矫正对象进行政治、法治、文化教育和技术等的辅导，为矫正对象提供学习、生活、工作上的帮助。

街道社区、民政部门、劳动和社会保障部门、财政部门、工会、共青团、妇联等各部门都是社区矫正工作中的一个环节，共同组成社区矫正完整的工作体系，共同保障社区矫正工作的顺利进行。倘若缺少一个部门的协作，整个社区矫正工作将会运行不畅。因此，各级政府将社区矫正工作纳入政府绩效考核体系具有十分重要的意义。

三、政府工作考核的完善建议

政府工作考核是一个指挥棒，影响着社区矫正工作的质量和方向。当务之急是完善政府工作考核体制机制，健全政绩考核体系。

（一）严格确定政绩标准，科学设置考核指标，突出对社区矫正质量的考核

一方面，要围绕转变，对政府在社区矫正中工作考核的方向，对当前在社区矫正发展中普遍存在的倾向性问题，严格确定

政绩标准，科学设置指标体系，突出体现指标的基础性、关键性、引导性作用。同时，从注重“纠正过程”逐渐向“纠正结果”转变。纠正单纯以社区矫正速度评定政绩的偏向。另一方面，要根据不同地方社区矫正的发展差异，按照共同但有区别的原则设定考核。允许各地政府合理增减指标，确定指标的权重，实行分类考核。

（二）严格考核政绩，明确考核主体，构建高效的综合考核体制

要坚决杜绝政府社区矫正工作考核走过场现象，采取各种方式把政绩考准、考实，为正确评价领导班子、领导干部政绩提供科学依据。要优化和简化各类政绩考核，解决上级多头考核、重复考核、程序繁琐，下级疲于应付、不堪重负的问题。考虑到现有法律法规对于政府政绩考核的实施主体尚未作出明确规定，可提出如下建议：建立上级党委政府对下级政府社区矫正工作考核，上级党委组织部门牵头与政府业务部门参加相结合、专门机关考核与社会评价相结合，政府政绩考核与干部德能勤绩廉考核相结合的综合考核体制。

（三）用好政绩考核结果，坚持用政府工作考核结果反哺社区矫正工作的开展

一方面，要以考核评价结果作为干部提名推荐、选拔任用、管理监督的主要依据，解决普遍存在的考用“两张皮”问题。对政绩观不正确，在社区矫正工作中存在搞“形象工程”、“政绩工程”以及不作为、乱作为等问题的领导班子、领导干部，要严肃批评，后果严重的要进行组织处理或纪律处分，以儆效尤。另一方面，积极对政府社区矫正工作考核的结果进行科学分析，提炼宝贵的经验，促进社区矫正工作的开展。

（四）完善地方事权与财权关系，加强考核体系建设，改进统计方法，为考核提供制度和技术支持

要结合政府职能转变，实现地方政府事权与财权的统一，把地方政府事权与财权向着有利于社区矫正健康发展的方向调整。加强

考核体系建设，改进统计方法，用科学合理的考核方法评估政府社区矫正工作的结果和效果。

第四节　社区矫正的宣传

社区矫正自2003年试点以来，经历了从试点到推广、从摸索到逐步规范的过程，社区矫正法律体系进一步健全，社区矫正服刑人数显著增多。截至2013年11月底，全国各地累计接收社区矫正服刑人员170.7万人，解除社区服刑人员104万人，在社区矫正期间犯罪率保持在0.2%的低水平上，社区矫正工作正日益显现出蓬勃的生命力。

但不可否认的是，社区矫正工作在取得巨大成绩的同时，制约社区矫正工作可持续健康发展的若干问题也逐步暴露，除亟待矫正立法、缺乏财政支持等客观因素外，群众认知度不高、重硬件轻软件、重管理轻教育、各地做法不统一等问题也逐步显露，并日益成为束缚社区矫正健康发展的瓶颈。其中应当注意又容易忽视的是社区矫正的宣传工作，这已经是暴露出来的并且亟待解决的问题。

一、社区矫正宣传工作概述

社区矫正作为一种舶来品，在国内的兴起是一种适应现实需要、适应行刑历史发展的理性选择，具有广阔的发展前景。目前，社区矫正在我国仍然处于本土化的探索阶段，由于深受“重刑主义”的传统思想影响，我国社会民众在思想观念上对社区矫正的接受和认可还比较有限。而我国现行的“宽严相济”的刑事政策，要求社会各界人士转变之前根深蒂固的“报复和惩罚”的刑罚观念，营造良好的“宽严相济”社会和谐氛围，普及推广社区矫正在我国的适用，所以社区矫正宣传工作必不可少。

社区矫正宣传工作是指以社区矫正机构为主体，向社会广大范围宣传社区矫正的历史与现状、机构与人员、制度与体系等各方面内容。开展社区矫正宣传工作的目的在于加强对社会民众关于社区矫正的宣传和教育，提高社会对社区矫正的认同度和认可度。社区矫正宣传的方式多种多样，常见的平台有电视、广播、报纸、网络等多媒体平台。通过全面立体整合传播，能吸引更多受众，扩大社区矫正典型的社会影响，将社区矫正良好的社会成效普及并深入人心，促进我国社区矫正的发展进程。

二、社区矫正宣传工作的积极作用

（一）社区矫正宣传有助于社区群众了解与认同社区矫正工作

对于社区矫正这种兼具开放性和社会参与性的制度来说，社会的了解和认知程度将直接影响社区矫正工作顺利开展与否。我国于2000年才开始探索性地开展社区矫正工作，北京、上海两地司法部门率先在辖区内试点推广社区矫正工作。2003年7月，最高人民法院、最高人民检察院、公安部、司法部联合下发《关于开展社区矫正试点工作的通知》，标志着我国社区矫正试点工作正式开始。从目前我国社区矫正试点城市反映的情况来看，我国的社区矫正工作刚刚起步，社区矫正制度建设也刚刚开始。[①] 社区矫正工作在国内数十年的发展从客观上评价，对于相当一部分普通群众来说还属于一个较为新鲜的制度。从另一个角度说，社区矫正工作需要社会群众基础，这是社区矫正按部就班开展工作的必要条件。唯有通过社区矫正宣传工作，才能让更多的社区群众了解和认同社区矫正制度，进而凝聚社会力量推动社区矫正制度发挥应有的作用。

（二）社区矫正宣传有利于资源共享、信息互通

社区矫正制度从试点至实施，不过数十年时间，相比国外数百年的理论与实践，国内社区矫正制度尚不完善，操作中尚不规范，实践中仍然问题多多，很多新情况、新问题仍处在摸着石头过河的

---

① 王维：《社区矫正制度研究》，西南政法大学2006年博士学位论文。

探索阶段。作为社区矫正具体实践者的各地基层司法机关，在面对各种新情况时，由于无现成经验，仍只能通过各自探索的方式寻求解决方案。有些问题在不同地方以不同形式出现，很多地方均有过自己的探索与实践，但由于各地缺少信息共享、沟通机制，导致对同样的问题进行了同样的探索，严重浪费了社会资源，同时也导致各地在社区矫正工作开展中的做法不一，极大地削弱了社区矫正作为一种刑罚执行方式的严肃性。加强社区矫正宣传工作可以很好地削弱上述问题带来的负面影响。通过社区宣传可以使各社区矫正实施地区增进彼此的了解，通过资源共享和信息互通可以使各地司法机关在了解中发现差距和差异，求得共识，共同发展。

（三）社区矫正宣传有助于社区矫正完善自身工作

社区矫正工作需要广大的社会群众基础，同时也需要社会力量对社区矫正工作的监督和反馈，这两个方面是社区矫正工作必不可少的要素。有人会产生这样的误解：社区矫正与社会生活难有交集，所以对社区矫正工作持消极的态度。其实不然，社区矫正工作与社会生活息息相关。我国社区矫正试点工作正在初步形成社区矫正的组织体系和工作制度，但也存在以下问题：对社区矫正认识有偏差，适用的对象偏少；现行法律规定滞后；矫正工作人才匮乏；社区矫正工作中的矫正教育不足；矫正工作经费不足，工作人员待遇保障不足。[①] 这些问题与不足一方面需要从制度层面给予解决，另一方面也需要来自自身的完善。社区矫正完善自身工作的重要措施就是接受监督。监督社区矫正离不开社会群众，所以必须通过社区矫正宣传工作，消除社会群众心中的隔阂，让社会群众广泛地参与到社区矫正的监督工作中来。

（四）社区矫正宣传有利于社区矫正人员回归社会

为矫正犯罪分子的犯罪心理与行为，增强社区服刑人员的法律

① 苏彩霞、邵严明：《我国社区矫正试点工作中的问题与对策——对武汉市社区矫正试点工作的实证调查》，载《暨南学报（哲学社会科学版）》2009 年第 6 期。

意识和社会责任感，使其适应并顺利回归社会，我国社区矫正借鉴了国外社区矫正的经验和做法，如要求社区服刑人员每月参加法律、道德、时政教育，开展心理辅导，进行社区服务等。但是，矫正管理实践与社区服刑人员回归社会之间存在矛盾。社区矫正宣传可以在社区矫正与社会生活之间搭建起沟通与理解的桥梁，化解矛盾与误会。一方面，通过社区矫正对公众的宣传缓解社会方面给社区矫正人员带来的压力；另一方面，通过社区矫正对自身的宣传让社区矫正人员更好地配合社区矫正工作，最终使社区矫正人员更好地回归社会、融入社会。

三、现阶段社区矫正宣传工作的缺陷与不足

（一）社区群众对社区矫正工作的认知度不高

对于社区矫正这种兼具开放性和社会参与性的制度来说，社会认同和参与程度将直接影响社区矫正制度构建的成败与否。但客观上，社区矫正对于普通民众来讲还属于一个新事物。社区矫正从开始试点起，向社会的宣传与发动的力度就不够大，不少群众受传统“报应思想”的影响较深，对该制度不够理解、支持，参与意识不强，甚至有普通民众对社区服刑人员出现抵触、排斥心理，严重阻碍和影响了社区矫正制度作用的发挥。

（二）缺少资源共享、信息互通造成了资源的浪费

我国社区矫正制度从试点至实行时间尚短，与国外数百年的研究与实践相比，自然问题与困难众多。制度上的完善、操作中的规范等，均需要基层司法机关有更进一步的解决方案。在寻求解决方案的过程中，也出现了因信息不互通、沟通机制未建立而引起的同样的问题被不同地区反复处理的情况，造成了社会资源的严重浪费。而不同地区的不同做法，又给社区矫正工作的实际操作带来了困惑，进而有损社区矫正作为刑罚执行方式的严肃性。

（三）基层司法组织自身不能满足社区矫正的需要

为矫正犯罪分子的犯罪心理与行为，增强社区服刑人员的法律意识和社会责任感，使其适应并顺利回归社会，我国社区矫正借鉴了国外社区矫正的经验和做法，如要求社区服刑人员每月参加法律、道德、时政教育、开展心理辅导、进行社区服务等，并且各地均制定了相关规定进行量化考核。其出发点固然很好，但作为承担监督管理和教育帮助的县级司法行政机关及承担日常矫正工作的司法所，在多数地方由于人员、经费的限制，缺少法律、心理等专业工作者，自身多数没有能力按要求开展，加之缺少社会组织、个人的自愿参与，多数无力按要求足额承担社区矫正的教育、心理辅导、组织社区劳动等工作，最后将该种定量考核流于形式，最终导致社区矫正工作无法起到其应有的矫正心理与行为的作用，背离了该制度的本质。

（四）矫正管理实践与社区服刑人员回归社会存在矛盾

目前，各地在实践中的教育、社会劳动多是政府主导，采取集中教育、集中劳动的方式。一方面，由于社矫对象回归社会后，为支撑生活，多会寻找一份工作，且多数工作时间长，自由安排时间不固定，使其很难参加到社区的统一教育、心理辅导中去，甚至个别人出现为参加矫正而丢失工作的现象，不利于社区服刑人员的矫正；另一方面，这种集中教育的方式，在客观上也给某些社区服刑人员一种被贴“标签”的感觉，在实践中部分社区服刑人员抵触情绪也较为严重。

四、社区矫正宣传之完善措施

社区矫正工作的开展离不开社区环境和社会公众，大到社会、小到社区都是社区矫正工作的必要载体。随着社区矫正实践工作的开展，只有加大社区矫正的宣传力度和广度，扩大社会知晓率和影响力，才能够从根源上逐渐消除公众对社区矫正工作的误解和担忧。但是现在社区矫正的宣传不够细致具体，没有达到社区矫正宣传所设定的目标，大多数社会公众对这一新兴事物并不了解和认同。所以，必须针对社区矫正工作制定更加具体、更加细化的宣传措施，总结发现社区矫正工作在创新发展、维护社会稳定、构建和谐社会中发挥的作用，不断扩大社区矫正工作的影响，竭力取得公众的关注和支持，为社区矫正工作创造良好的社会氛围。

（一）以媒体力量传矫正之声

在通过媒体方式宣传社区矫正时要注意小地方和大城市的自身特点，要因地制宜地开展社区矫正宣传工作。县社区矫正机构主要利用地方的传统媒体，如电视、电台、报纸、专刊等形式开展深入、广泛的宣传工作。积极与地方电视媒体合作，组织地方电视台对社区矫正工作进行录像采访、专题报道，并在夜晚黄金时段滚动播出；县司法局将社区矫正工作中的特色亮点、优秀做法，整理成文向社区矫正刊物进行专题投稿。大城市或者发达地区在传统媒体的基础上更要重视网络的力量。充分发挥网络传播快、传播广的优势，通过网络平台如微博、政府网站等宣传社区矫正知识、动态。

（二）以社区为主宣传社区矫正

社区是社区矫正宣传的重要阵地，以社区为主的社区矫正宣传工作更要有计划、有方案，要充分发挥司法行政部门法制宣传的职能作用，将社区矫正工作纳入普法规划，认真开展普及宣传活动。市司法局和各市区司法行政机关要充分利用“法制宣传日”、“法律进社区”等活动，通过开展上街宣传、悬挂条幅、设置刊板等形式，提高广大群众和社会各界对社区矫正工作的认知度和认同度，为开展社区矫正工作营造好的社会氛围。

加大社区的宣传力度可采取如下措施：①在报刊上开辟社区矫正专栏，及时报道社区矫正的有关状况；②在小区宣传栏张贴有关社区矫正相关知识的海报，使社区群众能够近距离接触到社区矫正相关知识；③广泛开展社区矫正主题日宣传活动，使社区矫正能够深入到大家的心中；④录制电视和广播社区矫正专题节目，使大家能够更生动形象地了解到社区矫正这一新生事物；⑤建立专门社区矫正宣传队伍，走进社区，解答社区群众心中的疑惑，普及社区矫正相关法律知识。

（三）以典型人物、典型事迹为重点宣传社区矫正

典型的人物和典型的事迹往往可以深入人心，这正是社区矫正宣传所需要的。通过对在社区矫正中优秀人物和先进事迹的宣传扩大先进典型的社会影响，弘扬正气，营造积极向上的工作氛围，进一步推动社区矫正工作的深入发展。

（四）以集中训诫竖法律威严

坚持定期组织社区服刑人员集中学习，以服从监管、教育改造为主，并结合当季的法治宣传主题，使其增强道德意识，树立现代法治观念，使其从内心渴望积极向上、遵纪守法。社区矫正机构对严重违规的社区服刑人员要开展特别的集中训诫，强调监督管理规定、明确奖惩条件、鼓励端正态度，可以起到良好的警示效果。

（五）以公开劳动扩社会影响

让劳动在阳光下进行，让原本不愿“见光”的服刑人员走出去进行公益服务，让群众看得到、感受得到，明白社区矫正的形式、意义，认同矫正工作，并广泛参与进来，与社区矫正工作者一同监督服刑人员的改造，见证其回归。

（六）加强各部门的协调与沟通

社区矫正工作的开展离不开有关部门的支持和配合。司法行政部门除要注意加强与审判、检察、侦查等有关部门的办调，建立工作协调机制，及时通报有关工作情况以外，还要适时邀请人大与政协对社区矫正工作的开展情况进行监督和视察，积极争取其支持，解决遇到的困难和问题。同时，积极加强与工商、税务、财政等相关部门、单位的沟通联系，搭建交流平台，建立长效协作机制，共同推动社区矫正工作的顺利开展。

第五节 社区矫正工作者的培训

作为一项改造人的工作，社区矫正是非常复杂的，它需要系统的社会学、法学、犯罪学、人类学、心理学、教育学等方面的理论素养，还需要具备相关的社会工作之经验，以及促进与人沟通的交往能力等。因而社区矫正工作对社区矫正工作者的素质有相当高的要求，很有必要定期进行社区矫正知识和机能的培训，以满足正常开展社区矫正工作的需要。而且社区矫正在我国开展的时间还很短，很多制度、方法与措施还在进行试点或者在探索之中，在社区矫正工作一线的社区矫正工作人员对社区矫正工作的实际情况熟悉，也深知其中存在的问题，对此进行研究有自身的优势，不仅有利于社区矫正工作的完善，而且研究者自身的业务素质也会有显著的提升，因而资助或者奖励社区矫正工作人员进行社区矫正工作的研究也很有必要。因此，必须充分重视对选任矫正工作者的素质与能力培训的工作。

一、开展社区矫正工作者培训的价值

社区矫正作为对犯罪人实施的非监禁刑罚执行方式，是在新形势下党和国家赋予司法行政机关的新任务、新使命，开展针对社区矫正工作者的培训，对于完善矫正措施、充分发挥非监禁刑罚功能、打击和惩罚犯罪、教育改造罪犯、提高矫正质量、实现监管秩序持续安全稳定、维护社会政治经济形势和谐稳步发展具有十分重要的意义。对社区矫正工作人员开展培训有助于统一思想、提高认识，切实增强责任感、使命感和紧迫感，牢牢抓住各级党委政府高度重视社会管理创新、健全完善刑事法律体系的有利契机，扎实有效地推进全市社区矫正工作深入开展。针对社区矫正工作者的培训可以让社区矫正工作者更好地认识到：切实承担起法律赋予的职责与使命，坚持社区矫正工作的正确方向，把握社区矫正的基本属

性，认真落实社区矫正工作的基本任务，建立完善社区矫正工作体系，加强与公、检、法等部门的协调配合，凝心聚力推动社区矫正工作上层次。

二、社区矫正工作者培训的内容

（一）社区矫正工作者的素质培训

基于对社区矫正的定位及任务的认识，以及学界的有关理论阐述，笔者认为，社区矫正工作者的素质应当从以下方面进行培训：

1. 基本素养：诚恳的工作态度，热情的工作信念，正确的服务观念，浓厚的工作兴趣；

2. 知识素养：心理学的基本原理，学习历程与行为发展的认识，社会环境与文化变迁之理解，辅导理论与实务的工作经验，个案调查与心理治疗之技术与经验；

3. 工作素养：对于犯罪人本身应提供改善环境、增进生活适应能力之服务，应当协助犯罪人与家庭实现和解或建立良好关系，应当努力增进犯罪人与社区的融合；

4. 责任素养：对个案资料的保密责任，对于犯罪人困难的扶助责任，对于法律政策的贯彻责任。

作为一项改造人的工作，社区矫正是非常复杂的，它需要系统的社会学、犯罪学、人类学、心理学、教育学的理论素养，还需要具备相关的社会个案工作之经验，以及促进与人沟通的交往能力等。不过，由于社区矫正工作者的类型不同，在社区矫正工作中的职责及作用不同，因此，社区矫正工作者的条件和要求也不必一刀切，不必强求一致。例如，为了扩大社区矫正中社会力量的参与范围，对参与社区矫正工作的志愿者只要求热心社区矫正工作，遵守法律、品行端正，有一定的法律政策水平、文化素质和专业知识即可。但作为社区矫正工作的核心力量，社区矫正官的任职条件必须严格，并应当大力加强对其的教育培训工作，以适应社区矫正工作的需要。

（二）社区矫正工作者的能力培训

为实现社区矫正工作者的专业化和专职化，必须大力加强对社区矫正工作者的教育培训，使其除应具备与刑事执法活动相关的政治素质、业务素质和身体素质外，还应特别具备在社区对犯罪人进行矫正的素质要求，以适应工作的需要。这一点在当前来说尤其显得重要和迫切。具体而言，笔者认为应着重加强以下内容的培训：

一是掌握在社区中执法的基本内容和要求。社区矫正工作者要对社区矫正对象适用的刑罚方法和相关刑事措施有比较清楚的把握。社区矫正的执法与监狱的执法相比，更具复杂性，对于管理对象需要依法区别对待。

二是深刻认识在社区中对矫正对象进行改造和矫治的特点和规律。在社区，矫正对象处于一个开放的社会之中，对其的改造需要有更高的水平和更强的工作能力，需要矫正工作者把社会学、犯罪学、心理学和有关学科的基本理论和常识运用于对罪犯的改造和矫治中，就像医生对待病人那样，首先发现矫正对象的症结所在，然后对症下药，使罪犯病情得到好转。

三是具备并学会社会工作者应该具有的工作能力和工作方法。社区矫正工作者既要扮演刑事执法的角色，也要扮演对罪犯进行帮助和服务的角色。因此，社区矫正工作者在履行职责时，应尽量充分体现出工作的服务性、角色的多样性、处事的协调性、视角的全方位性。

三、现阶段社区矫正工作者培训工作存在的问题

从社区矫正工作开展的状况看，人才需求的迫切与社区矫正工作队伍的职业化和专业化程度不高的矛盾突出。社区矫正人员肩负着改造服刑人员的社会重任，如果没有专门的职业资格衡量，矫正效果就难以保证。而目前社区矫正的工作主体是基层司法所人员，工作队伍数量不足、素质不高，制约了社区矫正的创造性发展。一

方面，这些司法所人员大多没有接触过刑罚执行工作，也没有从事过监管、教育等工作，缺乏对矫正对象进行管理、矫正的经验；另一方面，司法所人员普遍较少，工作强度大，真正用于社区矫正工作的时间很少，有的社区矫正工作人员所受的法律教育极为有限，现有培训制度也难以达到预期的培训效果。从某些地方的运行情况看，社区矫正工作者主要由原监狱民警、原学校教育工作者、现基层司法工作者、社会招聘人员组成。他们年龄偏大、学历偏低，普遍缺乏基本的社会工作专业知识和经验，其思想观念多与社会工作的价值理念相悖，限制了社区矫正工作的科学化和专业化发展。①现在我国各地虽成立了社区矫正工作志愿者组织，但普遍存在管理不统一、责任不明确、培训不到位等问题，② 未实现设立社区矫正工作志愿者组织的初衷。

四、加强社区矫正工作者培训的措施

国内对社区矫正工作者的培训主要以举办集中培训班的形式开展。目前，影响力较大的社区矫正工作培训班主要由司法部带头举办。例如，司法部于2014年在浙江警官职业学院举办了全国社区矫正工作培训班。全国部分地（市）司法局分管社区矫正工作的副局长、社区矫正工作任务重的县（区）司法局局长共400多人参加了培训。由上海政法学院教授刘强等专家和实务部门领导给学员作了社区矫正理论研究、《社区矫正实施办法》解读、信息化建设、社区矫正场所建设、舆情应对等方面的辅导报告。③ 开展全国范围的培训班的优势在于能够集中力量进行精英培训，内容丰富、针对性强，但劣势也显而易见，即往往没有连贯性，形成不了体系

① 付乐雨：《完善我国社区矫正制度的建议与对策》，中国海洋大学2013年硕士学位论文。

② 张建明：《社区矫正理论与实务》，中国人民公安大学出版社2008年版。

③ 司法部社区矫正管理局：《司法部举办全国社区矫正工作培训班》，载《人民调解》2014年第8期。

性培训。所以，在今后的社区矫正工作培训中更要注重地方性、区域性，根据当地的特色和自身的需求开展培训。

在完善社区矫正工作培训制度方面，可以通过建立省、市、县三级培训制度，分期分批培训社区矫正工作者。对于新录用的社区矫正工作人员，要做好岗前岗位培训工作，开设系统的专业培训课程对已经从事社区矫正工作的人员进行培训，要建立定期培训制度，并进行相应的资格认证，使其具备从事该项工作的基本技能、熟悉在社区中执法的基本内容与要求掌握对矫正对象进行教育的特点与规律、学会社会工作者应有的工作能力与方法具备工作的创新意识等。同时，对志愿参与帮教的工作人员也应进行必要的培训，使之不断更新知识，熟练、正确地运用矫正工作方法和技巧，以适应新形势下社区矫正的工作需要。组织司法行政人员培训可采取如下方式：

一是实施专题式教学。将国家政策、法规教育，治安形势、矫正发展趋势等分成若干个专题供学员进行研究和学习，通过让学员解决真实性问题，来掌握隐含于其中的知识，形成解决当前矫正工作中存在的难点、热点和重点问题的能力。

二是按矫正基本知识、运用规律、参观考察、总结提高的步骤实施全过程培训。矫正基本知识，主要侧重于讲清解决矫正工作的基本问题；运用规律，主要是给出背景材料，实施案例、实例教学；参观考察，主要是组织学员到较典型的矫正社区参观考察，把专题研究引向深入；总结提高，主要是组织学员运用所学理论，结合社区矫正的现实问题，撰写研究报告，并组织交流，达到共同提高的目的。

三是在平时工作中若遇到问题，采取以会代训、专题研讨或经验交流等多种形式，组织社区矫正工作者进行培训和学习，及时调整工作方法上的偏差，改正工作措施上的疏失，从而提高社区矫正工作的质量和效率。

第六节　社区矫正课题研究与成果转化

理论是人们把在实践中获得的认识和经验加以概括和总结所形成的某一领域的知识体系。科学的理论是从客观实际中抽象出来，又在客观实际中得到了证明的，正确地反映了客观事物本质及其规律的理论。实践需要理论的指导，理论和实践是相辅相成、缺一不可的，没有理论的实践将导致实践者付出沉重的代价。社区矫正工作同样需要科学理论的指导，社区矫正课题研究的繁荣发展为我国《社区矫正法》的制定提供了扎实的理论支持。

一、国内社区矫正理论研究的特点

综观迈入21世纪后我国社区矫正理论研究状况，呈现出以下几个特点：

（一）从研究背景上看，新世纪我国对社区矫正理论研究的迅速发展符合国际刑罚改革大趋势与国内现实的迫切需要

作为与监禁刑相对的非监禁刑罚执行方式，社区矫正有其深刻的思想渊源。行刑社会化理论肇始于19世纪末近代学派的刑法思想，近代学派的学者普遍认识到了监狱刑罚的缺陷与不足。至20世纪50年代，以安塞尔为代表的新社会防卫学派提出对犯罪人实行人道和再社会化，社区矫正制度在各国逐步产生并成熟，成为西方各国富有成效的行刑方式。顺应国际刑罚方式从严厉向宽缓发展的趋势，奉行“宽严相济”的刑事政策，提高刑罚执行方式的文明程度，是我国社区矫正研究开展的理论背景。

与此同时，从社会现实需要来看，我国监狱在押犯在1983年到2003年的20年内由60万人迅速上升到了140万人。[①] 2012年4

① 辛国恩：《二十一世纪中国监狱发展战略研究》，法律出版社2004年版，第139页。

月25日，司法部部长吴爱英在十一届全国人大常委会第二十六次会议上公布的我国在押犯人数截至2011年为164万人。也就是说，虽然改革开放后监狱人口的剧增与社会转型密切相关，但是从改革进入稳定发展期后的2004年到2011年的8年间，监狱在押犯人数又增加了24万人，约每年增加3万人。照此增长速度，约再过11年的时间我国监狱在押犯就会突破200万。然而，监狱的数量却不可能紧随在押犯数量的迅速增长而大量增加。紧迫的社会现实状况使得我国刑罚执行社会化势在必行，社区矫正在实践中的有力推进以及加大其理论研究力度，是现实的迫切需要。

（二）从研究水平上看，新世纪我国社区矫正的学术研究经历了一个从无到有，从单纯介绍国外研究成果再到研究本土社区矫正具体问题的过程，研究水平逐步提高

2000年到2003年，国内鲜有社区矫正的专著与学术论文，仅有极少数颇具远见的学者如吴宗宪、冯卫国等涉足了这一新的研究领域。从2003年“两高两部”试点通知开始，一些学术论文逐渐出现在国内学术刊物上，学术专著也开始出版并逐年增多，因此，社区矫正的研究在我国新世纪十几年间经历了一个从无到有的过程。从学术进路上看，由于社区矫正制度是我国借鉴国外非监禁刑罚执行方式的“他山之石”，早期的社区矫正研究成果相对集中在对国外已有研究成果的介绍上。随着社区矫正制度在国内的开展与推进，越来越多的实践问题涌现出来，学术研究的注意力逐渐转向了研究本土社区矫正具体问题。近几年来，对本土社区矫正问题的研究也开始不限于对实践经验的总结与具体问题的探讨，研究的理论深度逐步提高。在研究人员方面，国内社区矫正研究人员的素质相对来讲比较高。大量从事刑罚研究以及监狱学研究的学者将自己的研究重点转移到了社区矫正这样一种新的非监禁性刑罚执行方式上，有力地推动了我国社区矫正研究向纵深发展。此外，还有一些社区矫正基层工作人员撰写了大量论文，他们的论文大多探讨了社区矫正工作中的各类具体实践问题，从实践需要的角度丰富了我国

社区矫正的研究。

（三）从研究体系上看，在社区矫正微观具体问题方面的研究已经比较深入，但宏观上对整体理论体系的研究还相对滞后

目前，国内现有的社区矫正专著似乎各自为政，都有自己的一套研究框架与体系，总体上讲社区矫正学还未形成一个成熟且科学的研究体系。缺乏科学的学科体系建设，“头痛医头，脚痛治脚”，只重视对具体问题解决方法的研究，显然不利于社区矫正作为刑事执行法学（行刑学）的一个重要分支学科的未来发展与研究综合水平的提高。陈兴良教授曾经指出，在刑事法学各学科中，行刑法学是相对滞后的研究领域，这主要表现在研究成果要么是对相关法律法规的简单注释，要么是对行刑实践经验的总结。在这个意义上，行刑法学没有建构起自身的专业体系。① 社区矫正学的研究也存在同样的问题。构建合理的学科体系，从宏观上探索本学科的研究规律，找到本学科特有的行之有效的研究方法，从而提高研究水平，这也许是我国社区矫正理论研究未来发展的必由之路。

（四）从研究方法上看，社区矫正的研究方法呈多样化的趋势

社区矫正学作为对一种非监禁刑罚执行方式的研究，它的研究领域具有多学科交叉的性质，具体而言有法学、教育学、管理学、心理学、社会工作学、统计学等学科。法学、教育学、心理学等研究方法自然对社区矫正研究尤为重要，而社会工作学对社区矫正研究的影响也比较显著。例如，目前有部分社区矫正专著的作者为社会工作学研究人员，其中具有一定代表性的是张昱等著的《社区矫正实务过程分析》；② 一些重要的社区矫正学术研讨活动由国内高校的社会工作学院发起。此外，统计学是应用数学的一个分支，其利用概率论建立数学模型，收集所观察系统的数据并进行量化的

① 郭明：《学术转型与话语重构——走向监狱学研究的新视域》，中国方正出版社 2003 年版，第 3 页。

② 张昱、费梅苹：《社区矫正实务过程分析》，华东理工大学出版社 2005 年版，第 261 页。

分析与总结，这一研究方法在社区矫正评估中被大量使用，对社区矫正中的教育与管理工作意义重大。

研究领域的多学科性决定了社区矫正研究方法的多样性。吸收借鉴相关学科知识，应重视研究中的方法论，方法论在社区矫正学研究中日益受到重视的趋势必然影响其未来的研究发展水平。

二、社区矫正理论研究的现状

通过考察社区矫正研究的历史可以发现，社区矫正在中国学术界是一个新兴的话题。从中国期刊网上刊载的信息来看，在1999年以前，社区矫正是一个无人涉足的领域。对社区矫正的研究，最初是作为行刑社会化、监狱行刑改革的相关话题进入到学术界视野中的。1999年，陈金鑫在《刑侦研究》（现在更名为《犯罪研究》）上发表了《澳大利亚的行刑社会化》一文，在对澳大利亚社区矫正制度系统介绍的基础上，对我国缓刑、假释、管制等刑罚制度的低效运行状况进行了初步反思。此后几年，其在一些相关研究中对社区矫正也有所涉及，但所占的分量很轻。

作为专门课题的社区矫正研究出现在2002年。2002年11月，刘强教授在《法治论丛》上发表了《上海社区矫正的发展与评价》，对上海市社区矫正的历史与现状、有利条件和不利因素、如何进一步完善等问题进行了全面的分析。2002年，受司法部委托，司法部预防犯罪研究所成立了社区矫正研究课题组，对社区矫正首次进行系统性研究，在国内外社区矫正现状介绍的基础上，对我国社区矫正制度存在的缺陷进行了全面的分析，并就如何改革与完善这一制度提出了建议，其研究的主要成果以《改革和完善我国社区矫正制度之研究》（上、下）为题，发表在《中国司法》2003年第5、6期。由此，社区矫正作为学术研究的一个新领域开始受人关注，专门性研究大量出现，并取得了丰硕的研究成果。课题研究成果还有：吴宗宪教授就社区矫正法的主要框架和主要内容等进行探讨的《关于社区矫正若干问题思考》;[①] 北京市社区矫正工作领导小组办公室就社区矫正立法的必要性、立法所要解决的主要问题、立法的途径与步骤等问题进行研究的《关于对社区矫正立法的思考和建议》;[②] 云南省教育厅科学研究基金项目——“云南省社区矫正存在的问题及对策研究”的《云南省社区矫正工作存在的问题及对策》;[③] 国家社会科学基金项目——“刑法本土化、国际化条论背景下的社会危害性理论”的《我国社区矫正试点工作中的问题与对策——对武汉市社区矫正试点工作的实证调查》。[④]

在著作方面的成果有:孙培梁所著的《社区矫正信息化》(清华大学出版社、华中科技大学出版社);安徽省司法厅编写的《社区矫正工作手册》和《社区服刑人员读本》(安徽人民出版社);赵秉志主编的《社区矫正法(专家建议稿)》(中国法制出版社);刘强、姜爱东主编的《社区矫正评论》(第四卷)(中国人民公安大学出版社);上海市社区矫正管理局所编的《社区服刑人员教育学习读本》(中国民主法制出版社);张旭光所著的《和谐社会背景下的社区矫正问题研究》(中国农业科学技术出版社);金碧华所著的《支持的“过程”:社区矫正假释犯对象的社会支持网络研究》(法律出版社);张昱主编的《社区矫正社会工作案例评析》(华东理工大学出版社);王平所著的《社区矫正制度研究》(中国政法大学出版社);连春亮、李玉成、殷尧所著的《犯罪矫正形态论》(群众出版社);连春亮、张峰所著的《犯罪矫正模式论》(群众出版社);“北京市东城区阳光社区矫正服务中心”所著的

---

① 吴宗宪:《关于社区矫正若干问题思考》,载《中国司法》2004年第7期。

② 北京市社区矫正工作领导小组办公室:《关于对社区矫正立法的思考和建议》,载《中国司法》2005年第7期。

③ 袁爱华、袁玲、林怀满:《云南省社区矫正工作存在的问题及对策》,载《云南农业大学学报》2014年第3期。

④ 苏彩霞、邵严明:《我国社区矫正试点工作中的问题与对策——对武汉市社区矫正试点工作的实证调查》,载《暨南学报(哲学社会科学版)》2009年第6期。

《窗外有阳光》（知识产权出版社）。涉及社区矫正制度成熟国家的理论研究的成果也逐渐增多，尤其是对美国、加拿大等有代表性的国家社区矫正制度的专著及论文数量较多。除此以外，公开发表的学术论文中也涉及对澳大利亚、新西兰、英国、德国、法国、俄罗斯、意大利、瑞典、芬兰、瑞士、挪威、日本、新加坡以及我国的香港、澳门、台湾地区等国家和地区相关制度的讨论。

更有一些学者对社区矫正法拟定出较为详尽的建议稿。例如，北京师范大学刑法学科团队就社区矫正草拟了详细的学者建议稿；上海的徐晓青律师起草的《中华人民共和国社区矫正法》建议文稿，包括6章50条；[①] 罗益锋等提出的《中华人民共和国社区矫正法》建议稿，共有8章53条；[②] 司法部基层工作指导司提出的《中华人民共和国社区矫正法（草案稿）》，包括6章70条。

尽管近年来理论界和实务界对社区矫正有关问题的研究给予了较多的关注，也取得了相当数量的研究成果，但客观而言，很多成果存在低水平重复现象，也有很多成果由于研究者不了解实务而纸上谈兵，难以进行转化，即便有少量的高水平研究成果也往往未被有关机关知悉而束之高阁。再者，尽管在国家社科规划办、教育部、司法部等中央和地方相关部门立项的研究课题中也不乏社区矫正方面的课题，但毕竟数量少、零散且缺乏统一的规划。所以，应当从国内和国外两个方面提高和完善社区矫正理论研究工作。

一方面，中央和省级社区矫正机关每年根据社区矫正工作的实际需要，有计划地资助专业人员对社区矫正有关课题的研究和创新性研究成果进行总结与鉴定并及时进行成果的转化。另一方面，国内社区矫正理论研究应当积极吸收和借鉴国外的经验。社区矫正作

① 吴宗宪：《中国大陆社区矫正法的立法进展与官民互动》，载社区矫正宣传网，http：//www.chjzxc.com/index.php/Article/info/id18373.html。

② 荣容、肖君拥：《社区矫正的理论与制度》，中国民主法制出版社2007年版，第386~399页。

为我国借鉴与仿效西方发达国家的一种较为成熟的刑罚执行制度，本身就是一种“他山之石”，因而重视国外社区矫正制度的研究对我国关于社区矫正制度的研究起着纠正和引导的良性作用。

三、社区矫正理论研究的成果转化

理论必须和实践相结合，科学的理论对实践具有积极的指导作用。社区矫正理论成果成熟之后转化成社区矫正实践中的制度或者规则，这是社区矫正理论研究的要求，同时也是其追求的目标之一。在现阶段，各地通过对社区矫正的理论研究逐渐形成了具有地方特色的“地方模式”，其中以“北京模式”和“上海模式”具有代表性。

（一）北京模式

北京市是全国范围内唯一将社区矫正试点工作扩大到整个辖区的地区。北京市于2001年年底开始社区矫正工作，于2002年上半年在司法局内成立专门的矫正工作机构——监狱劳教工作联络处，全权负责北京市的社区矫正工作。同时，组织力量进行专门的社区矫正工作调研，并进行假释和监外执行等犯罪人员社区矫正的理论研究和实践探索。司法部由预防犯罪研究所等部门组成的社区矫正制度研究课题组，对国际社会的经验和做法进行了大量深入研究，并赴北京、上海、山东等地进行调研，于2002年8月形成了《关于改革和完善我国社区矫正制度的研究报告》。在大量课题研究的基础上，北京市编写了《北京市社区矫正工作培训纲要》的培训教材，分3期对抽调的监狱警察和司法助理员进行了业务培训，指导试点区（县）制定社区矫正工作的实施方案。2003年7月1日，北京市将东城、房山、密云作为社区矫正的首批试点区县。之后，逐年加大试点工作的深度和广度。2004年5月1日，北京市决定将全市的所有区县均纳入试点范围。

社区矫正的“北京模式”，是由北京市社区矫正工作领导小组及办公室在大量深入调研的基础上，经过细密的课题研究，并结合社区矫正工作试点工作创造的，符合国情、符合首都实际情况，在社区内进行的非监禁刑和非监禁措施的刑罚执行制度及开放式教育改造犯罪人员的工作模式。

“北京模式”的行政色彩较浓，以司法主导、刑罚执行为特色，注重通过行政化的教育来实现对矫正对象的心理矫正。北京市虽然成立了很多社区矫正服务中心，如朝阳区的阳光社区矫正中心，但这些机构名义上是“民办”，实则是“官办”，其筹建、经费来源以及人员的组成等都是由官方主导的。

在运作方式上，“北京模式”从上到下分为三个层次：市里建立由政法委牵头、市级政法部门和有关部门参加的联席会议制度；各试点区县成立社区矫正试点工作领导小组，办公室设在司法局，负责日常管理工作；试点街道（乡镇）成立社区矫正工作领导小组。

在人员配置上，目前，“北京模式”的社区矫正工作队伍主要由专业矫正力量和社会矫正力量两部分组成。专业矫正力量由司法所司法助理员和抽调的监狱警察组成，是社区矫正的主要力量；社会矫正力量是社区矫正的补充力量，主要由社会志愿者构成，包括专家学者、离退休干部、社区居委会成员、高校的高年级学生、矫正对象的近亲属和所在单位人员等。

在工作手法上，“北京模式”在个案矫正、心理矫正、行为矫正等方法上进行了探索。对矫正对象以其人身危险性大小为标准实施分类管理，并且以矫正对象接受矫正的时间进程为基础，实施分阶段教育。同时，该模式在社区矫正的工作内容和方法中推行了半强制式就业。矫正对象有工作单位的，可以在原单位继续工作；没有工作而有能力自谋职业的，可以在告知社区矫正组织后自谋职业，社区矫正组织为其提供方便；没有工作且没有能力自谋职业的，社区矫正组织为其创造条件，提供培训机会，指导其就业，矫正对象必须服从就业指导，参加指导安置的工作项目。

（二）上海模式

上海市是在全国最早开展社区矫正试点工作的地区。2000年9月，上海市女子监狱最早开始对罪犯试行半监禁刑处理的探索。2002年8月，上海市将社区矫正试点扩大到徐汇区斜土路、普陀区曹杨新村和闸北区宝山路三个街道。2003年年初，上海市委政法委提出按照“政府主导推动、社团自主运作、社会各方参与”的方式，采取政府购买社团和社工服务的形式，帮助社区矫正人员重获生活的信心和能力，更好地回归社会，并从源头上预防犯罪。2004年2月，上海市组建了具有民办非企业性质的社团组织“新航社区服务总站”，这标志着政府购买社团服务、社团自主运行进行社区矫正的工作模式的全面展开。目前，上海市已经在社区矫正试点过程中逐步形成了符合上海实际、具有上海特色的社区矫正运作模式。

社区矫正的“上海模式”，是由上海市司法局社区矫正工作办公室领导和监管的，由政府购买社团和社工服务，采用社会工作的价值理念及工作手法，以更好地提高矫正效果、帮助矫正人员回归社会，执行主体和工作主体适当分离的工作模式。该模式已成为当前各省、市效仿与学习的典范。它注重发动社会力量，通过组建社区矫正志愿者队伍来实施社区矫正，以政府购买服务、团体运作、专业化为特色，注重运用社会工作的理念和工作手法。

在运作方式上，“上海模式”将社区矫正分为六个层面：市司法局社区矫正工作办公室、区县司法局安帮科（或基层科）、街道司法所、民办非企业单位、社区矫正工作站、社会工作人员。市司法局社区矫正工作办公室全面负责领导和管理全市的社区矫正工作，下设综合处、矫正处、联络处。在全市层面，成立由市委政法委和市政法部门的领导组成的社区矫正试点工作领导小组，下设办公室于市司法局。在街道层面，成立以街道党委副书记为组长，由派出所、综合办、司法所、劳动服务所，工商所、民政科、妇联、团工委等部门参加的社区矫正试点工作领导小组，办公室设在综合办，成员由综治办、司法所和监狱局派出的志愿者以及社区矫正工作干部等构成。在各社区居委会，由治保、调解主任以及社区志愿者、矫正对象的亲属组成社区矫正小组。由此形成从街道到社区的社区矫正网络。

在人员配置上，“上海模式”的社区矫正工作大部分由隶属于社团的专业社工承担。上海根据相关规定，通过社会公开招聘和内部在编人员选聘，组建了专门的社区矫正工作人员队伍，并对工作人员的任职条件作了详细的规定，要求任职者必须是大专以上学历、有相关学科背景、有上海户籍，这在一定程度上保障了社区矫正工作者的专业性和稳定性。同时，上海还采取了一些措施保障社区矫正工作人员的质量。例如，规定其中40% ~50%的社工向社会公开招聘，50% ~60%的社工从政法、教育、卫生等国家机关和事业单位在编人员中选聘，应聘者须通过统一考试，在面试和政审后择优聘用并进行上岗培训。

在工作手法上，“上海模式”的社区矫正工作是通过政府购买民办非营利社团的服务来实现的。政府负责对社团及其社工的工作进行指导、考核、评估；社团负责与社工签订合同，核算报酬。社会工作的理念和工作手法都被运用到了矫正过程中。同时，通过运用社会工作的增权视角、优势视角、灵性视角、社会支持理论、生态系统理论、证据为本理论等，可以实现矫正过程中的互动、沟通，更真实地了解和体会矫正对象的感受和需求，提高矫正质量。此外，上海还尝试将社区矫正工作分为三大板块、五大基地的实践形式。三大板块即日常管理、教育学习和公益劳动；五大基地即针对公益劳动提供的基地，包括政治思想教育基地、法制教育基地、爱国教育基地、公益劳动基地、技能培训基地与推荐就业基地。

第七节 社区矫正工作的评估

社区矫正工作的评估是在矫正介入完成后矫正实务过程中的又一重要阶段，是对之前矫正工作情况和成效的总结与反思，在发现不足和缺陷中不断完善社区矫正工作。未经过评估的矫正工作往往带有一定的盲目性，有违科学发展的规律。社区矫正工作的评估对现在的社区矫正工作能力的提高、品质的提升，对未来工作顺利、高效地开展具有重要意义。所以，必须要求在对社区工作进行评估时掌握科学的方法、秉持客观的态度。

加强对社区矫正工作的评估，是进行刑罚制度改革、建设和谐社会、提高行刑效率的必不可少的环节。各级社区矫正管理机关应当建立社区矫正工作定期评估机制，对社区矫正的实施效果等进行评估。①

一、社区矫正工作评估体系的构建

（一）社区矫正工作评估的含义

评估是一项贯穿于人们日常工作始终的活动。一般而言，无论人们从事什么样的工作，都存在工作的过程是怎样的、所做的工作是否达到预期目标、还有没有更好的达到目标的方法等方面的问题。这些问题并不只是在工作完成之后才能被发现，而是贯穿于整个工作过程的始终，因而评估也贯穿于人们工作的每一个环节中。在这个意义上，评估实际上成为人们了解和认识自己工作的成效，评估自己的工作是否达到预期目标、取得了什么绩效的一种手段。因此，可以把评估规定为对项目的实施过程及绩效进行系统研究的过程。

---

① 刘强、王琼：《我国社区矫正评估体系的构建》，载《上海政法学院学报》2005 年第 6 期。

社区矫正工作的评估即矫正社会工作者或者机构对矫正过程及矫正绩效进行系统研究的过程，通过这个过程，矫正社会工作者或机构达到评估矫正项目的过程及绩效的目的。

（二）社区矫正工作评估的主要类型

以社区矫正评估的对象为依据，可以把社区矫正工作的评估分为对社区矫正工作者的评估以及对社区矫正人员的评估；以社区矫正的主体为依据，可以把社区矫正工作评估分为由政府实施的评估、由社区矫正机构实施的评估、由社区矫正工作者进行的评估等；以社区矫正的目标为依据，可以把社区矫正工作的评估分为阶段性评估、过程性评估、绩效评估等；以社区矫正评估实施的时间为依据，可以把社区矫正工作的评估区分为前期评估、中期评估和后期评估。

（三）社区矫正工作评估的功能

第一，把握矫正项目的实施过程，考查矫正项目的实施效果。

第二，提高社区矫正工作者的工作能力，提升服务品质。

第三，寻求矫正工作的未来方向。社区矫正工作的评估不是为了评估而评估，也不仅仅是为了总结以往的工作而评估。无论是了解矫正项目实施的过程，还是调查矫正项目实施的效果，都是为了通过矫正评估找到未来工作的方向。

（四）社区矫正工作评估的原则

第一，客观性原则。在评估过程中，无论是工作者还是机构都应当坚持客观、公正、公平的原则，实事求是地完成评估工作。

第二，系统性原则。系统性原则要求把矫正项目及其实施过程视为一个系统，在矫正实施的全过程中，从这一过程中各个环节、各个要素之间的关系中全面认识矫正项目及其实施，认真对待系统中每一个要素的变化，并从中预测系统可能的变化。

第三，科学性原则。矫正评估是对社区矫正的过程和效果进行调查、评价和总结的过程，有自己的科学基础，也有一套完整的评估程序和科学方法。

（五）社区矫正工作评估的过程

社区矫正工作的评估是一个过程，包括评估准备期、评估设计期、评估实施期、评估总结期四个阶段。

1. 社区矫正评估的准备期。矫正评估的准备期主要有几项工作：第一，明确评估目的；第二，确定评估主体；第三，评价评估条件。

2. 设计社区矫正评估方案。矫正评估是科学的活动，评估者在接受评估任务后需要设计评估方案，明确评估的问题、方法、程序等问题。矫正评估方案的主要内容包括：评估要解决的问题、解决问题的方法和程序、明确评估者与参与评估的各个方面的关系、评估成果的主要表现。

3. 实施矫正评估方案。第一，收集和分析评估材料。第二，制定评估指标体系。社区矫正是一个复合过程，它至少包括社区、刑罚执行和社会工作三大方面的内涵。第三，实施评估。在矫正评估指标体系及其权数确定后，评估进入实施阶段。

4. 矫正评估的分析和总结。通过实施评估，评估人员获得了大量信息和资料，此时，需要对信息进行整理和分析，并在此基础上形成评估报告。

二、社区矫正工作评估的价值

社区矫正评估作为基础性的环节，其目的是确定哪些对象适宜于社区矫正，并在此基础上区分对象情况，进行有针对性的管理、教育与矫治，具体具有以下意义：

（一）增强社区矫正的安全性

罪犯因实施了危害社会的行为而受到刑罚的制裁，将罪犯置于监狱这样的设施之中，既具有剥夺自由的惩罚作用，又具有将其与社会隔离、避免其继续危害社会的作用。而在社区接受矫正的对象，之所以仍然可以生活在原来的社区，是因为他们不具有人身危险性，或虽然具有一定的人身危险性，但社区矫正机构有能力通过风险控制，确保他们不再继续危害社会。社区矫正对象如果在社区接受矫正期间重新犯罪，不仅适用社区矫正的种种好处将无法兑现，而且对罪犯的矫正也成了一句空话，更为重要的是社区将因为司法机关适用或执行刑罚方式的不当而再次遭受危害。任何一种制度都不可能是十全十美的，谁也不能设计出一种可以保证一个社区矫正对象都不再重新犯罪的制度，但人们可以采取措施尽可能地降低社区矫正对象的重新犯罪风险，以确保刑罚功能的实现。降低社区矫正安全风险的途径主要有两条，即增强风险评估能力与风险管理能力，而高效的风险管理由于必须以科学的风险评估为前提，因此，建立科学的社区矫正风险评估也就成了增强社区矫正安全性的基础性环节。

（二）增强矫治工作的实效性

就社区接受矫正对象的情况来看，虽然都是罪犯，但由于他们的生活经历、犯罪经历等各不相同，因此，矫治的需要也不尽相同。就矫治的目标来看，对社区矫正对象的矫治，既可能是疾病趋向的，也可能是问题趋向的，还可能是发展趋向的。人们习惯将罪犯看作有这样或那样问题的人，对他们的矫治，如同医生看病，关键在于准确及时地作出科学的评估，然后才能对症下药，取得良好的矫治效果。对社区矫正对象作出科学的评估，就必须运用现代科学技术成果，建立适合社区矫正对象的评估体系。而本评估体系综合运用测验、预测量表和面谈等综合评估措施，可以对矫正对象的问题、问题的类型、问题的严重程度等及时作出比较准确的评估，而在此评估基础上制定的有针对性的矫治措施，必将有力促进矫治工作的针对性，并提高矫治工作的实际效果。

（三）增强奖惩考核的激励性

矫正对象的个体情况及所处的环境都处于不断地变化之中，因此，并非一次评估就可以一劳永逸，评估应当是动态性的，不仅每次评估要充分考虑各种因素的相互作用关系，而且一个对象可根据变化了的情况进行多次评估。通过对前后评估结论的比较，不仅可以及时发现问题和已经变化了的情况，并适时调整矫治方案与矫治措施，而且可以较为准确地评价矫治工作效果与矫治对象发生的变化，并根据这些科学的评估结论实施的奖励与惩罚，以激发矫正工作者的工作积极性和矫正对象接受矫正的主动性。社区矫正评估是科学认识矫正对象，正确确定社区矫正对象的必经途径，是理性处理矫正对象问题、科学矫治矫正对象的必要前提，是人道对待矫正对象、进行人性化管理与矫治的必要保证，是整个社区矫正工作的最基本的环节。

三、社区矫正工作评估的重点内容

（一）重新犯罪率

重新犯罪率可作为社区矫正工作有效性的指标之一。在我国，对重新犯罪的界定一般是指被重新认定犯罪。社区矫正的重犯率，可与监狱释放后的重犯率进行比较，也可以与没有进行社区矫正的缓刑、假释人员的重犯率进行比较，从而决定社区矫正的有效性。当然，还需要对重新犯罪率进行具体分析，因为有的重新犯罪可能与社区矫正并没有直接的关系，而与其他的因素有更为密切的关联。所以，在对重新犯罪率进行调查和评估时，需要运用科学的方法。

（二）刑罚成本

社区矫正的重要目的之一是降低刑罚成本。在对刑罚成本评估时需要考虑多方面的因素，需要运用科学的评估方法。刑罚成本的降低包括两方面的内容：一是行刑成本资源投入的最小化，它要求在适用刑罚时对刑罚量要有适当的控制，减少不必要的支出，控制行刑的保障经费；二是行刑收益的最大化，它要求在对罪犯惩罚、改造以及预防和减少犯罪方面获取最佳的效果。社区矫正刑罚成本评估所涉及的具体内容包括：社区矫正基本设施的费用计算、矫正项目的费用计算、工作人员的工资及补贴、社区矫正管理的相关费用等。

（三）社区居民对社区矫正的感受

社区矫正是我国刑罚制度的改革，对于社区矫正的试点和推进而言，获得社区居民的认可和支持具有重要的意义。通过社区居民对社区矫正感受的评估，不仅可以改进社区矫正的工作，而且可以对公众起到很好的普法教育。评估社区居民对社区矫正感受应当注意以下几点：社区矫正对社区居民是否造成影响或者有威胁的感受、社区矫正能否在社区中发挥惩罚功能的感受、社区矫正人员能否积极地回归社会的感受等。社区矫正工作如果得不到社区居民的认可和支持，将不利于社区矫正的顺利发展和推进。

（四）对犯罪受害人的调查

社区矫正的一个重要功能是恢复由犯罪破坏的社区和谐关系。通过社区矫正工作，使犯罪受害人能对犯罪分子给予谅解和宽容。以西方发达国家的经验来看，在决定犯罪人是否能在社区服刑时，一般要听取直接的犯罪受害人的意见，并让他们参与听证，主要是考虑到服刑人员在社区服刑对犯罪被害人的保护问题。直接犯罪被害人对服刑人员的评价，从某种程度上说也是对社区矫正工作的评价。所以，对犯罪受害人的调查是社区矫正工作评估中的一项重要内容。

（五）对社区矫正人员的调查

社区矫正人员是社区矫正的对象，他们在社区中服刑的行为表现，可以从一个侧面较好地体现出社区矫正所设定的预期目标是否能实现，同时也可以反映出社区矫正机构及其工作人员的工作质量以及社区居民对服刑人员的态度。因此，对社区服刑人员的感受的评估，可以作为改进和完善社区矫正制度的一个重要途径。

（六）矫正项目的有效性

在社区矫正工作中，需要设立不同的矫正项目，每一个矫正项目的设定都是为了服务于社区矫正的任务。因此，社区矫正项目有效性的评估对于提高工作效率、减少和避免形式化的东西具有重要的意义。矫正项目的有效性可以是阶段性的评估，也可以通过结果性评估，即通过重新犯罪率来进行衡量和对比，看重新犯罪问题与该项目是否有一定的因果关系。另外，可通过实验组和控制组的比较，即开展某种矫正项目的社区与没有开展某种项目的社区进行对比，看是否有明显的不同和差距。

矫正的项目可涉及矫正工作中的不同的内容，包括某一方面的项目和更加具体的项目。对这些项目的评估主要可从以下几方面进行：第一，监督管理。具体内容有请假报告制度、日常监督考察、组织适当的活动、刑事和行政奖惩等项目。通过评估，发现突出的问题，分析主要的原因，采取相应的对策。第二，教育改造项目。教育改造项目主要包括各种有利于罪犯思想转化的项目，包括各种形式的专题教育和讲座，组织一定的社会活动，进行文化教育、技术培训、心理咨询等。社区劳动既具有惩罚的属性，也具有教育改造的属性。一方面希望服刑人员通过一定量的公益劳动，来补偿对社会包括对犯罪被害人造成的损失；另一方面，把劳动作为他们改造思想的一个手段，但是效果如何也是值得评估的。第三，对矫正对象的帮助和服务。对社区矫正对象提供必要的帮助和服务，是使其回归社会、预防重新犯罪的一个重要途径。在目前我国就业竞争激烈而社区服刑人员总体素质偏低的大环境下，对社区矫正人员的妥善帮助，应当根据本地实际情况，结合借鉴国外社区矫正的经验进行认真评估。

四、社区矫正工作的动态评估

通过对社区矫正工作的动态评估，可以加强矫正结果的科学性，提高矫正效率与质量。

（一）矫正前调查评估

《社区矫正实施办法》第4条规定：“人民法院、人民检察院、公安机关、监狱对拟适用社区矫正的被告人、罪犯，需要调查其对所居住社区影响的，可以委托县级司法行政机关进行调查评估。”社区矫正工作人员要提前掌握拟适用社区矫正的被告人、罪犯的基本情况［居所情况、家庭和社会关系、一贯表现、犯罪行为和后果、居住地村（居）民委员会和被害人意见、拟禁止的事项等］，与其本人及家属进行沟通交流，提出相关建议，这也可以为以后的社区矫正管理教育打下良好基础。

（二）入矫后综合评估

社区矫正人员入矫后，司法所工作人员应当结合矫正前调查评估情况，采取查阅案卷、走访调查、答卷测评等多种方式，根据以下因素，对社区矫正人员进行综合评估，制定个性化矫正方案：基本因素，包括性别、年龄、受教育程度、就业状况、婚姻状况、家庭状况、经济状况、居住状况、健康状况等；心理因素，包括自控能力、人格测试结果、有无精神病史或精神病遗传史、认罪服法态度、对社会的心态、法制观念等；社会因素，包括个人成长经历、家庭成员情况及相互关系、交友情况、家属配合矫正工作的态度、社会评价等；主观恶性因素，包括犯罪案由、犯罪时的年龄、受刑事处罚或行政处罚的记录、犯罪中是否使用暴力或是否惯骗、社区矫正类别、接受社区矫正态度等。

（三）定期进行矫正效果评估及动态评估

司法所工作人员应当定期对社区矫正人员进行阶段性矫正效果评估，发现矫正效果不佳的，或者有需要加强的方面，可以合理地调整矫正方案，提高矫正质量。在社区矫正过程中，社区矫正人员有发生居所或工作变动、突发性事件、接触对其矫正产生不利影响人员等可能使其思想波动较大的情况，以及有立功表现或被给予警告处分的，司法所工作人员可以根据情况进行动态评估，并结合前期矫正方案的实施情况适当调整矫正方案。

（四）解矫前矫正质量评估

司法所工作人员应当在社区矫正人员矫正期满前对其进行矫正质量评估并结合其在接受社区矫正期间的表现、考核结果、社区意见等情况作出书面鉴定，告知其安置帮教有关规定，与安置帮教工作部门妥善做好交接，并转交有关材料，对其安置帮教提出建议。

还要做好定期跟踪回访工作，防止其重新违法犯罪。

五、我国社区矫正工作评估存在的问题

鉴于我国社区矫正工作还处在成长、完善阶段，正在逐步形成统一的社区矫正管理体系和运作机制，因而，在社区矫正评估上还存在诸多问题。主要表现在：

一是评估不规范、标准不统一，没有形成体系。近年来，我国一些地方已经开始了罪犯改造质量的标准和评估理论研究及实践探索，然而，这些研究和实践只是移植了 ISO 质量认证体系的形态，[①] 并没有构建完整、具体、量化的罪犯改造质量的科学标准，更没有形成统一的衡量标准体系。

二是评估理论和方法简单，评估带有随意性。效果评价一般只是简单地以是否有矫正对象重新犯罪为衡量标准，[②] 但是对于什么是重新犯罪以及导致重新犯罪的因素是社区矫正的效果还是其他因素的影响等问题都缺乏深入的研究，衡量指标只是停留在很粗浅的阶段，表现为在矫正过程中和矫正期满时对矫正对象的主观性评价。

三是法律规定不完备、有缺陷，制约了社区矫正评估的实施和效率。由于在立法上比较滞后，现行的法律与形势的发展不相适应，在执行主体和执行程序[③]上都存在很多问题。另外，地方相关法规与国家相关法规有许多不一致的规定，导致各地对社区矫正评估不是很重视且评价标准各异，使得不同地区试点评估出的结果相差很大，给国家宏观决策带来一定难度。

---

① 陈和华、叶利芳：《国外社区矫正的经验和问题》，载《犯罪研究》2006 年第 1 期。

② 陈和华、叶利芳：《国外社区矫正的经验和问题》，载《犯罪研究》2006 年第 1 期。

③ 刘强：《上海社区矫正的发展与评价》，载《法治论丛》2002 年第 6 期。

四是评估机构不健全，缺乏专业评估人员。当前，从全国范围看，还没有组建专门的评估机构或组织，更缺乏专业的人员和专家，对社区矫正评估一般临时指定人员进行，仍保持传统的以定性为主、粗放式的评估方法，实际上不可能使矫正质量目标得到全面落实，不利于实现矫正的持续改进。

六、对完善社区矫正工作评估的思考

为使我国社区矫正评估尽快步入正轨，有利于推动社区矫正工作的深入开展，还要在以下几个方面进行改进和完善。

（一）加强评估理论研究

科学有效的社区矫正评估，离不开相关理论的指导和牵引，因而，必须重视和加强对矫正评估理论的研究。在理论研究过程中，社区矫正主管部门要发挥主导作用，特别是在当前社区矫正要全面推广和铺开的形势下，更需要行政部门的大力引导和支持。主管部门应搞好理论研究的总体规划和设计，从宏观上把握矫正评估理论研究的方向和重点，借助相关科研院所、学会、专家以及广大理论工作者，以课题研究为主要形式，开展多种方式的座谈、研讨、交流，对社区矫正的重点难点问题，特别是某些指标的量化和以数学模型为基础的定量分析，进行广泛而深入的研究和探讨，尽快形成指导性强的社区矫正理论体系。

（二）完善评估法规

为有力推动各省市社区矫正试点的可持续发展，应尽快整合各地社区矫正的评估方法和标准，建立和完善统一的社区矫正评估的法律法规体系。首先，修改现行法律法规。将社区矫正理念引入《刑法》总则；借鉴其他国家的做法，拓展“管制、缓刑、暂予监外执行、假释、剥夺政治权利”五种矫正范围，增设社区矫正的种类；规定具有可操作性的适用标准和科学的执行制度，将“确有悔改表现、不致再危害社会”这样的模糊概念具体化，明确执行机构的职责、权限，完善、细化执行内容，健全执行程序，为社区矫正定量评估夯实基础。其次，制定相应的法律法规。在条件成熟时，应制定一部统一的《社区矫正法》和《社区矫正评估实施条例》。前者系统规定有关社区矫正的一系列内容，并与《刑法》、《刑事诉讼法》、《监狱法》等相互协调，配套实施；后者明确具体的社区矫正评估标准、范围、程序、评估方法、评估机构及其管理、法律责任等内容。最后，制定《社区矫正技术评估师管理办法》及其他行规行法和职业道德等。技术评估师作为一种职业资格，应明确其资格考试、认定登记、业务范围、评估规则、管理办法以及法律责任等。

（三）健全评估机构

实施科学、正规的社区矫正评估，必须有健全的组织机构作为保证，因而，在我国社区矫正试点工作不断深化的实践过程中，完善和健全评估的组织机构变得尤为重要和迫切。根据我国社区矫正的状况和特点，按照科学、统一、效能的原则，在国家和开展社区矫正试点工作的省（市）两级社区矫正管理和执行机构中，广泛吸纳矫正评估专家、学者，成立相应的社区矫正评估委员会。其主要任务和职能是：制定出台有关社区矫正科学评估、优化社区矫正配置资源、提高社区矫正效益的有关政策法规；协调社区矫正各部门与地方之间的关系；定期开展广泛的社区矫正评估，适时发现问题并提出改进的意见和建议；不断完善和健全社区矫正组织机构；培养和造就一批富有经验的评估专家队伍；在规范评估方法、标准和规则的基础上，推动社区矫正工作的健康发展；等等。

（四）构建统一的评估标准

按照科学和量化的要求，构建统一的罪犯改造质量评估标准是社区矫正评估的基础条件，也是一个世界性难题。为确立科学、实用的评估指标体系，使得矫正更具针对性，必须在总结我国社区矫正试点建设经验的基础上，大胆借鉴国外的相关做法。一是要遵循统一性、客观性、综合性、开放性原则。统一性指评估标准的建立要按照统一的条件、标准、规定，要形成一个体系；客观性指确定的指标体系要符合我国实际，评估的结果能真实反映客观情况；综合性指评估时要综合运用各种方法和手段，将定性与定量、动态与静态相结合，将实证研究与定性描述统一起来；开放性指我国社区矫正刚刚起步，确立的指标体系不可能尽善尽美，在实践中应当逐步发展完善。二是要科学确定指标体系。评估指标体系应当反映与社区矫正相关的主要内容，并适应涵盖与矫正各方相互关联的主要因素。例如，规章制度的完备程度、工作人员的编制数量及综合素质、矫正对象的数量、矫正对象的系统评估能力、矫正方案的规范化水平、管理监控的手段和现代化水平、心理咨询和吸毒治疗水平、职业培训和就业指导能力、矫正对象重新犯罪率、民间服务组织的完善程度和作用、社区对矫正工作的认可度等。三是要规范评估程序。规范的评估程序是实施有效评估的基础，因而要结合各省市试点建设的情况，吸纳好的经验和做法，从确定评估目的、初步调查和项目规划，到各项指标的相关处理、整理和报告评估结论等，都要进行整合优化，最终确立标准、科学的评估程序。

（五）培训专业评估人员

进行社区矫正评估，推动我国社区矫正工作健康发展，拥有一批专业性强、综合素质高的评估队伍不可或缺。第一，要提高从业人员的理论素质。要以我国开展社区矫正试点工作的政策文件为指针，组织一定力量加强对国外社区矫正理论和实践的研究，把握社区矫正发展的未来趋势，探讨我国社区矫正的特点和规律，用以指导实际工作，提高队伍理论素质。第二，要运用多种形式加强业务技能培训。中央司法警官学院、各省市司法警官院校以及各类司法研究所和学会，都可开办社区矫正评估业务干训班，乃至开设全日制式的社区矫正评估专业高等课程教育课程，以尽快提高实际操作能力。同时，加强评估机构间的横向协作交流。第三，建立评估人员的考核晋级制度。根据社区矫正评估的特点，参照其他行业评估组织的考核制度，在从事矫正评估的人员中实施考核晋级制度，划分一级、二级、三级评估师，并进行注册登记，把评估人员的晋级与业绩结合起来。第四，优化结构，提高层次。社区矫正评估机构要吸纳相当数量的专业技术人员作为主要力量，即要有法学、社会学和心理学专家，也要有专业技术人员，使评估队伍成为多种人才的结合体。